누가 스미스 씨를 모함했나

SAVING ADAM SMITH: A TALE OF WEALTH, TRANSFORMATION, AND VIRTUE

by Jonathan B. Wight

Authorized translation from the English language edition, entitled SAVING ADAM SMITH: A TALE OF WEALTH, TRANSFORMATION, AND VIRTUE, 1st Edition, ISBN: 9780130659040 by WIGHT, JONATHAN B., published by Pearson Education, Inc, publishing as FT Press, Copyright © 2002

KOREAN language edition published by BOOKSTORY, Copyright © 2020

소설로 읽는 최초의 경제학자
애덤 스미스 이야기

누가
스미스 씨를
모함했나

조나단 B. 와이트 지음 | 이경식 옮김

북스토리

서문

애덤 스미스는 계몽주의를 이끈 위대한 여러 인물 가운데 한 명이다. 그는 예술, 자연과학, 법학, 정치학, 경제학을 넘나드는 다양한 영역에서 예리함이 번뜩이고 기지 넘치는 글을 많이 남겼다(이 가운데 특히 경제학은 도덕철학의 핵심적인 부분이다). 스미스는 '인문' 과학의 여러 갈래를 통합하는 사고체계를 개발한 업적으로 높이 평가할 만하다. 그의 업적은 특히 '시장'과 '도덕'이라는 영역 안에서 집중적으로 이루어졌다. 그가 추구한 이 통합을 지향하는 도덕적 전망을 경제학자들은 오랫동안 무시해왔다. 그러나 세계화를 둘러싼 논쟁이 격렬하게 전개되면서 이 발상이 중요하게 대두되고 있다. 오늘날 신흥시장국들(인도·브라질·러시아·중국 등의 국가-옮긴이)은 과거의 경제체제를 과감히 벗어던지고 자본주의 체제를 적극적으로 수용하고 있다. 하지만 머지않아 이 국가들은 선진국들이 당연하게 여기는 사회적·제도적 차원의 균형 잡힌 구조를 자신들은 가질 수 없다는 사실을 깨닫게 될지도 모른다. 간단하게 말하면, 부(富)가 도덕적 토대와 결합하지 않을 때 애덤 스미스는 절대 달가워하지 않을 것이라는 의미다. 바로 이 지점에서 스미스의 사상이 오늘날의 세계경제에서 어떤 실천적 의미를 가질까 하는 의문이 제기된다.

이 책은 바로 이 문제를 '학구적' 소설이라는 형식을 빌려서 탐구하고자 한다. 이 책에서 '경제학의 아버지'는 독자들을 글로벌 경제와 그것을 지탱하는 도덕적 뿌리로 이끈다. 국제무역과 전문화는 기업이 부를 창출하는 시금석이지만, 스미스는 이에 대해 강력한 경고를 던진다. 본질적인 것, 즉 사람들이 정의에 관심을 가지고 도덕을 함양하고자 하는 노력이 외면당함으로 인해 자유로운 사회와 시장이 심각하게 위협받고 있다는 메시지가 바로 그가 던지는 경고다. 정의에 대한 지속적인 관심과 도덕을 함양하는 일이야말로 정부의 개입 없이도 상업 시스템을 지속하기 위한 필수 조건이기 때문이다.

오늘날 물질적 풍요 속에서 오히려 심리적·정신적 고통을 겪는 사람이 적지 않다. 이와 관련해서 스미스는 "고삐 풀린 부의 추구는 사람들에게 삶의 의미와 궁극적 행복을 가져다줄 수 있는 것들을 강탈함으로써 필연적으로 '부패'한다"고 단언한다. 왜 그런 일이 일어날까? 지나친 부의 추구는 자칫 타인에 대한 진정한 공감과 배려를 바탕으로 하는 어떤 도덕적 양심을 개발하는 것을 차단할 위험성이 있기 때문이다. 이런 맥락에서 스미스는 가치에 바탕을 둔, (스미스의 표현을 빌자면) '최고의 두뇌(지성)를 최고의 가슴(감성)에' 연결하는 기업 모델이 나타나길 기대한다. 이럴 때 경제적 효율성과 미덕은 서로를 보완하고 강화시켜주는 상승작용을 한다.

애덤 스미스는 산업혁명 초기에 그랬던 것처럼 지금도 매우 다급하고 절박한 목소리로 우리에게 말한다. 스미스가 직접 했던 말들이 이 소설 전편에 사용되고 있음을 밝혀둔다. 또한, 소설 속 대화가 매끄럽게 이어지도록 스미스의 원문을 적절히 축약하기도 하고 단락별로 떼어놓기도 했으니 이 점 참고하기 바란다. 좀 더 깊이 있게 이 책을 이해하고 싶은 독자는 '저자 주'를 통해 스미스의 원문을 확인할 수도 있다. 더 나아가 애덤 스미스를 강의하는 사람에게 특별히 유익한 도움을 줄 만한 부가 정보와 애덤 스미스 연보, 참고문헌을 책 맨 뒤 부록에 실었으니 참고하기 바란다.

애덤 스미스의 글을 가상 소설에 임의로 가져다 붙인 데 대해서는 그도 흔쾌히 받아들일 것이라 확신한다. 왜냐하면, 이 문제에 대해 일찍이 그가 다음과 같이 분명한 견해를 밝힌 바 있기 때문이다.

재미있는 이야기를 들려주는 이야기꾼이 가진 의도가 해롭지 않다는 사실을 우리가 잘 알기에, 우리는 그 이야기꾼에게 어느 정도의 재량을 부여한다. 이렇게 해서 이야기꾼은 그가 행하는 재량과 관련해서 면책된다.

　　　－글래스고 대학교에서 대학생들에게 했던 강의 중에서[1]

이런 정신 속에서 '현대 경제학과 경영학의 아버지'이며 어쩌면 '현명한 어머니'이기도 한 애덤 스미스의 말에 귀 기울여보자.

– 조나단 B. 와이트

CONTENTS

Part 3 도덕 (Virtue)

부록

Saving

Adam

Smith

Part 1

부

Wealth

"경제와 관련된 모든 행동은 인간이 하는 행동이므로
필연적으로 도덕적 행동일 수밖에 없다."

– 윌리엄 레트윈, 『과학적 경제학의 기원』[1]

Chapter 1

애덤 스미스의 목소리

그 남자는 비가 억수같이 쏟아질 때 찾아왔다. 이른 저녁 시간이었다. 시커먼 구름이 거대한 덩어리들을 이루면서 점점 커지더니 소용돌이치기 시작했다. 버지니아의 전형적인 폭풍우였다. 늦은 봄날 저녁의 돌풍이 파티오에 놓인 파라솔을 찢어버릴 듯 거세게 불었다. 잠시 후, 하늘에서 거대한 수도꼭지를 틀어놓은 것처럼 세차게 비가 내리기 시작했다. 비는 지면을 때렸고, 테라스로 이어지는 유리문을 요란하게 두들겨댔다. 여덟 살인 콜리(영국 원산의 개 품종 - 옮긴이) 렉스는 천둥 치는 소리에 흥분해서 이 방 저 방 뛰어다니며 큰 소리로 짖어댔다. 나는 이 층으로 올라가서 유리창을 닫았다. 바로 그때 '쿵' 하는 소리가 들렸다. 마치 세찬 바람에 덧문이 떠밀려 닫히는 소리 같았다. 유리창을 통해 밖을 내다보았다. 금방이라도 해체될 것처럼 보이는 낡은 자동차 한 대가 보도의 연석 앞에 정차해 있었다. 그리고 한 남자가 우리 집 현관 앞에 몸을 잔뜩 웅크린 채 서 있었다. 남자는 담배 연기를 힘껏 빨아들이고는, 다시 한 번 조바심을 내며 현관문을 연달아 두드렸다.

쾅, 쾅, 쾅!

그 소리는 나의 질서정연하고 한적한 생활을 한순간에 뒤집어놓는 사건의 시작이었다. 또한 그것은 그동안의 내 평온한 생활에 종지부를 찍게 하고, 내 인생을 송두리째 희생하면서 미국 전역을 떠돌이처럼 돌아다니며 강연을 하게 될 힘든 운명의 시작이기도 했다.

나는 일 층으로 내려갔다. 현관문에 비친 남자의 그림자를 살피면서도 나는 그가 왜 나를 찾아왔는지 도무지 갈피를 잡을 수 없었다. 현관 등을 켜자 그제야 남자의 모습이 온전히 드러났다. 180센티미터 정도의 키에 나이가 제법 들어 보였다. 벗어진 대머리 양옆으로 조금 남아 있는 머리카락이 희끗희끗했다. 남자는 비를 조금이라도 덜 맞으려고 어정쩡하게 구부린 자세로 서 있었다. 렉스를 옆으로 밀치고 문을 열자 남자는 안도의 한숨을 내쉬며 커다란 이를 드러내 보였다.[1]

"번스 교수님? 리치먼드 번스 교수님을 만나려고 왔는데, 마…… 맞습니까, 번스 교…… 교수님?"

남자는 말을 더듬었다.

"예, 제가 번스입니다만……."

방충망 문을 열지 않은 채로 나는 대답했다.

남자는 미소를 지으려고 애를 쓰는 것 같았지만, 그의 입술은 어쩐지 자꾸만 일그러졌다. 남자는 마치 잠꼬대하듯 말했다.

"줄리아 브룩스가 교수님 이름을 가르쳐주더군요, 교회에서요."

줄리아가? 나도 모르게 눈살이 찌푸려졌다.

"그분 말로는, 교수님이 대학교에서 강의를 하신다고……. 경제학을……."

그건 맞는 말이었다. 나는 고개를 끄덕였다.

남자의 갈색 눈이 나를 빠르게 훑으며 평가하는 것 같았다. 감출 수 없는 실망감이 그의 얼굴에 그대로 드러났다.

"굉장히 젊으시네요……."

남자는 그렇게 말하고 돌아섰다. 하지만 곧 다시 몸을 돌려 나를 바라보았다. 그냥 돌아가려다가 마음을 바꾼 모양이었다.

"저……, 도움을 좀 받을 수 있을까요? 얘기를 나눌 사람이 필요해서요. 저……, 오래된 어떤 경제학자를 잘 아는 사람에게 도움을 받아야 하는데……."

남자는 호기심을 불러일으키는 옛날식 말투였다. 남자의 목소리는 세차게 내리는 빗소리에 먹혀서 잘 들리지 않았다. 남자는 목소리를 조금 더 높여 말했다.

"오래되었다고 해서 그 사람이 늙었다는 뜻은 아니고……. 무슨 말이냐 하면요, 아주 오래전에 살았던 사람인데, 애덤 스미스라나 뭐라나 하는 사람이에요. 혹시 그 사람을 압니까?"

'이게 무슨 소리지? 애덤 스미스라고? 애덤 스미스?'

그 사이에 비는 시나브로 잦아들고 있었다. 렉스는 내 뒤에서 앞발로 카펫을 난폭하게 긁어댔다. 평소에 녀석은 누가 현관문으로 들어와도 좀처럼 거들떠보지도 않았다. 그러나 그날따라 녀석의 태도는 달랐다. 확실히 이상했다.

"애덤 스미스라면……, '경제학의 아버지'인 그 애덤 스미스 말씀이신가요?"[2]

"아, 예. 아마 그 사람이 맞을 겁니다."

나는 잠시 망설이다가 방충망 문을 열었다. 남자는 옷에 묻은 빗물을 대충 털고 안으로 들어섰다. 거실 조명이 남자의 얼굴을 아까보다 좀 더 자세히 비추었다. 굵은 주름살이 파인 그의 얼굴은 벌겋게 상기되어 있었고, 코는 두드러지게 높았다. 입술은 가늘고 얇았으며, 입술에 난 흰색 수염은 비에 젖어 축축했다. 남자가 긴 의자에 자리를 잡고 앉았다. 반대편에 나도 앉았다. 흘낏 시계를 보니, 내가 꼭 챙겨서 보는 텔레비전 프로그램이 시작하기 5분 전이었다.

"지난 몇 주 동안 굉장히 힘들었습니다!"

남자는 힘없는 목소리로 말했다. 남자의 검은색 작업화에 묻어 있던 빗물이 카펫에 스며들고 있었다.

나는 남자를 호기심과 조바심이 뒤섞인 복잡한 심경으로 찬찬히 살폈다. 머리도 부스스하고 꾀죄죄해 보였지만, 그런 외모와 어울리지 않는 어떤 우아함이 그에게서 풍겼다. 줄리아에게 소개받았다는 말을 듣지만 않았어도 나는 그 남자를 집 안으로 들이지 않았을 것이다. 오래전에 줄리아는 "행동이 동반되지 않는 도덕적 가식은 그저 입에 발린 말에 지나지 않는다"고 말했다. 줄리아 자신이 직접 창작해서 한 말이든 다른 누군가의 말을 옮긴 것이든 그건 중요하지 않았다. 그 말이 나를 아프게 찔렀던 터라서 한가하지 않은 시간이었음에도 어쩔 수 없이 인내심을 발휘해야만 했다.

남자는 목을 가다듬느라 한두 번 헛기침하더니 말을 시작했다.

"어디에서 시작해야 할지 모르겠지만……, 일단 지난 4월로 돌아가야겠네요. 지금부터 서너 주 전이었지요. 그때부터 이상한 꿈을 꾸기 시작했거든요. 꿈이라고 말은 하지만, 사실 꿈인지 아닌지도 정확하진 않아요. 아무튼, 그 목소리가 밤에 내가 잠들었을 때만 들렸으니까……. 그러고 보면 꿈은 맞는 것 같네요. 문제는 이제 그 목소리가 잠에서 깬 뒤에도 계속 들린다는 겁니다."

그 대목에서 남자의 목소리가 갈라졌다.

"진짜 무서워 죽겠습니다! 무슨 설교처럼 들리기도 하고, 귀에서 계속 윙윙 소리를 내는데……. 아아아!"

남자는 고개를 떨구었다. 그러고는 곧 어깨가 들썩이기 시작했다.

렉스는 내 발아래서 낑낑거리는 소리를 냈다. 짖는 건 아니었다. 그저 비에 젖은 방문자에게 경계심을 늦추지 않음으로써 자기 책임을 다하고자 하는 것 같았다. 나는 렉스의 귀 뒤쪽을 손바닥으로 두어 차례 쓰다듬었다. 녀석의 그런 태도는 충분히 격려와 칭찬을 받을 자격이 있었다.

"굉장히 힘든 몇 주였습니다!"

남자는 흐느끼며 눈가를 훔쳤다.

"내 마음속에서 들리는 이 목소리는 온종일 쉬지도 않고 밤낮으로 머릿속에서 계속 윙윙대는데……."

남자는 기름때가 묻은 재킷 주머니를 뒤지며 물었다.

"담배 한 대 피워도……?"

남자는 주머니에서 담배를 꺼냈다. 그러나 이내 마음을 고쳐먹고 담배를 다시 주머니에 넣었다.

"이러다가 진짜 미쳐버릴 것 같아요."

줄리아 브룩스는 도대체 어디에서 이런 사람들을 만난 걸까? 나는 주방으로 가서 재떨이로 쓸 만한 접시 하나를 가지고 왔다.

"재떨이로 쓰십시오."

남자는 다시 담배를 꺼내 입에 물고 찌그러진 지포 라이터로 불을 붙였다. 그러고는 한 모금 길게 연기를 빨아들인 뒤 다시 입을 열었다.

"이 목소리는 그러니까……, 도무지 말이 안 됩니다만, 아무래도 나에게 하는 소리가 아닌 건 분명합니다. '세상을 바로잡을' 어떤 얘기를 계속하는데, 난 무슨 말인지 도대체 알아들을 수 없는 어려운 말들뿐이에요. 그러니 이게 어떻게 나에게 하는 소리라고 생각할 수 있겠어요. 번스 교수님, 나는 트럭 정비사입니다. 디젤 엔진을 고치죠. 이런 내가 세상을 바로잡을 수 있겠습니까? 이 목소리는 계속, 계속, 계속 이어집니다. '해럴드, 자네 도움이 절실히 필요하네'라고요."

"해럴드?"

"예, 내 이름이 해럴드 팀스거든요."

남자가 손을 내밀었다. 남자의 말에 유럽식 억양이 희미하게 묻어났다. 하지만 해럴드 팀스라는 이름만으로는 남자의 출신과 정체를 파악할 어떤 실마리도 잡을 수 없었다. 나는 경제학자이지 언어학자가 아니니까. 나는 남자의 손을 잡으며 물었다.

"어디 출신이십니까?"

"루마니아요. 미국에 온 지는 오래됐죠."

프레데릭스버그에 있는 허스트 대학교에서 강의하던 두 번째 해가 끝나갈 무렵이었다. 그때 나는 완전히 방전된 상태였다. 학생들이 본 기말고사를 채점해야 했고, 끝도 없이 이어지는 교수단 회의마다 꼼꼼하게 준비해서 꼬박꼬박 참석해야 했다. 또 그즈음 준비하고 있던 박사 과정 논문의 막바지 작업에 집중해야 했다. 보조 책상 위에는 미처 답장하지 못한 크리스마스 카드가 수북이 쌓여 있었고, 세탁물 바구니에는 빨래가 넘쳐흘렀다. 주방 쪽에서는 전자레인지에서 익는 닭고기 냄새가 솔솔 풍겼고, 허기에 지쳐 있던 내 위장은 요란하게 아우성쳤다.

해럴드 팀스는 담배를 접시에 비벼 끄고는 멍한 눈으로 한 곳을 바라보았다. 바라본다기보다는 그의 시선이 그쪽을 향하고 있을 뿐 실제로는 아무것도 보고 있지 않은 듯했다. 아무리 보아도 그의 사연은 길고도 복잡할 것 같았다. 문득, 어쩌면 나를 의학박사로 잘못 알고 있을지도 모른다는 생각이 들었다. 생각이 거기까지 미치자, 그 남자에게 계속 이야기를 시키는 것은 시간 낭비일 뿐만 아니라 정직한 태도도 아니라는 판단이 들었다. 줄리아가 소개했든 누가 소개했든 더 시간을 끌 일이 아니었다.

"흥미롭습니다만……."

나는 소파에서 일어나면서, 한사코 매달리려 하는 그 남자의 손을 잡고 소파에서 일으켰다.

"미스터 팀스, 당신을 힘들게 하는 그 문제를 다스려줄 좋은 약은 많이 있습니다. 요즘에는 별별 약들이 다 있지 않습니까?"

말을 하면서 나는 남자를 현관 쪽으로 이끌었다.

"제가 오해하는 것인지 모르겠습니다만, 저는 의사가 아닙니다. 안타깝게도, 어떤 처방도 해드릴 수가 없네요."

남자의 표정이 일그러졌다. 도움을 줄 수 없다는 내 말에 충격을 받은 모양이었다.

"하지만 교수님이 나를 도와줘야 합니다!"

"줄리아가 분명히 좋은 의사 선생님을 소개해드릴 겁니다. 저를 붙잡고 이러셔봐야 괜히 시간만 낭비하는 셈입니다."

나는 현관문을 열었다. 남자는 나가기 싫은 발걸음을 억지로 떼는 듯 천천히 밖으로 나갔다. 그러다가 어느 순간 두 발을 벌리고 딱 버티고 선 채 망연한 얼굴로 나를 바라보았다. 마치 주인에게 버림받는 애완동물의 모습이나 표정이 그렇지 않을까 싶었다. 거실의 텔레비전은 방청객의 웃음소리를 왁자하게 쏟아내고 있었고, 바깥에는 세찬 바람 속에서 비가 여전히 줄기차게 내리고 있었다.

"행운을 빕니다!"

나는 남자에게 손을 흔들어주고 문을 닫았다, 천천히.

이상하게도 찜찜한 느낌이 들었다. 그래서 다시 문을 열었다. 그 남자는 그 자리에 그대로 서 있었다.

"그런데 그게, 애덤 스미스와 도대체 무슨 상관이 있단 말입니까?"

"그 목소리의 주인이 애덤 스미스거든! 그 녀석이 내 정신을 빼앗아 버렸단 말이야! 그 녀석은 온 세상이 자기 말을 끝까지 들어주길 원한다고! 안 그러면 안 된다잖아!"

나는 머리를 절레절레 흔들면서 문을 닫았다. 그 미친 남자를 밖에 세워둔 채로.

"라티머, 당신은 사악한 악마야!"

로버트 앨런 라티머 교수. 애덤 스미스 경제학부 학과장인 그는 워싱턴 D.C.의 중심가에 있는 식당 올드 에벳 그릴에서 나와 마주 앉아 있었다. 라티머는 높은 지위에 걸맞게 대단한 품위와 위엄을 풍기는 사람이었다. 천장에 닿을 정도인 185센티미터의 늠름한 키에 늘 자세를 곧추세웠으며, 반백의 머리를 짧게 깎고 다녔다. 이런 머리 모양 탓에 어쩐지 그는 거칠고 억센 군인처럼 보이기도 했다. 아무튼, 늘 한 치의 오차도 허용하지 않고 정확성과 완벽함을 추구하는 습관은 그의 군인 이미지와 정확히 일치했다.

평소에 자주 그랬던 것처럼 라티머는 워싱턴의 유력 인사들을 상대로 컨설팅하기 위해 보스턴에 있는 대학교에서 워싱턴까지 비행기로 이동했다. 이번에 만날 사람은 재무부 인사들이었다. 그리고 그들을 만나기로 한 재무부 건물은 올드 에벳 그릴 식당의 맞은편에 있었다.

그날의 논의 주제는 '인도네시아의 디폴트(채무 불이행) 위기'였다.

라티머의 자투리 시간을 지루하지 않게 채워주는 것이 내게 주어진 임무였다. 내가 몸담은 허스트 대학교가 그곳에서 80킬로미터 정도 떨어진 프레데릭스버그에 있었기 때문이었다. 라티머 역시 내가 그렇게 해주길 늘 기대했다. 라티머의 자투리 시간이라야 길거리에서 급하게 샌드위치를 먹거나 공항에서 음료수를 한잔 마시는 시간 정도가 고작이었다. 한데, 오늘따라 나로서는 운이 좋았는지 우리는 식당에 자리 잡고 함께 점심을 먹게 된 것이었다.

"교수님 어젯밤 제게 무슨 일이 있었는지 들으시면 아마 깜짝 놀라실 겁니다."

클럽샌드위치(썰어놓은 빵 세 장을 구워서 닭고기나 칠면조, 상추, 토마토, 베이컨 등 여러 재료를 켜켜이 넣은 샌드위치의 한 종류 – 옮긴이)와 맥주 한 잔을 주문한 뒤 나는 어제 있었던 일을 얘기했다.

"비가 억수같이 쏟아지는데, 나이가 좀 있어 보이는 어떤 사람이 현관문을 두드리지 뭡니까?"

라티머가 내 말을 잘랐다.

"이봐 번스, 그런 한가한 얘기는 다음에 듣기로 하고, 월드켐에 대해 뭘 좀 들은 건 없나?"

늘 그렇듯 라티머는 퉁명스럽게 말했다. 사교적인 말이나 태도는 자기와 지위가 비슷한 사람들과만 나누었고, 나에게까지 그런 배려는 돌아오지 않았다. 아닌 게 아니라, 나에게 그는 마치 신처럼 막강한 힘을 휘두르는 사람이었다. 나의 박사 논문 지도 교수이기 때문이었다. 나는 대학원 2학년 때부터 그를 지도 교수로 모시고 강의를 하거나 연구 조교로 일했다. 강력한 노벨경제학상 후보로 꼽히는 그 위대한 라티머 교수의 조교가 된다는 것은 무척 영광스러운 일이었다. 하지만 동시에 그것은 사생활을 거의 포기하다시피 해야 한다는 의미이기도 했다. 모든 것이 그의 필요, 그의 일정, 그가 설정한 의제에 따라 돌아가야 했기 때문이다.

오늘 그의 의제는 월드켐이다. 월드켐은 제2차 세계대전이 벌어지던 당시 샌프란시스코에서 이런저런 군사용 화학물질을 만들어 납품하던 작은 회사로 처음 시작해서 지금은 전 세계 35개국에 지사를 둔 다국적기업으로 성장해 있었다. 라티머는 국제경제학 분야에서 명성이 자자한 덕분에 월드켐의 이사 자리를 꿰차고 있었다.

라티머는 탈냉전 시대의 세계경제를 설계한 사람이 바로 자기 자신이라는 공상에 가까운 생각을 가지고 있었다. 놀라울 정도로 창의적이었던 그는 다른 어떤 경제학자보다도 정부 지원금을 많이 받았다. 게다가 자주 컨설팅 기회를 제공받으며 출판 요청도 쇄도했다. 이런 모든 상황이 탈냉전 시대의 세계경제를 자신이 설계했다는 그의 공상적인 믿음을 한층 더 크게 부풀렸다. 소련 붕괴로 전 세계에 도미노 효과가 일어났고, 라티머와 같은 학자들이 전면에 나서서 공백이 되어버린 권력과 사상의 빈자리를 메웠다. 그가 제시한 저 유명한 개혁 슬로건인 '에스-엘-피(S-L-P, Stabilize! Liberate! Privatize!, 안정화하라! 자유화하라! 민영화하라!)'는 정부 예산 축소와 전 세계적인 차원의 탈규제가 진행되는 데 눈에 띄는 역할을 했다. '에스-엘-피'는 재정적자를 줄이고, 보조금을 삭제하며, 공개시장을 자유로운 경쟁이 지배하는 공간으로 만들 것을 요구했다. 사회주의적인 성격의 산업과 조직은 해체되어 민영화되었다. 그리고 그 과정에서 세계적인 다국적기업들은 사회주의 경제체제를 자본주의 경제체제로 전환시키는 데 필요한 자본과 기술의 상당 부분을 제공했다.

이런 정책적 처방 덕분에 라티머는 국제 회의장에서, 조지타운에서 벌어진 내각 만찬장에서, 그리고 월스트리트의 재무 분야 거물들이 모인 롱아일랜드의 주말 휴가지에서 누구보다도 인기가 높은 인물이 되었다. 그런데 세계의 다른 쪽에서는 정반대 일이 벌어졌다. 리우데자네이루, 라고스(나이지리아의 옛 수도), 자카르타 등지에서는 절망에 빠진 사람들이 라티머의 인형을 만들어 화형에 처하는 일이 빈번하게 일어났다. 아닌 게 아니라, 라티머가 팔에 끼고 나타났던 오늘자 신문은 1면 머리기사로 인도네시아에서 가격 규제 철폐 조치에 반발한 시민들이 폭동을 일으키고 수도를 약탈한다는 내용을 대서특필했다. 커다랗게 실린 라티머의 사진 아래에 다음과 같은 사진 설명이 붙어 있었다.

"외국인 경제 고문은 구조조정을 강력하게 제안한다."

그 기사는 라티머가 했다는 말을 인용해서 실었는데, 그 발언은 고통당하는 사람들을 바라보는 전형적인 몰인정한 태도를 그대로 반영하고 있었다.

"수십 년 동안 국가 경제를 좀먹고 도둑질하던 전직 대통령(인도네시아 수하르토 대통령을 가리킨다-옮긴이)이 이제야 비로소 쫓겨났는데,

이제 그가 거리에 서서 국제통화기금(IMF)[1]을 비난한다고? 세상에 공짜 점심은 없다.[2] 무언가를 얻으려면 우선 고통부터 감내해야 한다."

옳은 말인지 그른 말인지와 무관하게 라티머가 했던 이 노골적인 독설은 중앙은행장들과 재무부 장관들이 모인 자리 이외에서는 공감을 얻지 못했다.

어느 날엔가 나는 강의를 마친 뒤 현재 내가 준비하고 있는 박사 논문의 토대를 형성하는 어떤 가설을 놓고 라티머와 대화를 나눈 적이 있었다. 그것은 급격한 구조조정을 겪는 나라, 심지어 러시아처럼 최근까지 사회주의 경제체제를 유지하고 있던 나라에서조차 주식시장을 평가하는 데 필요한 동적 모델을 구축할 수 있다는 가설이었다. 라티머는 나의 이 아이디어에 고개를 크게 끄덕이며 관심을 보였다. 그로부터 한 달도 지나지 않아 경제학부 차원에서 연구비를 지원할 하계 연구과제 목록을 작성했는데, 거기에 내 이름이 들어 있었다. 이로써 공식적으로 나는 그의 직계 제자가 된 것이었다.

라티머를 통해 적지 않은 다국적기업이 내가 진행하는 논문에 관심을 가졌다. 월드켐도 그런 기업들 가운데 하나였다. 물론 내가 하는 작업은 순전히 이론적인 것이었다. 나는 그 어떤 러시아인과도 대화를 나눠본 적이 없었다. 물론 러시아에 가본 적도 없었다. 또한, 러시아 역사를 안다고 해봐야 그저 피상적인 수준밖에 되지 않았다. 그러나 나는 러시아에서 민영화될 자산 가치 규모에 대해 월드켐의 프로젝트 책임자들을 열광하게 할 정도로는 충분히 알고 있었다. 적어도 이론적으로는……

올드 에벳 그릴의 조명은 점심시간이었음에도 어둡게 설정되어 있었다. 온갖 개성 넘치는 사람들로 북적대고 기자들의 성가신 눈길이 번뜩이는 이 도시에서 그나마 프라이버시를 제공한다는 환상을 심어주기 위한 장치일 수도 있었다. 이 어두운 조명 속에서도 나는 맥주를 마시는 마흔 살쯤 되어 보이는 남자에게 자꾸 눈길이 갔다. 우리 자리에서 두 테이블 떨어진 자리에 앉아 있는 남자는 우리가 무슨 대화를 나누는지 우리의 입술을 보고 알아내려 애쓰는 것 같았기 때문이다. 나와 눈이 마주치자 남자는 황급히 시선을 돌렸다.

"내 말 듣고 있나, 번스?"

"아, 예……. 근데 저기 있는 저 사람……, 혹시 교수님이 아시는 사람입니까?"

라티머가 회전의자를 빙글 돌려서 그 남자를 슬쩍 보고는 다시 나를 바라보았다.

"맥스 헤스야."

라티머가 얼굴을 찌푸리며 말했다.

"내 인생 최악의 실패작이지. 툭하면 나타나서 내 하루를 망쳐놓는 인간이야."

맥스 헤스가 자리에서 일어나 우리에게 다가왔다. 작은 키였지만 스프링을 눌러놓은 것처럼 강인한 인상이었다. 그의 금발 머리는 단추를 푼 셔츠의 칼라 위로 찰랑거렸다.

"오, 위대하신 라티머 교수님!"

라티머는 헤스를 무시했지만, 그는 그러거나 말거나 우리 테이블 옆에 서서 말을 이었다.

"자유시장의 신께서는 오늘은 좀 어떠신지요?"

"자네가 보다시피 지금 회의하는 중이니까……. 미안하지만……."

"교수님은 거처할 편안한 집이 있고 맛있는 음식도 늘 대기하고 있죠. 그런데 그런 게 없는 수십억 명의 어린이들에게는 뭐라고 하실 겁니까?"

라티머는 아무 대꾸도 하지 않고 눈으로 식당 지배인을 찾았다. 하지만 헤스는 아랑곳하지 않았다.

"에스…… 엘…… 피……."

그는 경멸하듯 그 철자를 한 자씩 딱딱 끊어서 내뱉었다.

"가난한 사람들은 일자리가 없어서 굶어 죽는데, 당신은 이것을 '안정화'라고 말하지! 생필품값이 미친 듯이 인상되는데, 이것은 '자유화'라고 말하지! 소수 엘리트층이 국가의 돈을 훔치는데, 이것을 당신은 '민영화'라고 말하지!"

라티머의 눈이 가늘게 찢어졌다. 그는 젊은 시절 해병대에 복무했다. 그러나 그의 그런 전력과 상관없이 헤스는 라티머의 화려한 언변에 곧 묵사발이 되리라 나는 생각했다. 하지만 그런 일은 일어나지 않았다. 라티머는 아무 말이 없었고, 헤스의 공격은 계속되었다.

"제3세계의 수출 이익은 강간당하고 있지요! 왜 그럴까요? 배부른 외국 은행가들에게 돈을 갚기 위해서죠, 아닌가요?"

매니저가 와서 헤스를 끌고 갔다. 헤스는 끌려가면서도 계속 고함을 질렀다.

"라티머 교수, 당신은 사악한 악마야!"

그의 차가운 회색 눈동자가 잠시 나를 쏘아보았다.

"그 사람은 또 누구야? 당신의 새로운 앞잡인가 보지?"

새로운 앞잡이? 그 말을 듣는 순간, 서늘한 기운이 등줄기를 타고 내려가는 느낌이 들었다.

라티머는 고개를 절레절레 저었다.

"GRE(Graduate Record Examination, 대학원 입학 자격시험 - 옮긴이) 점수는 저런 인간들을 미리 걸러내지 못하나? 저런 인간이 800점대나 되다니."

"교수님 제자입니까?"

라티머가 고개를 끄덕였다.

"20년 전에는 그랬지. 독일 친구야. 완벽하게 정상적인 친구였어, 처음에는. 그런데 여름방학 때 볼리비아 현장 실습을 다녀오더니 체 게바라 얘기만 하더군."

"그럼 논문은요?"

"계급 간의 전쟁에 대해 횡설수설하는 내용이었는데, 도무지 말이 안 되는 것이었지. 그러니 어떻게 논문을 통과시켜주겠나."

"지금은 뭐하고 있습니까?"

라티머는 입을 삐죽거리더니 대답했다.

"방금 그랬던 것처럼 여기저기 불쑥 나타나서 나에게 모욕을 주지. 변변한 일자리도 없을걸? 저래 가지고 무슨 교수를 하겠어? 뭐, 그건 그렇고. 우리 얘기나 하자고."

라티머는 커피를 저으면서 말을 계속했다.

"월드켐은 자네가 쓰는 논문의 마지막 절이 마음에 드나 봐. 아주 좋아! 그런데 마지막 장(章)은 언제 완성되나?"

"거의 다 끝나갑니다."

나는 시선을 피하며 대답했다. 그건 거짓말이었다. 바(bar) 위에 걸려 있는 바다코끼리 봉제 인형이 나를 내려다보는 시선이 어쩐지 불길하게 느껴졌다.

라티머의 표정이 굳어졌다.

"내가 하라는 건 시장에서 일어나지 않는 일이 아니잖아? 번스, 이건 저 멍청한 헤스조차 잘 알 거야."

그는 몸을 내 쪽으로 숙이면서 한껏 목소리를 낮춰 계속 말을 이었다.

"월드켐이 러시아 알루미늄 산업에 뛰어들어 입찰하려고 한단 말이야. 이것은 역사상 유례가 없는 세계 최대 규모의 민영화가 될 거란 말일세!"

내 입은 나도 모르게 놀라움의 휘파람 소리를 냈다.

"그래서 그 사람들이 제 논문에 관심을 가지는 거군요?"

"빙고!"

라티머는 무슨 말을 더 하려다 그만두더니 결국 이렇게 말했다.

"번스, 자네는 뭐랄까……. 자네 방식대로만 하겠다고 고집부리는 경향이 있어. 그러니까……, 뭔가 불만을 품은 것 같기도 하고 말이야."

라티머가 씨익 웃었다. 어딘지 섬뜩함이 느껴지는 미소였다.

"러시아 알루미늄 민영화 사업에 수많은 날파리가 꼬인다는 건 잘 알겠지? 하지만 자네가 개발하는 동적 모델은 월드켐이 그 사업을 따내는 데 상당히 유리한 무기가 될 거야."

라티머는 내 쪽으로 숙였던 고개를 들면서 초록색 벨루어(실크나 면직물을 벨벳처럼 만든 것-옮긴이) 의자에 등을 기댔다.

"아마도 월드켐은 이 한 건으로 10억 달러는 챙길 수 있을 거야."

10억 달러씩이나? 나는 침을 꿀꺽 삼켰다.

"그런데 월드켐은 자네를 마냥 기다려주지 않아. 게다가 맨스필드와 팰로앨토에 있는 그의 연구팀이 과연 손 놓고 가만히 있을까? 자네가 먼저 치고나가야 해, 알아? 그리고 스탠퍼드 놈들이 먼저 그 모델을 개발하면 나는 완전히 엿 되는 거야."

라티머는 음료수로 목을 축이고 계속 말을 이어갔다.

"자네가 여태까지 해온 것들을 보면 이번에 나올 논문은 진짜 죽이는 물건이 될 거야. 내 최고 저작물 가운데 하나가 되는 거지."

많은 교수가 그런 것처럼, 라티머도 박사 과정을 밟는 제자들의 연구 결과를 자신의 성과물로 여겼다. 그 제자들 중 자기 논문에 라티머교수의 이름을 함께 올리지 않은 사람은 모조리 재앙을 맞았으니 제자들로서도 달리 방법이 없었다. 라티머가 쌓은 학문적 업적이라는 것도 사실 따지고 보면 그가 거느렸던 박사 과정 학생들이 일군 것이었다. 만일 그들이 없었다면 누가 그의 위대함이 계속 유지될 수 있게해줄 수 있을까? 또 그가 누리는 학문적 명성을 보장해줄 일을 누가하려고 할까?

계속해서 라티머가 말했다.

"요즘에는 수재들을 잡기가 너무 어려워졌어, 빌어먹을! 미국 학생들 가운데 뛰어난 학생은 더 적어졌단 말이야. 다들 집단소송 전문 변호사가 되어 구급차나 쫓아다니고, 쯧쯧! 라틴아메리카 학생들 공급은 점점 줄어들고, 태평양 연안에 있는 대학교가 아시아 출신 학생 대부분을 잡아먹고 있으니……."

거기까지 말한 라티머는 길게 한숨을 내쉬었다.

"아 참, 그러고 보니 이제 생각났네, 번스. 자네 논문 앞부분을 새뮤얼슨상 심사위원회에 제출했네."

나는 가슴이 철렁 내려앉는 것처럼 놀랐다. 그는 마치 내 놀라는 표정이 의미 없는 농담이라도 되는 것처럼 음흉한 웃음으로 넘겼다.

"거기에서 아마 외부에 검토를 맡기겠지. 하지만 1차 통과 때 벌써 큰 충격을 받은 모양이더군. 축하하네!"

내가 경제학을 전공하는 대학원생들에게 주어지는 가장 영광스러운 상인 새뮤얼슨상 수상 후보자로 지명되다니!³ 심장 박동이 빨라졌다. 라티머 교수가 뭐라고 말을 하긴 했지만, 하나도 귀에 들어오지 않았다. 마지막 부분만 간신히 알아들었을 뿐이었다.

"……9월 8일. 할 수 있지?"

머리는 텅 비어 있었고, 아무 생각이 나지 않았다.

"정신 차려, 번스! 할 수 있어, 없어?"

"예, 할 수 있습니다!"

"좋아! 자세한 사항은 에다에게 물어보면 잘 가르쳐줄 거야. 번스, 이거 엿 되면 안 된다? 잘못하면 내 엉덩이를 까야 하니까, 잘해!"

상스러운 말을 평소에 아무렇지도 않게 구사하는 이런 사람이 내로라하는 대학교의 경제학부 학과장직을 맡고 있다는 사실이 새삼스럽게 놀라웠다. 닉슨 대통령이 백악관에서 했던 대화를 비밀리에 녹음한 테이프가 생각났다. 하긴, 미국 대통령이라는 사람도 입이 험하기로 유명한 뱃사람들조차 혀를 내두를 정도의 육두문자를 남발했으니, 뭐……. 미국의 사회 구조가 너무도 유동적이다 보니 성공한 사람이라고 해서 다 인격이 고매한 건 아니었다.

종업원이 계산서를 가지러 갔을 때 갑자기 전날 밤의 그 이상한 방문자가 생각났다.

"그런데 교수님, 어젯밤에 진짜 이상한 일이 일어났거든요……."

라티머는 눈살을 찌푸렸지만, 나는 전혀 개의치 않고 계속 말을 이었다.

"비가 억수같이 쏟아지는데, 제가 사는 집을 찾아와서는 환청에 시달린다면서 어떤 '목소리'가 자기 정신을 장악해버렸다는 겁니다. 근데 진짜 웃기는 말이 뭐냐 하면……."

말을 하면서도 나는 터져 나오는 웃음을 참지 못하고 키득거렸다.

"그 사람 말이, 그 목소리 주인이 애덤 스미스라는 겁니다!"

"이봐, 번스."

라티머는 내가 하는 말이 전혀 우습지 않은 모양이었다.

"예?"

"나도 얘기를 더 나누고 싶네만……."

라티머는 손목시계를 슬쩍 보더니 주머니에서 휴대전화를 꺼냈다.

"두 시간 뒤에는 또 비행기를 타고 떠나야 해. 이런, 그새 전화가 몇 통 왔었군."

내가 자리에서 일어설 때 라티머는 벌써 다른 얘기를 하고 있었다. 주인에게 묵살당하는 하인의 심정이 이랬으리라 싶었다. 나는 지갑에서 팁을 꺼내 테이블에 올려두고 라티머 뒤를 따랐다. 내가 둔 돈에는 라티머가 내야 할 팁도 포함되어 있었다. 라티머는 자기 몫의 팁을 내지 않았다. 늘 그런 식이었다.[4]

* * *

기차를 타고 프레데릭스버그로 돌아왔을 때는 이미 일상을 벗어난 시간이었다. 그 덕분에 나는 라티머와 맺었던 오랜 관계를 생각해보게 되었다. 그가 내 논문 마감일에 대해 이렇듯 갑작스럽게 관심을 두게 된 것은 나로선 상당히 거슬리는 일이었다. 그가 내 논문 지도 교수이고, 그로 인해 내가 그에게 매여 있기 때문이었다. 나는 이른바 '박사 과정 수료자', 즉 논문 통과라는 최종 관문을 제외하고는 박사가 되기 위한 모든 과정을 마친 학생이었다. 이런 상태의 내 처지는 취업 전선에서 매우 불리했다. 따라서 아무리 싫어도 노예와 같은 수준의 임금에 만족할 수밖에 없었다. 하지만 거꾸로 대학원생들을 자기 하인처럼 부리는 라티머를 비롯한 소수의 교수에게는 나의 이런 처지가 매우 유리한 조건으로 작용했다.

사실, 라티머 같은 부류와 정반대인 교수를 지도 교수로 모실 수도 있었다. 그러니 따지고 보면 자업자득이라고 할 수밖에 없었다. 그의 명성에 눈먼 나머지 다른 조건들은 진지하게 고려해보지도 않았으니까. 물론 그때 나는 나름대로 비용편익분석을 한 뒤 그런 결정을 내리긴 했다. 경제학 제1 교훈, 즉 어떤 것에 포함된 진짜 비용(true cost)은 겉으로 드러나지 않을 때가 종종 있다는 사실을 깜박 잊어버리는 실수를 저지르고 말았다. 그리고 그로부터 5년이 지난 뒤, 나는 라티머와의 관계를 내 손과 의지로는 절대 끊을 수 없음을 깨달았다. 그래서 나는 나를 옭아매는 그 시스템에서 벗어나겠다는 생각으로, 누구나 선망하는 보스턴 케임브리지 대학교의 라티머 아래에서 경력 쌓기를 포기하고 버지니아에 있는 허스트 대학교를 선택했다. 이곳에서는 오로지 학생을 가르치는 일과 연구에만 집중할 수 있다고 생각했기 때문이었다. 적어도 계획은 그랬다. 하지만 라티머는 내가 내린 결정을 뒤흔들려고 했다. 그는 절대로 나를 놓아주려 하지 않았다. 자기와 한번 맺은 인연은 영원히 간다는 것이었다. 그리고 그가 내 논문 지도 교수인 한 나는 그의 배에 몸을 실을 수밖에 없었다. 그가 자기 배를 몰고 어디로 가든 나는 함께 그곳으로 갈 수밖에 없었다. 그러니까, 월드켐 관련 프로젝트는 최후통첩인 셈이었다. 자신의 지시를 받아들이겠는가, 아니면 내 마음대로 하겠는가? 자기 지시에 따르지 않으면 이제 와서 논문지도 교수가 되어주지 않겠다는 말이었다. 이제 와서 다른 지도 교수를 찾아야 한다? 할 수 있을까? 그렇지 않아도 늦었으니, 아무리 생각해도 그렇게 할 수는 없었다.

기차는 콴티코 마을을 통과하면서 속도를 늦추고 경적을 울렸다.

멀리 가로수가 늘어선 길을 따라 해병대원들이 반바지와 티셔츠를 입고 조깅을 하고 있었다(버지니아 주 콴티코에는 미 해병대 본부가 있다-옮긴이). 이내 기차는 포토맥 강과 나란히 달리면서 속도를 높였다. 나무들 사이로 모래사장이 보였다. 그리고 군데군데에 거대한 사암들이 우뚝우뚝 서 있는 게 보였다. 얼마 뒤 기차는 강이 바다로 이어지는 하구 부근을 지났다. 오후의 햇살은 따사롭게 내리쬐었고, 경쾌한 바람이 머리가 하얀 파도를 만들고 있었다. 오른쪽으로는 평평한 대지 위에 식민지 시대의 장엄한 건물 한 채가 서 있었다. 1776년에 영국 함대가 포토맥 강으로 진격하던 일까지 의연하게 견뎌냈을 것 같은 건물이었다.[5]

달리는 기차와 함께 내 생각도 이리저리 마구 내달렸다. 그날 내가 라티머에게 동조했음을 솔직히 인정해야 했다. 나는 그에게 거짓말을 했다. 나는 그가 듣고 싶었던 말을 해줌으로써 진실에 관한 한 '경제적'이었던 셈이다. 사실 나는 논문의 마지막 장을 완성할 가능성이 거의 없었다. 마지막 장을 세 번이나 썼지만 만족스럽지 않았다. 결국, 그것들을 모두 책장에 처박아두고 말았다. 내 논문은 필요하다 싶은 것은 모두 다루고 있었지만, 그 모든 게 하나로 꿰어지지 않았다. 바로 그 점이 문제였다. 알 수 없는 무언가가 빠져 있었다. 어쩌면 지금까지 쓴 것만으로 논문은 통과될 수도 있었다. 라티머도 무언가가 조금 부족하다는 것은 전혀 문제가 되지 않는다는 취지로 월드켐을 달래고 설득하려고 하는지도, 또 당연히 그렇게 할 수 있다고 생각하는지도 몰랐다. 하지만 내가 그 마지막 장을 완성하지 않고서는 새뮤얼슨상을 받지 못한다는 사실만은 분명했다.

프레데릭스버그의 내 연구실로 돌아와서 케임브리지의 라티머 교수 연구실로 전화했다. 에다 맥코리는 딱 한 번 울리는 전화벨 소리를 듣고 전화를 받았다. 에다는 라티머의 유능한 비서였으며, 경제학부의 심장이었다. 그녀는 모든 사람의 생일을 기억했고, 몸이 아픈 사람에게는 꽃을 보냈다. 고민이 있는 사람에게는 편안하게 기댈 수 있는 어깨를 내어주었고, 누가 무슨 얘기를 해도 귀 기울이며 공감해주었다. 에다는 따뜻한 인사말에 이어서 잘 지내는지 물었다. 나는 모든 게 순조롭다고 말했다. 그날 두 번째로 거짓말을 한 셈이었다. 9월 8일로 예정된 수수께끼의 어떤 회의 일정에 대해 내가 물었다.

"9월 8일이요? 잠깐만요……."

곧 종이를 넘기는 소리가 전화기로 들렸다.

"그날은 월드켐의 정기 이사회가 열리는 날이네요. 샌프란시스코에 있는 본사에서요. 라티머 교수님이 저더러 그날 교수님 일정을 예약해놓으라고 하셨어요. 아 참, 당신이 이사들 앞에서 프레젠테이션한다고 하시던데요?"

마지막 장의 마감 기한은 이미 정해져 있었다. 순간 화가 치밀었다. 화가 나서 책상 위에 잔뜩 쌓여 있는 서류 더미들을 노려보았다. 그때까지 마지막 장을 완성하면 타이밍이 딱 좋긴 했지만, 어쩐지 내키지 않았다.

                              * * *

몇 시간 뒤에 나는 집에 돌아왔다. 드람뷔(스코틀랜드 위스키 상표명 -
옮긴이)⁶를 따른 잔을 들고 있었다. 렉스는 내 무릎을 베고 엎드려 있
었다. 녀석은 빛나는 황금색 털을 가지고 있었는데, 부분적으로 검은
색이 박혀 있었다. 그 점들 덕분에 녀석의 눈은 마치 마스카라를 한
것처럼 보였다. 목 주변의 흰색에도 검은색이 점점이 박혀 있었다. 꼬
리도 마찬가지였다. 네 발은 모두 흰색이라 마치 커다란 눈 뭉치를 달
고 있는 것처럼 보였다. 말하자면, 녀석은 예쁘게 치장한 애완견은 못
되었다.

  그래도 녀석의 귀를 쓰다듬고 있으면 녀석만큼이나 나도 마음이 편
안해졌다. 사실 라티머와 함께 점심을 먹은 것만으로도 충분히 속이
뒤집힐 일이었다. 한데, 라티머의 옛 제자라는 맥스 헤스가 라티머에
게 퍼붓던 막말까지……. 게다가 지난밤에는 어딘지 모르게 불길해
보이는 해럴드 팀스라는 남자가 불쑥 나타나서는 애덤 스미스가 자기
정신을 지배하고 있다는 얼빠진 소리까지 했다. 스물네 시간 동안 이
상한 사람들 세 명이 내 삶 속으로 헤집고 들어와 내 생활을 엉망으로
만들어놓은 게 아닌가.

  렉스가 하품하면서 갈색 눈동자로 나를 바라보았다. 렉스가 이따
금 생각해내는 고약한 장난만 아니었다면 나는 녀석의 그 두 눈을 순
진무구하다고 생각했을 것이다. 그만큼 녀석은 나에게서 신용을 잃은
편이었다. 하지만 이번에는 달랐다. 녀석이 지난밤에 내가 해럴드 팀

"미술을 공부하기 전 인류학에 좀 빠졌었거든요. 사실 박사 학위 논문 주제도 칸돔블레(노예 신분으로 브라질로 건너온 아프리카인들이 들여온 종교로, 아프리카 민속 종교와 가톨릭이 합쳐져서 독특한 형태로 발전했다-옮긴이)였죠. 들어본 적 있나요?"

"아뇨."

"신대륙으로 끌려온 아프리카 노예들은 종교를 박탈당했어요. 비록 종교의식을 금지당하긴 했지만, 그들은 지하로 숨어들었지요. 그곳에서 자기들만의 의식을 치르면서 종교를 지켰어요. 이때 북을 치는 것은 영혼을 불러내기 위한 것이었는데, 브라질의 삼바도 여기에서 비롯되었다고 해요. 미국에서는 블루스가 직접적인 영향을 받았고요."

"흥미롭긴 하지만, 내가 전공하는 학문 분야가 아니라서……."

"아, 이건 나에게는 학문 차원의 문제가 아니라 순전히 개인적인 관심사항이지요."

그녀는 팔짱을 끼고 잠시 나를 바라보다가 다시 말을 이었다.

"해럴드 아저씨가 목사님을 찾아가서 도움을 청했고, 목사님이 제게 부탁을 하셨죠. 아저씨의 입을 빌려 말하는 누군가는 선량하고도 친절한 사람이에요. 이 사람 이야기를 꼭 들어줘야 해요. 그것도 서둘러서 말이에요."

"그런 것 같네요."

"아저씨는 일 년 전에 아내를 잃었어요. 그리고 지금까지 줄곧 슬픔에 빠져서 살았지요. 분노하면서 말이에요. 아마도 외로움과 공포가 그렇게 표출되었을 거예요. 아저씨에게는 가까운 가족도 없고 친구도 없어요. 이런 와중에 그 목소리가 들리기 시작한 거예요. 그것도 온종일. 잠을 잘 수도 없고 일을 할 수도 없을 정도로……."

"혹시 방언하는 게 아닐까요?"

말을 마친 순간, 나는 무의식중에 입을 크게 벌리며 웃고 있음을 깨달았다. 그 웃음을 그녀에게 들켰다고 확신했다.

그때 뒤에서 저음의 굵은 목소리가 들렸다.

"방언을 한다고요?"

목사님이었다. 그는 조금 떨어진 곳에서 두 손을 엉덩이춤에 대고 허리와 고개를 곧추세운 자세로 우리를 바라보고 있었다. 어깨는 넓었고, 머리카락은 희끗희끗했다. 금속테 안경을 썼고, 흰색 성직자용 칼라를 단 검은색 반소매 셔츠를 입고 있었다.

"방언은 성령의 선물입니다."

목사님은 시카고 슬럼가에서 들을 수 있을 듯한 바리톤의 울리는 목소리를 가지고 있었다.

"아메리카 인디언이 영혼과 대화를 나눈다는 얘기는 나도 들었습니다. 이상한 이야기죠, 리치?"

목사님은 인사를 겸해서 손바닥으로 내 어깨를 두드렸다.

"예, 정말로……."

"근데, 조금 전에 해럴드가 전화로 나쁜 소식을 전하네요. 자동차 정비공장에서 해고되었답니다."

줄리아는 손바닥으로 소파의 팔걸이를 탁 치면서 말했다.

"어머, 어떡해요?"

"되돌릴 수 있는 일도 아니고……. 어쨌거나 현실을 받아들여야겠죠. 가서 그 양반을 한번 만나봐야겠네요."

목사님은 그렇게 말하고는 밖으로 나갔다. 나는 목사님의 뒷모습을 바라보며 줄리아에게 말했다.

"그런데 그 사람이 왜 하필 내 도움을 원하는지 모르겠네요."

"해럴드 아저씨가 머릿속으로 듣는 말이 무슨 뜻인지 알아들을 수 있는 배경지식을 가지고 있잖아요. 아저씨도 알아듣지 못하고 의사도 알아듣지 못하는 말이니까요. 의사는 그저 약만 처방할 수 있을 뿐이고……. 해럴드 아저씨가 이 문제를 해결하고 자기 인생을 다시 찾을 수 있도록 도와주실 거죠, 리치? 약속해줄 수 있죠? 게다가 아직 여름이잖아요. 시간도 많이 남아 있고……."

시간이 돈이라는 말을 할까 하다가 그냥 이렇게만 말하고 말았다.

"솔직히 요즘 정말 바쁩니다."

"바쁘지 않은 사람이 어디 있겠어요?"

나를 바라보는 줄리아의 시선이 톡 쏘듯 반짝거렸다. 그 순간, 나는 내 말이 경솔했음을 깨달았다.

나는 외형적인 성격이 아니라서 고민거리가 있더라도 누구에게 털어놓거나 하는 일이 좀체 없었다. 그렇게 하면 어쩐지 또 다른 상처를 받게 될 것 같아서였다. 특히 여자에게는 더 그랬다. 더구나 줄리아는 한때 나와 사귀었던 여자이고……. 나는 주머니에서 쪽지 하나를 꺼냈다. 주머니에 넣어두고 몇 번이고 들여다본 뒤라서 꼬깃꼬깃해진 쪽지였다. 그 쪽지는 허스트 대학교 당국이 보낸 일종의 최후통첩이었다.

"뭐라고 썼는지 한번 들어보세요."

나는 허스트 대학교 경제학부 학장의 고압적인 어투를 흉내 내며 편지 일부분을 읽었다.

"귀하의 가을 학기 계약 갱신은 귀하가 현재 밟고 있는 학위 과정을 만족스럽게 완성하느냐의 여부에 달려 있습니다."

"무슨 뜻이에요?"

"잘리지 않으려면 이번에 무조건 박사 학위 논문을 완성해야 한다는 뜻입니다."

그리고 나서 줄리아의 대답을 기다리지도 않고 마치 혼잣말하듯 중얼거렸다.

"벌써 6월 중순인데 유력한 학술지에 논문을 두 개나 발표해야 하고, 그렇게 하지 않으면 새뮤얼슨상 후보에서 탈락할 거고……. 무슨 말인지 아시겠죠? 시간적인 여유가 진짜로 없단 말입니다."

그래도 그녀는 태연했다.

"어쩌면 그 논문을 쓰는 데 걸리는 시간이 지금 예상하는 것보다 적게 걸릴 수도 있잖아요."

나를 잘 알지 못한다면 할 수 없는, 그야말로 정곡을 찌르는 말이었다. 해럴드, 연구 논문들, 허스트 대학교 학장……. 이런 것들은 변명거리가 아니라 공포였다. 그리고 더 중요한 점은, 이 모든 것들에 감추어져 있는 비밀을 그녀가 알고 있는 것 같다는 사실이었다.

＊ ＊ ＊

줄리아의 집은 팰마우스의 래퍼해녹 강 건너편에 있는 고풍스러운 건물이다. 그 건물은 식민지 시대에 지어져서 지금까지 남아 있는 몇 안 되는 건물들 가운데 하나였다. 목재로 지어진 건물 외벽은 최근에 새로 흰색으로 칠해졌고, 주석 지붕도 빨간색으로 깔끔하게 칠해져 있었다. 건물 내부에는 고가구와 현대 가구가 묘하게 조화를 이루며 드문드문 놓여 있었는데, 전체적으로 따뜻한 느낌이 들었다.

줄리아와 해럴드 그리고 나, 이렇게 셋이서 줄리아의 집 거실에 앉아 있었다. 아침인데도 꽤 더웠다. 내가 어떻게 하다가 결국 거기까지 가서 그렇게 해럴드와 함께 있게 되었는지는 명확하지 않았다. 물론 그즈음 줄리아에게 새롭게 끌리고 있긴 했지만……. 줄리아라는 여자를 내가 많이 알지 못한다는 사실은 나도 알고 있었다. 그녀는 자신의 인생을 완벽하게 통제하는 듯 보였다. 나와는 전혀 다른 바로 그런 점이 나는 좋았다. 이런 사실을 깨닫는 것은 한편으로는 부끄러운 일이었고, 또 한편으로는 격려와 자극을 받는 일이었다. 며칠 전만 해도 내 머릿속에서는 거대한 소용돌이가 쳤지만, 지금은 그녀가 원하는 대로 하고 있었다. 그러나 결국 따지고 보면, 딱히 줄리아만을 위해 그렇게 한 것은 아니었다.

해럴드 팀스와 나는 커피 테이블을 사이에 두고 마주 보고 앉아 있었다. 테이블 위에는 소형 녹음기가 놓여 있었다. 우리 두 사람은 도무지 어울리지 않는 한 쌍이었다. 그의 매부리코에 도드라진 혈관은 두

Part 1_ 부 • 47

개의 커다란 갈색 눈에서부터 뻗어 있었고, 퉁퉁한 뺨에는 구레나룻이 길게 나 있었다. 이런 모습에 비해 나의 검은색 수염은 어린아이처럼 보이는 뺨을 가렸으며, 머리카락은 셔츠 깃을 덮고 있었다. 또, 코에는 거북이 등딱지 같은 안경이 걸려 있었다. 뚱뚱한 해럴드와 다르게 내 배는 홀쭉했다. 운동을 많이 해서 그런 게 아니라 순전히 스트레스 때문에 말라서 그런 것이었다.

줄리아는 우리와 조금 떨어진 곳에 앉아서 우리 둘을 지켜보고 있었다. 마침내 나는 해럴드가 바라던 일이자 줄리아가 부탁한 일을 하기 시작했다.

"우선…… 당신을 뭐라고 부르면 좋을까요? 스미스 박사님? 아니면, 스미스 교수님?"

해럴드 팀스는 손으로 터져 나오는 기침을 막으며 눈을 감았다. 그런데 해럴드가 다시 눈을 떴을 때 그는 전혀 다른 사람의 목소리, 강하면서도 쉰 듯한 목소리로 말을 했다. 놀라울 정도로 신기한 일이었다. 바삭바삭한 느낌의 영국식 발음이었고, 말을 더듬던 해럴드의 습관은 어디에도 없었다.

"호칭은…… 스미스로 하게. 그냥 스미스라고만 하면 돼."[2]

그 갑작스럽고 놀라운 변화에 놀라서 나는 저절로 허리를 곧추세우고 앉았다. 당혹스러운 마음에 혹시나 도움을 받을 수 있을까 하는 마음으로 줄리아의 눈치를 봤다. 그녀는 고개를 숙인 채 온 신경을 귀에 집중하고 있었다.

"무슨 말부터 시작해야 합니까? 이런 경험이 한 번도 없어서……."

"그건 나에게 맡기게."

그의 말투에는 위엄이 넘쳤다.

"우선 그동안의 오해를 풀어야 하는데…….[3] 물론 내가 직접 해야겠지. 사람들이 나를 아주 끔찍한 존재로 여기고 있어. 마치 괴물처럼 말이야. 내가 아주 우스꽝스러운 존재가 되어버렸단 말이지. 내 자존심에 대해 얘기하자는 게 아니고……. 우리의 자유 세계가 지금 극도로 불안정한 상태에 놓여 있다는 얘기네."

'자유 세계가 위기를 맞고 있다고?'

나는 그의 말에 점점 빨려들고 있었다.

해럴드, 아니 애덤 스미스 교수는 손 하나를 주먹 쥐고, 이 주먹을 자기 입으로 가져간 다음 집게손가락 관절을 이빨로 꽉 깨문 채 아무 말이 없었다. 한동안 침묵이 이어졌다. 나는 그가 입을 열기를 기다리면서 그에게서 시선을 떼고 거실을 찬찬히 살펴보았다. 거실 벽에는 줄리아가 그린 작품이 벽면을 뒤덮다시피 하면서 걸려 있었다. 주로 거대한 꽃이 소재였는데, 꽃에는 역시 크고 아름다운 곤충이 자리 잡은 파스텔 색조의 그림들이었다. 그 가운데 어떤 그림은 검은과부거미(짝짓기가 끝나면 암컷이 수컷을 잡아먹는다–옮긴이)를 모델로 그린 것인데, 나뭇잎 위에 올라앉은 이 거미의 까만색 배가 유난히 반들거렸다. 나는 고개를 끄덕이며 그 그림을 보았다. 이어서 줄리아를 향해 고개를 끄덕였다. 줄리아도 미소를 지으며 고개를 끄덕여주었다.

그때 갑자기 스미스의 격앙된 목소리가 침묵을 깼다.

"우리의 상거래 체계가 심각한 공격을 받고 있는데도 사람들은 아랑곳하지 않고 저마다 꿀단지 속의 개미들처럼 자기 배를 불리는 일에만 눈이 시뻘겋단 말이네! 이 심각한 문제, 이 거대한 문제에는 아무도 관심을 기울이지 않는다고! 펀더멘털(한 경제 주체의 경제 상태를 표현하는 데 가장 기초적인 자료가 되는 주요 거시경제지표를 뜻한다. 경제성장률, 물가상승률, 경상수지가 가장 대표적인 거시경제지표다-옮긴이) 말이야! 아무리 비웃어도 펀더멘털이 튼튼하지 않으면 문명사회가 붕괴하는 건 필연이야."

그는 손가락으로 의자를 톡톡 두들기며 말을 이었다.

"나는 이 문제를 특히 나와 같은 경제학자들에게 말해주고 싶네."

"이건 말도 안 돼……."

"자네 지금 뭐라고 했나?"

그가 얼굴을 찡그렸다.

"애덤 스미스라면 경제학자들에게는 우상이나 다름없습니다. 가톨릭에 비유하자면, 성인이나 마찬가지란 말입니다."

그는 머리를 저었다.

"그들이 말로는 나를 존경한다고 하지만, 마음으로는 멀리 떨어져 있네. 자기 생각을 마치 내가 한 말처럼 꾸며서 사람들에게 가르치곤 하지."[4]

줄리아가 고개를 끄덕이며 끼어들었다.

"마르코 복음에 나오는 구절, 맞죠?"

하지만 나는 곧바로 스미스의 말을 반박했다.

"경제학자들은 자유시장의 불을 지피고 있고, '보이지 않는 손'이

제대로 작동하도록 촉진하고 있습니다. 지금 아시아와 아프리카, 그리고 그 밖의 여러 지역에서 어떤 일들이 일어나고 있는지 잘 모르시는 것 같은데요. 세계 모든 곳에서, 심지어 러시아에서도 민영화 작업이 착착 진행되고 있단 말입니다."

"자네는 반만 알고 있네."

그는 의자에서 일어나 나를 내려다보는 자세로 잠시 서 있다가 창문 쪽으로 걸어갔다. 그랬다가 다시 뒤로 돌아서서 나를 바라보았다. 두 손을 허리춤에 댄 자세로.

"자, 자네에게 심지가 있고 밀랍이 있어. 하지만 산소가 없을 때는 이것만 가지고 심지에 불을 붙일 순 없지."

"무슨 뜻입니까?"

"오해는 말게. 경제 체계가 자유시장 쪽으로 이동하는 것에 대해서는 나도 기쁘게 생각하니까 말이야. 그런데 내가 다시 돌아온 이유는……. 사실 이게 쉬운 일이 아니었지. 자네도 해럴드의 마음을 통해야 하니까 얼마나 어려워. 아무튼 내가 다시 돌아온 이유는, 시장이 원활하게 돌아가게 하는 것의 본질이 무엇인지 자네 같은 경제학자들이 한결같이 모두 놓쳐버렸기 때문이지. 사회 속에 존재하는 시장이 원활하게 돌아가게 하는 것의 본질! 내 말, 알아듣겠나?"

'사회'를 왜 이렇게 강조할까?

나는 사회학 속의 무엇이 현대경제학과 관련이 있어야 하는지 물으려고 했다. 그때 줄리아가 스미스 쪽으로 걸어가서 소파 끝에 걸터앉으며 말했다.

"그런데 한 가지 이상한 점이 있네요. 제가 들어보니까 잉글랜드 억양이네요? 스코틀랜드 억양이어야 맞지 않나요?"

그랬다. 애덤 스미스는 스코틀랜드 출신이었다.

하지만 자기가 스미스임을 주장하는 남자는 조금도 흔들리지 않는 시선으로 줄리아를 바라보았다. 줄리아는 그런 스미스를 똑바로 바라보며 말을 이어갔다.

"미국인은 구분을 정확하게 할 수 없을지 모르지만, 저는 잉글랜드 출신이거든요. 리치 말로는, 애덤 스미스는 스코틀랜드 출신이라고 들어서 말이에요."

"그런가? 원한다면 완벽한 스코틀랜드 억양을 들려주지. 어때, 이제 스코틀랜드 출신처럼 보이나? 하이랜드(스코틀랜드에서 남쪽 잉글랜드 인접 지역은 '로우랜드'라고 부르고 북쪽은 '하이랜드'라고 부른다-옮긴이) 억양을 듣고 싶나? 지그(4분의 3박자의 빠르고 경쾌한 스코틀랜드의 전통 춤-옮긴이) 춤이라도 보고 싶나? 킬트를 입고 파이프라도 불까? 그러면 내 말을 믿겠나?"

줄리아가 그를 빤히 바라보았다. 그는 마치 씹는 담배를 물고 있는 것처럼 아무것도 들어 있지 않은 입을 우물거리다가 마침내 입을 열었다. 그의 입에서는 스코틀랜드 특유의 단어와 억양이 줄줄 나왔다.

줄리아와 나는 할 말을 잊었다.

그는 계속해서 스코틀랜드 억양으로 말했다.[5]

"이래도 내가 의심스럽나? 어쨌거나 과거를 잊는 게 미래를 예견하는 일보다는 쉬우니까 뭐⋯⋯."

"하지만 어떻게……?"

스코틀랜드인이 완벽한 잉글랜드 영어를 구사한다는 게 여전히 이상했다.

"이상할 것 하나도 없네."

그때부터 그는 다시 잉글랜드 영어로 말했다.

"스코틀랜드 출신의 내 위대한 스승들도 모두 잉글랜드 영어를 유창하게 구사했다네. 나도 그랬고……. 나는 'R'을 굴려서 발음하는 연습을 열심히 했고, 그 덕분에 잉글랜드에서 학업을 마칠 수 있었네. 스코틀랜드 억양으로 말했다간 공격당해서 도태되고 말았을 텐데 말이야. 자코바이트 반란(명예혁명으로 들어선 하노버 왕가를 부정하고 제임스 2세의 스튜어트 왕가의 복권을 목표로 발생했는데, 스튜어트 왕가의 본향인 스코틀랜드와 가톨릭교도가 다수인 아일랜드에서 일어났다 – 옮긴이) 때문에 그럴 수밖에 없었네. 1745년의 일이었지.[6] 자네에게는 그 연도가 별 의미가 없겠지만 말이야."

그는 손바닥으로 의자의 팔걸이를 세게 한번 치고는 말을 이었다.

"나는 바보가 아니라 실용주의자일세. 그래서 재빨리 말투와 억양을 바꾼 거야. 지배 세력의 언어를 구사함으로써 지배 세력의 눈 밖에 나는 일을 피했던 거지. 그게 문제가 되나? 못 할 게 뭐가 있지? 게다가 당시 스코틀랜드어는 이미 많이 훼손돼 있었는데, 그런 뒤죽박죽 언어로는 학문적인 진전을 이룰 수가 없었어."

거기까지 말한 뒤 잠시 입을 다물고 생각에 잠겨 있다가 다시 말을 이었다.

"아, 이것도 참고하면 이해하기 쉽겠군. 내가 강단에서 수사학과 문학을 가르친 적이 있다는 사실 말이야. 대학원을 졸업하고 몇 년이 지났지만 직업도 없이 어머니와 함께 살던 때였는데, 친구 하나가 에든버러에서 강의를 한번 해보라고 하더군. 옥스브리지 억양으로 강의했기 때문에 강의료는 조금도 깎이지 않았네. 아니, 오히려 그 반대였지. 그리고 그 강의를 통해 얻은 명성 덕분에 몇 년 뒤에 모교인 글래스고 대학교에서 교수 자리를 얻을 수 있었다네."

'옥스브리지 말투?'

나는 줄리아를 바라보았다. 그러자 그녀는 이렇게 설명했다.

"옥스브리지는 최상류층 지성인들의 집합소인 옥스퍼드 대학교와 케임브리지 대학교를 묶어서 부르는 말이에요."

그런데 이건 내가 예상하던 영적 대화가 아니었다. 해럴드가 만일 어떤 광기에 휩싸여서 이런 목소리와 내용을 정교하게 찾아내고 연습해서 그렇게 떠벌리고 있다면, 정말 놀라운 준비성이자 대단한 솜씨였다. 그러나 만약 정말로 애덤 스미스가 해럴드의 입을 통해 말하고 있다면, 세금이 높다거나 정부의 간섭과 규제가 심하다는 지적을 해야 옳았다. '보이지 않는 손'이라는 표현으로 대변되는 자유로운 시장의 주창자가 바로 애덤 스미스였기 때문이다. 그런데 그것도 아니었다. 도무지 갈피를 잡을 수 없었다. 마치 대학원에서 구두 논술시험을 보는 기분이었다.

"수사적인 소통에서 가장 핵심적인 문제는, 말하는 사람이 애초에 어떤 의도를 가지고서 어떤 말을 할 때 이것을 듣는 사람이 받아들이는 과정에 다른 뜻으로 받아들이는 문제지. 이게 지금 내가 느끼는 문제야. 경제학자들은 내가 한 말을 귀로 들으면서도 내가 어떤 의도를 가지고 무슨 말을 했는지 전혀 알아듣지 못하니까 말이야."

"그럼 아까 하셨던 심지와 밀랍 이야기로 돌아가서……. 오늘날의 경제학자들이 사회에 대해 놓치고 있는 게 뭐라는 얘기입니까?"

"그건 바로……."

그는 손가락 하나를 들어 올리며 자기가 하는 말을 강조했다.

"그건 바로 사람과 사람 사이의 역동적인 상호작용이네. 이것이 발휘하는 힘이 도덕적인 행동의 토대가 되는 어떤 '동류의식(fellow-feeling)'을 만들어내지."

"스미스 박사님."

나는 '박사님'을 강조해서 불렀다.

"요즘 시대에는 임상심리학자는 인간의 감정을 다루고, 사회학자는 사회를 걱정하고, 철학자는 도덕성 문제를 놓고 논의합니다. 그리고 경제학자는 시장을 연구함으로써 이 모든 것에서 멀찌감치 떨어져 있지요. 이런 게 이른바 '노동의 분업' 아닙니까? 박사님이 역설하셨던 바로 그것 말입니다. 저는 그렇게 알고 있는데, 아닙니까?"

"그렇지. 그런데 그 말을 하면서 이런 말도 했지. 노동의 분업이 과도하게 진행되면 사람을 바보로 만들어버린다고…….[7] 인간이 가진 고귀한 본성이 사라져버릴 수 있단 말이지. 젊은 사람이 꽤 아는 척을 하지만, 내가 쓴 논문이 아무래도 자네 논문보다는 분명 조금은 더 낫지 않을까?"

그 말은 인정할 수밖에 없었다.

"그래서 요지가 뭡니까?"

스미스가 다시 정색한 채 나를 바라보며 말했다.

"시장이라는 것은 절대로 사람들과 동떨어져서 존재할 수 없네. 사람은 시장을 가능하게 하는 접착제이고, 또 시장이 존재하는 이유이지. 시장의 힘이 비인격적이라고 해서 사람도 비인격적이어야 한다는 말은 아닐세."

"무슨 말씀인지 도무지……."

"넓은 안목으로 바라보면 사람의 감정이 중요한 문제라는 거지. 설령 시장 메커니즘이 비인간적이라 하더라도 사람인 나는 그럴 수 없고, 또 그래서도 안 된다는 말이야."

"그게 기업과 무슨 연관이 있다는 건지, 도무지……?"

"자네는 참으로 끈기가 없는 사람이구면, 그렇지 않나?"

우리 둘 사이의 대화가 감정적인 차원으로 비화할 참이었다. 그때 줄리아가 끼어들어 중재를 시도했다.

"두 분 다 좀 쉬었다 하시죠?"

나는 자리에서 일어나며 말했다.

"만일 당신이 진짜 애덤 스미스라면, 왜 해럴드의 몸을 빌려서 말을 합니까? 제게 원하는 게 도대체 뭡니까?"

"이제 그만! 잠시 쉬자고요."

줄리아가 내 말을 잡아챘다.

잠시 뒤, 나와 줄리아는 뒤뜰을 걷고 있었다.

"어때요?"

줄리아의 질문에 나는 두 손을 허공으로 뻗으며 대답했다.

"저 사람, 정말 제정신 맞습니까? 어떠냐고 물으시지만, 나는 도무지 모르겠습니다. 잉글랜드식 영어 발음은 뭐 그렇다 칩시다. 저 사람 말투에 원래 루마니아 억양이 섞여 있는 걸 염두에 둔다면 정말 대단하긴 합니다. 하지만 그런데도 나는 여전히 이게 내가 아는 위대한 학자 애덤 스미스와 무슨 관계가 있는지 정말 모르겠거든요."

"그분 말이 옳은지 그른지 따지는 건 이제 그만하고, 하는 말을 그냥 진득하게 듣기만 하는 게 어때요? 귀를 기울여보자고요. 해럴드 아저씨 상태가 지금 매우 위험한 것만은 분명한 사실이잖아요."

"내가 더 위험할 수도 있어요. 해럴드보다 내가 먼저 미쳐서 죽어버릴 수도 있다고요."

"진지한 상황이니까 농담은 좀……. 에드거 케이시(미국의 유명한 예언가-옮긴이)는 심령술로 수천 명이나 되는 사람을 구했어요.[8] 문제는, 그러다 결국 극심한 피로로 자신이 사망하고 말았죠. 영적 대화를 하는 사람은 쉴 수도, 잠을 잘 수도 없고, 또 생각할 수도 없답니다. 자기가 전달하고자 하는 메시지를 온전히 전달하기 전까지는 말입니다. 해럴드 아저씨가 지금 그래요. 쓰러지기 직전이라고요."

줄리아는 정색한 표정을 조금도 누그러뜨리지 않은 채 계속 말을 이었다.

"그러니까 정신과로 데려가야 한다는 거 아닙니까. 정신과 의사에게 말입니다."

어느새 줄리아는 나를 쏘아보고 있었다.

"아저씨는 정신이상도 아니고 정신분열도 아니에요. 영적 대화를 나누는 것뿐이죠. 당신도 그 정도 구분은 할 수 있지 않나요?"

하지만 나는 물러서지 않았다. 도무지 설득되지 않았기 때문이다.

"아저씨가 자동차 정비공이면 애덤 스미스가 아니라 헨리 포드 얘기를 해야 맞는 거 아닙니까? 줄리아, 나는 학자로 훈련받았어요. 따라서 의심할 여지가 있는 것은 끝까지 의심할 수밖에 없다고요. 그런데 이건 정말로 의심스럽단 말이에요. 과학적으로 도무지 설명이 안 되잖아요."

"그래요?"

줄리아도 화가 난 모양이었다. 그녀는 손가락을 편 손으로 머리카락을 거칠게 쓸어올렸다. 머리 모양이 헝클어지는 것에는 신경도 쓰지 않았다.

"컬럼비아 대학교 교수 두 분이 『기적 수업』이라는 책을 펴냈습니다(이 두 교수는 헬렌 슈크먼과 윌리엄 세트포드였다-옮긴이).[9] 이 정도면 영적 대화가 객관적으로 존재한다고 볼 수 있는 거 아닐까요?"

"종신재직권은 충분히 받았겠네요."

줄리아는 머리가 계속 신경이 쓰이는지 주머니에서 머리끈을 꺼내 머리를 말아 올려 묶었다. 무의식적인 그녀의 이 매력적인 동작 탓에 짧게 끝나버리긴 했지만, 일 년 전 우리가 만나면서 함께했던 여러 가지 일들이 떠올랐다.

"그 교수 두 분은 7년 동안 나눈 영적 대화 내용을 빠짐없이 기록했어요. 그 책은 백만 부가 팔렸고, 수천 명의 인생에 놀라운 변화를 일으켰죠."

"그렇다면 스미스가 처음부터 나를 통하지 왜 해럴드 아저씨를 택했을까요?"

"리치, 그 선택은 당신이 하는 게 아니잖아요. 해럴드 아저씨와 스미스 사이에 어떤 교감이 있었나 보죠. 아저씨의 그 목소리가 진짜 애덤 스미스의 것인지는 아무도 모르지만, 적어도 아저씨가 하는 말을 듣고 당신이 뭔가 알아낼 수는 있지 않을까요?"

이렇게 말하면서 등으로 문을 밀고 실내로 들어가는 그녀의 얼굴에 햇살이 환하게 쏟아졌다. 그 햇살 때문에 코와 눈썹 아래 그림자가 살짝 드리웠다. 바로 그 순간, 그녀와의 추억이 다시 떠올랐다. 내 기억 속의 줄리아는 늘 사랑스러운 존재였다. 외모가 아름답기 때문만은 아니었다. 그녀는 아름다운 내면의 소유자였다. 그녀의 정신과 영혼이 거품처럼 보글보글 일어나서 나를 감싸고, 마침내 어떤 말도 거절하지 못하게 하는 것 같았다.

줄리아는 내 마음을 읽은 듯했다.

"리치, 아저씨를 돕고 싶어요. 당신도 돕겠다고 약속해주세요, 네?"

＊　＊　＊

우리가 다시 거실로 들어서자, 스미스의 목소리가 곧바로 거실을 가득 채웠다.

"자네가 궁금해하는 걸 말해주지. 내가 왜 해럴드를 선택했을까? 아니면, 이렇게 물을 수도 있겠군. 왜 해럴드가 나를 선택했을까?"

내가 그걸 궁금해하는지 어떻게 알았을까? 줄리아와 나는 서로의 얼굴을 바라보았다.

"내가 누군가를 통해 말하는 게 이번이 처음이라고 생각하겠지? 천만에! 나는 내가 말하는 걸 의식할 수 있도록 수많은 젊은이에게 속삭여왔다네. 가끔은 성공할 때도 있었지. 물론 숱하게 많은 시도를 하고 나서야 가능한 일이긴 했지만 말이야."

그런 다음, 그는 나를 바라보며 빙긋 웃고서 이렇게 덧붙였다.

"자네를 대상으로 해서도 성공했네. 비록 잠깐이긴 하지만."

"네에?"

"고등학교 때, 그리고 대학교 저학년일 때 자네는 내 말에 귀를 기울였지. 그러다가 대학원에 진학하자 자네는 자기 직관을 부정하기 시작했어. 교수들이 모든 것을 다 안다는 말도 안 되는 가설을 곧이곧대로 받아들이고서는 그 사람들이 하는 말을 앵무새처럼 따라 하기 시작하더군. 비극이지. 고정관념에 빠지고 통념에 사로잡힌 채 나이를 먹은 사람의 마음은 녹슨 철옹성과도 같단 말이야."

나는 자리에서 벌떡 일어났다. 아무 말도 할 수 없었다. 그러자 그가 팔을 내 어깨에 올렸다.

"화나게 했다면 미안하네!"

내가 어깨를 빼서 그의 손을 털어내자, 그는 부드러운 말투로 설명했다.

"아무리 그래도 자네는 자기 가치관을 버리기 전인 그때, 그 근심 없던 시절이 더 행복했다는 사실을 인정하게 될걸세."

"가치관을 버렸다고요? 내가요? 나는 아무것도 버리지 않았습니다."

"그래? 자네의 심장은 어디 있지?"

"내 몸 안 어딘가에 있겠죠."

그가 몸을 일으켜서는 부엌으로 걸어갔다. 그러고는 라임 하나를 집어 들고 생각에 잠긴 채 손안에서 굴렸다.

"내가 왜 해럴드를 선택했을까? 우리 사이에 교감이 있었기 때문이야. 물론 지적인 차원의 교감은 아니었어. 해럴드는 좋은 사람이야. 소박하기도 하고. 하지만 이 사람이 최근에 부쩍 힘들어하고 우울증에 빠져 있었다네. 그런데 말이야, 한번 생각해보게. 두 사람에게 서로가 필요할 때는 서로에게 의존하기가 한결 쉬워지지 않나? 우리가 바로 그랬다네."

"해럴드 팀스는 그 말에 절대로 동의하지 않을걸요?"

"글쎄……, 기다리다 보면 진실을 알게 될걸세."

"그런데 박사님에게 제가 왜 필요합니까?"

그는 어깨를 한번 으쓱해 보였다.

"어쩌면 내가 자네 도움을 원하는 것보다 자네가 내 도움을 원하는 것일 수도 있네. 내가 하는 말을 글로 쓰겠다고 약속해야 하네. 글로 써서 출판하겠다고 말이야."

"그런 약속은 드릴 수 없습니다. 줄리아를 봐서 얘기를 들어줄 수는 있습니다만, 거기까지만입니다."

* * *

　강가에 괜찮은 프랑스 식당이 하나 있는데, 바로 그 식당에서 저녁을 먹자고 내가 줄리아에게 제안했다. 그렇게 해서 우리는 그날 함께 저녁을 먹었다. 보르들레즈 소스 조개 요리를 곁들인 링귀니(납작한 파스타-옮긴이)는 내 주머니 사정으로는 조금 버거웠지만, 가격을 따질 때가 아니었다. 나는 그 시간 그 순간을 충분히 즐기고 싶었고, 그 즐거움이 사라지는 걸 원치 않았다. 줄리아에게 잘 보이고 싶었을까? 그랬다. 두말할 필요도 없이!

　우리는 가벼운 화제로만 대화를 이어갔다. 그녀는 대학원 시절에 인류학을 공부하던 이야기를 하면서 웃었다. 그리고 그 웃음이 어느새 나에게도 전염되었다. 그녀는 결국 학위를 포기하고 말았는데, 가식적인 글쓰기를 견디기 어려워서였다고 했다. 그녀는 연구 활동 대신 그림 그리는 작업을 통해 더 큰 기쁨과 만족을 얻었다. 일반 대중의 반응도 더 빨랐고, 보상도 더 컸다고 했다.

　"그림을 사는 사람들은 자기가 좋아하는 것에 대해 거리낌 없는 태도를 보이거든요. 나는 어떤 그림이 팔릴지 알아요. 그런 그림을 몇 점만 그리면 나머지 시간을 내가 정말 하고 싶은 일을 하며 보낼 수 있어서 좋아요."

　다행스럽게도 대중이 자기의 더 나은 작품들을 제대로 알아보는 방법을 학습해나간다고 했다. 그녀의 그림은 화랑에 오랫동안 걸려 있는 경우가 드물었다.

62

그런데 그날의 결말은 내가 기대한 만큼 썩 좋지는 않았다. 줄리아가 자기가 음식값을 내겠다며 계산서를 집어 들었고, 그 저녁 시간의 즐거움과 미래에 대한 어떤 기대가 한순간에 날아가고 만 것이다.

"먼저 보자고 했으니 당연히 계산을 내가 해야죠."

"아니에요. 해럴드 아저씨를 도와주셔서 내가 고맙다는 인사를 할 겸 해서……."

그녀는 따뜻한 목소리로 그렇게 말했다. 그녀가 그 모든 것을 개인적 차원이 아니라 사무적 차원으로 엄격하게 제한하려 한다는 것을 알 수 있었다. 얼굴이 화끈거렸다.

우리는 함께 주차장으로 걸어나갔다. 내가 그녀를 차까지 바래다주었고, 운전석에 앉은 그녀는 나를 올려다보고는 얼굴에 달콤한 미소를 지었다. 그리고 그녀의 차는 주차장을 빠져나갔다.

나는 그녀가 가고 없는 텅 빈 주차장에서 한동안 발을 이리저리 놀려서 자갈 바닥을 평평하게 골랐다. 아무 생각도 없이……. 내가 속한 세상의 작은 한 부분이나마 내가 통제할 수 있다는 사실에 위안을 느끼고 싶었던 것일까?

Chapter 4

당신이 애덤 스미스인 걸 믿으라고요?

"그러니까……, 세상에 전해야 할 긴급한 메시지가 뭡니까, 스미스 박사님? 박사님은 사람들이 부의 비밀을 알면 좋겠다는 거 아닙니까? 거래에 동반되는 이익을 가르쳐주고 싶으신 거죠?"

"물론, 당연히! 아주 중요한 부분이네."

해럴드는 심호흡하면서 '스미스'의 좀 더 풍부한 음성을 드러내려고 애를 썼다. 줄리아의 거실에는 햇빛을 막는 가리개가 반쯤 내려와 있었는데, 이 가리개를 통해 들어온 햇빛이 그의 얼굴에 부분적으로 그림자를 드리웠다.

스미스가 계속 말했다.

"하지만 서두르지는 말아야 해. 사람들이 부를 축적하려고 안달이지만, 과연 그것이 인생의 최종 목표인지를 반드시 자기 자신에게 진지하게 물어야 한다네. 내 말 알아듣나?"

"그래도 우리는 대다수 사람들이 부를 원한다는 가설을 전제할 수 있습니다."

"물론 그렇지."

스미스는 그 부분에서 한숨을 한 번 쉬고는 말을 계속 이었다.

"하지만 논리적으로 생각해보자고. 어떤 것이 우연히도 어떤 중요한 목적으로 설정되었다고 치세. 그렇다고 해서 그것이 가장 중요한 목적이 될 수는 없는걸세."

"그렇습니다. 마찬가지 논리에 따라서, 정원에 무거운 바위 덩어리가 하나 있다고 해서 그 바위 덩어리가 세상에서 가장 무거운 바위가 될 수는 없겠죠."

"그렇다면 이렇게 정리할 수 있겠군. 점점 더 많이 축적되는 재산은 매우 바람직하다. 그리고 또 다른 어떤 것은 이보다 더 바람직할 수 있고, 또 어떤 것은 이보다도 훨씬 더 바람직한 어떤…… 무형의 무언가가 있을 수 있겠다고. 그렇지 않나?"

"무형의 것은 측정하거나 셀 수가 없잖아요."

"아, 자네는 계산을 좋아하는군. 그래, 그렇다면 내가 하나 물어보지. 자네는 성공한 인생을 어떻게 측정해서 판단하나? 귀찮더라도 좀 참고 대답해주게. 무엇을 기준으로 성공한 인생을 판단하나?"

나는 어깨를 으쓱하며 대답했다.

"행복 아닐까요?"

"그렇지. 그런데 어떻게 하면 행복할까?"

스미스는 진지하게 내 대답을 기다렸다. 거기에다 대고 나는 농담을 던졌다.

"온갖 종류의 놀잇감을 가지고서 죽을 정도로 실컷 즐기는 거?"

그는 집게손가락으로 자기 뺨을 톡톡 두드리면서 재촉했다. 여전히 진지함을 유지한 채로.

"아냐, 아냐. 좀 더 생각해봐. 본질적인 거로."

나는 8년 된 내 스테이션 왜건을 떠올렸다. 변속기가 자주 말썽을 일으켜서 정비소에 가야만 했다. 사정이 넉넉했다면 더 일찍 팔아 치우고 터보 엔진을 장착한 신형 사브를 샀을 것이다. 이게 내 인생의 본질적인 행복이 아닐까? 그리고 래퍼해녹 강변에 멋진 오두막집이 있다. 사고 싶은 마음에 눈독 들였지만, 계약금이 버거워 포기했다. 그러나 만약 그 집을 살 수 있다면 낮에는 카약을 타고 물살을 가르고 밤에는 집 앞에서 맥주를 마시며 신나는 음악을 들을 수 있을 텐데……. 이런 것이 본질적인 행복일까? 아니, 나에게 정말 중요하고 본질적인 것은 학계에서 유능하다고 인정받는 것이었다. 새뮤얼슨상만 받으면 나는 경제학 분야에서 승승장구해서 저명한 대학교의 교수가 되고, 또 내로라하는 기업들의 고문이 될 수 있으니까……. 물론 그렇게 되면 지금 사는 곳에서 이사해야 하는 불편을 감수해야겠지만 말이다. 그렇다고 해도 명성과 지위가 보장된다는 데 그게 문제이겠는가?

마침내 스미스는 내게서 대답을 듣기를 포기하고, 자기가 기대하고 있던 정답을 말했다.

"그것은 마음의 평화야."

"예?"

나는 공상에서 깨어났다.

"평정함 그 자체! 그게 바로 행복의 본질이라네."

"글쎄요. 저를 포함해서 대다수 사람들이 추구하는 것과는 거리가 먼 것 같네요."

"그러나 우리는 바로 그런 마음가짐을 가져야 하고, 또 길러야 하네! 인간은 물질적인 발전뿐만 아니라 도덕적 성숙을 완성하는 방법도 터득해야 하네."

하지만 나는 반박했다.

"사람들은 일요일이면 사랑과 평화를 큰 소리로 이야기합니다만, 이런 게 경제학과 관련이 있다는 말입니까?"

이웃집 뜰에서 불어온 산들바람에 레이스 커튼이 살랑거렸다. 목련 꽃 향기를 머금은 바람이었다. 문득, 한 해 중 가장 아름답다는 이 무렵을 진정으로 마음껏 누려본 게 얼마나 되었을까 하는 생각이 들었다. 지금은 모든 것에 마감일이 붙어 있다. 아닌 게 아니라 당장 지금만 하더라도 도무지 시간적 여유가 없음에도 줄리아의 집에서 이렇게 시간을 허비하고 있지 않은가.

스미스는 거실을 왔다 갔다 하다가 어떤 그림 앞에 멈춰 섰다. 클로버가 가득 피어 있는 들판 위를 날아가는 호박벌 한 마리를 그린 그림이었다. 스미스는 마치 그 벌을 만지기라도 할 듯 손을 들어 그림 쪽으로 가져가다가 갑자기 휙 돌아서더니 불쑥 질문을 던졌다.

"그런데 자네는 행복한가?"

"행복하냐고요? 경제학을 이야기하는데, 왜 뚱딴지같이 철학적인 얘기로 빠집니까?"

내 말에 그가 움찔했다. 그러더니 숨결이 거칠어지기 시작했다. 그제야 나는 해럴드 팀스라는 사람은 허약한 노인임을 새삼스럽게 상기했다. 얼굴에는 굵은 혈관이 툭툭 불거져 있었고, 겨드랑이 부분의 옷은 땀으로 축축하게 젖어 있었다. 그는 몸을 던지듯 의자에 털썩 앉았다. 그러고는 속삭이듯 나직한 목소리로 말했다.

"내가 40년 넘게 씨름하면서 정교하게 다듬은 사상인데, 이것을 어떻게 단 한 문장으로 말할 수 있겠나? 내가 쓴 저작이 이 모든 것을 다 설명해줄 걸세."

"『국부론』 말입니까?"

나는 놀랐다. 그의 이 대작은 경제학을 전공하는 나에게는 주춧돌과도 같은 책이었다. 비록 통독한 적은 없지만, 애덤 스미스가 이 책을 통해 정부의 개입을 최소화하는 자유방임주의 경제를 설파했음은 누구나 다 아는 사실이다. 그런데 이 책에서 행복을 이야기하고 있다니 놀랄 수밖에 없었다. 그의 '보이지 않는 손'이라는 개념이 없는 경제학은 도저히 상상도 할 수 없었으니…….

그는 고개를 세차게 흔들었다.

"아냐, 아냐! 그 책이 아니라 『도덕감정론』 말일세! 이 책이 기본이야."[1]

『도덕감정론』이라고? 처음 들어보는 책이었다.

그는 청중을 앞에 두고 강의하듯 힘차게 손짓해가며 말했다.

"자유에는 도덕적 의미를 망각하는 위험이 뒤따르지. 너무 늦기 전에 나는 이 시대를 사는 사람들이 정신을 차리도록 일깨워야 해. 그게 내 임무라네."

나는 기가 막혔다.

"그러니까 애덤 스미스는, 아니 교수님은 자신의 가장 큰 업적이 경제 발전 분야가 아니라 도덕 발전 분야에 있다고 주장하시는 겁니까?"

"그렇다네. 사람은 생필품과 편리함, 인생의 즐거움을 구매할 수 있는 능력에 따라 부자이기도 하고 가난하기도 하지. 그렇지만 이런 기준을 가지고 구분되는 부유함이나 빈곤은 본질적 의미에서 행복과는 아무 관련이 없네."[2]

스미스는 여기까지 말하고는 몸을 의자 등받이에 편안하게 기댔다. 내가 충분히 알아들었으리라 생각한 모양이었다.

나는 지난 2년 동안 강단에서 학생들을 가르치면서 비현실적이고 이상적인 사고방식을 가진 학생들이 냉혹한 현실에 적응하게 해주려고 노력해왔다. 즉, 기업은 마지막 1달러의 이윤까지도 악착같이 놓치려 하지 않는다는 진실, 모든 국가는 국내총생산(GDP)을 높이려는 생각에 후손은 안중에도 없이 환경파괴를 일삼는다는 불편한 진실을 말이다. 내가 아는 한 애덤 스미스는 물질적 부를 쟁취하고자 하는 투쟁의 현장인 자유시장에서 탐욕과 경쟁을 부추기며 옹호하는 사람이었다. 그런데 해럴드의 몸을 빌린 애덤 스미스의 목소리는 그런 기초적인 사실조차 모르면서 자기를 애덤 스미스라고 주장하고 있었다. 문득, 이 엉터리 같은 사람에게 쓸데없는 소리를 듣느라고 논문 작업도 팽개치고 있는 내가 한심하다는 생각이 들었다. 생각이 거기까지 미치자 화가 났다.

"애덤 스미스가 시장보다 도덕성을 더 중요하게 여겼다는 말을 나더러 믿으라는 겁니까, 지금?"

나는 자리에서 벌떡 일어났다. 줄리아가 따라 일어나며 눈치를 봤다.

"리치……."

스미스가 뭐라고 말하려고 입을 벌렸다. 그러나 나는 그가 말하기 전에 내 안의 분노를 폭발시켰다.

"당신이 진짜 애덤 스미스라는 사실을 단 1초도 믿어야 할 이유가 없어요, 아시겠어요?"

그렇게 말한 다음, 나는 녹음기를 집어 들고 문 쪽으로 향했다. 이런 나의 기세에 줄리아도 어쩌지 못하고 그냥 지켜보기만 했다.

"학자가 되겠다는 사람이 그래도 되는가?"

그의 목소리가 문을 밀고 나가는 나를 따라 나왔다. 집 밖으로 나온 뒤에도 그의 목소리는 계속 들렸다.

"공부하는 사람이면 공부하는 사람답게 숙제나 잘하게! 책을 좀 더 읽어보란 말이야!"

* * *

영국의 조지 왕조 시대에 건축된 벽돌 건물인 윌러홀에 있는 연구실로 돌아왔지만, 화가 풀리지 않았다. 연구실에서는 언덕이 하나 보였다. 프레데릭스버그의 역사를 간직하고 있는 언덕이었다. 남북전쟁이 한창이던 1862년 가을에 이 도시는 북군의 포위 공격을 받고 있었다. 그 언덕에서 남군과 북군의 피비린내 나는 전투가 벌어졌다. 앰브로스 번사이드 장군이 지휘하는 북군이 이 언덕으로 진격했다. 로버트 리 장군이 지휘하는 남군은 진격해오는 북군 병사들을 무참히 쓰러트렸다. 난공불락의 돌담 뒤에서 벌어진 전투였다. 이 전투에서 번사이드의 잘못된 명령으로 수천 명의 북군 병사가 목숨을 잃었다. 번사이드는 자기 생각에만 집착함으로써 적절히 대응하지 못했고, 결국 심각한 타격을 입을 수밖에 없었다. 이 피해로 '포토맥 부대'는 궤멸하였고, 번사이드는 조셉 후커에게 사령관 자리를 내주었다. 생각이 거기까지 미치자 나는 마치 북군 병사나 지휘관이 된 듯한 느낌이 들었다. 기를 쓰면서 묵묵히 언덕으로 진격하려고 하지만, 적의 저항은 만만치 않았다. 어떻게 대응해야 할지, 계속 나아가야 할지, 아니면 후퇴해야 할지 도무지 판단을 내리기 어려운 상황이었다.

평소 같으면 산책하고 나면 기분이 좋아지곤 했는데, 오늘은 그렇지가 않았다. 왜 내가 질문받고 추궁당하는 사람이 되어야 했지? 돌이켜볼수록 화가 났다. 물론 나의 현재 삶이 그리 만족스럽지는 않았다. 그래도 논문을 완성한 뒤 언젠가 저명한 대학교의 교수 자리를 따내기만 한다면 내 인생도 그런대로 만족스러우리라 생각하며 자위해왔다. 그렇게만 된다면 돈과 지위와 명성을 거머쥐게 될 것이다. 다른 일들은 그 뒤에 생각하고 고민하자고 나 자신을 다독였다.

연구실로 돌아와 음성 메시지와 이메일을 확인했다. 늘 그랬듯 졸업생들이 조언해달라거나 추천서를 써달라는 내용이 대부분이었다. 기말시험 채점 결과를 문의하는 학생도 있었다. 나는 교수 휴게실로 내려갔다. 다른 사람과 부닥치지 않으면 좋겠다고 생각하며 걸었다. 다행히도 휴게실에는 아무도 없었다. 내 우편함은 늘 우편물로 가득 차 있었다. 학기가 끝난 뒤라서 그나마 우편물의 양은 학기 때보다 적었다. 커리큘럼 변경 내용을 알려주는 학장의 통지서가 있었다. 교과서를 검토해달라는 출판사의 요청이 있었다. 그리고 대학 편람 개정 마감일이 한 주 전이었음을 알려주는 (그걸 나는 그새 깜박 잊고 있었다) 교무과장의 통지문도 있었다.

하나 더. 내용물이 두툼하게 들어 있는 봉투가 있었다. 보낸 이의 주소가 낯익었다. 내가 여섯 달 전에 논문을 보냈던 저명한 학술지였다. 휴게실 소파에 앉았다. 나도 모르게 가슴이 떨리고 맥박이 빨라졌다. 논문을 발표할 기회는 언제나 소중하지만 이번은 특히 그랬다. 봉투를 뜯었다. 논문에 첨부된 논평자의 코멘트는 광범위한 곳을 아우르면서 신랄하기까지 했다. 그러나 동봉된 편집자의 편지는 고무적이었다. 전반적으로 다시 써야 한다고 지적했지만, 수정해서 다시 제출한다면 기꺼이 받겠다는 내용이었다. 됐어! 접수되는 논문 열 개 가운데서 단 하나만 채택하는 학술지에서 수정해서 다시 제출해달라는 것은 무명의 학자가 받을 수 있는 최고의 반응이었다.

"됐어! 성공이야, 성공!"

고함에 놀랐는지 건물 처마 밑에 있던 비둘기 여러 마리가 후드득

소리를 내며 날아갔다. 서둘러 연구실로 돌아온 뒤 줄리아에게 전화를 걸었다. 아직 신호음이 가고 있었지만, 나는 전화기 송화구를 입에 바짝 갖다 댔다. 건물 앞뜰에는 여름 학기 수업을 듣는 반바지 차림의 학생들이 프리스비 던지기를 하며 놀고 있었다. 몇몇은 아이스크림콘을 핥으며 산책했다. 내 시선은 책상 가득 쌓여 있는 책과 원고 더미로 다시 돌아왔다. 민영화를 주제로 쓰다 만 논문의 마지막 장 원고와 관련 서적들이었다. 이때 스미스가 했던 말이 떠올랐다.

"책을 좀 더 읽어보란 말이야!"

하지만 이런 상황에서 누군들 책을 더 읽어볼 시간적 여유를 가질 수 있을까 싶었다.

나는 논평자의 코멘트를 정리한 다음 의자에 앉아 느긋하게 등을 기대고 생각에 잠겼다. 스미스의 영혼과 대화를 나눈다는 해럴드 팀스를 우연히 만나게 되었다. 한데, 그 후 이어진 '스미스 교수'와의 대화가 여전히 마음에 걸렸다. 문득 그의 고함이 다시 귀에 쟁쟁 울리는 듯했다.

'학자가 되겠다는 사람이 그래도 되는가?'

아직 박사 학위를 받지 않았으니 틀린 말은 아니었다. 하지만 교수 자격과 관련된 발언에는 민감해질 수밖에 없었다. 줄리아에게 그 모든 것이 얼마나 우스꽝스러운 짓인지 분명히 말해주고 싶었다. 물론 두 번 다시 해럴드를 만나고 싶은 마음은 없었지만. 그런데 하필이면 그때 그런 생각이 들었다.

'가만, 애덤 스미스의 저작 가운데서 내가 읽은 게 뭐더라?'

생각이 나지 않았다. 천천히 몸을 일으켜 책장으로 갔다. 역시 거기에 있었다. 연구 자료들을 모아놓은 폴더들이 넘어지지 않도록 받쳐놓는 용도로 사용한 두툼한 책 『여러 국가의 부의 성격 및 원인에 관한 연구』(『국부론』의 원제 – 옮긴이)였다. 1776년에 출간된 책이었는데, 대학원 시절에 벼룩시장에서 샀다. 그런데 이상하게 들릴지 모르지만, 나는 그 책을 한 번도 펴보지 않았다. 굳이 펼쳐볼 이유가 없었다. 내가 대학원에 다니던 시절 경제사상사는 그저 미적분이나 행렬을 따라가기에는 지적 능력이 떨어지는 학생들이나 듣던, 즉 죽어가던 학문 분야였기 때문이다. 사상사를 연구하던 학자들은 죽거나 은퇴했고, 그렇게 해서 생긴 빈자리들은 게임이론, 계량경제학, 거시경제공학 등을 전공한 학자들로 대체되었다. 현재와 관련된 지식만도 넘칠 정도인데, 누가 과거의 케케묵은 사상들을 살펴볼 생각이나 하겠는가 말이다. 오늘날에는 교과서에 짤막하게 인용된 애덤 스미스의 말 한두 구절만 알면 되었다.[3]

나는 『여러 국가의 부의 성격 및 원인에 관한 연구』를 펼쳐서 편집자 서문을 읽었다.

경제학으로 본격적으로 들어가기 전에 스미스의 전체 저작 가운데서 다른 갈래를 구성하는 주요 요소들을 살펴보면서 이 요소들 사이에 작동하는 상호작용을 자세히 알아두는 것도 유용할 것 같다. (…) 스미스는 철학적·역사적 배경을 바탕으로 경제학의 여러 요소를 가르쳤다. (…) 스미스는 현재 사람들이 통상적으로 경제학을 이해

하는 것보다 훨씬 더 광범위한 영역으로 경제학을 이해하고 또 다루었다.[4]

이게 무슨 말인지는 곧 알 수 있었다. 스미스는 '도덕은 어디에 존재하는가?'와 '도덕은 우리가 어떤 행동을 하길 추천하는가?' 등과 같은 주제에 초점을 맞추었다는 의미였다.[5]

"빌어먹을!"

책을 탁 소리 나게 덮었다. 내가 원하는 것은 쉽고 또 계량화할 수 있는 답이었지 복잡하고 손에 잡히지 않는 답이 아니었다. 도덕을 주제로 한 18세기 방식의 담론은 아무래도 시간 낭비였다. 그런데 이상한 점이 있었다. 애덤 스미스가 도덕 철학에 관심이 있었음을 자동차 엔진밖에 모르는 정비공인 해럴드 팀스가 어떻게 알았을까?

'어쩌면……?'

막연하지만 짚이는 구석이 있었다. 영적 대화니 어쩌니 하는 이 모든 것이 교묘하게 계획된 장난일 수도 있었다. 대학교 캠퍼스에는 이런 장난질에 시간을 낭비하는 못 말리는 장난꾼들이 있었기 때문이다. 이들은 고도로 교묘한 수법을 동원해서 사람을 놀리고 풍자하는 못된 장난질을 했다. 예를 들어 경제학부 부교수인 버지스가 바로 이런 패거리의 우두머리다. 그의 예리한 눈과 귀는 장난질 칠 대상의 모든 것을 단 하나도 놓치지 않는다. 이들에게는 공통점이 하나 있다. 그것은 학문적인 성과, 즉 실력으로는 다른 사람을 이길 재간이 없다는 좌절감을 안고 있다는 점이었다. 또한, 이 좌절감 때문에 조금이라도 잘나간다 싶은 동료가 있으면 그에게 장난질 쳐서 분풀이한다는 점이기도 했다. 이들의 기행은 활자 차원에만 머무는 게 아니라 때로는 물리적인 차원으로까지 확장되기도 한다. 몇 년 전에 있었던 일이다. 학장이 다른 대학교로 전근 가기로 되어 있었다. 그런 터라 그는 돌아오는 월요일에 연구실의 짐을 내가기로 되어 있었다. 그런데 월요일에 이삿짐을 나를 인부들이 연구실에 도착해서 출입문을 열어보고는 기절초풍했다. 아무도 들어가지 못하도록 벽돌담으로 막아놓았기 때문이었다. 또 한번은 동료 강사의 폭스바겐 비틀을 몽땅 분해하기도 했다. 그런 뒤, 그 동료가 정식 교수 임명을 받던 날 체육관 바닥에서 이 자동차를 새로 조립했다. 이런 짓을 하는 사람들은 시간이 펑펑 남아돈다는 뜻이었다. 그러니 해럴드가 영적인 대화를 나누느니 어쩌니 하는 것도 이런 친구들이 정교하게 꾸며낸 장난일 수 있었다. 내가 학계에서 확고부동한 자리에 올라서는 것을 최종적으로 확인해주는 일종의 고약한 신고식과 같은 것이 아닐까, 하는 생각이 든 것이다.

만일 내가 이 고약한 장난에 속아 넘어가기라도 한다면 어떻게 될까? 나는 멍청하고 그 친구들은 똑똑하다는 걸 입증하는 셈이었다. 교수 휴게실에 울려 퍼질 버지의 웃음소리가 들리는 듯했다.

"으하하! 번스 그 친구 완전히 속아 넘어갔어! 논문 작성에 매달려도 될까 말까 할 정도로 바쁜 와중에 애덤 스미스와 영적 대화를 나눴다잖아!"

그리고 다시 웃음소리, 또 웃음소리……. 버지라면 얼마든지 그런 교묘한 음모를 꾸미고도 남을 사람이었다.

"자동차 정비공과 영적 대화를 나눴대, 으하하하!"

사람들은 모두 배꼽 잡고 웃느라 눈물까지 질질 흘릴 게 틀림없었다.

이 소문은 교수 라커룸을 통해 퍼져나갈 것이었다. 또 부풀려질 대로 부풀려져서 이메일을 통해 학장과 심지어 총장도 알게 될 게 불을 보듯 훤했다. 그러다가 급기야 온 세상 사람들이 다 알게 될 터였다. 학생신문에는 나를 조롱하는 기사가 실릴 터였다. 교수 부인들도 당연히 알게 될 것이고, 내가 지나갈 때마다 사람들은 손으로 입을 가린 채 키득거릴 터였다. 나는 겸손한 척하지만, 실제로는 그런 것과는 거리가 먼 사람들의 놀림거리가 될 게 뻔했다.

어쩌면 더 고약한 일이 일어날 수도 있었다. 새뮤얼슨상 심사위원회가 이 사실을 알게 된다면 어떻게 될까? 새뮤얼슨상은 젊은 경제학자에게 수여되는 가장 권위 있는 상으로 상금만 해도 1만 달러다. 게다가 미국경제학회(AEA) 연차 총회 때 5천 명의 회원 앞에 나서서 연설할 기회가 주어진다. 그리고 수상 논문은 경제학계의 성경이라 일컬어지는 학술지인 『아메리칸 이코노믹 리뷰(American Economic Review)』에 게재된다. 그리고 나는 명망 높은 대학교로 자리를 옮겨서 조교를 두고 박사 학위 논문을 준비하는 학생들을 지도하게 될 것이다. 새뮤얼슨상이야말로 성공의 확실한 사다리다. 하지만 그러려면 먼저 이 애덤 스미스라는 망령이 허무맹랑한 장난임을 명명백백히 밝혀내야 했다. 적어도 내가 이 짓궂은 장난에 속아 넘어가서 성공 가도에서 낙마하는 일은 일어나지 말아야 했다.

온갖 생각을 하면서 시간을 낭비하고 있었지만, 나에게는 생각이 아니라 행동이 필요했다. 나는 서둘러 배낭을 집어 들고 연구실 문을 나섰다.

*　*　*

중앙광장을 서둘러 지나가다가 하마터면 무리를 지어 대학교를 탐방 중이던 예비 신입생들, 그리고 그들의 부모 일행의 한가운데에 꼼짝없이 갇힐 뻔했다. 중앙광장을 가로지른 뒤에는 1985년에 마지막으로 개축한 리 도서관(Lee Library) 계단을 뛰어 올라갔다. 유리와 강철을 주요 소재로 삼아 증축한 건물 때문에 도서관에서는 예전에 느낄 수 있었다는 조지 왕조 시대의 분위기를 감지하기 어려웠다. 이 새로운 부속 건물은 외부와 완전히 차단되어 있어서 공기를 자체 공간 안에서 재순환시키고 있었다. 그 바람에 카펫과 커튼, 프린터 잉크 등에서 나는 고약한 냄새가 코를 찔렀다. 게다가 철제 의자의 등받이 각도는 직각이었다. 건축가나 대학 당국자들은 무슨 까닭에서인지 학생과 교수들이 이 모든 것에서 아무런 불편도 느끼지 않으리라 판단한 모양이었다. 정작 자기들은 그런 황량하고 음습한 공간을 잠시도 견디지 못할 것이었으면서 말이다.

도서관 로비는 아직 과거의 건물 구조 그대로였고, 대리석으로 장식되어 있었다. 로비를 지나 신원 확인을 받은 뒤 컴퓨터 검색대 앞에 섰다. 그리고 몇 차례의 클릭 끝에 내가 원하는 검색 결과가 모니터에 나타났다. 나는 나선형 계단을 내려가 지하 서고로 들어갔다. 지하 2층 공간은 바닥에서 천장까지 2미터 조금 더 되었다. 그 높이로 철제 서가가 빽빽하게 들어서 있었고, 서가에는 책들이 빼곡히 꽂혀 있었다. 마치 바다 깊은 곳을 항해하는 잠수함의 한 격실에 서 있는 것 같았다. 형광등은 깜박거렸고, 낡은 환풍기는 덜덜거리다가 덜컥거리다가 철커덕거렸다. 확실히 깊은 바다 아래에 있는 느낌이었다. 폐소공포증이 느껴졌다.

나는 거대한 관 같은 이 음침한 공간을 돌아다니면서 도서 분류번호를 살폈다. 'BJ 1000s'에서 오른쪽으로 돈 다음, 좁은 통로를 계속 따라갔다. 얼마 후, 두꺼운 책 한 권이 내 눈에 들어왔다. 『도덕감정론』. 드디어 찾았다! 책의 갈색 가죽 표지는 색이 바랬고, 부분적으로 금이 가 있었다. 나는 조심스럽게 책을 꺼내 들고 먼지를 털어냈다.

열람석에 자리를 잡고 앉아 책을 펼쳤다. 대출 카드를 보니, 내가 이 책을 빌린 두 번째 사람이었다. 그런데 이상하게도 책에 접힌 자국이 전혀 없었다. 심지어 책의 면은 커팅조차 되어 있지 않았다(장으로 제본하지 않고 가운데를 접어 가장자리를 묶는 방식으로 제본할 경우, 책을 읽으려면 가운데 접힌 부분을 칼로 잘라줘야 했다-옮긴이). 그러니까 나 말고 유일하게 이 책을 빌렸던 사람조차 읽지 않았다는 의미였다. 주머니칼을 꺼내서 붙어 있는 책의 면을 잘랐다. 표지 삽화가 눈을 사로잡았고, 18세기식 티저 문구가 눈길을 끌었다.

인간이 먼저 이웃의 행동과 특성을 판단하고 그다음에 자기의 행동과 특성을 판단하게 되는 원리들을 분석하고자 시도하는 에세이

나는 제1장을 편 다음 천천히 읽어나가기 시작했다. 때로는 웅얼거리며 소리 내어 읽기도 했다. 시대에 뒤떨어진 지루한 도덕철학 논문이리라 생각했지만, 그게 아니었다. 책을 한 장씩 넘길 때마다 생동감 넘치는 통찰과 신선한 필력이 나를 사로잡았다. 나는 이런 사실에 적잖이 당황했다. 그리고 그야말로 그 책에 푹 빠져버렸다. 내가 대학원에서 경제학을 공부하면서 익혔던 무미건조한 문체와 엄격한 방법론과는 완전히 달랐다. 참신하고도 기운을 북돋우는 문체였고 탁월한 방법론이었다.

30분 동안 책을 읽었다. 그런 다음, 옆으로 밀쳐두었다.

"허허……."

헛웃음이 나왔다. 몰랐던 사실을 새롭게 알게 되었지만, 마음이 불편했다. 어쩐지 분하기도 하고 불쾌하기도 했다. 나는 간신히 유지하던 평정심을 송두리째 흔들어놓았던 구절을 다시 한 번 읽어보았다.

행복은 평온한 가운데 존재한다.[6] (…) 건강하고, 빚이 없고, 명료한 의식을 가진 사람의 행복에 굳이 무엇이 더 필요하겠는가? 만일 이런 사람에게 누군가가 많은 재산을 추가로 준다고 할 때 이 재산은 오히려 과잉이라고 할 수 있을 것이다.[7] (…) 오두막집이 아니라 궁궐에 산다고 해서 좀 더 마음 편하게 잠잘 수 있을까? 실제로는 그 반대인 경우를 너무도 자주 볼 수 있다. 그러니 그 말이 잘못되었음은 명백하다.[8]

80

자동차 정비공장에서 기름밥을 먹고사는 루마니아인 정비공 해럴드 팀스가 애덤 스미스의 잘 알려지지 않은 이 저작 내용을 도대체 어떤 경로를 통해 알게 되었을까? 세상에서 가장 존경받는 경제학자가 사실은 반(反)유물론자이며 낭만적인 반성장주의자라는 사실을 어떻게 알았을까? 나는 어째서 지금까지 애덤 스미스의 이런 모습을 한 번도 접하지 못했을까? 그렇다면 그의 이런 발상은 『국부론』의 사상을, 또 경제학의 여러 법칙을 배격하는 것일까? 더 중요하게는, 그의 이런 사상이 오늘날의 경제와 사회에는 어떤 의미를 가질까?

나야 그렇다 치더라도 경제학을 전공한 다른 교수들은 스미스의 『도덕감정론』을 읽었을까? 만일 해럴드 팀스가 누구의 사주를 받고 나를 감쪽같이 속인 것이라면, 나는 어떻게든 그 사실을 입증해야 했다. 어떻게 하면 해럴드 팀스의 정체를 밝힐 수 있을까? 아니, 어떻게 하면 해럴드 안의 스미스가 진짜인지 가짜인지 판별할 수 있을까? 그가 대화를 나눈다는 목소리가 진짜 애덤 스미스인지, 아니면 내가 교묘한 장난질에 놀아나고 있는지 판별해낼 방법이 분명 있을 터였다. 나는 자리에서 일어나 다시 서고로 갔다. 그리고 필요한 자료를 찾은 뒤 서고를 빠져나와 대출 창구 앞에 섰다.

"안녕하세요, 번스 교수님!"

얼굴을 알고 지내는 사서 아주머니가 미소를 지었다.

"방금 교수님의 열렬한 팬이 다녀갔는데……. 귀가 많이 간지러우셨죠?"

"예?"

"교수님 제자라고 하던데요? 미남이었어요. 교수님에 대해 꼬치꼬치 캐묻던데요? 요즘 뭘 연구하시느냐고 해서 제가 러시아를 주제로 논문을 쓰고 계시다고 알려줬어요."

이런 종류의 한가한 잡담에 관심이 없다고 생각했다. 그러나 내 말은 이런 생각과 전혀 다른 방향으로 나갔다.

"어떻게 생겼던가요?"

사서는 손가락으로 자기 입술을 톡톡 치면서 잠시 생각하더니 이렇게 말했다.

"음……. 평범했고, 선글라스에 청바지 그리고 금발이었어요. 다른 학생들에 비해 나이가 좀 들어 보이던데요? 졸업한 지 5년 되었다고 했고요."

"피버디 부인, 5년 전에 저는 여기서 강의를 하지도 않았는데요? 내가 가르친 학생일 리가 없는데……."

"어머, 죄송해요! 근데, 오랜만에 오셨네요? 최근에 통 안 보이시더니……."

"원래 도서관에는 자주 안 다닙니다."

그렇게만 대답했다. 도서관은 시대에 뒤떨어진 곳이며, 먼지가 두껍게 쌓인 지하 서고를 헤매는 것보다 집이나 사무실에서 인터넷으로 훨씬 다양한 최신 정보와 자료를 더 많이 구할 수 있다고 덧붙이고 싶었다. 그러나 굳이 그렇게까지 모진 말을 할 필요는 없겠다 싶었다. 또, 이런 내 생각이 반드시 맞는다고 자신할 수도 없었기 때문이다. 아닌 게 아니라, 나는 애덤 스미스의 『도덕감정론』과 그의 전기 두 권,

사상사 관련 책 세 권을 피버디 부인에게 대출해달라고 내밀고 있었으니……. 하지만 내 인내심은 점점 바닥을 드러내고 있었다. 그래도 나는 겉으로 태연한 척하면서 얼굴에 미소를 지었다.

"고맙습니다, 피버디 부인! 그리고 오늘 도서관에서 보석 같은 책을 몇 권 찾아냈습니다."

* * *

한 시간 후, 해럴드 팀스에게 전화를 걸었다. 네 번째 신호음에 그가 전화를 받았다.

"오늘 아침에는 미안했습니다! 아저씨가 하는 말을 전혀 이해할 수 없었거든요."

그는 말없이 헛기침만 몇 번 했다.

"아저씨가 어떤 사람인지는 잘 모르겠습니다만, 제게 하신 말씀이 틀린 말은 아니더군요."

"내가 한 말이 아니라니까 그러네?"

그는 담배 연기를 빨아들였다가 뿜으면서 계속 말했다.

"난 당신과 스미스가 무슨 이야기를 나눴는지 전혀 몰라요. 정신을 차리고 보니까 자동차 엔진 하나를 완전히 분해했다 조립하고 났을 때처럼 셔츠가 땀으로 흠뻑 젖어 있더군. 그게 다요. 그리고 나서 오전 내내 잠을 잤고요. 라디오를 틀어놓았을 때처럼 내 머릿속에서 계속 웅얼거리는 그 목소리와 대화를 나누었다면 됐소. 그 목소리를 상대로 대화하면 했지, 이제 그만 괴롭히면 좋겠는데……."

"그럼, 그 사람을 불러주시겠습니까?"

"일단 자리에나 좀 앉고……."

그는 투덜거렸다. 한동안 나는 그의 숨소리만 듣고 있었다. 그리고 얼마 뒤……

"여보세요? 여보세요?"

해럴드의 목소리가 아니었다.

"스미스 박사님?"

"맞네. 아침에 하던 얘기를 계속 이어서 하자면, 그때 내가……."

"잠깐만요!"

"도덕감정론 이론을 좀 더 정교하게……."

"잠깐, 잠깐만요!"

나는 아까보다 더 큰 목소리로 다시 한 번 그의 말을 끊었다.

"도덕감정론 이론이 없을 때 우리 사회는……."

"내 말 좀 들어보시라고요!"

나는 고함을 질렀다. 그제야 스미스는 말을 멈추었다.

"질문 열 개를 준비했습니다. 하나씩 질문할 때마다 5초 안에 대답해주세요. 5초 안에 답을 못 하거나 틀린 답을 말하면, 당신이 애덤 스미스 박사가 아니라고 결론 내릴 겁니다."

"질문을 한다고? 나를 테스트한다는 말인가?"

"예. 간단한 테스트입니다. 통과한다면 믿어드리죠. 만일 그렇지 못하면 당신이 하는 말은 모두 거짓말이 됩니다."

"거짓말이라고? 내가 애덤 스미스라면 애덤 스미스지, 테스트는 무슨 테스트!"

그가 목소리를 높이며 역정을 냈다.

"자신을 애덤 스미스라고 주장하시는 건 압니다. 그 주장을 증명하시면 됩니다. 어쩌시겠습니까?"

마음 한구석에는 그가 내 제안을 거절해서 그 모든 게 장난이었음을 인정해주었으면 하는 바람이 있었다. 그렇게만 된다면, 제법 그럴듯한 이 모든 소동이 짓궂은 장난이었다고 줄리아에게 말해줄 수 있고, 그녀도 오해를 풀 수 있을 텐데…….

"거 참, 귀한 시간을 이렇게 허비해야 하다니……. 좋아. 어디 시작해보게."

질문을 적어놓은 쪽지를 꺼내서 펼쳤다.

"첫 번째 질문입니다. 출생연도와 출생지를 말해보세요."⁹

"1723년, 커콜디."

나는 아직 그의 발음에 익숙하지 않아서 '커콜디'가 '커코디'로 들렸다.

"스코틀랜드의 작은 항구도시 커콜디, 포스 만(灣)을 사이에 두고 에든버러와 마주 보고 있네."

"두 번째 질문입니다. 어머니의 이름과 출생지는 어디입니까?"

"내 사랑하는 어머니의 이름은 마거릿이었네. 스트래딘드리가 고향이셨지."

"처녀 때 성은 뭐였죠?"

"더글러스. 마거릿 더글러스셨네."

"세 번째 질문, 아버지의 성함과 출생지는 어디입니까?"

"애덤 스미스, 시턴 출신이셨네."

"그분은 몇 세에 돌아가셨습니까?"

"돌아가셨을 때 연세가……. 나는 아버지 얼굴을 한 번도 뵌 적이 없네. 내가 태어나기 전에 돌아가셨으니까. 어디 보자……."

"시간 잽니다."

"1679년에 태어나셨으니까, 그러면……."

"5초 다 됐습니다."

"마흔세 살에 돌아가셨군."

"좋습니다. 다음 질문으로 넘어가죠. 네 번째, 형제나 자매가 있었습니까?"

"네 번째가 아니고 다섯 번째네."

"예, 다섯 번째. 대답하세요."

"휴라는 이복형이 있었네. 아버지가 처음 결혼했을 때 얻은 아들이었지. 그 형도 나처럼 몸이 허약했는데, 내가 어릴 때 죽었어. 그때 왜 그랬냐 하면……."

"그건 됐습니다."

나는 말을 끊고 계속해서 질문을 이어갔다.

"여섯 번째 질문, 공부는 어디에서 했습니까?"

"중등학교는 힐 스트리트에서 다녔고, 대학교는 글래스고 대학교. 그 뒤엔 옥스퍼드 대학교의 베일리얼 칼리지에서 공부했지. 그런데 거기가 얼마나 융통성이 없고 꽉 막힌 곳인지, 지금 생각해도 끔찍하군!"

일곱 번째 질문은 건조하고 담백하게 말했다.

"결혼한 연도는?"

"장난하나? 내가 독신으로 살았다는 건 자네도 잘 알 텐데……."

어쩐지 기가 죽은 목소리였다. 그런 목소리에서 새로운 궁금증이 일었다. 그러나 그런 생각을 할 때가 아니었다. 그 목소리의 주인이 진짜 애덤 스미스인지 아닌지 밝히는 게 우선이었기 때문이다. 다음 질문으로 넘어갔다.

"여덟 번째 질문 들어갑니다. 당신에게 '가장 못생겼고 얼빠진 인간'이라고 말한 여자는 누구입니까?"

"아, 그 여자는……. 그러니까 그 여자는……. 맞아, 리코보니 부인이야."

그의 목소리는 과거를 회상하는 듯 촉촉히 젖어들었다.

"파리에 있을 때 그 부인이 나를 무척 예뻐하고 귀여워해줬지. 나를 얼마나 좋아했는지 몰라. 자네가 알겠지만, 나는 바람둥이가 아니었어. 그저 책만 파던 책벌레였지. 그렇다고 해서 내가 인생을 즐긴 적이 한 번도 없었다는 뜻은 아닐세."

"상관없습니다. 아홉 번째 질문입니다. 편집증을 가지고 있었으며, 국제적인 사건을 일으킨 프랑스 경제 개혁가가 있었죠. 그 사람은 누구입니까? 그 사건 때 당신은 튀르고를 지지했었지요(18세기 프랑스에서는 계몽사상과 나란히 중농주의가 발전했는데, 케네와 튀르고는 부의 원천을 토지와 농업에서 찾고, 농산물이 자유롭게 거래될 수 있도록 자유방임 정책을 주장했다-옮긴이)."

그는 망설임 없이 대답했다.

"장 자크 루소 말이군. 그 건달 같은 친구가 내 절친한 친구이자 스승인 데이비드 흄 선생님을 마구 몰아붙였지. 정당한 근거나 논리도 없이 말이야(애덤 스미스는 1723년생이고, 데이비드 흄은 1711년생이다-옮긴이).[10] 우리는 그 일이 세상에 알려지지 않게 하려고 온갖 노력을 기울였지만, 결국 알려지고 말았지. 튀르고와 나는 손을 쓸 수가 없었어. 정말 불쾌한 일이었네!"

이제 마지막 문제 하나만 남겨두고 있었다. 사실 나는 가짜 애덤 스미스라면 도저히 대답할 수 없는 질문을 맨 마지막으로 돌려두고 있었다.

"자, 그럼 마지막 열 번째 문제 들어갑니다."

"어서 물어보게. 옛날 생각을 떠올리니 재미있군!"

"집시에 대해서는 어떻게 생각합니까?"

"집시?"

생각하는 모양인지 잠시 말이 없었다. 그러다가 갑자기 웃음을 터트렸다.

"아하하하! 로마니 집시를 말하는군. 그렇지? 집시에 대해서는 잊지 못할 추억이 있지. 내가 유괴될 뻔했거든. 세 살 때였는데, 스트래던드리 성 뒤쪽에 있는 공터에서 자주 놀았지……."[11]

내가 졌다. 그는 진짜 애덤 스미스였다!

"됐습니다. 더 안 하셔도 됩니다."

하지만 그는 아랑곳하지 않고 유괴당할 뻔한 이야기를 풀어나갔다.

"어슬렁거리면서 돌아다니기도 하고, 돌을 던지기도 하고, 크리켓도 하고, 또 구름 모양이 시시각각으로 바뀌는 걸 연구하기도 했지. 그런데 근처 언덕에 집시 한 무리가 야영하고 있었어. 그때 내가 그 사람들을 보고 호기심이 발동했나 봐. 쓸데없이 위험을 자초한 거지. 다음 날 아침, 그 집시들이 우르르 달려왔어. 그러더니 어느새 노파 하나가 나를 붙잡아서 마차에 던졌어. 고함을 질러봤지만, 무거운 양털 담요에 깔렸던 터라 내 목소리는 멀리 나가지 못했지. 집시들은 북쪽으로 난 길을 따라 달아났어."

거기에서 말을 끊고 숨을 크게 들이쉬었다. 나는 그가 그 얘기를 마저 다하도록 내버려 두었다.

"아마도 세 시간은 족히 지났을 거야. 뒤에서 요란한 말발굽 소리가 들렸고, 고함을 지르는 목소리도 들렸어. 그리고 어느 한순간에 나는 허공을 날아서 길가에 떨어졌어. 집시들이 나를 집어던진 거였지. 돌에 머리를 부딪쳤지만 괜찮았어. 집시들은 숲으로 도망쳤고, 노파는 나를 구해주러 온 삼촌에게 온갖 욕을 다 퍼부었어. 대단한 사건이었지. 정말 굉장한 모험이었어!"

그의 말을 끝으로 우리 사이에는 어색한 침묵이 흘렀다. 침묵 속에서 나는, '이 사람은 틀림없는 애덤 스미스다'라는 말만 몇 번이고 속으로 되뇌었다. 그가 먼저 침묵을 깼다.

"자, 이만하면 합격인가? 내가 자네에게 합격인지 아닌지를 물어야 하다니, 이거야 원……."

＊　＊　＊

　그날 저녁, 나는 베란다에 앉아 드람뷔를 마시며 생각에 잠겼다. 만약 그때 집시들이 어린 스미스를 유괴했다면, 그는 나중에 어떻게 되었을까? 아들을 맹목적으로 사랑하고 학식이 있는 어머니가 아니라 까막눈 집시 무리의 손에서 자랐다면, 과연 그는 어떻게 되었을까? 펜과 책이 아니라 돌멩이와 넝마를 가까이하고 살았다면, 나중에 그는 어떤 사람이 되었을까? 또, 만약 그가 정부의 부당하고도 시시콜콜한 간섭을 비판하고 나서지 않았더라면, 사회개량주의가 초래할 수도 있었던 뜻밖의 결과를 예견하고 비판하지 않았더라면, 그리고 특수한 이익집단들과 독점에 대항하지 않았더라면, 과연 그의 실용적인 경제학이 세상에 온전히 모습을 드러낼 수 있었을까?

　나는 넋을 놓은 채 이런저런 생각에 빠져 있었다. 렉스가 내 손등을 핥았다. 자기 귀를 쓰다듬어달라는 뜻이었다. 나는 하품을 한 차례 하고, 렉스의 귀를 쓰다듬었다. 그러나 내 생각은 계속 그날 새롭게 깨우친 사실들을 향해서만 마구 내달렸다. 그 가운데 한 가지는 애덤 스미스와 존 메이너드 케인스의 생일이 6월 5일로 똑같다는 사실이었다(스미스는 1723년생이고, 케인스는 1883년생이다 - 옮긴이).[12] 그리고 우연하게도 그다음 날이 6월 5일이었다. 대공황에서 벗어나기 위해서는 정부가 적극적으로 개입해야 한다는 탁월한 이론을 전개한 케인스는 정부의 개입을 최소화하는 것을 이상으로 삼았던 스미스와는 정반대였다. 케인스는 나중에 자유무역에 대한 지지조차 철회했다.[13]

"다른 누구의 사상적 영향도 받지 않았다고 믿는 실천적인 사람들은 대개 이미 죽어서 세상에 존재하지도 않는 경제학자들의 노예다."[14]

이게 바로 케인스의 신념이었다.

나는 나 자신이 실천적인 사람이라고 늘 생각해왔다. 그런데 나는 지금 수백 년 전에 죽어서 세상에 존재하지도 않는 18세기의 어떤 경제학자가 하는 말에 귀를 기울이고 있는 게 아닌가? 나는 의자 깊숙이 몸을 눕혔다. 애덤 스미스라는 이 사람은 내 논문을 어떻게 생각하고 또 평가할까?

그때 전화벨이 요란하게 울렸다.

줄리아였다. 다음 날 자기 집에서 저녁을 함께 먹자고 했다.

Chapter 5

경제학자와 사회학자의 논쟁

푸짐한 식탁이었다. 폭찹에 그레이비 소스를 곁들인 으깬 감자와 완두콩, 사과 소스도 있었다. 나는 캘리포니아 산 샤르도네 한 병을 가지고 갔다. 비싸지 않으면서도 분위기를 낼 수 있는 와인이었다. 줄리아의 집은 따로 식당 공간이 없어서 우리는 파티오에서 식사했다. 카드 놀이하는 탁자에다 빨간색 체크무늬 식탁보를 덮고 양초를 켠 그럴듯한 식탁이었다. 6월의 공기는 상큼했다.

식사를 마친 뒤 줄리아가 말했다.

"해럴드 아저씨가 전화하셨어요. 둘이서 얘기를 나눴다면서요? 고마워요!"

그녀는 진심으로 고마워했다. 그 모습에 나는 오히려 마음이 불편해졌다. 내가 해럴드를 만난 데는 두 가지 목적이 있었기 때문이다.

도서관에서 애덤 스미스 관련 자료를 찾아봤다는 이야기와 스미스를 테스트했다는 얘기를 줄리아에게 했다. 그리고 오늘이 애덤 스미스의 생일이라는 말도 마지막에 덧붙였다.

줄리아는 고맙다고 말했다. 그러나 그녀의 얼굴에는 근심이 서려 있었다.

"아저씨가 생각보다 대가를 크게 치르시는 게 아닐까 싶어서 걱정이에요."

그리고 나를 빤히 쳐다보고 이렇게 덧붙였다.

"그리고 당신도……. 논문을 써야 하는데, 아무래도 방해가 되지 않을까 해서……."

나는 죄책감을 미소로 감추며 고개를 저었다.

"아저씨를 오해해서 내가 미안하죠! 정말이지 그놈의 논문만 아니었어도……."

그녀는 말없이 나를 바라보았다. 내 말을 인정한다는 뜻인지, 아니면 뭔가 다른 할 말이 있다는 뜻인지 알 수 없었다. 나는 화제를 바꾸기로 했다.

"인류학을 공부한 게 당신의 미술 작업에 도움됩니까? 특히 칸돔블레는……?"

"인류학이나 미술이나 둘 다 관찰하고 어떤 진리를 알아내는 것이니까요. 특히 칸돔블레는 형식이 아니라 내용인 본질에 집중하는 데 도움을 줘요."

"내면의 자아를 바라보는 데 도움된다는 말?"

그녀는 나를 바라보면서 되물었다.

"내면의 자아라면……, 예를 들어서 당신의 마음 말인가요?"

"아아, 그것도 그렇고……."

나는 당황해서 고개를 끄덕였다.

줄리아는 손금을 봐주겠다면서 내 손을 잡아끌어 손바닥을 살폈다. 물론 장난이라는 것쯤은 나도 알고 있었다.

"당신은 매력적인 사람이에요. 지적이고 유능한 사람입니다. 음……, 그런데 자기 자신에게 절대로 만족할 줄 몰라요. 자기가 하는 일을 도 피처로 삼는 사람이고요. 일에 너무나도 집중하는 나머지 당신 마음에 는 다른 게 들어설 여지가 없어요. 아쉽게도……."

그녀는 말끝을 흐렸다. 나는 재촉했다.

"계속해봐요. 뭐가 또 보이는지."

그녀가 뺨을 붉혔다.

"사실은 손금 볼 줄 몰라요."

그녀는 내 손을 놓고는 목소리 톤을 완전히 바꾸었다.

"다른 얘기해요. 자, 우선 애덤 스미스를 위해, 건배!"

저녁을 먹은 뒤 나는 정원을 돌아보자고 했다. 그녀가 직접 심은 사 과나무가 몇 그루 있었다. 우리는 그쪽으로 걸어갔다. 주변은 어둑했 다. 그녀를 안고 싶다는 마음이 불쑥 들었다. 손이라도 잡고 싶었다. 하지만 애써 참았다.

예전에는 무척 가까운 사이였다. 그랬는데, 내가 그녀에게서 도망 쳤다. 일 년쯤 전이었다. 나는 줄리아의 따뜻한 마음과 아름다운 외모, 지성과 예술적 기질에 이끌렸다. 네 번째 데이트하던 날이었다. 우리는 함께 영화를 보고, 그녀의 집으로 돌아와 와인을 마시면서 함께 보았던 코미디 영화를 화제로 즐겁게 대화를 나누었다. 그때 우리는 이미 서로를 꽤 잘 알았다. 적어도 표면적인 것에 관해서는 그랬다. 그리고 우리 둘 사이의 이끌림은 어느 정도 숙성되어 있었으므로 어떤 식으로든 결정해야 할 시점이었다. 두 사람 중 누군가 한 사람이 먼저 신호를 보내서 우리 사이가 좀 더 친밀한 연인 관계로 발전하든지, 아니면 서로에게 상처를 받지 않아도 되는 안전한 구역으로 물러나 있든지 결정을 내려야 했다. 대부분의 사람들은 이런 일은 크게 어려울 게 없다고 나는 생각한다. 게다가 그녀도 나를 호의적으로 생각하고 있었으니……. 하지만 나는 확신이 서지 않았다. 불확실성이 나를 지배하고 있었다. 이런 말이 성립할 수 있을지 모르겠지만, 나는 줄리아를 '지나칠 정도로 심하게' 좋아하고 있었다. 그렇다고 해서 여자와 함께 있다는 사실 자체에 두려움을 느꼈던 것은 아니다. 가벼운 마음으로 짧은 시간 동안 낭만을 즐긴 적은 여러 번 있었으니 말이다. 하지만 줄리아의 경우는 달랐다. 관계가 좀 더 깊어지면 한쪽이 필연적으로 더 강렬한 정서적 친밀감을 요구하게 될 것은 불을 보듯 뻔했다. 그런데 그런 상황을 상상하자 나는 폐소공포증 환자처럼 가슴이 미칠 듯 답답해졌다. 그래서 나는 결국, 집착은 구속을 부른다는 논리로 나의 망설임을 합리화했다. 특히, 다른 대안에 고통이 뒤따를지 모르는 위험이 동반된다면 차라리 내가 하고 싶은 대로 하는 게 낫다는 식으로 합리화했다.

그렇게 나는 꽁무니를 뺐다. 논문 때문에 다른 데 신경을 쓸 겨를이 없다는 좋은 핑곗거리도 있었으니……. 하지만 지금 생각해도 어리석은 짓이었다. 이런 생각 때문에 마음이 복잡했다. 오늘 밤 그때의 그 잘못된 결정을 뒤집어야 하나? 그래, 그렇게 하는 거야! 줄리아는 나를 등진 채로 서서 사과나무 잎에 앉아 있는 거미를 건드리려고 손을 내밀었다. 그런 그녀의 어깨에 나는 가만히 손을 얹었다. 하지만 놀란 건 그녀가 아니라 나였다. 그녀가 몸을 돌려서는 내 손을 잡더니 자기 어깨에서 내려놓았기 때문이다.

그런 다음, 그녀는 다시 돌아섰다. 어딘가에서 새의 날갯짓 소리가 들렸다. 올빼미가 사냥감을 노리고 덮치는 소리였다.

마침내 그녀가 입을 열었다.

"우리 사이의 지난 일을 되살리고 싶어서 당신을 초대한 게 아니에요. 그냥…… 해럴드 아저씨를 도와줘서 고맙다는 인사를 하려고 했던 거예요. 그게 다예요. 미안해요, 리치."

그녀는 이 말을 하는 게 무척 힘든 모양이었다. 이후 우리 둘 사이에는 제법 긴 침묵이 흘렀다. 어느 순간에 그녀는 다시 나를 등지고 돌아섰다. 그제야 나는 마음이 좀 편안해졌다. 그리고 얼마 뒤 그녀는 이렇게 말했다.

"우리 사이에 있었던 지난 일을 생각하면, 당신에게 아저씨를 도와달라고 부탁한 게 좋은 생각이 아니었을지도 모르겠네요. 싫은 걸 나 때문에 억지로 하는 건 바라지 않아요. 하지만 내가 아는 경제학자라고는 당신밖에 없으니까……."

그녀의 시선은 내 어깨를 지나쳐서 멀리 허공을 향했다. 별을 보는 것인지, 아니면 달을 보는 것인지……. 나는 줄리아의 눈동자에 비치는 반짝거림을 바라보았다. 헤어 나올 수 없을 정도로 아름다운 모습이었다. 하지만 그녀는 나를 바라보고 있지 않았다. 그녀가 보기에는 내가 부족하기 때문이었겠지.

바람은 서늘했다. 그 서늘한 바람이 그나마 위안이 되면 좋았겠지만 그렇지는 않았다. 그녀에게 무슨 말이든 해야 했다. 이런저런 말을 열 가지도 넘게 놓고 생각해보았다. 그러나 뺀질뺀질한 핑계로 비치지 않을 말은 도저히 찾을 수 없었다.

어느 순간에 줄리아가 웃으며 말했다.

"이리 오세요. 우리 와인이나 마셔요."

* * *

한 주 뒤, 해럴드에게 전화를 걸었다.

"교수회관에서 점심 같이하십시다. 괜찮으십니까?"

해럴드는 마지막 월급을 받은 지 한 달이나 지났고, 이제는 자선단체의 지원을 받아야 할 형편이었다. 줄리아를 비롯한 그녀가 아는 몇몇 사람이 해럴드의 식사를 챙겼다. 목사님도 일시 노동 불능자로 등록해서 약간의 금전적 지원을 받을 수 있도록 도와주었다. 교수회관은 편의시설이 좋은 편이었고, 대학 당국으로부터 지원받고 있었으며, 해마다 그맘때는 절반 정도가 비었다.

"동료 교수 두 명도 초대했습니다."

나는 그렇게만 얘기했다. 내가 아는 것, 그리고 생각하는 것을 모두 얘기하고 싶지 않아서였다. 즉, 스미스의 영혼을 동료 경제학자들에게 소개하는 일이 부담스러워서 경제학 교수 대신 관련 분야의 좌파 지식인 두 명을 초대한 사실을 세세하게 말하지 않았다. 그 두 사람은 냉전 시대에 개발도상국에서 치열한 투쟁을 벌인 사람들이었다. 그들은 고전 마르크스주의의 소양을 갖추고 있었으므로 미심쩍은 부분을 정확히 포착해낼 터였다. 과연 해럴드의 영적 대화, 즉 스미스의 발언이 그 두 사람이 펼칠 치밀한 심사를 무사히 통과할 수 있을까?

"아, 그리고 한 가지 더……. 박사님을 은퇴한 스마이드 교수로 소개하겠습니다. 박사님은 오늘 하루 스마이드 교수님입니다. 앞으로는 저도 교수님이라고 부르겠습니다."

정오에 나는 해럴드의 집으로 그를 데리러 갔다. 그의 작은 집 앞에는 무성하게 자란 잡초가 바람에 일렁거렸다. 해럴드의 낡은 자동차가 보였고, 신문은 잔디밭에 아무렇게나 뒹굴고 있었다. 신문을 주워 현관 앞에 두었다. 해럴드는 더러운 수건으로 손을 닦으면서 방충망 문을 열고 담배를 입에 문 채 밖으로 나왔다. 밖으로 나오자 햇살에 눈이 부신지 충혈된 눈을 가늘게 떴다. 한 차례씩 영적 대화를 할 때마다 극도로 피로해진다는 사실을 줄리아에게 전해 들었다. 그러나 나는 그 사실을 미처 염두에 두지 못하고 있었다. 해럴드는 차마 똑바로 바라볼 수 없을 정도로 초라했다. 겉옷에는 단추 하나가 떨어지고 없어서 안에 받쳐 입은 꾀죄죄한 티셔츠가 그대로 드러났다. 게다가 무엇을 했는지 바지에도 군데군데 시퍼런 풀물이 묻어 있었다. 해럴드는 꽁초를 아무렇게나 집어던지고 차에 올라탔다. 정신이 이상하든 그렇지 않든 그가 나 때문에 이런 행색을 하게 되었다는 생각이 들어 진심으로 미안했다.

아무 말 없이 몇 블록을 달린 뒤 나는 다시 한 번 해럴드를 보았다. 그는 눈을 크게 뜨고 있었다. 허리를 곧추세운 자세였다.

"리처드, 나에게 사과할 거라도 있나?"

이미 해럴드가 아니라 스미스였다.

그렇게 순식간에 해럴드에서 스미스로 바뀌다니 깜짝 놀랐다. 하마터면 신호등도 보지 못하고 그냥 지나칠 뻔했다. 나는 도서관에서 빌린 『도덕감정론』을 건네주면서 사실은 그가 애덤 스미스가 아니란 걸 증명하려고 도서관에서 자료를 뒤졌다는 얘기도 했다.

"제가 두 번째 대출자더군요. 저보다 먼저 빌린 첫 번째 대출자는 1923년에 빌렸고요."

그는 심드렁한 미소를 지으며 말했다.

"내가 태어난 지 200년 된 해였군."

1923년에 처음 그 책을 빌린 사람은 사실 책을 펼쳐보지도 않았더라는 말은 굳이 하지 않았다. 그런 얘기를 듣고 기분이 좋을 저자는 없을 테니까.

대학교 구내에서는 몇 군데 공사가 진행되고 있어서 조경사들이며 미장이들이며 목수들로 부산스러웠다. 그러나 교수회관 앞 주차장은 한산했다. 함께 점심을 먹기로 한 사람들은 사회학자인 캐럴 노튼 박사와 국제관계학부 교수인 웨인 브라운 박사였다. 한데, 두 사람 다 해럴드의 단정하지 못한 옷차림이나 행동거지에 대해 크게 신경을 쓰지 않는 눈치였다. 교수 사회에서 이런 괴짜는 드물지 않기 때문이었다. 인사를 나눈 뒤, 우리는 식탁에 자리를 잡고 앉았다. 방학 중이었던 터라 식사와 함께 술도 주문했다. 캐럴과 웨인은 와인을, 나는 맥주를, 스미스는 스카치를 각각 주문했다.

"스카치를 마시는 줄은 몰랐는데요?"

내가 말하자, 스미스가 대답했다.

"내가 사랑하는 어머니는 독실한 장로교 신자셨다네. 하지만 내 머리는 늘 자유시장의 정신이 지배했었지. 술에 대해서도.[1] 그래서 프랑스산 와인도 일부러 즐겨 마셨지. 어떤 사람들은 지나친 호사라고 면박을 줄지는 모르지만 말일세."

그렇게 말하고 껄껄 웃은 뒤 그는 다시 말을 이었다.

"그런데 오늘은 어쩐지 고향에서 마시던 술을 마시고 싶구먼."

우리는 모두 정중한 미소를 얼굴에 띠었다. 그런데 바로 그 순간이었다. 악몽과도 같은 광경이 내 눈에 들어왔다. 새뮤얼슨상 심사위원회의 위원인 수전 미첼이 교수회관으로 들어오고 있었다. 그것도 버지 버지스와 함께! 새뮤얼슨상 심사위원회는 최종후보자의 동료들을 대상으로 해서 평가를 받았는데, 야망을 품은 사람이면 어김없이 응징하는 못된 장난질의 우두머리 버지가 나를 평가하고, 그 내용이 심사위원회에 반영된다니! 전혀 반갑지 않은 만남이었다. 탁자 밑으로 숨고 싶은 마음이었지만, 이미 늦었다. 버지와 나는 눈이 마주쳤다. 우리는 손을 들어 가식적인 미소와 함께 인사를 나눴다. 가슴이 두근거렸지만, 나는 함께 앉은 사람들에 집중해야 했다.

웨인은 와인을 한 모금 마신 뒤 스미스에게 말을 걸었다.

"리치가 그러던데, 교수님은 강단을 떠나서 정부 관료가 되어 일하셨다면서요?"

스미스는 고개를 끄덕였다.

"예, 세관 일을 좀 봤습니다."[2]

그러자 캐럴이 말을 받았다.

"그건 일종의 강등이고 좌천인 셈이네요. 그렇지 않습니까? 그러니까 리치에게 들은 말로는, 교수님은 자유방임주의를 주장하셨는데, 관세를 거두는 일을 하셨다니까요. 대단한 아이러니 아닙니까? 하긴 뭐, 요즘에는 연금으로는 살기 어려우니까요."

"천만에요. 나는 돈을 보고 그 일을 한 게 아니었습니다. 내가 받은 돈은 다 사회에 내놓았습니다."[3]

스미스는 스카치를 한 모금 마시고는 자기 옷을 바라보았다. 그제야 자기가 입은 옷이 꾀죄죄하다는 사실을 깨달은 모양이었다.

"이런! 오늘 입은 옷은 옛날에 내가 세관에서 일할 때만큼이나 초라하구먼, 하하하!"

스미스는 소리 내어 웃었다.

"사실, 내 옷장에는 좋은 옷이 많았습니다. 그런데 이 옷들이 알고 보니 모두 밀수품이더라 이겁니다. 공식적으로 수입되는 물품 목록을 보고 나서야 그 사실을 알았죠. 그래서 모범을 보이는 차원에서 내가 가지고 있던 옷들을 모두 태워버려야 했습니다. 밀거래를 금지하는 게 실제로는 얼마나 소용없는 일인지 만천하에 알리려고 일종의 퍼포먼스를 한 셈입니다."

그 말에 캐럴이 동의했다.

"정말 사람들이 모르는 사실이죠. 아무리 마약 밀수를 막으려고 애를 쓰지만 늘 실패하는 것만 봐도 그렇죠."

"세관일 하는 게 부끄러운 건 아니었습니다. 우리는 훌륭한 공무원을 절실히 필요로 하잖아요. 솔직히 말하면, 그 일은 그런대로 재미있었습니다. 심지어 도전 의지를 자극하는 부분도 있었으니까요. 어떤 국가든 정부는 적절한 관세를 부과하고, 거기에서 예산에 필요한 세수를 확보해야 하잖아요."

여기에서 스미스는 잠시 말을 끊고는 나를 흘겨본 뒤 계속 말을 이었다.

"리처드가 두 분에게 무슨 말을 했는지는 잘 모르겠습니다. 아무튼, 나는 자유방임주의와 같은 유토피아적인 환상을 가진 적이 단 한 번도 없었습니다. 솔직히 나는 지나치다 싶을 정도로 현실주의적이었죠. 따라서 그런 극단적인 태도는 나하고는 전혀 맞지 않는 것이지요. 맹세컨대, 나는 내 입으로 자유방임주의와 같은 말을 내뱉은 적이 한 번도 없습니다."[4]

시작부터 영 불안했다. 비록 캐럴이나 웨인이 스미스가 하는 말을 나만큼 충분히 이해할 학문적 소양을 갖추고 있지 않긴 했지만……. 그래서 내가 일부러 끼어들었다.

"하지만 교수님이 정부에 대해 가지고 있던 생각들은 자유방임주의에서 크게 벗어난 것도 아니었지 않습니까?"

"그 말은 맞네. 그 어떤 정부든 사회의 전반적인 지혜나 도덕성을 증진하지 못하는 것과 마찬가지로 인간의 행복을 증진하지는 못하지."[5]

스미스는 술잔을 잡고는 다른 두 사람을 바라보며 계속 말을 이었다.

"모든 정부는 이런 결핍을 메우려는 불완전한 처방일 뿐입니다. 그러나 어떤 통상 체계든 어떤 제한된 정부의 개입 없이는 최상의 수준으로 작동할 수 없습니다. 이것은 사회의 도덕적 토대가 없이는 최상의 수준에서 작동할 수 없는 것과 마찬가지지요."

나는 고개를 슬쩍 돌려서 멀찌감치 떨어진 자리에 앉아 있는 미첼과 버지를 보았다. 두 사람은 대화에 몰두해 있었다. 한데, 버지의 수염에는 빵부스러기가 묻어 있었다. 다행이었다. 그가 멍청하게 보일수록 나에게는 유리했으니까.

"글쎄요. 자본주의가 도덕적 요소를 가지고 있다고는 생각해본 적이 없어서……."

캐럴의 대꾸였다. 그녀의 이 심드렁한 대꾸는 자본주의와 자본주의 사회의 최고위 '승려' 계층인 경제학자들을 자기는 무시하고 있음을 알아주기 바란다는 노골적인 의사 표시였다.[6]

여기에 웨인도 맞장구쳤다.

"굳이 마르크스주의자가 아니더라도 교수님 말씀에는 누구나 의구심을 가질 겁니다. 아시아에서 국제통화기금(IMF)이 긴급구제자금을 제공한 사실만 보더라도 자본주의 경제체제가 얼마나 누더기처럼 조작된 체제인지 알 수 있잖아요."

웨인은 자기 주장이 설득력을 발휘하는지 확인이라도 하려는 듯 우리를 죽 둘러보았다.

"대기업들은 경기가 나쁠 때마다 정부가 나서서 구제책을 마련해주길 기대합니다. 하지만 경기가 좋을 때 이윤을 조금 포기하거나 약간의 이익을 떼서 사회에 환원하라고 말하면 펄쩍 뛰고 난리를 칩니다. 우리는 위험을 사회화하지만, 그들은 이익을 민영화합니다."

스미스는 스카치를 한 모금 더 마시고는 차분하게 말을 받았다.

"사람들이 개인적 이득을 위해 시장 제도를 악용하려 한다고 나는 줄곧 주장해왔습니다. 어쨌거나 나는 정부가 유리한 입장에 있는 극소수 사람들에게 터무니없는 특권을 베풂으로써 빚어졌던 고약한 결과들을 지적하며 내 인생의 많은 시간을 보냈습니다. 경제적 자유는 도덕성, 특히 상류층의 도덕성이 전제되지 않고는 절대 유지될 수 없다고 내가 주장하는 이유도 바로 여기에 있습니다."

웨인이 고개를 끄덕였다.

"공산주의자와 파시스트도 엄격한 도덕성이 필요하다는 데 동의합니다. 마오쩌둥은 중국에서 사악한 도덕을 공격했잖아요. 문화혁명 때는 심지어 어린아이들이 자기 부모까지 고발했으니까요."

스미스는 한동안 웨인을 물끄러미 바라보다가 입을 열었다.

"당신은 내가 말하는 요지를 제대로 이해하지 못하는 것 같네요. 사회가 필요로 하는 건 도덕성의 토대, 내면화된 도덕성의 토대인데……."

그러자 캐럴이 발끈하며 나섰다.

"그게 무슨 말씀이세요? 베를린 장벽이 무너지고 공산주의가 죽었는데, 자유시장이 살아남지 못할까 봐 걱정하시는 겁니까?"

캐럴은 스미스가 도무지 말이 안 되는 소리를 한다는 표정으로 좌중을 둘러보았다.

"물론 붉은 여단(Red Brigades, 1970년에 결성된 이탈리아의 극좌파 테러 조직 - 옮긴이)이나 빛나는 길(Shining Path, 1980년 창설된 페루의 대표적 공산 반군으로 1980년대 농촌 지역에서 광범위한 지지를 받으며 최고 전성기를 누렸다 - 옮긴이), 그리고 그 밖에 이상한 테러 조직들이 더 있긴 하지만 말입니다. 예를 들면, '피플 오버 프로핏' 같은 거 말이죠."

피플 오버 프로핏? 나는 무슨 말인가 하고 그녀를 바라보았다.

"신문 못 보셨나요?"

그녀는 가방에서 신문을 꺼내서 식탁에 펼쳤다. 1면의 머리기사 제목은 '암살 미수 : UN 주재 러시아 공사가 표적'이었고, 부제는 'POP가 자기들 소행이라고 주장'이라고 되어 있었다.

"POP?"

내 말에 웨인은 고개를 갸우뚱했다.

"리치, 어디 화성에라도 갔다 왔소?"

나는 어색하게 웃을 수밖에 없었다.

"논문과 씨름하느라고……."

웨인이 고개를 다시 갸우뚱하며 설명했다.

"'피플 오버 프로핏'이라는 이름을 한 번도 들어보지 못한 사람은 없을 텐데……. 그들은 3년 전 독일에서 IMF의 신자유주의 경제 정책을 반대하면서 처음 세상에 이름을 알렸는데, 고래잡이에 반대하는 그린피스의 경제 분야 버전이라고 보면 됩니다."

그러면서 웨인은 캐럴을 못마땅하다는 듯 흘겨보며 말을 이었다.

"POP는 이상한 테러 조직이 아니라 정의를 위해 투쟁하는 단체입니다. 식민지 시대의 미국인들도 대부분 영국을 상대로 한 독립전쟁이 승리로 끝나기 전까지는 독립운동에 찬성하지 않았지요. POP도 비슷한 경우라고 봐야죠."

여기에 캐럴이 반박했다.

"하지만 어쨌거나 여섯 달 전부터는 POP도 소극적 저항에서 벗어나 파괴 활동으로 투쟁 노선을 바꾸었잖아요. 그들은 지금 사람을 죽이는 일까지도 서슴지 않고 있다니까요."

메인 요리가 나왔고, 사람들은 포크와 나이프를 들었다. 스미스는 양고기 요리가 무척 마음에 드는 모양이었다. 그는 별생각 없이 식사에 열중하다가 어느 순간엔가 포크를 내려놓으며 말했다.

"나는 과연 자유가 지속할 수 있을지 걱정입니다. 자유라는 것은 역사가 오랜 개념이 아니고, 게다가 역사적 맥락의 개념도 아니니까 말이오. 인류의 지배자들이 행사하는 폭력과 부정은 오랜 역사를 가진 악덕이지요. 상인이나 제조업자의 독점욕은 말할 것도 없고 말이지요.[7] 상인이나 제조업자가 인류를 지배할 수는 없고, 또 그렇게 되어서도 안 됩니다. 그런데 이런 지배자들이 자신의 사악한 행위를 자발적으로 포기하리라 생각하십니까?"

"교수님은 '음울한 학문(맬서스 인구론의 결론은 너무나 암담했기에 토머스 칼라일은 경제학을 '음울한 과학[dismal science]'이라고 비난했다 - 옮긴

106

이)'이라는 표현에 새로운 의미를 부여하시네요."

내가 말하자, 웨인과 캐럴이 웃었다. 하지만 스미스는 여전히 진지했다.

"자, 한번 봅시다. 제도라는 것은 단지 잘 작동한다고 해서 존속되는 게 아닙니다. 아무리 잘 작동해도 존속되지 못할 수 있습니다. 제도는 사회의 제반 환경을 반영하며, 사회의 저변을 관통하는 도덕적 지지가 있기에 안전하게 보호받으며 존속되는 겁니다.[8] 미국이 몽테스키외의 삼권분립 원칙에 따라 굳건히 유지된다고 생각하겠지요. 하지만 몽테스키외도 공화국의 정신은 '도덕'이라고 일찍이 강조하면서 경고했다는 사실을 알아야 해요."

그러자 캐럴이 끼어들었다.

"시민적 양심이죠."

그러자 스미스가 포크를 흔들며 열변을 토했다.

"민주주의와 자유시장, 이 두 가지가 사회의 지도자들이 계몽주의적 이상에 도취해 있던 18세기에 비로소 나타났다는 게 논리적이지 않을까요? '개인주의적'이라는 어휘에는 상호 권리, 책임 그리고 의무라는 개념이 녹아 있던 것입니다. 말하자면, 도덕적 개념들은 개인의 존엄성뿐만 아니라 개인의 사회적 연결성까지도 함께 인정했던 겁니다. 만약 인류가 도덕적 규칙들을 전반적으로 우러러 받들지 않는다면 사회는 결국 소멸해버릴 것입니다."[9]

여기에 대해 나는 이렇게 말했다.

"하지만 지금은 시장과 민주주의가 과거 그 어느 때보다 강력한 힘을 발휘하고 있지요."

스미스의 이마에 땀방울이 맺혔다. 그는 피로해 보였지만, 그 피로가 오히려 더욱 힘을 내게 하는 것 같았다. 그는 한 마디 한 마디가 모두 중요한 듯 힘주어 말했다.

"시장은 인간 본성의 기본적 요소들에 의해 돌아갑니다. 여기에다 자비심과 정의를 보태서 균형을 맞춰야 비로소 문명화된 시민사회가 형성되지요."[10]

잠시 말을 끊었던 스미스는 한층 더 목소리를 높여서 말을 이었다.

"하지만 만일 사람들의 행동을 제어하는 도덕이 무시된다면 어떻게 될까요? 탐욕이 온 사회에 넘쳐흐를 때 사람들이 자유시장이라는 제도를 계속해서 지지할까요? 만일 인간미라고는 눈곱만큼도 찾아볼 수 없는 논리와 합리성이 온갖 부당한 결과들을 합리화하는 도구가 된다면, 또 어떻게 될까요?"

나는 그의 논리를 반박했다. 화가 났던 모양인지 내 목소리는 갈라져서 나왔다.

"하지만 논리가 어떻게 미신 같은 것을 약화한다는 말입니까?"

바로 그때, 그림자 두 개가 우리 테이블로 다가왔다. 드디어 올 게 왔다 싶었다.

"인사드려도 될까요?"

수전 미첼의 목소리가 뒤에서 들렸다. 나는 자리에서 일어나서 사람들을 소개했다. '은퇴한 교수 스마이드 박사'를 소개할 때는 나도 모르게 말을 더듬었다.

말만 동료 교수일 뿐 정신적으로는 나와 아무런 교감도 가지고 있지 않은 버지는 잠깐 딴생각을 하는 듯 멍하게 있었다. 그는 뭔가 말하려고 잠깐 입을 벌렸다가 다시 다물었다. 그는 스미스를 마치 엑스선 촬영하듯 샅샅이 훑었다. 어색한 분위기 속에서 수전 미첼이 밝은 목소리로 침묵을 깼다.

"스마이드 교수님, 우리는 모두 리치의 논문에 강한 인상을 받고 있습니다. 새뮤얼슨상 최종후보자거든요. 리치의 논문은 읽어보셨는지요?"

스미스는 입을 우물거리며 잠시 망설이다가 대답했다.

"댁이 여기에 있는 걸 보면 분명 좋은 논문이겠죠."

그러자 버지가 그를 몰아세웠다.

"교수님은 개인적인 의견은 따로 가지고 있지 않으신가 보지요?"

스미스는 나를 잠깐 쳐다보고 어깨를 으쓱하더니 이렇게 말했다.

"요즘 논문들이 다 그렇듯 미치의 논문도 큰 그림을 놓치고 있어요. 자기 내부에서 복잡한 이론들을 뽑아낸단 말입니다. 또 터무니없고 입증되지도 않은 가설들에서 온갖 우아하고 논리적인 등식들을 뽑아내기도 하고 말입니다. 그러므로 어떤 사람들은 이런 논문을 두고 실제 세상과는 별로 관련도 없이 칠판에 낙서한 것[11]이나 다름없다고 말할 수도 있겠죠."

그러자 웨인이 한마디 거들었다.

"경제학자는 기본적으로 자기 망상증 환자라는 게 내 평소 지론이지요."

나는 그저 고개를 숙이고 가만히 있었다. 내가 낭패를 당하든 말든 상관없이 스미스는 자기 하고 싶은 이야기를 계속했다.

"아, 감히 말씀드리지만, 요즘에는 책을 읽는 경제학자가 더러 있긴 한 것 같아요. 그러나 역사를 읽는 사람은 그보다 훨씬 적죠. 학문의 아버지로 일컬어지는 프랜시스 베이컨이 명언을 남겼죠. 그리고 그 자신은 이 명언대로 살았고요. 그게 뭔지 압니까? 꿀벌처럼 일하라는 겁니다. 자연으로 돌아가서 소재를 찾으라는 말이지요. 인간을 연구할 때는 인간이 처한 자연환경 속에서, 즉 사회라는 울타리 안에 있는 인간을 관찰하라는 것이지요."[12]

캐럴이 고개를 끄덕이며 대꾸했다.

"바로 그겁니다. 사회학자들이 늘 그 주장을 해왔습니다."

나는 기어코 한마디를 하고야 말았다.

"그런 이유로 해서 백 년 전에 경제학자와 사회학자가 등을 돌리고 각자 제 갈 길을 찾아 나섰던 겁니다. 사회학은 말만 시끄럽게 많고 이론은 아무것도 없었거든요."

Chapter 6

애덤 스미스를 변호하는 애덤 스미스

메인 요리를 먹는 내내 스미스는 정신없이 떠들었다. 나는 그의 입을 틀어막고 싶은 충동을 가까스로 참아야 했다. 수전 미첼에게 해대는 온갖 쓸데없는 얘기들은 정말이지 고문이었다. 수전과 버지가 우리 테이블에서 일어날 때 수전의 얼굴에는 실망감이 가득 차 있었다. 그러나 버지의 얼굴에는 기쁨이 넘쳐흘렀다. 그런 자리를 마련한 사람이 나였으니 누구를 탓할 수도 없었다. 권위 있는 경제학 관련 상들은 시답잖은 도덕성을 논하는 사람이 아니라 이론과 복잡한 수식을 유도하는 사람에게 주어졌다.[1] 밀턴 프리드먼이 노벨경제학상을 받음으로써 그 사실을 입증했다. 꿀벌이 어쩌고저쩌고하는 스미스의 허튼소리가 새뮤얼슨상 심사위원회의 심사 과정에서 나에게 조금도 유리하게 작용하지 않을 게 분명했다.[2]

"다른 사람들에게는 아무것도 주지 않고 모든 것을 내가 다 가진다."

메인 요리를 먹는 시간은 그야말로 재앙이었다. 그 후 20분쯤 더 시간이 지나 디저트를 먹을 때였다. 스미스가 혼잣말하듯 말했다.

"끔찍한 일이지만, 동서고금의 지배자들이 철칙으로 삼았던 좌우명이지."

"공산당원처럼 말씀하시네요."

웨인이 초콜릿 무스를 숟가락으로 뜨면서 말했다.

주위의 관심을 받은 스미스는 기분이 좋은 모양이었다.

"정말 이상한 일이지요. 마르크스가 애덤 스미스를 진심으로 받아들였다는 사실이 말입니다.[3] 속임수를 일삼는 무역업자, 제조업자, 지주들을 노동자를 착취하고 억압하는 계층으로 깎아내리는『국부론』속의 성난 문장들을 그가 온전히 받아들였다는 말입니다. 스미스가 '보이지 않는 손'의 주인으로 묘사한 주피터에 따르면, 지주는 그 가운데서도 최악입니다. 게으르고 무식하기 이를 데 없으니까요. 그들의 유일한 동력은 유치하기 짝이 없는 허영심을 채우는 것이지요."[4]

그러자 캐럴이 맞장구쳤다.

"중앙아메리카에서는 아직도 그런 걸요. 커피와 바나나 대농장의 농장주들은 원주민의 땅을 훔친 것도 모자라서 그들의 노동력을 착취하고 있잖아요. 스페인 정복자들은 흡혈귀였어요. 그리고 그들의 후손은 그때부터 지금까지 500년 동안 계속 흡혈귀로 살고 있죠."

스미스는 점점 우울한 빛을 띠었다.

"그 어떤 제도도 그들의 재산권을 지켜주지 않았다니 정말 너무도 부당한 일 아닙니까?"

커피와 차가 나왔다. 그 바람에 스미스의 말이 잠시 중단되었다. 웨이터가 돌아간 뒤에야 스미스는 계속 말을 이어 나갔다.

"이익을 추구하는 움직임은 어떤 사회에서든 유용한 노동력의 좀 더 많은 부분을 동원한다는 건 이미 잘 알려진 사실입니다. 그런데 사회가 번영함에 따라 임금과 지대(地代)가 올라가는 데 비례하여 가난이 늘어나고, 그와 정비례로 이익이 커진다는 것은 정말 놀라운 일입니다. 그렇습니다. 빠르게 몰락하는 국가일수록 최고의 이익이 실현됩니다."[5]

웨인이 힘차게 고개를 끄덕였다.

내가 이의를 제기했다.

"퇴행한다고요? 가난이 늘어남에 따라 수익이 증가한다고요?"

"아주 간단한 논리라네. 가난한 나라에서는 자유로운 거래를 제한하는 독점이 있으니까."

그렇게 말하고 스미스는 우리를 둘러보았다. 그런 다음, 머리를 테이블 위 다른 사람들 쪽으로 숙이고는 한껏 낮춘 목소리로 속삭이듯 말했다. 마치 중요한 국가기밀을 누설하기라도 하듯.

"이걸 알아야 합니다. 그 사람들은 같은 업종에 속한 사람들끼리는 사교를 위해, 혹은 가끔 기분 전환을 위해 만날 수 있어요. 지금 우리가 이렇게 만나는 것처럼요. 하지만 사실 그들은 거의 만나지 않습니다. 하지만 그들이 나누는 대화는 늘 대중의 이익에 반하는 음모를 꾸미는 것으로 귀결됩니다. 가격을 올리기 위해 밀약하죠!"[6]

여기까지 말하고는, 상체를 다시 들어 올리고 뒤로 기대면서 아까보다 좀 더 큰 소리로 말했다.

"그런데 말입니다. 이렇게 올린 독점적 수익이 가난을 해소하거나 산업을 촉진하는 데 쓰일까요? 천만의 말씀!"

스미스는 거기에서 한숨을 크게 한 번 쉰 다음 말을 계속 이었다.

"경기가 좋지 않을 때 가장 크게 타격받고 고통당하는 집단이 사회 계층 가운데서 바로 노동자죠. 노동자는 임금을 받아 먹고사는데, 이 임금이라는 것이 자기 가족을 간신히 부양하기에도 벅찰 경우가 허다하다 이 말입니다. 경기가 좋지 않을 때 이 임금 수준은 최저생계비 기준선 아래로 내려갑니다. 고용주는 노동자의 임금을 낮추려고 노력하지 않는다고 생각하는 사람이 있다면, 이 사람은 세상에 대해 무지한 사람이겠지요."

"제 연구 논문도 그런 내용을 다룹니다."

캐럴이 맞장구쳤다.

시무룩해진 표정으로 바뀐 스미스가 다시 말했다. 이번에는 부드러운 목소리였다.

"어떤 사회든 그 구성원 가운데 압도적으로 많은 수가 가난하고 비참하게 살아간다면 번영을 누리는 사회나 행복한 사회가 될 수 없습니다."[7]

스미스는 스푼을 들고 접시를 치우는 웨이터들에게 신호를 보냈다.

"어떤 사회에 속한 구성원들이 자기들이 노동해서 생산한 것을 모두 똑같이 나누는 것이 차라리 낫지 않을까? 이렇게 하면 적어도 모든 구성원이 부족하지 않게 먹고 입고 잘 수 있을 테니까 말이오."[8]

그러자 웨인이 오른손 집게손가락을 세우며 말했다.

"교수님에게 제가 최근에 쓴 책을 선물로 드려야겠습니다. 『국가와 세계사회』라는 책입니다. 이 책은 제3세계 국가의 부패한 지배자들이 실제로는 다국적기업의 꼭두각시 노릇을 하는 모습을 적나라하게 묘사합니다."

웨인의 얼굴에는 자부심이 가득했다.

"개인의 수익과 자본을 몰수할 때만, 다시 말해 사유재산제도를 폐지할 때만 도덕이 살아 있는 사회가 번영할 수 있습니다. 마오쩌둥과 피델 카스트로는 단 한 사람의 힘만으로도 그런 일을 이룰 수 있음을 입증한 사례고요."

"사유재산제도를 폐지한다고요?"

스미스는 혼자 빠져 있던 몽상에서 깨어나며 화들짝 놀란 눈을 했다. 그리고 사람들을 둘러보았다. 마치 자기 생명이라도 좌우되는 것처럼 간절한 눈으로 무언가 적절한 표현을 찾으려고 애쓰는 듯했다.

"그러니까, 그러니까 카를 마르크스는 애덤 스미스의 사도이긴 했지만, 악마의 사도였습니다! 완전히 잘못된 방향으로 끌고 나갔으니까요. 천국이 아닌 지상에 유토피아를 건설하겠다고 했으니 정신 나간 사람이었죠!"

웨인이 입을 삐죽였다. 그의 눈은 이미 가늘게 찢어져서 스미스를 쏘아보았다.

그러거나 말거나 스미스는 계속 자기 하고 싶은 말을 했다.

"압제를 없애는 해결책은 더 강력한 압제가 아닙니다. 그 해결책은 경쟁입니다! 경제가 성장함에 따라 임금이 오르게 해야 하고, 경제 성장은 열심히 교역 활동을 하려는 사람들의 기본적이고 자연적인 경향에서 비롯되게 해야 합니다. 물론 사람들에게는 그런 자유를 보장해야겠지요. 자유로운 교환이 보장될 때 노동자는 자기 노동력을 팔 대안적인 장소를 가지게 됩니다. 복수의 선택권을 가진 노동자는 거만한 지주를 처단할 수 있겠죠."

스미스는 두 팔을 휘휘 저으며 말을 계속 이어갔다.

"도덕도 일방적으로 강요한다고 생기는 것이 아닙니다. 차분하게 가꾸어져야 하는 겁니다. 자유로운 사회에서는 일인 독재 사회에서보다 이런 일이 더 잘 이루어집니다. 독재자 한 사람이 모든 것을 좌우하는 사회에서는……."

그제야 스미스는 웨인의 표정이 심상치 않음을 알아보았다.

"오, 이런……."

스미스는 웨인에게 손을 내밀었다.

"용서하시오. 내가 잠시 정신을 놓고……. 평소에는 이러지 않는데……. 그러니까 나는 지금 누군가의 정신을 잠시 빌려서, 아니 몸을 빌려서……."

스미스가 자신이 애덤 스미스라고 말하기라도 하면 낭패였다. 나는 탁자 아래로 그의 발을 걸어찼다. 그제야 스미스는 정신을 차렸다. 그런 뒤 웨인의 얼굴을 살피고는 이렇게 말했다.

"내가 쓸데없이 흥분했습니다. 이른바 '자애로운 독재자'라는 그럴 듯한 이름으로 포장한 독재자에게 도덕과 상업에 관한 모든 규칙을 제정할 권한을 넘긴다고 생각하니 갑자기 울화가 치밀어서 말입니다. 자기만의 '완벽한' 제도를 만드는 이런 사람[9]은 자신이 영리하다고 생각합니다. 그래서 이상적인 자기 계획에 스스로 도취한 나머지 거기에서 단 한 치라도 벗어나는 걸 용납하지 않습니다."

스미스는 소금통과 후추통을 한 손에 하나씩 집어 들고는 체크무늬 식탁보에 그려진 두 개의 네모 칸 안에 하나씩 내려놓았다.

"예전에 마오쩌둥은 위대한 중국 사회의 다른 구성원들을 마치 체스판 위에 놓인 말들을 옮기는 것만큼이나 쉽게 자기 마음대로 옮길 수 있다고 상상했지요. 물론 현재의 중국 공산당 최고 지도자도 마찬가지입니다만. 어쨌든 인간 사회라는 위대한 체스판에서는 단 하나의 말이라 하더라도 자기 나름의 이동 원칙을 가지고 있지요. 한데, 이 원칙은 어떤 독재자가 그 구성원에게 강제하려는 원칙과는 전혀 다릅니다. 우리는 이걸 알아야 합니다."

스미스가 말을 이어가는 동안 두 개의 양념통은 스미스의 커다란 손에 잡혀서 테이블 위를 이곳저곳 옮겨 다녀야 했다.

"자기가 내리는 판단을 선악의 최고 기준으로 삼는 독재자의 오만은 하늘을 찌르게 마련입니다. 결국, 그 국가나 사회는 비참한 결과를 맞게 되죠."

이렇게 결론 내리면서 스미스는 두 팔로 테이블 위의 허공을 쓸었다. 그 바람에 양념통 두 개가 바닥에 떨어졌다. 또 그 바람에 식당 안에 있던 다른 사람들이 이쪽을 바라보았다. 미첼과 버지도 식사를 멈추고 우리 쪽을 바라보았다. 미첼은 나를 바라보면서 고개를 천천히 저었다. 버지는 집게손가락을 들어서 팔랑팔랑 흔들며 이빨을 드러내고 웃었다. 버지는 기분이 좋아 죽을 지경인 모양이었다.

* * *

이 엉망진창 대실패의 현장에서 조금이라도 빨리 벗어나고 싶었다. 그래서 나는 야외 파티오에서 교정을 내려다보며 커피를 마시자고 제 안했다. 마침 파티오는 비어 있었다. 우리는 파라솔이 놓여 있는 그늘에 자리를 잡고 앉았다. 웨인은 아직도 화가 풀리지 않았는지 아무 말이 없었다. 스미스는 점잖게 이를 쑤셨다. 나는 어떻게 하면 스미스가 발언을 독점하지 못하게 할 수 있을까 머리를 굴리고 있었다. 바로 그때, 경제학부에서 성적 우수 장학금을 받은 학생이 통로를 지나가고 있었다. 잘됐다 싶었다.

"라즈!"

라즈가 돌아보았다. 나는 가까이 오라고 손짓을 했다. 라즈는 겸연 쩍어하며 다가왔다.

"안녕하세요? 교수님이 주신 자료 다 읽었거든요. 언제 찾아뵈면 좋을까요?"

내가 대답을 하려는데, 스미스가 갑자기 그 타이밍을 가로챘다.

"여기 앉게, 학생. 한두 가지 물어볼 게 있어서."

이런! 망했다 싶었다.

라즈는 의자에 앉으면서 스미스를 바라보았다.

"자네는 경제학 기본 원리 강의를 들으면서 『국부론』의 저자 애덤 스미스에 대해 무엇을 배웠나?"

라즈는 잠시 생각하더니 이렇게 대답했다.

"탐욕은 좋은 것이고, 이기적인 행동이 사회를 더 나은 곳으로 이끈다고 배웠습니다. 비록 애초부터 그럴 의도가 아니었다고 하더라도요."

"바로 그거야!"

스미스는 득의양양한 태도로 나를 바라보며 말했다.

"이 학생은 나한테 제대로 배웠군."

'나'한테서 배웠다? 웨인과 캐럴은 이게 무슨 말인가 하는 얼굴로 서로의 얼굴을 바라보았다. 라즈는 내가 무슨 반응을 보이는지 곁눈질을 했다. 나는 빠르게 머리를 굴려 위기를 타개해야 했다.

"스마이드 교수님이 우리 학생들 가운데 몇 명을 따로 개인적으로 지도하셨습니다. 그런데 누구를 가르치셨는지 정확히 기억하지 못하신다는 게 문제지만요, 하하하!"

그제야 스미스도 라즈에게 했던 '나'라는 표현을 해명하고 나섰다.

"내가 아까 '나'라고 한 것은 애덤 스미스를 가리키는 말이었네. 근데 말이야, 자네는 『국부론』이 탐욕을 촉진한다고 생각하나?"

"그런 것 아닙니까? 교수님이 외우라고 하신 구절이 있습니다. '우리가 저녁 식사를 할 수 있는 것은 푸줏간 주인이나 양조장 주인, 혹은 제빵업자의 박애심 덕분이 아니라 그들이 가지는 이기적인 관심 덕분이다'[10]라는 구절입니다."

"오 저런! 그런데 '이기적인 것'을 좋은 것으로 생각한다면 완전히 잘못 해석한 거야!"

스미스의 얼굴에서 핏기가 사라지고 있었다. 상당히 흥분했다는 뜻이었다.

"스미스가 쓴 책 두 권을 합치면 1,200쪽이나 되는데, 거기에서 어떻게 딱 한 문장만을 떼어내 그것을 스미스 사상의 핵심이라고 말할 수 있나? 말이 되는가?"

라즈는 놀라서 아무 말도 하지 못한 채 머리만 조아렸다. 내가 나서서 스미스의 융단폭격을 서둘러 사전에 차단했다. 경제학부 대다수의 교수들처럼 나 역시 중요한 문구들은 달달 외우고 있었으니까.

"사업가는 자기 이익을 극대화하는 방향으로 자본을 투입합니다. 그 과정에서 궁극적으로는 '보이지 않는 어떤 손'에 이끌려서[11] 공공의 이익을 효과적으로 증진하게 된다고 애덤 스미스는 분명히 말했죠. 게다가 애초부터 의도하고 나서는 경우보다 더 효과적으로 증진하게 된다고도 했고요."

그러나 스미스는 고개를 저었다.

"훌륭한 인용이었네. 하지만 『국부론』만 따로 떼어놓고 읽어선 안 되네. 구약성서는 읽지 않고 신약성서만 읽는 것과 뭐가 다른가? 그렇지 않은가?"

"맞습니다."

라즈가 대답했다.

"그런데도 사람들은 실질적으로 후속판에 지나지 않는 『국부론』에서 딱 한 문구만 인용하면서 이 책의 토대인 『도덕감정론』은 깡그린

무시한단 말이야. 있을 수 없는 일이지."¹²

라즈는 그 어색한 자리에서 벗어날 기회를 찾아보려고 나와 눈을 맞추려 애를 썼다. 그러거나 말거나 스미스는 계속 답답한 마음을 토로하는 발언을 이어나갔다.

"사람들이 다들 애덤 스미스를 버나드 맨더빌과 혼동하는 것 같아. 맨더빌은 '개인의 악덕이 공공의 이익을 창출한다'¹³는 말을 했지. 한데, 사실 스미스는 평생 맨더빌이 표명했던 바로 그 견해를 반박한 것도 모르고 말이야."

캐럴은 이렇게 말하는 스미스가 우스운 모양이었다. 한 손으로 입을 가리며 터져 나오는 웃음을 억지로 막고 있는 듯했다. 그러다가 웨인과 눈이 마주치자, 결국 참지 못하고 쿡쿡 소리를 내며 웃었다. 경멸을 부르는 모습이었다. 스미스가 아무리 정신 나간 늙은이로 보인다 하더라도 그것은 참기 어려운 행동이었다. 그 탓에 점심시간 내내 나는 모욕감을 느꼈다.

스미스는 컵을 내려놓고는 애원하듯 말했다.

"인간 사회는 거대한 기계와 같은 것이고, 도덕은 이 기계의 톱니바퀴들이 매끄럽게 돌아가게 해주는 윤활유입니다.¹⁴ 그리고 악덕은 톱니바퀴들이 서로 맞닿을 때 삐거덕거리는 소리를 내게 하는 녹이죠. 애덤 스미스가 썼던 내용을 제대로 이해하는 사람이라면 그가 이기적인 것을 좋은 것으로 생각했다고 말해서는 안 되죠."

거기까지 말을 마친 스미스는 의자에 등을 대고 앉으면서 나를 곁눈으로 바라보았다. 아무도 말을 하지 않았다. 한동안 침묵이 흘렀다.

그러자 그가 다시 입을 열었다. 이번에는 그의 말투에서 뭔가 만족스럽다는 느낌이 묻어났다.

"하지만 스미스는 자기애(self-love)는 자연스러운 덕목이자 절제할 수만 있다면 더할 나위 없이 바람직한 덕목이라는 말도 했습니다."

스미스는 의기양양했고, 우리는 멍한 눈으로 그를 바라보기만 했다. 나는 이미 스미스에게 완전히 압도된 상태였다. 스미스는 내가 이름을 아는 그 어떤 사람보다 더 풍부하고도 예리하게 지적 세계를 탐구한 사람이었다. 적어도 내 생각에는 그랬다.

스미스의 주장이 사람들에게 먹혀들기 시작했다. 그는 탁자를 손가락으로 톡톡 치면서 한결 여유로운 표정으로 자기애를 설명했다.

"자기애……. 다들 알잖아요. 예수도 '네 이웃을 너 자신을 사랑하듯 사랑하라'고 했어요. 예수의 이 말을 이기적으로 살라는 뜻으로 받아들이는 사람이 있습니까?"

"없습니다. 만일 그렇다면 왜곡이겠죠."

라즈가 모범생답게 대답했다.

"바로 그걸세! 애덤 스미스를 해석할 때도 마찬가지. 『국부론』에서 말하는 자기애는 수단이야. 좀 더 노력해서 좀 더 많은 산출을 내도록 격려하기 위한 수단이란 말이지. 그런데 사람들이 수단을 목적과 혼동하는 바람에 이기적인 것이 좋다는 이상한 결론이 나온 거고……."

"근데, 그게 무슨 차이가 있지?"

줄곧 입을 다물고 있던 웨인이 혼잣말하듯 툴툴거리듯 내뱉었다.

"자본주의 사회에서 이거나 그거나 똑같은 거지 뭐……."

"전혀!"

스미스는 콧방귀를 뀌듯 가볍게 응수했다.

"사람의 감정을 이해할 때는 그 감정을 촉발한 동기와 연관시켜야 하거든요. 왜냐하면 그 감정에 의해 어떤 행동이, 도덕적인 행동이든 부도덕한 행동이든 촉발되니까 말입니다."[15]

"그렇지만, 실제 현실에서는……."

웨인이 뭔가 더 말하려 했지만, 스미스가 단호하게 말을 잘라버렸다.

"실제 현실에서도 자기애는 탐욕과 완전히 다릅니다."

"어떻게요?"

"자기애라는 것은 자기 자신이 필요로 하는 것과 자신을 안전하게 지키기 위해, 그리고 아울러 사회에 어떤 해를 끼치지 않도록 신중하고 분별력 있게 행동하는 것을 뜻합니다."

스미스는 자세를 고쳐 잡고 앉은 뒤 말을 계속 이어갔다.

"어쨌거나 경제적인 문제에서 부주의한 행동은 전혀 도덕적이지 않습니다. 누구든 자기 자신의 이익을 먼저 생각하고, 또 남을 돌보는 것보다 자기 자신을 돌보는 일을 훨씬 잘하는 게 당연하니까요."[16]

"그런데 그게 이기적이지 않다고요?"

"예, 물론 아닙니다. 이기적이라는 것은 자기가 필요로 하는 것이 다른 사람의 정당한 권리와 충돌할 때 자기중심적인 태도를 보이는 것입니다."

스미스는 의자에서 일어나 주변을 걸으며 계속 말을 이어갔다.

"이기심은 다른 사람에게 해를 끼치거나 다른 사람을 무시하는 행동으로 이어집니다. 아무도 이기적인 사람을 좋아하지 않죠. 나만 해도 그런걸요, 뭐."

말을 마친 스미스가 나를 바라보았다. 그의 시선을 받자마자, 내가 질문했다.

"그러니까, 푸줏간 주인이나 제빵업자가 이기적이지 않다고요?"

"반드시 이기적이지는 않지. 그 사람들은 남에게 해를 끼치지 않으면서 자기 이익을 증진하니까. 내가 살던 시대에 교회에서는 모든 이기심은 죄악이라고 가르쳤지. 하지만 나는 어떤 사람이 자기 이익을 추구하는 과정에 다른 사람들이 이득을 얻을 수 있음을 입증했어. 이런 좁은 의미에서 보자면 이기심은 도덕적으로 바람직한 덕목이라고 할 수 있다네."

스미스의 시선은 꿈을 꾸는 듯 멍했다.

"자기가 먹을 빵을 직접 굽고, 입을 옷을 직접 만들고 싶어하는 사람은 거의 없어. 신중하고 분별력이 있는 사람이라면 시장에서 사는 것보다 자기가 집에서 직접 만드는 게 더 큰 비용이 들 경우 그걸 집에서 직접 만들려고 하지 않는 건 당연한 일이니까."[17]

스미스는 노래하듯 읊조렸다. 그의 몸이 비틀거리기 시작했다.

"가정이라는 상대적으로 작은 범위 안에서 분별력이 있다고 인정되는 행동을 전체 국가 차원으로 확장해서 적용한다 하더라도 어리석은 행동이 되는 경우는 거의 없다네. 하지만 분별력이라고 해서 반드시 이기적인 태도가 필요하지는 않지."[18]

스미스의 몸이 뻣뻣하게 굳는 것 같다는 생각을 하면서 내가 물었다.

"인간의 본성은 이기적이지 않습니까?"

"이기적이지. 하지만 이기심이라는 이 감정의 균형을 맞추려 애를 쓰는 것도 인간의 본성이지."

스미스는 숨을 헐떡거리기 시작했다. 하지만 그는 끝까지 말을 이어가려고 애를 썼다.

"도덕적인 사람이라면 그런 습관을 들이려고 노력해야지. 자기의식을 철저하게…… 철저하게……."

그의 시선이 내 이마에 고정되었다 싶더니 흔들거리던 그의 몸이 옆으로 스르르 무너지듯 탁자 위로 풀썩 쓰러졌다. 이어서 그의 다리에 힘이 풀렸다. 순간, 그의 몸은 바닥에 나뒹굴었다. 붙잡으려고 했지만, 이미 너무 늦었다.

Chapter 7

논문 초고를 도둑맞다

줄리아가 거실에서 나를 맞았다.

"아저씨는 좀 어때요?"

"좀 나아지셨어요. 사흘 걸려서 그만큼 나아진 거예요. 당신을 찾더군요."

나는 비난받을 마음의 준비를 하고 있었다. 그러나 그녀의 목소리에서 그런 기미는 보이지 않았다. 오히려 나를 반기는 눈치였다. 해럴드가 교수회관에서 쓰러진 뒤 줄리아는 그를 자기 집으로 들이고 손님방을 내주었다. 그녀는 침대 끝에 붙어 있던 발판을 떼어내어 키가 큰 그의 다리가 침대 바깥으로 뻗칠 수 있게 해주었다. 그런 다음, 주름 장식 커튼을 떼어내고 블라인드를 설치했다. 그리고 손이 닿는 거리에 작은 텔레비전도 하나 놓아두었다.

우리가 방에 들어갔을 때 해럴드는 텔레비전을 보는 둥 마는 둥 하고 있었다. 얼굴은 잔뜩 부었고, 두 눈은 호랑이 인형에 붙여놓은 단추처럼 탁했다. 내가 빌려준 잠옷은 그의 커다란 덩치에 비해 너무 작았다. 그 바람에 다이아몬드 무늬가 얼마나 일그러졌는지 바라보는 눈에 현기증이 일 정도였다.

"오, 교수님이 오셨군……. 나를 죽일 작정이었소?"

해럴드의 목소리에는 힘이 하나도 없었다.

"죄송합니다!"

"스미스에게 술을 권했잖소. 내 얼굴에 이 주름살들이 자동차 수리하는 일 때문에 생긴 줄 아시오? 내가 술을 끊은 지 벌써 15년이나 된 사람인데……."

"죄송합니다! 그런 줄도 모르고……."

"음……. 교수 양반은 몰랐겠지만, 내 간은 잘 알고 있었지."

스카치 한두 잔에 몸이 그 정도로 망가진 걸 보면 젊은 시절 엄청나게 술을 마셔댔고, 그 바람에 술병에 시달렸을 게 분명했다. 줄리아도 나와 같은 생각인 모양이었다. 해럴드를 바라보는 눈빛에 걱정이 가득했기 때문이다. 나는 쥐구멍에라도 숨고 싶었다. 그녀는 나를 얼마나 한심하고 무능하다고 생각할까…….

"의사가 처방해줍디다."

해럴드가 약병을 들어 보였다.

"이 약을 먹고 텔레비전을 보고 있으면 그 목소리가 들리지 않아요. 이제 당신네 두 사람은 나를 통해 만날 일은 두 번 다시 없을 거요. 까딱하면 목숨이 날아갈 뻔했네, 진짜……."

나로서는 까딱하면 새뮤얼슨상이 날아갈 뻔했다.

해럴드는 몸을 돌려 텔레비전을 보기 시작했는데, 약 기운 때문인지 반은 가수면 상태였다. 덕분에 줄리아와 나는 편하게 대화를 나눌수 있었다. 나는 스미스가 교수회관에서 우연히 만난 수전 미첼에게 얼마나 지독한 말들을 했는지 들려줬다.

"그 일 때문에 새뮤얼슨상을 놓치는 거 아니에요? 그러면 내가 너무 미안해서 어떡하죠?"

"그럴 수도 있지만, 그렇게 되었다는 소식은 아직 없으니까요, 뭐……. 우리가 쓰러진 아저씨를 둘러업고 차에 태울 때 수전 미첼도 주차장에서 다 봤습니다. 그 덕분에 나는 노망난 노인네를 친절하게 보살피는 '나이스 가이'가 되었죠."

"노망난 게 아니잖아요."

줄리아는 그렇게 말하고 시선을 내렸다. 그 모습이 얼마나 매력적인지 그녀에게 얘기해주고 싶었다. 그러나 일단은 그 사실을 나 혼자만 간직하기로 했다. 그녀가 분명하게 선을 그었던 것처럼 우리는 더도 아니고 덜도 아닌 그저 친구 사이일 뿐이었으니까.

"미안해요! 학술지에 실을 논문 수정 작업에 온 정신이 팔린 상태여서……. 내가 얼마나 무지막지한 압박감에 시달리는지 아시죠?"

줄리아가 시선을 들었다. 줄리아의 눈을 보는 순간, 나의 모든 허물을 덮어주는 그녀의 넓은 마음에 다시 한 번 놀랄 수밖에 없었다. 새삼스레 고마운 마음이 솟아났다. 그녀는 나를 보며 미소를 지어주었다. 렉스가 어떤 행동을 정말 열심히 잘했을 때 내가 렉스에게 던지곤

하던 미소와 같은 종류의 미소였다.

"아뇨. 사과는 내가 해야죠. 아저씨를 교수회관으로 데리고 간다고 했을 때 말렸어야 했는데……. 요즘에는 걱정 때문에 유머 감각도 사라져버렸어요. 고마워해야 하는데, 인상만 써서 미안해요! 정말 보통 어려운 일을 해주신 게 아닌데……."

그녀의 말투나 미소는 무언가 다른 어떤 것을 암시했다. 묘한 느낌이 머리를 스쳤다. 이런 느낌을 그녀도 받은 게 분명했다. 그렇지 않으면 화제를 그렇게 재빨리 바꿀 이유가 없었으니까.

"해럴드 아저씨가 하는 영적 대화를 지금은 어떻게 생각하세요?"

"마음에 듭니다. 솔직히 동정심을 느껴야 할지, 아니면 그런 마음을 눌러야 할지 몰랐거든요. 가끔 생각이 날 것 같아요. 아저씨가 지금은 좋은 의사의 치료를 받고 있으니까……. 그사이에 그 목소리가 다시 나타나지는 않았죠?"

"아, 예……."

나는 줄리아가 어떤 반응을 보일지 살피면서 말했다.

"근데……, 나는 몇 주 후 태평양 연안 쪽으로 떠날 예정입니다."

"떠나요?"

"실은, 그 얘기를 하려고 왔어요. 요세미티 국립공원 근처에 오두막 집을 하나 빌렸어요. 방학 동안 거기에서 일하려고요. 집을 떠나 있으면 글이 잘 써지거든요."

해럴드가 내 말을 들은 모양이었다. 내 말이 끝나기가 무섭게 돌아보았기 때문이다.

"떠난다고?"

그의 목소리에는 두려움의 감정이 묻어 있었다. 나는 해럴드의 침대로 좀 더 가까이 다가가 설명했다.

"그래야 할 것 같아요. 시에라 산맥에서 자전거도 타고, 하프돔에서 야영도 할 생각이에요. 할 수만 있으면 엘캐피탄(높이 1천 미터가 넘는 거대한 직벽-옮긴이)도 올라가 보고요. 그렇게 하고도 논문 정리가 잘 안 되면……, 그다음에는 어떻게 해야 할지 잘 모르겠어요."

줄리아는 생각에 잠긴 듯 입술을 쑥 내민 채 해럴드를 바라보았다.

나는 해럴드의 어깨에 한쪽 손을 올리며 말했다.

"아저씨가 듣는다는 그 목소리에 막 정이 들려고 했는데……. 처음에 생각했던 것처럼 미친 짓은 아니었어요. 그 목소리는 일관된 논리와 날카로운 통찰로 무장하고 있었으니까요."

그러자 줄리아도 거들었다.

"일관성이라는 표현, 아저씨를 집으로 데리고 왔을 때 함께 따라왔던 웨인 박사가 했던 바로 그 말이네요."

그 상황을 상상하니 저절로 웃음이 나왔다.

"그분은 아저씨의 능변에 완전히 뒤집혔죠. 아저씨도 그 말을 직접 들었어야 했는데!"

줄리아는 차가 있는 곳까지 나와서 나를 배웅해주었다.

"해럴드 아저씨가 안됐어요."

그렇게 말하면서 바라본 그녀의 두 눈에는 조금 전까지 보이던 따뜻한 온기가 사라지고 없었다.

"약이 도움될 거예요. 이미 많이 좋아 보이시던데요, 뭐. 내가 떠나야 하는 거, 이해하죠?"

"그럼요."

심드렁한 대답이었다.

"아직도 우리는 친구…… 사이?"

그러자 그녀는 팔짱을 끼고는 미소를 지었다.

"물론이죠. 고마워요! 여러모로……. 행운을 빌게요."

나는 잠깐 망설였다가 고개를 숙여 그녀의 뺨에 가볍게 키스했다.

* * *

그 후 몇 주 동안은 여행 준비를 하면서 보냈다. 그리고 집에서 보낼 마지막 아침까지 학술지에 보낼 논문 수정 작업을 마쳤다. 모두 세 부를 복사해서 편지와 함께 부쳤다. 그런 다음, 엉망이 된 거실이자 나의 집필실 공간을 죽 둘러보았다. 온통 논문들로 뒤덮인 세상이었다. 박사 학위 논문 초고, 그리고 진절머리가 나는 마지막 장 초고 등의 문건들이 뭉텅이로 쌓여 있었다. 나는 그것들을 모두 쓰레기통에 쓸어 담아서 밖으로 끌고 나갔다. 그런 다음 재활용품통으로 집어던졌다. 풀썩! 그 소리는 내 마음속의 하이파이브였다. 과거로 이어지는 문이 닫히는 소리이기도 했다.

늦은 오후에는 야영 용품 가게에 가서 이것저것 살피면서 즐겁게 시간을 보냈다. 우선, 조립하기 쉬운 하프돔 텐트를 골랐다. 그다음에는 그라운드쿠션, 침낭, 손전등, 난로, 구급상자, 비상식량 등을 샀다. 식품점에 가서는 땅콩버터, 크래커, 막대사탕, 수프 그리고 내가 사랑하는 드람뷔도 샀다. 아이스박스에는 치즈, 달걀, 오렌지주스를 넣었다.

출발 전야에 이 모든 짐을 내 스테이션 왜건에 실었다. 스테이션 왜건은 터질 듯 빵빵했다. 책, 학술지, 연구논문 등을 담은 무거운 상자 네 개를 맨 뒤쪽에 실었다. 노트북과 서류가방은 그 상자들 틈에 끼워 넣었다. 그리고 뒷좌석에는 야영 용품과 식품, 옷 가방을 실었다. 뒷좌석에는 렉스가 탈 공간도 만들었다. 렉스의 안전을 보장해줄 벨트도 안전띠에 연결했다. 조수석에는 아이스박스를 놓았고, 그 발판에는 면도 용품과 CD 상자를 두었다. 내 스테이션 왜건의 총 주행거리는 16만 킬로미터가 이미 넘은 상태였다. 그만큼 낡은 데다 짐까지 가득 실었으니 로키 산맥을 넘을 때 힘이 부칠 게 뻔했다. 변속기가 최근에 문제를 일으킨 적이 있지만, 수천 달러를 들여서 새것으로 교체하고 싶지는 않았다. 그런 터라, 시속 100킬로미터로 크루즈 모드를 설정해서 달릴 계획이었다. 이 모든 것에 행운이 따라주길 빌기로 했다.

렉스는 집 안에서부터 쉬지 않고 짖어댔다. 아마도 집이 어수선해서 불안한 모양이었다. 나는 몇 걸음 뒤로 물러서서 내가 봐도 멋지게 싼 짐과 자동차를 흐뭇하게 바라보며 스트레칭했다. 아프게 뭉친 어깨 근육이 조금 풀어지는 느낌이었다. 내일 아침이면 시작될 여행이 해방과 카타르시스의 기회가 될 것이라는 기대가 솟아났다. 그동안 바쁘게 일하다 보니 줄리아와 해럴드에 관한 생각도 어느새 잊어버린 듯했다. 몸이 피곤했기 때문에 그랬던 것 같다.

몇몇 사람들에게 여행을 떠난다는 사실을 알려주고 작별인사를 해야겠다는 생각이 들었다. 집으로 들어와서는 요란하게 짖어대는 렉스를 무릎에 올려놓고, 우선 부모님께 전화했다. 전화를 받지 않았다. 줄리아에게 걸었다. 역시 받지 않았다. 전화번호부 폴더로 들어가서 내가 여행을 떠난다는 사실을 알려주는 게 의미 있을 학교 동료나 친구들 목록을 죽 훑었다. 그리고 전화를 걸기 시작했다. 맨 마지막으로 내가 전화를 건 사람은 은퇴한 이웃인 프랜시스였다. 여행을 떠나기 전, 내가 꼭 해야 할 일이 있는지 프랜시스에게 물었다.

"번스가 여행을 가서 집을 비우면 나는 무서워서 어쩌죠? 그러잖아도 동네 여기저기서 너구리들이 난폭하게 날뛰는데…… 그 집 쓰레기통을 한번 보세요. 한밤도 아닌데, 벌써 난리를 쳐놨더라고요."

"쓰레기통을요?"

"통로까지 온통 다 어질러놓았더라고요. 내가 삼십 분 전에 자동차를 타고 들어오면서 쫓아버리긴 했어요."

"가서 치워야겠네요. 고마워요!"

한 번도 본 적 없는 너구리들에게 화가 치밀었다. 가까스로 참으며 차분한 소리로 대답했다. 그런 다음, 손전등을 챙겨 들고 뒷문으로 나갔다. 꼬리를 열심히 흔들어대며 따라온 렉스는 어쩐지 '거 봐라, 그러니까 내가 그렇게 짖어댄 거잖아'라고 말하는 듯했다. 정말로 너구리들이 침입한 모양이었다. 쓰레기통이 뒤집혀 있었고, 뚜껑도 구석에 나뒹굴었다. 그런데 이상했다. 재활용품통도 뒤집혀 있는데, 내용물들이 여기저기 흩어져 있었다. 나는 투덜거리면서 병이며 신문 따위를 주워 모았다. 바람이 불지 않아 그나마 다행이었다.

너구리들이 재활용통에는 왜 들어갔을까? 병이나 캔은 모두 물로 깨끗하게 씻어서 버렸으니 그런 것들이 녀석들의 관심을 끌었을 리 없는데……. 게다가 너구리가 신문지를 씹어 먹는다는 이야기도 들은 적이 없는데……. 한동안 작업해서 모두 제자리에 돌려놓은 뒤 손을 허리춤에 올려놓고 한숨을 돌렸다. 그리고 전등으로 재활용통을 비추어보았다. 확실히 이상한 점이 있었다. 재활용통이 반밖에 차지 않았다. 아까는 분명 가득 찼었는데……. 그 순간 어떤 깨달음이 뇌리를 스쳤다. 내가 버린 박사 학위 논문 초고가 보이지 않았다!

* * *

아홉 시 반이 되어서야 나는 집으로 돌아왔다. 얼음을 넣은 잔에 드람뷔를 따라서 들고, 푹신한 느낌이 나는 안락의자에 몸을 눕혔다. 그런 다음, 다리를 들어 올리고 전등을 껐다. 나에게 그 자세는 고된 일과를 마친 뒤 자신에게 뭔가를 보상해주는 일종의 의식과도 같은 것이었다. 렉스를 옆에 둔 채 깜깜한 어둠 속에서 감미로운 술이 혀를 거쳐 목구멍으로 내려가는 느낌을 만끽하며 그날 있었던 일을 모두 떠나보내는 엄숙하고도 황홀한 순간이었다.

누군가가 내가 쓴 논문 초고를 몰래 훔쳐갔다는 사실이 경악스럽기는 했다. 그러나 그에 못지않게 아무 생각도 없이 재활용통에 버릴 정도로 멍청했다는 사실도 충격적이었다. 나는 안팎으로 충격받은 셈이었다. 이런 바보 같으니라고! 학계에서 일어나는 이런저런 부정행위는 나도 익히 들어서 알고 있었다. 앙숙 관계의 교수들이 서로 다른 사람의 아이디어를 훔쳐서 먼저 발표해버린다는 것이었다. 이런 종류의 고약한 짓거리는 케임브리지나 팰로앨토와 같은 유명한 학문의 전당에서 심심찮게 벌어지는 일이라고 했다. 하지만 학문적 활기라고는 찾아보기 어려운 프레데릭스버그에서 이런 일이 일어날 것이라고는 생각지도 못했다. 사실 그런 걱정을 단 한 번도 하지 않았었다. 그런데 내가 이런 일을 당하다니!

도대체 이게 무슨 뜻일까? 이 사건의 실체가 무엇인지 여러 가지 가능성을 따져보았다. 우선 껄렁거리며 거리를 돌아다니는 청소년들이 아무 생각 없이 쓰레기통을 뒤집어엎었을 수도 있다. 하지만 나는 이내 고개를 저었다. 논문 초고만 없어진 걸 보면 철저히 계획된 행동이었다. 이것은 누군가 나를 지켜보고 있었고, 내가 오후에 논문 초고를 재활용통에 넣는 모습까지 똑똑히 봤다는 뜻이었다. 누구든 학자라면, 내가 쓴 논문 초고를 집필 순서대로 차례차례 살펴보면서 내가 어떤 생각을 했다가 어떻게 그 생각을 수정하고, 또 가장 최근에는 어떤 생각을 하게 되었는지 추적할 수 있다. 그런데 또 다른 한편으로 보자면, 나는 논문을 최종적으로 완성하지 못했다. 그저 단편적인 사항을 모아두기만 했을 뿐 이것들을 하나로 꿰어내는 어떤 통일적인 이론이 없었다. 그렇다면, 누군지 모르지만 내 논문 초고를 힘들게 훔쳐갔다 하더라도 별로 도움을 받지는 못할 것이다. 게다가 논문 내용의 저작권을 입증해줄 라티머라는 위대한 교수가 내 편을 들어줄 것이었다.

그런 터라, 그 누구도 그 어떤 학술지에 내가 초고로 정리한 논문 내용을 무단으로 도용해서 자기 논문이라고 발표할 수는 없었다. 그렇다면 무슨 목적으로 훔쳐갔을까? 동기가 뭘까?

그 순간, 갑자기 워싱턴에서 라티머 교수와 점심을 먹던 자리에서 교수가 했던 말이 떠올랐다.

'아마도 월드켐은 이 한 건으로 10억 달러는 챙길 수 있을 거야.'

갑자기 머리가 아뜩했다. 산업 스파이? 러시아 루블화를 긁어모으는 일에 눈독 들이는 회사는 월드켐만이 아니었다. 수십 개나 되는 기업이 그 일확천금의 기회를 노리고 있었다. 나는 손가락을 갈퀴처럼 만들어서 머리를 거칠게 쓸어올렸다. 왜 이런 일이 나에게 일어났을까? 처음 그 논문을 시작할 때만 해도 나는 그저 박사 학위를 따고 싶은 마음뿐이었다. 이렇게 복잡한 일이 일어날 줄은 전혀 몰랐고, 또 바라지도 않았다. 드람뷔를 한 모금 마시고 머리를 뒤로 젖혔다. 그러다가 깜박 잠이 든 모양이었다.

잠에서 깼을 때 기분 좋은 바람이 느껴졌다. 마당 쪽으로 열린 창문을 통해 들어오는 바람이었다. 바람에는 꽃을 피운 올리브 덤불의 향기가 묻어 있었다. 그때 멀리서 뭔가가 연이어 터지는 폭발음이 들렸다. 불꽃놀이였다. 그제야 그날이 7월 4일(미국의 독립기념일 - 옮긴이)이었음이 생각났다. 이 좋은 날을 다른 사람들과 함께 어울려서 축하하지 않고 혼자 이러고 있다니……. 함께 축하해줄 사람이라고는 곁에 아무도 없었다. 렉스뿐이었다. 나 자신이 불쌍했다. 아닌 게 아니라, 슬픈 일인 것만은 분명했다.

그러다가 다시 잠을 청했다. 달빛이 온몸으로 쏟아졌다. 비몽사몽 간에 어떤 구름이 홀연히 나타나 내 이름을 불렀고, 축축한 안개가 나를 덮었다. 그때 무언가가 쿵 하고 떨어지는 소리가 들렸다. 큰 소리는 아니었다. 그러다가 다시 조용한가 싶더니, 바닥을 쓸고 긁는 소리가 들렸다. 나는 안락의자에서 자세를 고쳤다. 하지만 다시 그 구름이 나에게 돌아와 뭐라고 말을 했다. 도무지 이해할 수 없는 일이었다.

어느 순간, 어떤 거대한 인물이 창문 밖에서 나를 훔쳐보고 있음을 알았다. 달빛을 등지고 선 그 사람의 그림자가 창살이 처진 창문에 비쳤다. 나는 가위에 눌리고 옴짝달싹도 못 한 채로 공포에 떨면서 그 괴물 같은 위험을 그저 바라보기만 했다. 실제로는 길지 않은 순간이었지만, 마치 영원처럼 느껴졌다. 나의 충실한 경호원인 렉스는 이런 위험이 닥치기 전에 미리 나에게 알렸어야 했지만, 그러지 않았다. 녀석은 그저 바짝 긴장한 상태로 두 귀를 쫑긋 세우고 독립기념일 시가행진에서 깃발을 흔드는 것처럼 꼬리를 흔들기만 했다.

"자네를 따라서 함께 가야겠네."

창문 밖에서 그 거대한 형체가 말했다.

"누, 누구요?"

무서워서 제대로 말이 나오지 않았다. 그 형체는 해럴드였다.

"오오, 해럴드 아저씨! 놀랐잖아요!"

"해럴드가 아니고 날세, 스미스."

쉰 목소리였다. 나는 안락의자에서 벌떡 일어났다.

"깜짝 놀랐잖아요!"

"나도 자네와 함께 가야겠어. 이미 해럴드가 쓸 물건도 가방에 다 챙겼네."

"관목 덤불을 밟고 계시면 어떡해요. 내 올리브 나무!"

그때 또 다른 목소리가 들렸다. 줄리아의 목소리였다.

"나도 어쩔 수 없었어요, 리치."

잠시 후, 우리 셋은 거실에 모였다. 황갈색 재킷을 입은 스미스는 더플백(천으로 만들어 윗부분을 줄을 당겨 묶게 되어 있는 원통형 가방 - 옮긴이)을 행여 놓칠세라 두 팔로 꼭 끌어안고 있었다. 렉스는 해럴드, 아니 스미스의 커다란 다리에 관심을 두고 킁킁거리며 냄새를 맡았다.

"줄리아, 이게 무슨 뚱딴지같은 짓입니까? 당신이 해럴드 아저씨 대신 결정을 내릴 문제가 아니잖아요?"

내가 소리를 질렀다. 그러나 줄리아는 차분했다.

"작업실에서 돌아와 보니 저렇게 가방을 끌어안고 현관 앞에서 기다리고 계시더라고요."

"지난번에는 멀쩡하셨잖아요. 지극히 정상이셨고, 또 앞으로도 괜찮을 거라고 했잖아요……."

"아무튼, 여기로 데려다 달라고 막무가내로 고집을……. 나도 어떻게 하면 좋을지 몰라서 모시고 왔어요."

스미스가 마치 남 얘기하듯 끼어들었다.

"자, 진정들 하고……. 그러니까, 내가 같이 가서 안 될 게 뭐가 있나? 나를 데려가면 해럴드에게도 좋은 일이란 말이네. 그따위 약은 먹어봐야 몸만 버린다고. 내 목소리를 듣는 게 차라리 나아."

"나는 그렇게 못 합니다."

나는 딱 잘라 말했다. 그러고는 한동안 아무도 입을 열지 않았다. 줄리아가 한숨을 한 번 내쉬고는 나를 빤히 쳐다보며 말했다.

"무리한 부탁인 줄은 나도 알아요. 하지만 생각하면 할수록 이게 더 좋을 것 같네요. 아저씨가 당신과 함께 가지 않는다고 생각해봐요. 그럼 아저씨가 아무 일도 없이 집에 가만히 계실 거 같아요? 틀림없이 스미스와 영적 대화를 나눌 수 있는 누군가를 찾아다닐 거란 말이에요. 그런데 그런 대화를 해줄 사람이 없다는 건 당신도 잘 알잖아요. 그럼 해럴드 아저씨는 점점 더 위험해진단 말이에요."

"그걸 왜 내가 걱정해야 하죠? 내 문제가 아니잖아요."

이 심드렁한 말을 나도 모르게 퉁명스럽게 내뱉고 말았다.

줄리아가 원망하는 눈으로 나를 바라보며 말했다.

"늘 그런 식이세요? 그런 식으로 다른 사람들을 외면하세요?"

"차에 아저씨가 탈 자리도 없다고요. 가서 한번 보세요. 짐이 얼마나 많은지……. 거기 어디에 아저씨가 앉을 자리가 있는지……."

"그걸 굳이 봐야 하나요? 자리는 만들면 되는 거 아닌가요?"

그녀가 쏘아붙였다. 늘 그렇듯 그녀는 돌려서 말하는 법이 없었다. 하지만 그렇게 말해놓고는 너무 심했다 싶었던지 얼굴을 붉혔다.

"미안해요! 또 함부로 말해버렸네요. 그런 말은 하지 말았어야 했는데……. 아닌 게 아니라, 지금까지 우리가 당신에게 너무 많은 것을 요구했죠."

그녀는 스미스의 팔을 잡았다.

"가요, 그냥……."

스미스는 어깨를 치켜세우면서 나를 바라보았다.

"제발……, 내가 이렇게 애원하겠네. 날 위해서가 아니라 해럴드를 위해서라네. 해럴드에게 누나가 한 명 있는데, 그 누나가 오클랜드에 살거든. 자네 목적지가 그 근처 아닌가?"

줄리아도 다시 한 번 희망을 거는 눈으로 고개를 끄덕여 보였다.

"그 말 한다는 걸 깜박 잊었는데, 아저씨가 거기에 가면 도움을 받을 수 있을 거예요. 아저씨가 해고되면서 의료보험 혜택도 못 받게 된 건 아시죠?"

알고 있었다. 하지만 그런 것들은 내 문제가 아니었다. 그 터무니없는 부탁을 거절할 권리가 내겐 분명히 있었다. 그 정신 나간 짓거리에 쓸데없이 휘말리지 않으려면 싫다고 명확히 말해야 했다.

렉스는 스미스의 발아래 쪽에 얌전히 앉아 있었다. 스미스가 자기를 쓰다듬어주기를 기다리는 눈치였다. 스미스도 개가 원하는 것이 무엇인지 알아채고 귀를 쓰다듬어주었다.

"개가 아주 순하군."

줄리아가 갑자기 손가락을 튕겼다.

"참, 해럴드 아저씨는 자동차 정비공이라서, 가다가 자동차가 고장 나면 고쳐줄 수도 있잖아요!"

나를 바라보는 그녀의 눈빛은 아까보다 한결 누그러져 있었다.

"리치, 그렇게 하겠다고 대답하세요, 네?"

렉스도 '컹컹!' 하고 짖으며 맞장구쳤다. 줄리아와 스미스 그리고 렉스까지 모두 내 입만 바라보았다.

그렇게 해서 다음 날 아침 일곱 시, 애덤 스미스의 영혼을 담은 덩치 큰 루마니아 출신의 삶에 지친 정비공 노인과 함께 여행길에 나섰다. 아메리카 대륙을 횡단하는 여행이었다. 나는 결국 이 미친 짓거리에 몸을 맡기기로 했다. 이것은 나 자신을, 자기 운명을 주도하는 존재에서 뭐라고 딱 꼬집어 본질을 정의할 수 없는 어떤 여행객으로 바꾸는 것이나 마찬가지였다. 겉으로는 줄리아가 부탁한 터라 어쩔 수 없어서, 혹은 정비공이 필요해서 스미스를 데리고 가기로 했다고 말할 수는 있었다. 그러나 사실은 그게 다가 아니었다. 그 목소리, 해럴드의 몸을 빌려서 나오는 스미스의 목소리가 나를 사로잡았다. 또 내 안의 어떤 부분이 그 목소리를 듣고 싶어하는 강렬한 열망에 사로잡혀 있었다.

Chapter 8

부를 창출하는 방법

마침내 우리는 출발했다. 이슬은 아직 잔디를 적시고 있었고, 저 멀리 하늘은 맑게 걷히기 시작했다. 줄리아는 우리를 배웅하며 스냅 사진을 찍었다. 그녀는 우리가 모퉁이를 돌아 시야에서 사라질 때까지 손을 흔들어주었다.

애초에 내가 느슨하게 잡았던 일정은 이랬다. 우선, 시카고에 사는 대학생 시절 룸메이트를 만나기로 했다. 그다음으로, 로키 산맥의 역사 유적지들을 둘러볼 예정이었다. 그리고 8월 초쯤 시에라스(요세미티 국립공원 북쪽의 모노 카운티 북서쪽에 있다 -옮긴이)에 도착하기로 돼 있었다. 생각지도 않았던 동행자가 생겼지만, 누군가가 옆에 있어서 지루함을 덜 수 있다면 오히려 긍정적인 측면이 될 수도 있었다. 일단, 캘리포니아에 도착하면 해럴드를 그의 누나에게 맡기고 요세미티의 풍광을 나 혼자 즐길 참이었다. 그때만 하더라도 나는 집에서 아주 조금 더 멀리 가는 여정일 뿐이라고만 생각했다.

　주간(州間) 고속도로 대신 꼬불꼬불 멀리 돌아가는 길을 선택했다. 인간의 손에 덜 훼손된 자연 그대로의 바위 지형을 보고 싶었기 때문이다. 프레데릭스버그를 떠나 시골길로 북서쪽을 향해 달리자, 곧 목장이 나타났다. 망아지들과 어미 말들이 새것처럼 선명한 붉은색의 헛간을 뒤로하고 흰색 울타리 안에서 풀을 뜯는 모습이 보였다. 그 길을 가는 여행객은 우리밖에 없었다. 나와 스미스는 거의 아무 말도 하지 않았다.

　마나사스에서 서쪽으로 방향을 잡았다. 그때부터 오르막길이었다. 그리고 50킬로미터쯤 더 갔을 때 이미 우리는 블루리지 산맥에 들어가 있었다. 정상에 오른 뒤에는 가파른 내리막길을 달려 셰넌도어 강의 남쪽 지류에 다다랐다. 여름 내내 건조했던 날씨 탓에 들판은 누런색이었다. 나뭇잎들도 나무에 힘겹게 매달려 있었다. 매사너튼 산맥의 거대한 봉우리가 드러나는가 싶더니, 어느새 한결 서늘해진 공기 속으로 우리는 달리고 있었다. 이어서 드넓은 셰넌도어 계곡으로 내려갔다. 작지만 알차게 수확하는 농장들이 수 킬로미터에 걸쳐 자리잡고 있었다. 사과 농장, 옥수수 농장, 닭이나 오리 농장 등이었다. 소를 키우는 농장도 있었고, 유제품을 만드는 시설도 보였다. 이곳은 남북전쟁 당시 남부 연합국을 지탱하던 곡창지대였다. 이곳에서 '스톤월(바위벽)'이라는 별명을 가졌던 잭슨 장군은 전쟁 초기에 북군을 견제하는 작전을 펼쳤다. 또한, 이곳은 북군의 셰리던 장군이 펼쳤던 처참한 초토화 작전의 피해 지역이기도 했다.

뉴마켓에서 보니 셰넌도어 강의 북쪽 지류가 산맥 쪽에서 내려오고 있었다. 그래서 어쩔 수 없이 조용한 시골길 대신 주간 고속도로를 타야 했다. 출근 시간대가 되자 교통량은 점점 늘어나기 시작했다. 게다가 바퀴의 숫자가 열여덟 개나 되는 거대한 트럭들이 무서운 속도로 우리를 추월했다. 애리조나와 플로리다, 오하이오 번호판을 단 트럭들이었다. 그들이 실은 짐은 크기나 모양, 색깔이 다 제각각이었다. 비가 와서 노면이 미끄러웠지만, 속도를 줄이는 운전자는 아무도 없었다.

"정말 짜증 나네. 자기들이 길을 전세 냈나? 날씨는 또 왜 이래!"

내가 이렇게 투덜댔지만, 스미스는 마치 어린아이처럼 환호성을 질렀다.

"이야호!"

그는 무릎에 지도를 얹어놓고 보면서 말했다.

"우리가 여기 이 산맥을 딱 잘라먹으면서 지나왔다는 거 아냐? 산맥이 없는 것처럼 그냥! 대단해! 게다가 쉬지도 않고 눈 깜짝할 사이에 메릴랜드 주로 넘어왔다는 거 아냐?"

거리에 메릴랜드 주에 온 것을 환영한다는 표지판이 서 있었다.

스미스는 교통량이 많은 고속도로를 손짓으로 가리키며 말했다.

"이 고속도로도 말이야……. 자네, 우리가 처음 얘기를 나누던 날 기억하나? 자네가 부에 관해 물었지? 이 고속도로가 바로 그 부의 열쇠라네. 이처럼 거대한 도로들이 시장 규모를 거의 3억 명 수준으로 키웠단 말일세."

처음 여행을 시작할 때만 해도 그는 침묵을 지켰다. 그러나 그런 모습은 이제 찾아볼 수 없을 정도로 그의 입에서는 말들이 홍수가 되어 쏟아졌다. 나는 녹음기를 틀고 그의 말을 녹음했다.

"부를 창출하는 방법은 신비한 수수께끼 같은 게 절대 아니라네. 개인이라면 기술과 손재주와 판단력을 좀 더 낫게 하려고 하겠지.[1] 그런데 전체 사회 차원에서는 어떻게 할까? 내가 몸을 빌리고 있는 사람을 이렇게 말해서 뭐하긴 하지만, 루마니아 출신의 가난한 이민자 해럴드가 어떻게 해서 자기 생산력을 높일 수 있었을까? 어?"

스미스는 예리한 눈빛을 번뜩이며 나를 바라보았다. 백합 꽃잎에 앉아 있는 파리를 노리는 황소개구리의 눈빛이 아마 그런 게 아닐까 싶었다.

"그 비결은 바로 교환이네! 인간에게는 자기가 가진 어떤 것을 다른 사람이 가진 다른 것과 바꾸려는 본능이 있단 말이야. 그런데 바로 이 교환 때문에 전문화가 가능해지지. 사람들은 저마다 타고난 재능이 다르지만, 재능의 차이는 그다지 크지 않아. 그리고 그 차이는 습관과 관습과 교육에서 비롯되지. 우리 친구 해럴드는 디젤 엔진을 만지는 걸 좋아했지. 또 그렇게 오래 만지다 보니 적어도 이 방면에 관한 한 전문가가 된 거 아닌가. 최근에 나 때문에 이상해지기 전까지는 말일세. 전문가는 비전문가에 비해 어떤 일을 좀 더 빠르게, 그리고 더욱 솜씨 좋게 수행하지. 그러므로 노동 분업으로 생산성이 아주 조금 높아지는 정도가 아니라 열 배 혹은 백 배나 높아진단 말이야."

스미스는 쉬지 않고 말했다.

"그런데 무엇이 해럴드가 그런 전문가가 될 수 있게 했을까? 비밀은 바로 그가 대도시라는 공간 안에서 교환이라는 거래를 수행한다는 점이야. 시장 규모가 충분히 크기 때문에 해럴드는 디젤 엔진이라는 딱 한 가지 대상만 수리하는 데 자기가 가진 모든 걸 쏟아부을 수 있었던 거야. 해럴드는 물론 점화플러그니 압축 비율이니 하는, 이 디젤 엔진이라는 상대적으로 좁은 분야의 잡다한 지식을 모두 알고 있어. 작업에 필요한 공구만 있으면 적어도 디젤 엔진 분야에서는 못 할 게 없지. 완전히 꿰뚫고 있단 말이야. 그런데 이런 현상은 디젤 엔진 분야가 아니라 이보다 훨씬 더 넓은 시장에 있는 다른 모든 사람에게도 마찬가지라네. 농부, 의사, 교사, 공장 노동자 등등…….”

그런데 나는 궁금한 게 하나 있었다.

“교수님은 점화플러그를 구경도 못 하셨을 텐데, 그런 걸 어떻게 아시죠?”

“해럴드의 머릿속에 있는 것도 내가 빌리면 내 거니까 그렇지. 중간에 말 끊지 말고 잘 듣게, 계속할 테니까. 철저한 분업이 이루어지면 어떤 한 사람은 자기가 필요로 하는 것의 아주 작은 한 부분만을 자기 노동력으로 만들어 제공하지. 그러면 그 사람은 자기가 추가로 만들어낸 잉여 부분을 다른 사람들에게 제공하고, 자기가 필요로 하는 다른 부분들을 받는 거야. 그렇게 교환이 이루어진단 말이네. 그런 식으로 모든 사람은 뭔가를 서로 교환함으로써 살아가고, 사회도 이른바 상업사회로 성장해가지.”[2]

나는 스미스의 말을 건성으로 들었다. 뒤에서 금방이라도 추돌할 것처럼 무서운 속도로 바짝 다가오는 한 무리의 거대한 트레일러 때문이었다. 나는 바짝 긴장하고 있었다. 바로 뒤에는 가축을 실은 세미트레일러가 따라오고 있었다. 룸미러로 보니, 6미터 정도밖에 떨어져 있지 않았다. 한데, 이 세미트레일러는 점점 더 그 거리를 좁혀오고 있었다. 나는 급하게 핸들을 틀면서 차선을 바꾸었다. 그 바람에 차가 흔들리자 렉스가 불편한 듯 낑낑거렸다.

스미스는 이런 일이 벌어지는지 알지도 못한 채 계속 말을 이어갔다.

"그런데 만일 해럴드가 조그만 마을에 있는 고객을 대상으로만 일한다면 어떻게 될까? 먹고살기에 충분할 정도로 고객을 모으려면 디젤 엔진만 다루어서는 안 되지. 디젤 엔진뿐만 아니라 머플러와 브레이크 그리고 어쩌면 변속기까지 고쳐야 할 거야. 그러려면 또 얼마나 더 많은 도구가 필요하겠나? 게다가 해럴드가 하는 일의 범위는 또 얼마나 넓고 복잡할까?"

스미스는 멀리 지평선에 시선을 고정한 채 말했다.

"그건 아니지⋯⋯. 정치적인 이유에서든, 지정학적인 조건에서든 시장이 한정되어 있을 때는 사람들이 가난해질 수밖에 없네."

스미스가 나를 보며 말했다.

"바로 그런 점 때문에 나는 내가 살았던 시대의 영국에 있었던 도시 자치단체(영국에서 국왕의 특허장에 의해 자치가 허락된 지방자치-옮긴이)를 반대했던 거야. 이 도시 자치단체들은 지역의 생산자들이 경쟁하지 못하게 막음으로써 교역을 제한했거든. 중상주의자라는 사람들이 바로 그런 자들이었지. 분명히 말하지만, 가난한 사람들이 이런 어리석음에 뒤따르는 대가를 톡톡히 치렀어."

또 다른 몇 대의 세미트레일러 무리가 세차게 지나가면서 한바탕 바람을 일으키는 바람에 내 차가 휘청거리며 도로 가로 밀려났다. 비와 세미트레일러가 뿌리는 구정물이 내 차의 앞 유리창에 어지럽게 날아들었다. 그때 갑자기 파란색 세단 한 대가 나타나더니 아무 경고도 없이 내 차 쪽으로 바싹 붙었다. 나는 황급히 핸들을 꺾었다. 가까스로 충돌을 피했다.

"야, 이 멍청아!"

나는 고함을 지르며 가속페달을 밟아 그 차와 어느 정도 거리를 두었다. 그런데 이 차가 다시 속력을 높여 따라왔다. 어느새 그 차는 바로 내 왼쪽 옆까지 따라붙었다.

"미친놈 아냐, 저거!"

나는 욕설을 퍼부으며 운전석 창문을 내렸다. 세단의 조수석 창문은 이미 내려져 있었다. 그 조수석에서 권총 하나가 쑥 나오면서 나를 겨누었다.

탕!

급브레이크를 밟는 것과 동시에 총성이 울렸던 것 같다. 짐을 잔뜩 실은 터라 무게 중심이 높았던 내 차는 뒷부분이 왼쪽으로 쏠리며 두 차선에 걸쳐 미끄러졌다. 그 순간, 나는 현기증을 느꼈다. 도로를 달리는 자동차들과 주변 풍경이 느린 속도로 빙글빙글 돌았다. 트레일러 한 대가 요란하게 경적을 울리며 다가오고 있었다. 갑자기 악몽은 끝이 났다. 우리 차는 원심력에 의해 도로 바깥으로 밀려났다. 그리고 결국 도로로 떨어졌다. 나와 스미스는 충격에 얼어붙어서 (그리고 안전띠 때문에) 꼼짝도 하지 못했다.

곧 트럭 운전사가 달려와 문을 열고 나를 차에서 꺼냈다. 스미스도 안다시피 부축해 잔디밭에 뉘었다. 렉스는? 나는 부들부들 떨리는 손으로 왜건 뒷문을 열고 앞 좌석까지 쏠려 있는 가방들을 치웠다. 렉스는 좌석에 코를 박고 두 발은 머리에 얹은 자세로 있었다. 다행히도 무사했다. 안전띠에 연결되어 있던 덕분이었다. 사람과 동물 모두 혼비백산했지만, 아무도 다치지는 않았다.

모처럼의 구경거리였던지라 차들이 서행했다. 아예 차를 세우고 구경하는 사람도 있었다. 또 다른 트럭 운전사가 뛰어오더니 911에 신고했다고 했다.

경찰이든 구급대든 누구든 와주길 기다리는 동안 트럭 운전사 두 사람이 스테이션 왜건을 샅샅이 살폈다.

"여길 뚫었네……. 하지만 심각해 보이진 않네."

앞 패널에 나 있는 총탄 자국을 가리켰다. 그리고 반대편에 총알이 빠져나간 자국도 확인했다.

"진짜 운이 좋았네요. 연료 파이프를 피해갔으니……."

다른 운전사는 왜건 뒤로 가서 옆 패널을 살폈다.

"프레임도 괜찮네요. 차는 아무 문제 없이 굴러가겠는데요? 일단 견인차가 와서 도로에 올려놓아 봐야 알겠지만……."

"그 차는요?"

"아, 그 파란색 포도어 코요테 말이죠? 그 친구는 뒤도 안 돌아보고 내빼던데……. 아, 저기 경찰이 오네."

투명한 비닐 우의를 입은 경찰관이 왔다. 혼자였다. 그는 나와 트럭 운전사 두 사람에게 이것저것 빠르게 질문을 던지면서 사건 상황을 받아 적었다. 그런 다음, 총탄 자국을 유심히 살펴보고는 상황 보고서 사본을 나에게 주며 말했다.

"올 한 해에 일어난 운전 중 난동사건을 모두 합치면 제가 경찰복을 입고 10년 동안 경험했던 것보다 더 많습니다."

10분 뒤, 견인차 두 대가 거의 동시에 와서 갓길에 정차했다.

"하이에나들이 나타났네."

한 트럭 운전사가 말했다.

견인차 기사들이 삿대질하면서 뭐라고 하는 걸 보니 내 스테이션 왜건을 도로로 끌어올리는 일감을 놓고 서로 권리를 주장하면서 다투는 모양이었다. 그러다가 마침내 한 명이 돌아서서 견인차를 타고 갔다. 얼마 후, 내 차는 도로로 올라왔다. 견인차 기사는 내 차를 꼼꼼히 살핀 뒤 시동을 걸어보았다. 시동이 걸렸다. 느낌 때문인지는 몰라도 어쩐지 시원찮아 보였지만, 아무런 문제가 없다고 했다.

"타고 가실 수 있겠네요."

나는 견인차 기사에게 출동비를 지급했다. 일부러 차를 세우고 도와준 트럭 운전사 두 사람에게도 맥주 한 잔 사 마시라며 약간의 돈을 찔러주었다. 얼마나 완강하게 사양하던지, 혹시 몇 푼 되지 않은 돈으로 트럭 운전사들 사이의 명예로운 불문율을 내가 깬 것은 아닌가 싶어 걱정될 정도였다. 얼마 후, 나는 다시 고속도로를 달리고 있었다. 하지만 제한속도를 철저하게 지켰다. 시간이 제법 지났음에도 여전히 손이 덜덜 떨릴 정도로 놀랐던 터라 다음번 출구가 보이자 곧바로 고속 도로에서 빠져나와 모텔을 찾아 들어갔다. 스미스도 말을 잃어버렸다. 그 역시 죽음의 문턱까지 갔으므로 나만큼이나 충격을 받았을 것이었 다. 우리는 멍하게 텔레비전을 보다가 잠자리에 들었다. 하지만 쉽게 잠을 이루지는 못했다.

* * *

다음 날 아침, 식사 시간.

"여행이 출발부터 엉망이네요."

하지만 스미스는 낙천적이었다.

"좋은 징조가 아니긴 하지만, 그래도 다친 데가 없으니 다행이지 뭐. 나쁜 기억은 남겠지만, 이것도 하늘에 감사해야겠지!"

아침 여덟 시 이전에 우리는 고속도로를 다시 달렸다. 이번에는 잔 뜩 긴장하며 조심하고 또 조심했다. 나는 핸들을 꽉 잡았다. 룸미러와 사이드미러도 규칙적으로 철저히 확인했다. 그렇게 얼마쯤 시간이 지 나자, 고속도로 주행은 다시 단조롭고 지루한 일로 되돌아갔다. 어제 의 그 무서운 일들, 특히 공포가 머릿속에서 사라지기 시작했다. 그 대 신, 의심은 점점 더 커졌다. 도대체 그건 뭐였을까? 물론 정신 나간 녀 석들의 못된 장난이었을 수도 있다. 그러나 누군가 의도적으로 내 박 사 학위 논문 초고를 훔쳐갔다는 점을 염두에 두면 어제 고속도로에 서 일어난 일이 우연한 사건이 아닐 수도 있다는 생각이 들었다. 하지만 확실한 근거가 없는 일을 놓고 불안해하고 싶지는 않았다. 그래서 일부러 그 생각을 하지 않으려고 애를 썼다.

그리고 시간이 흐르자, 마침내 긴장이 풀리고 여유가 생겨서 스미스와 대화도 나눌 수 있었다.

"전문화가 생산성을 높여준다는 사실은 저도 인정하겠습니다. 하지만 혹시 뭔가 하나 잊어버리시지 않았습니까?"

강의실에서 학생들이 나를 공격할 때 습관적으로 사용하던 바로 그 표현을 동원해서 나는 스미스에게 이의를 제기했다.

"같은 엔진을, 즉 허구한 날 디젤 엔진만 수리하는 일은 너무도 단조롭습니다. 해럴드가 다양한 것을 선호하며 기본적으로 장인 정신을 추구한다면요?"

"그게 뭐 어때서? 분업은 노동하는 사람이 몇 가지 단순한 작동만 반복하도록 제한하는 것이지. 이럴 때는 창의성을 발휘하거나 이런저런 어려움을 극복해야 할 필요성이 전혀 없지. 분업 과정에 놓여 있는 사람은 지적·사회적 덕목들을 희생해야만 자기가 속한 분야에서 독자적인 솜씨를 획득할 수 있는 거야."[3]

"그 말씀은 분업을 지지하는 주장과 모순되지 않습니까? 자본주의 사회에서 노동자는 소외된다는 마르크스주의적 논지를 뒷받침하는 논리 같거든요."

스미스는 트럭이 우리 차를 추월할 때까지 기다렸다가 집게손가락으로 허공을 쿡쿡 찌르며 말했다.

"진보 혹은 발전이라는 것은 사회적 비용을 치러야 가능한 거야. 하지만 방법이 있긴 해. 최하층에 속하는 어린이들을 위해 공교육에 지원금을 제공하는 거지."

"지원금을 어린이들에게 지급하자는 말씀입니까?"

"내가 하는 말은 교사들이 받는 봉급 가운데 일부만을 정부가 지원해야 한다는 뜻이네. 만일 교사의 봉급을 정부가 전적으로 책임질 경우, 교사는 머지않아 자기가 하는 일을 소홀히 대할 거야."

그쯤에서 나는 일단 무조건 스미스의 주장과 반대되는 입장을 제시하기로 했다. 그가 하는 말이 맞고 그르고를 떠나서, 혹은 내가 동의하고 동의하지 않고를 떠나서 말이다. 왜냐하면, 반대를 논박하는 과정에서 그의 주장이 좀 더 선명하게 드러날 거라는 데 생각이 미쳤기 때문이다.

"자유무역이 부자에게만 도움될 수 있죠. 관세를 포함한 이런저런 수입 장벽이 많아야 가난한 사람도 일자리를 유지할 수 있다는 게 노동조합 측의 주장입니다."

스미스는 콧방귀를 뀌며 반격했다.

"교역이 줄어들면 그만큼 생산성도 떨어지는 거야. 이런 상황은 상대적으로 적은 재화들이 세상에 돌아다닌다는 뜻이지. 부의 진정한 척도는 금이나 은과 같은 화폐가 아니라 재화란 말이네."[4]

거기에서 말을 끊고, 잠시 먼 곳을 바라본 뒤 계속 이어갔다.

"내가 살던 시절에 영국은 프랑스와 끝도 없는 싸움을 이어갔어. 두 나라가 서로에게 적대감을 드러내며 시장 문을 닫아버리는 바람에 프랑스의 싼 밀이 영국 시장으로 들어올 수 없었지. 그 덕분에 영국에서

밀을 생산하는 일자리는 안전하게 보호받았네. 그리고 결국 영국의 밀 생산업자들은 독점적 지위를 누릴 수 있었던 거야. 자네가 인용하는 노동조합 말대로, 밀 생산 분야의 일자리가 생기고 또 보호받긴 했지. 하지만 영국이 밀을 생산하기에 적합한 지역이 아님은 부인할 수 없는 사실 아닌가? 그런데도 영국에서 빵을 사야 하는 사람들, 즉 모든 영국인은 그렇게 인위적으로 만들어낸 일자리에 종사하는 사람들에게 상당한 규모의 추가 비용을 물어야 했던 거야."

그의 능변은 날개를 달았다.

"그래서 필연적으로 어떤 결과가 빚어졌을까? 영국에서 생산할 때 상대적으로 강점이 있는 어떤 생필품을 제조하는 일자리는 점점 더 줄어들었지. 왜냐하면, 영국이 수입 금지 조치를 취하니 당연히 프랑스도 수입 금지 조치를 취할 수밖에 없었지. 결국, 영국에서 상대적으로 강점이 있는 생필품 수요가 그만큼 줄어들게 되거든."

스미스는 눈을 한 번 비비고 나서 계속 말을 이었다.

"한 나라가 다른 나라에 대해 가지는 자연적인 경쟁우위 요소들은 때로 도저히 극복할 수 없을 정도로 강력하기도 하다네. 예를 들어 스코틀랜드에서 온실 농법을 이용해 최고 품질의 포도를 생산하고, 또 이것으로 품질이 좋은 와인을 생산할 수 있다 치자고. 그런데 이때 들어가는 생산비가 수입품 가격의 30배나 된다면 어떻게 하겠나? 그럴 때도 스코틀랜드의 와인 생산 농민을 보호하기 위해 와인 수입을 금지해야겠는가? 비용과 누릴 수 있는 편익을 비교해보란 말이야! 이런 식으로 제한하고 금지하는 일이 부자가 되는 지름길이라고는 아무도

말하지 못할걸?"⁵

내가 뭐라고 반박하려고 했지만, 스미스는 틈을 주지 않고 계속 말을 이었다.

"그리고 와인은 국가 방위와는 거의 관련 없는 물품이지.⁶ 국내 와인 산업에 보조금을 지급할 이유가 거의 없다는 뜻이야."

"식량 생산은 당연히 그럴 가치가 있다고 생각하는데요?"

내 반박에 스미스는 눈을 반짝였다.

"선원이 있고, 배가 있지 않은가! 운송수단을 가지고 있고, 교역이 이루어질 수 있다면 식량은 언제든 살 수 있어. 이게 바로 소비재의 우회생산(소비를 줄여 이것으로써 도구나 기계를 만들어 소비재를 능률적으로 증산하는 생산 방식. 독일 경제학자 빌헬름 로셔는 맨손으로 매일 3마리의 고기를 잡는 어부가 그날 남긴 고기로 이튿날 식량을 충당, 망이나 배를 만들어 하루에 30마리를 잡는다는 우화로 이 원리를 설명했다-옮긴이)이라는 거야."

경제사상에서 가장 위대한 통찰 가운데 하나가 바로 교역을 통한 우회생산이라는 사실을 떠올렸다. 이 개념은 워낙 핵심적인 것이라 경제학 입문 과정에서는 늘 다루어지는 주제다. 애덤 스미스의 이 개념을 스미스보다 수십 년 뒤에 나온 데이비드 리카도가 한층 더 발전시켜, 이른바 경쟁우위 이론으로 정립했다.⁷ 하지만 다양한 쟁점들을 넘나드는 스미스의 쉽고도 상식적인 설명이 인상적이었다. 이성적으로는 뭐라고 설명할 수 없었지만, 나는 이미 스미스가 영적 대화 운운하는 사기꾼이 아니라 진짜 애덤 스미스임을 진정으로 받아들이고 있었다. 그의 거만한 태도까지도 당연한 것으로 여겼다. 나에게 그는 '스미스라는 어떤 사람'이 아니라 진짜 애덤 스미스였다.

우리는 해거스타운에서 방향을 바꾸어 68번 도로를 타고 포토맥 강과 체서피크-오하이오 운하를 따라 나란히 서쪽으로 달렸다. 이 운하가 끝나는 컴벌랜드에서 우리는 구 40번 도로로 갈아탔다. 그리고 얼마 후 쉴 만한 휴게 공간이 나타나 잠시 자동차를 세웠다. 나는 겨자소스를 넣은 치즈 샌드위치를 만들었다. 그리고 스미스와 함께 잔디밭에 앉아 맛있게 먹었다. 아직 강아지처럼 장난기가 많은 렉스는 우리 주변을 시계 반대 방향으로 펄쩍펄쩍 뛰어 돌면서 장난치자는 듯 컹컹 짖어댔다. 그러고는 우리가 손을 내밀기라도 하면 잽싸게 몸을 빼낸 다음 다시 짖었다. 이것은 녀석이 좋아하는 '잡으라고 짖은 다음, 잡으려 하면 피하기' 놀이였다. 나중에는 녀석도 지쳤는지 스미스 옆에 배를 깔고 바닥에 털썩 엎드렸다.

잠시 후, 낡은 역사 유적 기념비를 발견한 스미스가 관심을 보였다.

"어디 보자, 이렇게 적혀 있군. '이 컴벌랜드 고속도로는 애팔래치아 산맥을 따라 나 있는, 과거에 인디언들이 다니던 길을 따라서 만들어졌다. (음……, 또 보자……) 그 옛날 길은…… 조지 워싱턴이 프랑스군, 그리고 인디언과 싸울 때 이용했던 바로 그 길이었다. 그리고 조지 워싱턴은 대통령이 된 후 이 길을 주와 주를 연결하는 최초 도로로 확장·개통했는데, 이로써 오하이오 계곡까지 교역의 범위가 넓어졌다.'[8] 바로 이것일세!"

스미스의 목소리가 갑자기 높아졌다.

"주피터의 보이지 않는 손!(이 표현은『국부론』에 나오는 표현이다-옮긴이) 내가 이 표현을 쓸 때 무슨 뜻으로 썼는지 자네도 알겠지? 도로가 시장으로 이어지고, 그렇게 교역의 범위가 넓어졌다는 말일세."

"저도 역사는 좀 압니다만, 워싱턴이 단지 경제적 목적만을 달성하려고 이 길을 만든 건 아니었습니다. 펜실베이니아의 고산 지대에 살던 농부들이 곡물을 시장으로 내가기가 어렵게 되자 그것을 발효시켜서 술을 만들었지요. 그런데 그 사람들이 술에 붙는 연방세를 내지 않겠다고 거부했습니다. 1794년에 있었던 이른바 '위스키 반란'이었죠. 그러자 워싱턴은 이 도로를 건설하고 접근성을 높여서 그 농민들이 프랑스와 인디언 동맹군과 손을 잡지 않고 연방 정부에 충성을 다하도록 다잡았던 겁니다."

그러자 스미스는 곧바로 응수했다.

"훌륭한 정치가 경제를 나쁘게 한다는 말을 한 적은 없네. 그래, 맞아. 이건 공적 자금을 아주 현명하게 사용한 사례라고 할 수 있겠지."

멀리 남쪽에서 폭풍우의 조짐이 보이는가 싶더니, 먹구름이 해를 가렸다. 갑자기 쌀쌀한 기운이 느껴졌다. 그러고 보니 여름도 가을을 향해 달려가고 있었다. 두 달쯤 뒤에는 월드켐 이사들 앞에서 프레젠테이션을 해야 했다. 그 일자가 벌써 그렇게 가까워져 있었다. 대륙 횡단 여행을 하면서 빈둥거리며 마냥 미루기만 할 일은 아니었다. 나는 그 생각을 떨쳐내며 풀밭에 벌렁 누웠다. 낮잠을 한숨 자기 딱 좋았다.

*　*　*

렉스가 으르렁거리는 낮은 목소리로 나를 깨웠다. 녀석은 코를 땅에 박고 냄새를 맡으면서 잠을 자는 스미스 주변을 서성거렸다. 녀석이 스미스를 깨우지 못하도록 '쉿!' 하고 소리를 냈지만, 스미스는 이미 잠에서 깬 모양이었다.

"아……, 내 얘기를 하고 있었소?"

이럴 수가! 그는 이미 스미스가 아니었다. 어느새 루마니아인 노동자 해럴드 팀스로 돌아와 있었다.

"아저씨……? 다시 돌아오신 겁니까?"

해럴드는 주변을 둘러보았다. 부산한 고속도로, 주차된 자동차들, 잔디밭에 누워 있다 일어난 자기 자신과 나 그리고 자신을 보고 짖어대는 개…….

"여기가 어디요?"

"펜실베이니아, 주 경계선을 막 넘었습니다."

"나를 어디로 데려가려고?"

나는 스미스가 우리 집에 찾아와 오클랜드에 있는 해럴드의 누이에게로 데려다 달라고 했던 일을 포함해서 지난 며칠 동안 있었던 일을 모두 들려주었다.

해럴드는 뭐라고 말하려 했지만, 그의 입에서는 아무 말도 나오지 않았다.

"죄송해요! 이게 멍청한 짓이라는 건 저도 처음부터 생각했는데…….

명백하게 납치, 예, 납치가 맞습니다. 변명의 여지가 없습니다."

나는 일어나면서 바지를 털었다.

"가시지요. 버지니아로 태워다 드릴게요."

나는 렉스에게 목줄을 채우고 자동차가 있는 곳으로 먼저 발을 옮겼다. 그때 해럴드의 목소리가 들렸다. 그가 한 예상 밖의 말이 나를 붙잡았다.

"잠깐……, 그럴 필요 없어."

해럴드는 다시 풀밭에 드러누웠다.

"줄리아가 나한테 잘해줘서 보고 싶긴 하지만, 지금 필요한 사람은 내 누나거든. 그렇지 않아도 누나에게 가면 좋겠다는 생각을 여러 번 했지만, 늘 생각만으로 끝나고 말았는데……. 그래서 내가……."

해럴드의 말끝이 흐려지는가 싶더니, 갑자기 스미스의 목소리로 바뀌었다.

"자네는 내가 납치나 할 사람으로 보이나, 엉?"

갑작스러운 변화에 렉스도 낑낑대면서 바닥에 등을 대고 비비적거렸다. 이런 렉스의 배를 스미스는 가볍게 두드려주면서 말을 계속 이어갔다.

"자네는 내가 어떤 사람인지 아직도 그 정도밖에 모르나? 납치라니!"

"그럼, 제가 어떻게 생각했어야 옳다는 겁니까?"

"우선, 해럴드는 자유의지를 가진 사람이야. 그걸 알아야지! 내가 그의 정신을 통해 자네와 영적 대화를 나누긴 하지만, 내가 해럴드의 정신을 완전히 제압하고 차지한 건 아니란 말이야. 해럴드가 싫어하는 일을 내 의지만으로는 절대 할 수 없다는 뜻이지."

　해럴드의 의식이 잠시 돌아온 일을 계기로 해서 상황 인식에 혼란이 생겼다. 스미스는 해럴드에게도 바람직한 일로 밝혀진 바로 그 일을 충실하게 하라면서 나를 압박했다. 그 일은 스미스의 관심을 포함한 좀 더 폭넓은 목적에 기여하는 것이었다. 물론 그게 스미스에게 유리한 것이긴 했지만. 그렇다면 내가 한 행동은 무엇일까? 나는 내 행동을 생각해보았다. 나는 보이지 않는 어떤 손으로 연결된 줄에 따라 움직이기만 하는 꼭두각시 인형에 지나지 않는 존재일까?

* 　* 　*

　햇볕을 쬐느라 계획보다 더 오래 머물렀다. 스미스는 고속도로를 오가는 거대한 트럭의 끊임없는 행렬에 완전히 사로잡혀 있었다. 나는 『인터내셔널 이코노미』라는 잡지를 읽고 있었다. 러시아 경제 붕괴에 관한 글이 내 관심을 끌었다. 금융개혁이라는 소용돌이 한가운데에는 국제통화기금과 세계은행 그리고 복수의 국가들이 빌려준 자금이 러시아 바깥으로 빼돌려져서 뉴욕과 버뮤다와 그 밖의 지역에서 세탁되고 있다는 걱정스러운 소식을 전하는 기사였다. 러시아는 이른바 노멘클라투라(원래 특권적 간부 포스트의 명부를 뜻하는 라틴어에서 파생된 단어로, '특권 간부'를 의미한다-옮긴이)로 일컬어지는 강력한 마피아 집단이 장악하고 있었다. 부패가 일상생활에 만연했다. 이런 상황

에서 관료들은 자기 배만 불렸다.[9]

스미스가 이 기사를 곁눈으로 보고 있을 때, 내가 잡지의 그 면을 넘겼다.

"자네, 나한테 화났나?"

약간 모호한 표정으로 아니라고 했다. 그러자 그는 이렇게 말했다.

"좋아! 그럼 내가 부를 창출하는 비결을 잠깐 요약해볼까 하는데, 어떤가?"

나는 잡지를 내려놓고 성실한 학생의 자세로 돌아갔다.

"이 시대를 사는 사람들의 이야기를 듣자 하니, 세상 사람들이 나를 이해하고 있다는 생각을 자네는 전혀 하지 않는 것 같아."

그는 잡지의 러시아 관련 기사를 가리켰다.

"부를 창출하는 것은 시장이 그저 돌아가기만 하도록 유지하는 것보다 더 복잡한 일이야. 교역 이전에, 그 모든 것보다 먼저, 사회는 각 개인이 완벽한 권리를 누릴 수 있도록 보장해야 하는 거야. 타인에게 해만 끼치는 사람들이 넘쳐나는 사회는 절대로 유지될 수 없어.[10] 정부가 가장 먼저, 또 가장 주요하게 해야 하는 임무는 한 개인이 다른 개인을 침탈하지 못하도록 막는 일이야.[11] 즉 약자를 보호하고, 폭력을 제어하고, 또 범죄를 응징하는 거란 말이야."

스미스는 이마를 문지르면서 말을 계속 이어갔다.

"정의는 사회라는 체계를 떠받치는 가장 기본이 되는 기둥이야. 만일 정의가 이 역할을 하지 못한다면, 만일 정의가 사회에서 사라지고 없다면, 인간 사회라는 이 위대한 체계는 곧바로 무너지고 말아."[12]

그의 화려한 수사는 그가 말하는 요지에 힘을 실어주었다. 아닌 게 아니라, 그런 무정부 상태에 놓여 있는 여러 국가를 나도 잘 알고 있었다.

"정의는 사회 질서의 전제조건이지. 이 토대 위에서만 상거래 체계를 구축할 수 있단 말이야. 정의를 세우지 않고는 아무리 상거래 체계를 구축하려고 해봐야 말짱 헛일이지."

거기에서 나는 논지의 흐름을 바로잡고 싶었다.

"저는 법률가도 아니고 철학자도 아니니까 다른 데로 새지 마시고……. 정의 얘기를 했으니까, 그다음에는 부가 어떻게 창출되는지 설명해주세요."

스미스가 나를 슬쩍 흘겨보았다. 마치 자기 생일파티에서 축하 촛불을 자기 대신 내가 불어서 꺼버리기라도 한 것처럼. 그런 다음에야 비로소 말을 이었다.

"자, 정의라는 전제조건을 마련했다고 쳐. 그다음, 부를 창출하는 일은 아주 간단해. 시장 교환의 영역과 범위를 확대해서 전문화와 경쟁을 촉진하기만 하면 되거든."

"완벽하게 자유로운 교역, 완벽한 자유무역을 통해서요?"

그는 고개를 저었다.

"그게 아니야. 나는 이상주의자가 아니라고 했잖아. 정부는 어떻게든 세입을 늘릴 필요가 있어. 그런데 말이야……."

거기에서 말을 끊고 시선을 내게서 떼고는 잠시 생각에 잠긴 뒤 계속했다.

"그런데 부유한 나라는 그렇지 않은 나라에 비해 다른 나라로부터 공격받을 가능성이 높아.[13] 이 나라가 국방에 필요한 여러 조처를 하지 않을 경우, 이 나라의 시민은 자기 자신을 지켜낼 능력을 갖추지 못해. 속성상 그렇게 될 수밖에 없어."

"잠깐, 교수님! 지금 하시는 말씀은 부를 창출하는 얘기가 아니라 부를 지키는 얘긴데요?"

"막대한 부가 존재하는 곳에는 필연적으로 그만큼 커다란 불평등이 존재하지. 그러니까 부유한 사회일수록 정부는 그만큼 더 사회 구성원들을 불공정과 압제로부터 보호해야 돼."

"그렇지 않으면 가난한 사람들이 폭동을 일으킬까 봐서요?"

"하하하! 내 말의 초점은 그게 아니라 가난한 계층의 질투와 분노 못지않게 부자의 탐욕과 야망이 다른 사람에게 해를 끼친다는 뜻이야."[14]

"그런데 교수님은 민간 부문과 직접 충돌하는 정부의 역할에 대해서는 어떤 제안도 하시지 않았잖아요."

"지금 그 얘기를 하려는 거야. 공공사업이나 제도에 대한 투자는 사회에 매우 크게 기여할 수 있어. 그러나 그렇게 해서 생긴 편익은 어떤 개인이나 소집단이 감수한 비용을 직접 보상해주지는 않아. 공공사업이나 제도의 성격상 그럴 수밖에 없는 거지. 그러므로 개인이나 민간기업에 그런 투자를 기대할 수는 없단 말이야."

"공공사업이나 제도라면 구체적으로 어떤 걸……?"

"운송 분야만 생각해보게. 도로, 교량, 항구 등이 있으면 시장이 넓어지고 독점이 들어설 수 없잖아. 공교육도 그런 투자라고 보면 돼."

그쯤에서 그가 한 말을 정리해보고 싶었다.

"요컨대, 한 국가의 부는 다음과 같은 조건들에 따라 좌우된다는 말씀이죠? 사회는 우선 정부를 통해 사법체계를 갖추어 부자와 빈자를 모두 보호할 것. 정부는 직접적인 투자 수익이 보장되지 않지만, 사회 전체적으로 볼 때 유익하고, 또 궁극적으로 기업에도 도움되는 영역, 예컨대 사회기반시설(인프라)과 교육에 투자할 것. 그리고 마지막으로 정부는 외부 침략을 방어할 힘을 갖출 것. 그리고 이것 말고는…… 자유도 필요하지요?"

스미스는 고개를 끄덕였다.

"모든 사람은 정의를 지키는 법(laws of justice)을 어기지 않는 한 자기 방식대로 자유롭게 자기 이익을 추구할 수 있어야 해.[15] 이럴 때 사람은 누구나 자기 자본과 근면함으로 다른 사람과 공정한 조건에서 경쟁할 수 있지. 그리고 이 과정을 통해 축적된 자본은 좀 더 큰 성장을 지속해서 수행할 수 있도록 해준단 말이야."

스미스는 고개를 들어 하늘을 휙 한 번 둘러보았다.

"인간은 자기가 놓인 조건을 개선하려는 노력을 천성적으로 하게 되어 있다네. 이 점은 워낙 강력한 원리이므로 이것 하나만으로도 사회는 인간이 만들어놓은 어리석은 법률이 초래하는 온갖 장애물을 너끈하게 극복하면서 부와 번영을 누릴 수 있다네."[16]

Chapter 9

행복과 부의 관계

얼마나 궁금했던지 나는 고속도로에서 갓길에 잠시 차를 세우고 물었다.

"교수님 말씀이 어째 앞뒤가 맞지 않는 것 같은데요?"

"왜?"

"교수님은 지금 부의 창출에 대해 열변을 토하지만, 맨 처음 저와 얘기할 때는 부가 목적이 되어서는 안 된다고 하셨잖아요."

"나는 경험론자야."

스미스는 운전석의 계기판을 톡톡 두드리며 말했다.

"나는 관찰 가능한 모든 사실을 기록하는 걸 좋아해. 물질적인 것이 사람을 행복하게 해주는지 어떤지 살피는 것이 내 의무라고 생각하는 사람이지. 그런데 이 문제는 상당히 복잡해. 이건 나도 인정해. 그런데 요즘 경제학자들은 그런 문제를 별로 중요하게 여기지 않을 정도로 편협한가 보지?"

어쩐지 꾸지람 듣는 기분이었다. 뭐라고 반박을 해야 했다.

"한 나라 경제의 '건강 정도'를 나타내는 지표는 일반적으로 국내총생산입니다. 물론 비주류 학자들 가운데는 '작은 것이 아름답다'(독일 경제학자 에른스트 슈마허는 『작은 것이 아름답다』라는 책을 통해 성장 중심의 주류 경제학을 비판하면서 경제학이 인간과 자연이 조화를 이루는 인간적인 사회를 만드는 데 기여하는 방법을 제안했다-옮긴이)[1]거나 참 진보지수(GPI, GNP나 GDP 등의 대안으로 등장한 지표로, 인간과 사회에 이로움을 주는 시장 외 활동과 환경오염 등의 항목을 포함해 측정한다-옮긴이) 등과 같은 개념을 강조하는 사람들도 있지만, 대다수 경제학자는 이런 것들을 중요하게 여기지 않지요. 우리가 취하는 경제 모델 가운데 대다수는 더욱 높은 산출을 목표로 설정하고 있거든요."

"내가 좀 더 큰 그림을 제시해보지. 구체적인 것들은 나중에 살펴보기로 하고 말이야."

스미스는 좀 더 넓은 영역을 놓고 이야기하겠다고 했다. 하지만 과연 내가 그 이야기를 다 들어줄 끈기가 있을지, 혹은 그가 그 긴 얘기를 끝까지 다 할 힘이 남아 있을지 의심스러웠다. 하지만 그런 생각을 하면서도 나는 고개를 끄덕이고 있었다.

"그러시죠."

"내가 보기에 분명한 사실은 말이야. 어떤 사람이 가진 물질적인 부가 그 사람의 행복을 설명할 수 있는 궁극적인 변수는 아니라는 거야. 이런 사실은 일상생활 속의 수많은 관찰을 통해 이미 확인된 사실이란 말이지. 이 사실은 자네가 쉽게 받아들이는 검증되지 않은 발상을 무력화시킨다네."

여기에서 잠시 말을 끊었다가 결론을 한 단어씩 또박또박 끊어가며 말했다.

"인간의 행복은 경제적 조건에 의해서는 그다지 좌우되지 않네."

"마음의 평화가 행복을 좌우한다는 말씀이죠?"

"궁극적으로는 말이야."

"경제적인 부가 마음의 평화나 번뇌, 혹은 미래에 대해 느끼는 안정 감이나 불안함에 영향을 주지 않는다는 겁니까?"

"어느 정도까지는 그렇다네. 인간이 존재하려면 여러 가지 외적 요 인이 필요하니까 말이야. 끼니도 잇지 못하는 상황이 마음의 평화를 가져다주진 않겠지. 이런 점에서 부의 효용성은 나도 인정하네, 당연 히. 굶어 죽는 참혹한 상황을 면해야 하는 것은 중요한 일이야. 그래서 실제로 존재하는 육체의 부담을 덜 수 있거든. 아닌 게 아니라, 현재에 도 세계 인구의 3분의 1은 그런 참혹한 상황에서 벗어나기를 간절하 게 바라고 있긴 하지. 그러나 극단적 결핍에서 벗어나 있는 사람들을 놓고 볼 때는 좀 더 부자인 사람과 좀 더 가난한 사람이 각각 느끼는 행복은 실질적으로 거의 차이가 없네."

나는 반박했다.

"아니죠. 물질적인 부 이외의 다른 모든 변수가 같다고 가정하면 분 명히 차이가 있죠."

"물론 있겠지, 조금. 하지만 그다지 크지는 않아. 그리고 다른 모든 변수를 같다고 가정했는데, 그런 가정이 실제로 가능하다고 생각하나?"

물론 나는 가능하다고 생각하지 않았다. 내 마음을 읽었는지 스미스는 빙긋 웃으며 화제를 바꾸었다.

"『도덕감정론』에 소개했던 우화를 하나 들려줄까? 내가 자주 인용하던 우화인데……."

나는 고개를 끄덕였다.

"제목은 '빈자(貧者)의 아들'이야."

그는 눈을 지그시 감고 가난한 집에 태어난 어떤 남자 이야기를 시작했다.

옛날에 가난한 사람의 아들로 태어난 사람이 있었다. 신이 화가 나서 이 아들의 마음에 야망을 심어주었다. 그러자 그는 자기 주변을 돌아보면서 부자의 생활을 동경하기 시작했다. 아버지의 오두막집은 자신이 생활하기에 너무 좁다고 생각했다. 궁궐처럼 커다란 집에서 편안하고 편리하게 살면 좋겠다는 생각을 품었다. 또, 그는 어디를 가든 자기 두 발로 힘들게 걸어가야 했는데, 자기보다 높은 사람들이 마차를 타고 다니는 걸 보고 자기도 마차를 탈 수 있으면 얼마나 편하고 좋을까 상상했다. 그리고 많은 하인을 거느리면 여러 가지 힘들고 성가신 일을 하지 않아도 되리라 생각했다. 이런 편하고 좋은 것들을 가지기만 하면 모든 것이 만족스럽고 평온하리라 생각했다.

스미스의 목소리는 점점 깊어졌고, 또 커졌다. 나는 행복보다는 불행에 더 가깝다고밖에 할 수 없는 내 운명의 이야기를 듣는 것 같은 기분이 들어 이 빈자의 아들 이야기에 점점 빨려들었다.

이 편하고 좋은 것들을 얻기 위해 나섰던 첫해에, 아니 첫달에 그는 그런 편하고 좋은 것들이 자기가 그동안 살아오는 동안에는 없었다는 사실을 깨닫고서, 그런 것들이 없는 상황에서 비롯되는 육체적 피로, 정신적 불안함 그리고 온갖 걱정들을 예전보다 훨씬 더 많이 느껴야만 했다. 그는 진절머리가 나도록 싫은 어떤 힘든 일에서 남들보다 두드러지게 잘하려고 죽어라 일했다. 또 자기가 경멸하는 사람에게는 억지로 아부를 하면서 잘 보이려고 애를 썼다. 그리고 그렇게 해서 마침내 그는 그토록 바라던 물질적인 부를 손에 넣었다. 하지만 어느새 그는 생의 마지막 단계에 와 있었다. 그의 육체는 오랜 노동과 질병으로 망가질 대로 망가졌다. 그의 정신은 그동안 겪었던 온갖 마음의 상처와 실망으로 황폐해져 있었다. 그제야 그는 부와 명성은 사소한 효용밖에 보장하지 않음을 깨달았다. 육체의 편함이나 마음의 평정을 얻는 효용을 놓고 보자면 작은 물건을 담아둘 때 부자들이 사용하는 작은 상자(tweezer-case)보다 나을 게 없음을 깨달았다.[2]

"여기까지네."

거기까지 자기 책에서 소개한 우화를 들려준 스미스는 잠시 뜸을 들였다가 말을 이었다.

"이 빈자의 아들은 자기가 이미 가지고 있던 행복의 열쇠를 내버리고 말았던 거라네. 대신, 사치와 편리함을 구하려고 기를 썼어. 알고 보니 바로 이것들이 행복을 가로막았던 거지."

나를 바라보는 스미스의 시선에는 내가 그 이야기에서 뭔가 특별한 교훈을 얻어야 한다고 재촉하는 마음이 담겨 있었다. 하지만 나는 아무 말도 하지 않았다.

통렬한 우화임은 분명했다. 그러나 나는 돈으로 마음의 평화를 살 수 없다는 스미스의 주장을 인정하고 싶지 않았다.

* * *

다음 날 오후 한 시 조금 넘은 시각, 우리는 웨스트버지니아의 휠링 외곽에 있는 '소니의 스포츠바'라는 식당에 갔다. 전날 밤은 푹 꺼진 매트리스와 색 바랜 커튼이 있던 모텔에서 하룻밤을 묵었다. 모텔 주인은 우리가 점심을 먹고 올 때까지 렉스를 마당에 둬도 된다고 했다. 울타리가 있는 마당이라서 렉스를 잃어버릴 염려는 없었다. '소니의 스포츠바'는 조간신문의 스포츠면을 보고 정했다. 프로야구 열기가 한창 달아오르는 때였기 때문이다. 내셔널리그 중부지구의 라이벌인 피츠버그 파이어리츠와 신시내티 레즈가 벌이는 경기가 내 시선을 사로잡았다. 그즈음 나는 야구 경기를 거의 보지 못했는데, 이 식당에 가면 그 경기를 볼 수 있다는 광고를 스포츠면 하단 광고에서 보았기 때문이다. 식당 건물은 지저분한 목재 외벽이었고, 오로지 건축학적 관심만 불러일으킬 뿐인 뒤집힌 'V'자 지붕을 이고 있는 납작한 건물이었다. 식당 창문에는 '영업 중'이라는 번쩍거리는 네온이 달려 있었다.

자갈이 깔린 주차장은 반쯤 차 있었고, 주차된 차는 대부분 낡은 픽업트럭이었다. 이 트럭들의 옆면에는 각각 배관, 지붕 수리, 조경 등 온갖 직종의 홍보 문구가 적혀 있었다. 나는 유난히 번쩍거리는 1980년대식 쉐보레 옆자리에 주차했다. 쉐보레는 금속성 느낌의 반짝이는 라임빛 녹색이었고, 룸미러에는 은빛 메달이 달려 있었다.

바깥은 뜨겁고 눈이 부셨지만 실내는 어두웠고, 에어컨 덕분에 시원했다. 식당의 실내는 하나의 공간으로 널찍하게 탁 틔어 있었다. 우리는 대형 스크린이 있는 곳으로 걸어갔다.

"뭘 드시겠어요?"

여종업원이 미소를 지으며 물었다. 굴곡이 있는 몸매의 삼십 대 여자였고, 청바지에 반소매 그리고 운동화 차림이었다.

"쿠어스 있나요?"

내가 물었다.

"그럼요."

"나는 소다수로 하겠네."

스미스가 주문하고 여종업원이 바로 돌아가는데, 야구 모자를 눌러쓴 어떤 남자의 손이 그 여자의 뒤를 건드렸다. 여자가 팩하고 돌아서서 남자의 손을 세게 치며 쏘아붙였다.

"지미, 이러지 마! 한 번만 더 그러면 보호감찰관에게 전화할 거야!"

여자는 그렇게 말하고 돌아섰다. 그때 마침 식당에 들어오는 손님이 있었다.

"어서 와, 라네트! 찰리는 어디 가고 혼자 왔어?"

"금방 뒤따라올 거야."

손님들이 새로 들어올 때마다 이런 종류의 대화가 반복되었다. 그 여종업원을 사람들은 '밀리'라고 불렀다. 밀리는 민첩하게 몸을 놀리며 부지런히 맥주병을 날랐다. 지미라는 이름으로 불린 남자는 뭔가 골똘히 생각하는 얼굴로 밀리를 계속 지켜보았다.

스미스는 우리 앞에 앉은 세 쌍의 커플을 턱짓으로 가리켰다. 맥주병이 여러 개 비어 있는 것으로 봐서는 벌써 몇 시간 전부터 경기가 시작되길 기다린 모양이었다. 그들 가운데서 남자 둘은 사십 대였고, 거대한 배와 굵은 나무통 크기의 팔뚝을 가지고 있었다. 그들은 시끄럽게 떠들었지만, 서로 잘 아는 사이인 듯 분위기는 좋았다. 피츠버그 파이어리츠의 상징인 해적 두건을 쓰고 안대를 한 채 장난을 치고 있었다. 이렇게 함으로써 그들은 거기 있는 모든 사람에게 거리낌이 없이 농담할 수 있는 자격을 갖춘 셈이었고, 또 그렇게 할 용기를 낼 수 있었을 것이다. 그 가운데 한 사람이 우리에게 말을 건넸다.

"이 동네 사람이 아닌 것 같은데요?"

"예, 지나가다가 잠깐 들렀습니다."

"그래요? 그럼, 이거 가지세요."

파이어리츠의 로고가 있는 쿠폰 몇 장이었다. 신문에서 오려낸 것으로 보였다.

"맥주 한 병에 25센트씩 할인받을 수 있습니다. 계산하기 전에 밀리에게 주면 돼요."

"뭐 이런 걸…… 고맙습니다!"

"별거 아닌데요, 뭘."

그는 담뱃갑을 꺼내더니 '탁' 소리가 나게 탁자 위에 던졌다. 스미스의 시선이 그 담뱃갑에 잠시 고정되었다. 그것을 보고 나는 스미스에게 눌려 있는 해럴드가 니코틴을 원하는 게 아닌가 생각했다. 남자는 담배를 한 개비 뽑아 물고 주머니를 뒤졌다. 불을 찾는 모양이었다. 하지만 주머니마다 들어갔다 나오는 남자의 손은 번번이 빈손이었다. 그러자 스미스가 말을 붙였다.

"불 드릴까요?"

스미스는 주머니에서 라이터를 꺼냈다. 해럴드의 찌그러진 지포 라이터였다. 라이터를 건네받은 남자는 불을 붙인 뒤 되돌려주며 고맙다고 했다.

"그냥 가지시오. 난 이제 필요 없을 것 같으니까."

"진짜요? 정말입니까? 아이고, 고마우셔라!"

해럴드의 물건을 왜 자기 멋대로 남에게 줘버리지? 이런 못마땅한 마음을 읽었는지 스미스가 내 귀에 대고 속삭였다.

"이런 관용은 나뿐만 아니라 해럴드의 본성이기도 해. 내가 아무리 하고 싶은 행동이라도 해럴드가 하기 싫으면 나도 못 해. 해럴드가 자기 라이터를 주고 싶어해서 나도 준 거란 말이지."

한편 '해적들'의 아내들은 두툼하게 쌓인 여러 장의 사진을 보면서 연신 탄성을 질러댔다. 여자들은 남편들과는 다르게 나름대로 화장과 치장을 한 차림이었다. 다들 머리를 말았고, 그 가운데 한 사람은 달랑

거리는 귀걸이를 했다. 또 한 사람은 진주 목걸이를 하고 있었다. 그런데 세 쌍 가운데 한 쌍의 부부는 이십 대로 젊었다. 그들은 서로 바짝붙어 앉아 있었고, 두 사람의 팔과 다리는 서로를 감고 있었다. 남자는카우보이 모자와 부츠, 청바지, 소매를 접은 면 셔츠로 깔끔하게 차려입었다. 여자는 날씬했고, 금발로 염색한 머리카락은 등까지 치렁거렸다. 이 젊은 쌍은 자기들끼리 장난치고 노느라 다른 사람은 신경도 쓰지 않았다.

"신혼부부 같죠?"

내가 스미스에게 물었다.

"하는 행동을 보니까, 그런 것 같군."

스미스는 고개를 끄덕이며 생각에 잠겼다.

"나도 옛날에는⋯⋯. 에든버러에 미스 캠벨이라 불린 여자가 있었지. 무척 사랑스러웠는데, 한번은 내가⋯⋯. 아냐, 아무것도."

해적들 가운데 한 명이 우리가 젊은 쌍에게 관심을 보이는 걸 눈치채고는 슬쩍 말했다.

"둘이 사귄 지 7년 됐습니다. 여자가 집을 사기 전까지는 결혼하지않겠다고 하는데⋯⋯. 남자는 스물일곱 살인데, 아직 부모와 함께 살고 있죠."

그러고는 킬킬거리며 웃더니 이렇게 덧붙였다.

"자동차도 할부로 사야 하는 판에 어느 세월에 집을 사겠어?"

식당 안에 국가가 울려 퍼졌다. 드디어 경기가 시작되었다. 신시내티 홈구장에서 벌어지는 경기인 만큼 신시내티가 고전할 것이라고는 아무도 생각하지 않았다. 경기가 진행되는 동안 스미스는 이런저런 질문들을 해대며 경기를 지켜보았다. 질문하는 게 미안했는지 어깨를 으쓱해 보이며 이렇게 말했다.

"해럴드는 어째서 야구에 대해서는 완전 깡통이지?"

심판의 외침, 배트가 공을 때리는 소리, 전력질주에 이은 다이빙캐치를 보인 외야수의 멋진 수비 등이 이어질 때마다 사람들은 자리에서 벌떡벌떡 일어나며 탄성을 지르거나 한숨을 쉬었다. 식당 안에 있는 손님들 가운데는 두 팀을 응원하는 사람의 숫자가 절반씩 되는 것 같았다. 이들 사이에서는 적의 없는 야유가 오갔다. 모든 사람의 눈이 대형 스크린에 고정되어 있었는데, 딱 한 사람만 예외였다. 지미였다. 그는 벽을 마주 보고 혼자 앉아 줄담배를 피우고 맥주를 마셨다. 그의 두 눈은 마치 눈에서 나오는 빛으로 병을 깨트리기라도 할 것처럼 맥주병을 노려보고 있었다.

다시 사람들이 흥분해서 고함을 질렀다. 3루심이 3루 베이스에서 세이프 선언을 했다. 검은색 뿔테 안경을 쓴 중년 남자가 우리 앞에 있는 파이어리츠 팬 테이블로 후다닥 뛰어오더니 1달러 지폐를 호기롭게 내려놓으며 말했다.

"심판이 우리 편을 들어준 값!"

이 중년 남자는 이빨을 보이며 씩 웃었다. 앞니 하나가 빠져 있었다. 레즈 팬들이 모여 있는 곳에서 휘파람 소리와 환호성이 한바탕 일었다.

"칠리 나왔습니다!"

밀리가 주방에서 커다란 쇠솥을 내오며 고함을 질렀다. 우리는 줄을 서서 접시를 들고 김이 모락모락 나는 요리를 덜었다. 크래커를 담고, 옥수수빵에 버터 슬라이스를 얹었다. 냉방을 '강'으로 설정해둔 탓에 약간 춥다고 느낄 즈음에 음식이 나왔으니 타이밍은 잘 맞은 셈이었다. 매운 요리 덕분에 여기저기서 맥주 주문이 쇄도했다. 밀리는 영리한 장사꾼이었다.

텔레비전 카메라가 5만 명이 운집한 경기장을 수평으로 훑었다. 그러자 유리문으로 분리된 특별관람석이 화면에 보였다. 턱시도 차림의 종업원들이 얼마 되지 않는 귀빈을 대접하고 있었다.

"아, 저기 프랫슨 석탄회사 관람석이네!"

잎담배를 씹던 남자가 고함을 질렀다.

"저기 경영진들이 자네들 임금 올려줄 돈으로 잘도 처먹고 있네!"

사람들이 스크린을 향해 야유를 보냈다.

"저 멋진 좌석은 얼마짜린가?"

스미스가 물었다.

"5천 달러가 넘을 겁니다. 회사 돈으로 쓰겠죠."

"저기서 보면 경기를 더 재밌게 즐길 수 있나? 저기에서도 여기에서처럼 사람들이 동질감을 느낄까?"

나는 대답 대신 어깨를 으쓱했다.

9회 말 레즈의 마지막 공격 기회, 식당 안에는 팽팽한 긴장감이 감돌았다. 두 팀 모두 멋진 수비와 멋진 공격을 보여주었다. 파이어리츠를 응원하는 사람들의 테이블에는 아까보다 훨씬 많은 내기 판돈이 쌓여 있었다. 4 대 4 동점이었고, 투아웃 상태에서 2루에 주자가 나가 있었다. 아무래도 연장전까지 갈 것 같았다.

레즈가 대타를 내보냈다. 이 타자가 150킬로미터에 육박하는 속구를 계속 걸러내면서 차분하게 공을 고른 끝에 드디어 스리 볼 투 스트라이크. 식당 안은 찬물을 끼얹은 듯 조용했다. 밀리조차 쟁반을 내려놓고 경기를 지켜보았다. 중계방송 아나운서는 잔뜩 흥분해 있었다.

"투수, 와인드업, 던졌습니다!"

타자가 배트를 휘둘렀다. 배트에 맞은 공이 투수 옆으로 빠르게 날아갔다. 유격수가 몸을 날렸지만, 간발의 차이로 공은 외야로 굴러갔다. 2루에 있던 주자는 3루를 거쳐 홈까지 노리고 달렸다. 하지만 중견수의 송구는 놀라울 정도로 강하고 정확했다. 포수가 공을 잡은 뒤달려 들어오는 주자를 막아섰다. 주자는 그대로 홈으로 돌진했다. 주자와 포수가 부딪히면서 나뒹굴었다. 심판은 두 사람을 지켜보면서 판정을 내릴 태세를 취했다. 그런데 포수가 놓친 공이 주자의 어깨 부위에서 또르르 굴러내렸다. 그 순간, 식당 안은 터질 듯한 함성과 꺼질 듯한 한숨 소리가 한데 뒤섞였다. '해적들'은 허탈한 마음에 고개를 들지 못했다.

식당에서 사람들이 빠져나가기 시작했다. 나는 20달러 지폐 한 장과 아까 받았던 쿠폰들을 탁자에 내려놓고 자리에서 일어났다. 그런데 몇 발자국 떼기도 전에 문이 벌컥 열리더니 파이어리츠를 응원하던 남자들 가운데 한 명이 급하게 들어왔다.

"밀리! 빨리 밖으로 나와봐!"

우리 차 옆에 주차되어 있던 번쩍거리는 쉐보레 말리부를 사람들이

빙 둘러서 있었다. 전조등과 미등이 모두 깨져 있었다. 앞 유리창에는 커다란 금들이 쩍쩍 나 있었다. 차 앞으로 다가온 밀리는 한 손으로 자기 입을 막은 채 한동안 말이 없더니 마구 소리를 질렀다.

"개새끼! 감방에서 나온 지 아직 한 달도 안 됐으면서!"

식당에서 쿠폰을 주었던 남자가 우리 쪽으로 다가왔다. 영문을 모르는 우리에게 친절하게 설명해주고 싶어하는 눈치였다. 그의 기대를 저버리지 않기 위해 나는 물었다.

"사랑싸움인가요?"

"아뇨. 두 사람은 결혼했다가 지금은 이혼한 상태입니다. 전 남편인 지미라는 친구는 지금 완전 폐인 상태죠. 5년 전에 공장에서 구조조정 대상에 올라 해고된 뒤 저렇게 되고 말았습니다. 제철소 일자리가 모두 아시아에 있는 한국으로 옮겨갔거든요."

남자는 머리를 절레절레 흔들었다.

"한때 철강노동자로 노동조합원이었던 남자가 젠장 아무리 먹고살아야 한다지만, 세차장에서 차를 어떻게 닦겠습니까? 휠캡 닦아서 어떻게 식구들을 먹여 살리겠느냔 말이죠."

주변에 있던 몇 사람이 동감한다는 듯 고개를 끄덕였다.

"남자는 자존심 아닙니까? 자존심을 잃으면 다 잃은 거나 마찬가집니다. 그때부터 지미가 밀리에게 손찌검하기 시작했죠. 이혼한 뒤에는 못된 패거리들과 어울리기 시작했어요. 그 후 강도질하다가 체포되었습니다. 그리고……."

남자는 턱으로 쉐보레를 가리키며 말을 이었다.

"이 차는 그 친구의 자존심이고 기쁨이었죠. 이혼하기 전까지는 말입니다. 자동차의 모든 부품을 그 친구가 직접 구해다가 이렇게 치장을 했는데……"

나중에 나는 스미스에게 이렇게 말했다.

"대충 정리가 되지 않습니까? 돈이 없어서 두 사람의 결혼 생활은 깨졌고, 다른 사람들까지 불행하게 만들잖아요. 이래도 돈으로 마음의 평화를 살 수 있다는 진실을 부인하시겠습니까?"

Chapter 10

도시의 대로에서 권총 강도를 만나다

스미스는 특유의 수수께끼 같은 미소를 지었다.

"지미라는 그 친구, 굶어 죽지 않을 만큼 식품도 넉넉히 가지고 있었어. 물론 거처할 공간도. 자네도 듣지 않았나? 상처를 입은 것은 그 친구의 자존심이었어. 자존심에 대한 집착이 물질적 차원의 박탈감보다 훨씬 컸단 말이지. 그 친구 한 사람만 빼고 보자면, 그 식당에는 나름대로 상당히 행복하다고 할 수 있는 사람들로 가득 차 있었어. 비가 오거나 뜨거운 햇살이 내리쬐어도 안전하게 있을 수 있는 공간이 있었고, 배불리 먹을 수도 있었지. 게다가 친구들도 함께 있었잖아. 거기에 뭐가 더 필요하지?"

"필요한 거, 많지요. 특별관람석에 있던 사람들 보셨죠? 아마도 그 부자들은 식당에 있던 사람들보다 훨씬 만족스러웠을 겁니다. 식당에 가서 경기를 볼 수도 있었지만, 경기장에 가서, 그것도 특별석에서 경

180

기를 보겠다고 선택할 수 있었으니까요. 이들의 선택은 비이성적이었을 수는 없습니다."

내 말에 스미스가 킬킬거리며 웃었다.

"사람들은 언제나 자기기만 속에서 살아가지. 하지만 뭐, 그 이야긴 그만두세. 졸려서 그러네."

그는 하품이 나오는 걸 억지로 참으며 말을 마쳤다.

우리는 모텔로 돌아가 렉스를 데리고 다시 40번 도로에 올라탄 다음 오하이오 강을 건넜다. 내 차에서 나는 소리뿐 아니라 다른 자동차들이 내는 소음도 만만찮았지만, 스미스는 곤하게 잠을 잤다. 저녁을 먹으러 식당을 찾아 들어가서는 시카고에 사는 대학교 동창인 제드에게 전화했다. 제드도 내가 간다는 걸 알고 있었다. 다행히도 그저 편한 친구로만 생각했지 특별하게 대접해야 하는 손님이라고는 생각하지 않았다.

"잘됐나?"

먼저 자리 잡고 앉아 있던 스미스가 물었다. 음식은 거의 먹지 않았는데, 무척 지쳐 보이는 얼굴이었다.

"별문제 없습니다. 우리 두 사람이 잘 공간은 충분하답니다. 지금은 기업 변호사로 일하고 있는데, 상류사회에 진입해서 잘나가는 친구죠. 일단 그 친구 신세를 좀 지려고 합니다. 뭘 할지는 거기 가서 정하죠."

스미스는 얼굴을 찡그렸다.

"그래도 분별력을 가지고 신중해야지. 계획을 미리 세워둬야 하는 거 아닌가?"

＊　＊　＊

밤새 쉬지 않고 달렸다. 주유하고 잠깐 눈을 붙이기 위해 딱 한 번 쉬었을 뿐이다. 그리고 마침내 잔뜩 정체된 도로에서 멀리 시카고의 스카이라인을 볼 수 있었다. 시카고는 그야말로 압도적인 도시였다. 크기에서만 그런 게 아니라 온갖 소음의 불협화음이라는 면에서 그랬다. 또한, 강철 벽과 콘크리트 바닥에 사람의 인간성을 가차 없이 밀어붙이는 모진 비인간성이라는 면에서도 그랬다. 우리는 한 시간 반 가까이 엉금엉금 기다시피 해서 마침내 시내로 들어가는 도로에 들어섰다. 그로부터 다시 20분 뒤에는 미시간 애비뉴에 있는 제드 휠러의 아파트 주차장에 주차했다. 우리는 각자 자기 가방을 둘러멘 채 엘리베이터를 타고 아찔하게 높은 층까지 올라갔다.

"리치!"

제드는 초인종을 누르기도 전에 문을 열고 우리를 맞아주었다. 우리는 흰색 가죽 소파와 의자, 흰색 카펫, 흰색 전등 등으로 장식된 널찍한 거실로 안내되었다. 25층 높이에서 보이는 미시간 호는 마치 한 폭의 그림 같았다. 나는 스미스를 '은퇴한 스마이드 교수님'으로 제드에게 소개했다. 스미스는 멀리 화물선들이 오가는 모습을 바라보며 미소를 지었다.

제드가 웃으며 농담을 던졌다.

"남부 조지아의 촌뜨기치고는 나쁘지 않지? 학교 다닐 때 내가 얼마나 더럽고 꼬질꼬질했는지 기억나? 그때와 비교하면 완전히 변했지? 샐리와 나는 아기가 생기면 교외로 이사할 생각이야. 출퇴근 시간을 생각하면 까마득하지만 말이야."

제드는 렉스에게 두 팔을 활짝 벌리며 말했다.

"이리 와 렉스, 한번 안아보자."

렉스의 꼬리는 마치 지휘자의 지휘봉처럼 경쾌한 스케르초(속도가 빠른 3박자 음악의 한 종류 – 옮긴이) 장단에 맞춰 춤을 췄다.

"녀석이 널 반길 줄 어떻게 알았어?"

"왜 이래. 어릴 때 우리 집에서는 개를 적어도 네다섯 마리씩은 키웠어. 사냥하려면 그 정도는 있어야 하니까."

제드는 렉스를 마지막으로 한 번 더 쓰다듬어주고 몸을 일으켰다.

"여행은 어땠어?"

나는 스미스와 영적 대화를 나누는 것 외에 그동안 있었던 일들 가운데 특별한 것들을 들려주었다.

"시카고에서는 뭘 하고 싶은데?"

"뭔가 문화적인 어떤 거……. 교화적인 거라고 할까? 바람의 도시 시카고 상류사회의 어떤 모습들?"

제드가 소리 내어 웃었다.

"그건 샐리 전공이지. 샐리가 다 꿰고 있을 거야."

제드는 곧바로 샐리에게 전화를 걸었다.

"샐리? 리치가 지금 일행과 함께 방금 도착했어. 문화적 이벤트를 찾는데 적당한 거 없을까?"

그는 말없이 상대방이 하는 얘기를 듣고 있다가 말했다.

"알았어!"

전화를 끊은 제드가 멋진 프로그램을 제안했다.

"이번 토요일 밤, 리릭오페라단(시카고의 세계적인 오페라단-옮긴이)이 공연을 한다네?"

"멋지군! 아주 좋아!"

스미스가 말했다.

"우리한테 시즌권이 두 장 있거든. 나는 그날 집에 있어야 할 것 같고, 샐리도 그날 바빠."

스미스가 내 옆구리를 찌르며 속삭였다.

"입장권이 얼마인지 물어봐. 우리는 돈이 별로 없잖아."

사실 돈이 문제였다. 스미스는 알거지였고, 나도 지난 학기에 받은 봉급으로 근근이 버티는 처지였기 때문이다.

무슨 얘기인지 눈치챈 제드가 손을 훼훼 저었다.

"무슨 소리야. 어차피 우리는 가지도 못하고 입장권을 그냥 버려야 하는데 잘됐지 뭐. 나는 집에 있으면서 텔레비전으로 애틀랜타 브레이브스 야구 경기나 볼 거야."

그때 나는 무의식적으로 스미스의 더플백을 바라보았다. 오페라 극장에 입고 갈 마땅한 옷이 없어서 어떡하지 하는 걱정이 앞섰기 때문이었다. 제드가 이런 내 마음을 금방 읽었다.

"나한테 턱시도가 한 벌 있는데, 아마 교수님한테 잘 맞을 거야."

그리고 스미스에게 싱긋 웃어 보였다.

"정장을 입으시면 무척 멋져 보이시겠는데요?"

* * *

우리는 토요일까지 계속 쉬기만 했다. 적어도 스미스는 확실히 그 랬다. 그렇게 오래, 또 그렇게 자주 잠을 자는 사람을 본 적이 없을 정 도였다. 줄리아 말대로 영적 대화를 나누면 진이 빠질 정도로 피곤해 지는 게 맞는 모양이었다. 몇 시간씩 자고 일어나서는 렉스를 데리고 산책을 다녀오곤 했다.

"여기 있는 동안 이 녀석을 산책시키는 일은 내가 맡겠네. 자네는 해야 할 좀 더 중요한 일이 있을 테니까."

줄리아와 연락하고 싶은 마음이 간절했다. 그동안 여행길에 있었던 이런저런 일들을 들려주고 싶었다. 스미스와 나눈 대화도 그렇고, 가 슴을 쓸어내릴 정도로 놀랐던 이상한 사건도 그렇고……. 여러 번 전 화를 걸었지만, 그녀는 받지 않았다. 도대체 왜 예술가들은 음성 녹음 기를 달아두는 걸 그토록 싫어할까?

시카고에서 처음 맞은 오후는 스테이션 왜건에 실어둔 짐을 다시 정리해서 싸는 일을 하며 시간을 보냈다. 제방 아래로 굴러떨어진 바 람에 차 안에 들어 있던 책이며, 옷이며, 야영 용품 등의 짐이 온통 뒤 죽박죽되어버렸다. 스미스와 나눈 영적 대화를 녹음한 테이프들도 뒷 좌석에서 아무렇게나 굴러다니고 있었다. 이 테이프들을 모두 모아 라벨을 붙이고 뚜껑이 있는 상자에 잘 넣어두었다.

다음 날 아침에는 박사 학위 논문 관련 파일들을 가지고 와서 제드 의 주방 탁자에 앉았다. 그런데 논문이 이상하게 낯설게 느껴졌다. 내가 정말 이 글을 쓴 게 맞나 싶을 정도였다. 정말 내가 이 글을 썼다면 분명 자욱한 안갯속에서 썼을 것만 같았다. 다섯 시간 동안 모니터를 바라보며 키보드 자판을 만지작거리기만 하다가 결국 덮어버리고 아파트 밖으로 나섰다. 그리고 시카고 미술관에서 미술의 세계에 흠뻑 빠졌다. 미술관 내의 선물 가게에서는 조지아 오키프(자연을 확대한 작품을 주로 그린 화가-옮긴이)의 특별한 복제화를 발견하고는 한 점 사서 우편물로 보낼 수 있도록 포장해달라고 부탁했다. 〈검은 십자가(Black Cross)〉로 불리는 추상화인데, 그녀가 뉴멕시코를 방문했던 초기 작품 활동 시기에 그린 것이었다. 이 그림에서 검은 십자가 뒤로 완만한 언덕들이 일출의 햇빛을 받고 있다. 검은 십자가가 그림 대부분을 차지하고 있으며, 그림의 아주 적은 부분만 햇빛이 환하게 비춰서 밝게 드러난다. 그 그림을 보고 나는 깊은 감동을 받았다. 나는 곧바로 펜과 종이를 꺼냈다.

"간절하게 보고 싶은 줄리아, 인간성의 존재는 가장 황폐한 사막에서조차 느낄 수 있다고 외로운 십자가가 말하네요. 나는 당신이……."

여기까지 썼다가 찢어버리고 다시 썼다.

"보고 싶은 줄리아, 이 그림을 보니 당신이 그린 아름다운 그림들이 생각나네요. 웅장한 형상과 단순화한 세부 묘사……. 이 그림이야말로 아름다움의 본질이 무엇인지 보여주네요. 그리고……."

여기에서 막혔다. 잠시 더 생각하다가 찢어버리고 새로 썼다.

"줄리아, 당신을 생각하고 있습니다. 리치가."

나는 그 쪽지를 봉투에 넣은 다음 포장에 찔러 넣었다.

＊　＊　＊

　드디어 토요일, 스미스는 놀라울 정도로 들떠 있었다. 조금 이른 저녁 식사 자리에서 그는 제드와 샐리 그리고 나에게 파리 오페라극장에서 보았던 오페라 이야기를 들려주었다.[1]

　"시즌 내내 빼놓지를 않았어! 언젠가 봄에…….. 뭐, 언제인지가 뭐 중요하겠어?"

　그는 두 주먹으로 식탁을 탕탕 치기까지 했다.

　"진지한 오페라만큼 사람의 마음을 깊이 움직이는 것은 없다네. 이게 중요한데, 단 하나도 없다네. 시, 음악, 연기 이 모든 것이 하나로 합쳐져서 나오잖아. 가장 달콤한 즐거움을 느낄 수 있지."

　제드와 샐리가 고개를 끄덕였다. 하지만 나는 긴장의 끈을 놓을 수 없었다. 자기가 지금 어느 시대에서 이야기하고 있는지 잊어버리는 경우가 종종 있으므로, 만일 그럴 경우에는 제드와 샐리가 쓸데없는 오해를 하지 않도록 말참견해야 했다. 스미스는 잠을 워낙 많이 자뒀기 때문에 힘이 남아돌았다. 그런 만큼 그는 지치지도 않고 계속 떠들었다.

　"아 참, 그리고 정치는 정말이지 위험할 정도로 재미있었네. 왕비는 이탈리아 오페라를 좋아했고, 왕은 프랑스 오페라를 좋아했단 말이야. 그래서 이른바 '오페라 전쟁'이 벌어졌지 뭔가. 대단한 싸움이었지, 암!"

　제드가 고개를 갸웃하며 끼어들었다.

"어? 프랑스에서 왕과 왕비가 없어진 게……."

하지만 스미스는 별거 아니라는 듯이 손을 내저었다.

"그건 중요하지 않네. 개인적으로 나는 코미디가 늘 제일 좋더군. 연기도 더 좋고."

차를 한 모금 마시고는 마치 오페라 대사를 말하듯 읊조리는 투로 말을 이었다.

"이런 말을 해도 될지 모르겠네만, 카스트라토(변성기가 되기 전에 거세하여 소년의 목소리를 유지하는 남자 가수로, 교회 성가대에서 여성의 활동을 금지함으로써 생겨난 관습이다 - 옮긴이)는 배우로서는 완전히 꽝이야. 참고 봐줄 수 없을 정도니까. 아무래도 오늘 공연에서는 여성 배역을 카스트라토가 아니라 여성 가수가 부르겠지?"

제드와 샐리는 어리둥절한 눈빛으로 서로를 바라보았다. 이제는 아무도 그의 이야기를 재밌어하지 않았다. 내가 나서야 할 때였다. 어떻게든 스미스의 착각과 실수를 덮어야 했다.

"교수님이 또 썰렁한 농담을 하시네요. 왜 안 그러시나 했더니."

"뭐? 내가 왜?"

"아닙니다. 이제 그만 나갈 준비를 하시죠?"

제드와 나는 스미스에게 턱시도를 입혔다. 우리는 오페라를 보기 위해 아파트를 나섰다. 시카고 시립오페라극장 입구는 승용차와 리무진으로 붐볐다. 주차할 곳을 찾느라 그 일대를 한 바퀴 돌았지만 소용없었다. 결국, 대리주차를 맡겨야 했다. 대리주차료는 무려 15달러나 했다. 거기에다 '문 콕'을 비롯한 흠집에 대비한 보험료로 3달러도 추가해야 했다. 스미스는 가격이 비싸다며 깜짝 놀랐다.

"그래서 내가 그랬지 않나. 분별력을 가지고 신중하게 계획을 미리 세워둬야 한다고."

공연장은 1920년대에 유행했던 장엄한 금박의 아르데코 구조로 천장과 벽이 접하는 부분의 돌림대에 금박 천사들이 새겨져 있었다. 거대한 유화 그림들, 청동 조각상들, 분홍색 대리석 기둥들이 입구를 장식하고 있었다. 우리는 넓은 층계를 걸어 올라가 특별석에 자리를 잡았다. 스미스는 무도회에 처음 참석한 멀쑥한 십 대 소년처럼 보였다. 빌려 입은 턱시도가 작아서 팔과 다리가 적어도 1인치는 더 나와 보였다. 게다가 구두가 너무 꽉 끼는 바람에 걸음걸이가 이상했다. 턱시도의 칼라도 목을 파고들고 있었다.

관람석은 만원이었다. 우리는 샐리의 80달러짜리 입장권 덕분에 특별석의 두 번째 줄로 안내받았다. 나는 팸플릿을 보면서 내 왼쪽에 있는 사람에게 말을 걸었다.

"〈예브게니 오네긴(Eugene Onegin, 십 대의 해맑은 소녀 타티아나는 속물인 예브게니 오네긴에게 열렬한 사랑을 고백하는 편지를 쓴다. 그러나 그는 소녀의 사랑을 거절하지만 나중에 그는 비극적인 결말을 맞이한다-옮긴이)〉을 전에 보신 적 있습니까?"

남자의 아내가 대신 대답했다.

"한 번요. 댁들은?"

스미스가 목을 조이는 칼라를 느슨하게 잡아당기며 대답을 가로챘다.

"당연히 못 봤죠. 내가 살던 때에서 100년 뒤에 나온 작품이니까요."

여자는 이상하다는 듯 고개를 갸우뚱했다. 나는 여자의 관심을 다른 데로 돌려야 했다.

"저도 한 번도 못 봤습니다만……, 재미있던가요?"

"재미있다마다요. 차이콥스키는 푸시킨의 멋진 대사들을 음악적으로 완벽하게 표현했답니다. 손수건을 준비하지 않았다면 후회하실 거예요."

지휘자가 등장해서 인사하자 청중은 우레와 같이 손뼉을 쳤다. 그리고 이내 조명이 어두워졌다. 지휘봉이 허공을 가를 때 나는 굳이 팸플릿을 보지 않고도 그 곡이 차이콥스키의 곡임을 알 수 있었다. 열정적이고 낭만적이며 과장된 듯하면서도 심상치 않은 운명을 예고하는 것 같은 선율이 흘렀기 때문이다. 허영과 오만에 찬 남자 주인공 예브게니 오네긴이 정원에 나타난다. 도시풍의 세련된 그는 자존심이 강하고 자신감에 차 있다. 이때 순수하고 소박한 시골 처녀 타티아나가 오네긴 앞에 나타난다. 그녀는 오네긴을 진심으로 사랑한다. 하지만 오네긴은 그녀를 경멸하며 거들떠보지도 않는다. 그는 가장 친한 친구의 약혼녀와 수작을 부린다. 이 사실을 안 친구는 오네긴에게 결투를 신청한다. 말하자면, 전형적인 러시아식 해결 방식이다. 결투의 총성이 울리고, 쓰러지는 오네긴의 친구……. 오네긴은 죽어가는 친구를 두 팔로 끌어안는다. 제2막이 끝난다.

좌석에 조명이 들어오고 휴식 시간이 시작되었다. 옆자리에 있던 부인이 우리에게 물었다.

"제 말이 맞았죠?"

손수건 얘기였다.

나는 고개를 끄덕이며 손수건을 준비할걸 그랬다고 대답했다.

"공연을 마저 보고 난 뒤 또 해드릴 얘기가 있으니까 그것도 기대하세요."

우리는 사람들 틈을 헤치고 리셉션장으로 갔다. 사람들이 흥얼거리는 오페라 곡조가 내 가슴을 아프게 찌르는 듯한 묘한 느낌을 받았다. 선한 여자의 사랑을 매몰차게 거절하는 오네긴의 모습을 내 안에서 느꼈기 때문이다. 나 역시 줄리아를 그렇게 대했던 게 아닐까? 나는 사랑할 줄 모른다. 그래서 얼마나 많은 사랑을 차버렸을까? 혹시 나는, 인간이 가지는 가장 기본적인 감정을 소중하게 여길 줄 모르는 바보가 아닐까?

스미스는 바에서 줄을 서서 기다리는 동안 우리 앞에 있는 여자들 쪽으로 몸을 기울여 그들의 대화를 엿들었다.

"정말 멋지지 않니? CD를 사서 꼭 다시 들어야겠어."

키 작은 여자가 말하자, 키 큰 여자는 어깨를 으쓱하며 대꾸했다.

"글쎄, 내가 보기에는 뉴욕 메트로폴리탄 오페라극장에서 파바로티가 오네긴을 연기했던 오페라보다는 못한 것 같던데? 진짜 세계적인 작품을 한번 보고 나면 이 정도 수준은 듣고 있기가 힘들어."

스미스가 내 쪽으로 고개를 돌린 다음 귀에 대고 속삭였다.

"저 여자를 만족하게 할 수 있는 건 아무것도 없겠어. 자기가 이미 가진 것에는 언제나 만족을 느끼지 못하니까 말이야. 그러고 보니 저 여자는 볼테르가 『캉디드』에서 재미있게 묘사한, 몹시 지친 베네치아의 인물인 귀족 포코쿠란트 같군.[2] 자네,『캉디드』는 알고 있지?"

나는 고개를 저었다.

"『캉디드』를 모른다고? 그래? 볼테르 같은 천재의 작품은 꼭 읽어야 하는데……."

가까운 곳에서 우아하게 차려입은 두 커플이 큰 소리로 인사를 나누고 있었다. 그들이 워낙 큰 소리로 얘기하는 바람에 우리는 의도하지 않게 대화를 엿듣게 되었다. 한 여자가 상대방에게 물었다.

"추수감사절 때는 어떻게 하시겠어요? 가족 모두 아스펜에 와서 우리와 함께 보내시죠. 정말 재미있을 텐데요!"

여자의 남자로 보이는 사람이 거들었다.

"마버리 부부도 함께하실 겁니다. 로저와 셀리아, 아시죠?"

상대방 여자가 빠르게 대답했다.

"어머, 고마우셔라! 하지만 그때는 안 될 것 같네요. 프랜시스가 앤도버에서 언제 돌아올지 몰라서요. 가봐야 안다고 했거든요. 그리고 앤드루도 친구 윌리엄으로부터 남아프리카공화국에 있는 사파리에 오라는 초대를 받았거든요. 그 무렵에는 프랭크가 유럽 여행을 하고 있을 거예요. 그래서 우리는 런던에서나 모두 모일 수 있겠구나 하고 생각은 하고 있어요. 아유, 너무 복잡해요."

"아유, 그럼요. 애들 뒷바라지하기 힘든 거 저도 잘 알죠. 오늘도 겨우 시간을 냈다니까요. 마르시아는 오늘 아침 여섯 시에 마장마술 개인지도를 받았고, 거기에 마르시아를 데려다줬다가 곧바로 필립을 데리고 성 스테판 경기장까지 갔지 뭐예요. 거기서 오늘 경기를 한다나 어쩐다나……. 게다가 지난주에는 엘사를 또다시 멀리 보내야 해서 정신이 없었고요."

그들의 얘기를 귀 기울여 듣고 있던 스미스의 얼굴이 벌겋게 달아올랐다. 그는 나에게 눈을 깜박였다. 그들의 대화에 담긴 중요한 의미를 찾아보라고 재촉하는 눈치였다.

드디어 우리 차례가 왔다. 나는 맥주를 주문했다.

"죄송합니다! 맥주는 없고, 와인과 샴페인, 칵테일이 있습니다."

종업원은 말은 나에게 그렇게 하면서도 눈은 벌써 내 뒤를 보고 있었다.

"작은 거 하나."

스미스의 목소리였다.

"네? 뭐라고요?"

"스카치, 물 섞지 말고."

그 말에 당황해서 허둥대는 바람에 와인을 소매에 흘리고 말았다.

"그런 건 여기 없어요, 교수님!"

스미스는 못마땅하다는 듯 눈살을 찌푸렸다.

"어……, 그래? 깜박했네. 그럼 물로 주시오."

바텐더는 페리에(생수 브랜드 – 옮긴이) 한 병을 건네주었다. 나는 맥주와 생수 값으로 10달러 지폐를 카운터 위에 올려놓고 돌아섰다. 너무 비싸다는 생각에 앓는 소리가 목구멍까지 올라오는 걸 억지로 참았다. 사람들을 헤치고 돌아가는 길에 사람들이 하는 말들이 토막토막 들렸다.

"여섯 시 삼십 분에 출발이야. 그보다 늦으면 사람이 너무 많이 밀려서 안 돼."

"시장이 움직이고 있어……. 어디? 홍콩은 지금 5퍼센트나 내려갔단 말이야!"

"제리가 이혼하면서 바가지 뒤집어썼대. 위자료가 장난 아니야. 완전히 당했어."

"제임슨은 이번 합병으로 돌아버릴 지경입니다. 합병되면서 고용조건이 훨씬 더 나빠졌거든요."

스미스는 느슨하게 잡고 있던 내 팔을 갑자기 세게 움켜쥐었다. 나와 어떤 내기를 했는데, 이 내기에서 자기가 이겼다는 말을 하고 싶은 눈치였다. 스미스가 뭔가 말을 하려고 내 쪽으로 상체를 기울일 때 휴식 시간이 끝났음을 알리는 종이 울렸다. 우리는 서둘러 극장 객석으로 돌아갔다.

마지막 막인 제3막도 역시 눈물을 쏙 빼놓는 비극이었다. 오네긴이 다시 나타난다. 맥이 빠져서 우울한 모습이다. 그는 친구를 죽인 일로 괴로워하면서 4년 동안 여기저기 방황하며 돌아다녔다. 상트페테르부르크에 돌아온 그는 나이가 많은 사촌이던 그레민 공작의 집에서 열린 무도회에 참석한다. 이 무도회에서 오네긴은 타티아나를 만난다. 타티아나는 세련되고 차분한 여인의 모습이다. 게다가 그녀는 그레민의 아내, 즉 공작부인이 되어 있다! 공작은 깊고 굵은 바리톤의 음성으로 타티아나를 향한 사랑의 마음을 노래한다. 타티아나의 순결하고 따뜻하고 선한 마음과 행동 덕분에 자기는 세상 그 누구보다도 행복하다는 것이다. 절망에 빠져 있던 오네긴은 한때 자기가 차버렸던 그 사랑을 탐낸다. 그리고 예전처럼 허영에 가득 찬 모습으로 타티아나에게 접근한다. 타티아나가 쉽게 자기에게 돌아오리라 생각하면서……. 물론 타티아나는 오네긴을 여전히 사랑한다. 하지만 오네긴에게 자기는 남편에게 충실한 아내로 남아 있을 것이라고 말한다. 그리고 오네긴에게 영원히 작별의 인사를 던지고 무대 밖으로 뛰쳐나간다. 혼자 남은 오네긴은 쓰디쓴 운명을 후회하며 절망하고 무너진다. 그 위로 막이 서서히 내려온다.

관객은 모두 일어나서 손뼉을 쳤다. 커튼콜이 두 번이나 이어졌다. 나는 감동에 젖어 꼼짝도 하지 못한 채 그 자리에 앉아 있었다. 스미스가 이런 내 심정을 읽은 모양인지 큰 소리로 내게 말했다. 소리를 크게 지르지 않으면 박수 소리에 묻히기 때문이었다.

"많은 사람의 경우에 그 사람이 겪는 불행은 자기들이 행복한 순간이 언제인지 모르기 때문에 빚어지는 거라고. 만족하고 고마워해야 할 때를 알아야 하는데, 그걸 놓치기 때문에 불행해진단 말이야. 사람들도 뻔히 다 알면서도 번번이 당하지."[3]

그러면서 스미스는 고개를 절레절레 저었다. 진정으로 안타깝다는 표정이었다.

"존 밀턴이 뭐라고 말했는지 아나? '마음은 그 자신의 자리이니, 거기에서 스스로 천국이 될 수도 있고, 스스로 지옥이 될 수도 있나니'[4] 라고 했어."

우리 옆자리의 부부도 자리에서 일어날 채비를 했다.

"그런데 부인, 아까 공연이 끝나면 해주실 얘기가 있다고 하셨는데……?"

"어머 참! 잘 들으세요, 차이콥스키는 오네긴의 비극적인 운명에 깊이 감동했습니다. 얼마나 깊이 감동했던지, 앞으로 자기를 향한 여자의 사랑을 거역하지 않겠다면서 자기가 사랑하지도 않는 여자와 결혼했답니다."

"아, 그래요? 예술이 인생을 모방한 게 아니라 인생이 예술을 모방한 셈이네요? 그래서 어떻게 되었습니까? 두 사람이 행복했습니까?"

여자는 웃으면서 이렇게 대답했다.

"천만에요! 차이콥스키의 결혼생활은 비참했답니다."

*　*　*

우리는 빽빽한 인파를 헤치고 바깥으로 빠져나왔다. 거리는 공연을 본 사람들과 이 사람들이 나누는 오페라 얘기로 북적대고 소란스러웠다. 콘크리트 보도에서 올라오는 뜨겁고 습한 열기 속에서 우리는 우리 차가 있는 곳으로 걸어갔다.

주차장에서 우리 순서가 오기를 기다리며 서 있었다. 그때 '탕!' 하는 소리가 들렸다. 두껍게 재단한 목재가 젖은 시멘트 바닥에 떨어지는 것 같은 소리, 그것은 총소리였다. 그 소리는 내 오른쪽에서 들렸다. 그런 터라 오른쪽 고막이 찢어지는 듯 극심한 통증이 느껴졌다. 스미스와 나는 움찔 놀라서 뒷걸음질 쳤다. 우리 차 바로 옆에 주차되어 있던 차의 유리창이 박살 났다. 깨진 유리 조각이 보도에 버석거리며 흩어졌다.

"조심해요!"

누군가가 고함을 질렀다.

두 번째 총소리가 들렸다. 총알은 우리 바로 옆에 있던 가로등을 비스듬히 맞히고 날아갔다. 나는 스미스를 가로수 뒤로 잡아끌었다. 우리가 잠시 머무르던 곳에서 5미터쯤 떨어진 장소에서 경비원이 몸집이 작고 머리카락이 검은 사내가 손에 쥐고 있는 권총을 빼앗으려고 사내와 한데 엉겨 붙은 채 엎치락뒤치락하고 있었다. 사내는 경비원보다 몸집은 작았지만, 워낙 날쌘 데다 싸움 기술도 한 수 위였다. 구경꾼들이 멀찌감치 떨어져서 이 둘을 둥글게 에워쌌다. 사내가 손에 든 총의 총구가 자기들을 향할 때마다 사람들은 황급히 그걸 피하느라 우왕좌왕했다. 스미스와 나는 천천히 뒷걸음질 쳐서 멀리 물러났다.

사내가 경비원의 사타구니를 걷어차고는 권총 손잡이 부분으로 머리를 내리치자 경비원은 고꾸라졌다. 사내가 권총을 들어 사람들을 겨누자 사람들은 혼비백산했다. 사내는 그 틈에 골목길로 내달렸다. 검은 머리카락을 나풀거리며 달아난 사내는 곧 시야에서 사라졌다. 얼마 뒤에 경찰이 도착했고, 쓰러졌던 경비원은 구급차에 실렸다.

"진짜 아슬아슬했습니다."

자동차를 타고 집으로 돌아가는 길에 내가 스미스에게 한 말이었다.

"정말 너무 위험한데요? 자동차를 타고 달리는데, 갑자기 총을 겨누고 쏘질 않나, 도시의 대로에서 느닷없이 권총 강도를 만나지 않나……."

얼마 후 아슬아슬하던 그 공포는 사라졌다. 그러나 바로 그 순간에 이미 내 마음은 진리로 향하는 좀 더 깊고 어두운 어떤 길로 달려가고 있었다. 그래도 어쨌거나 그날 밤만큼은 단잠을 잤다.

Chapter 11

총성으로 얼룩진 오페라

다음 날 아침, 우리는 시카고를 떠나 다시 서쪽으로 향했다. 여름의 뜨거운 열기를 고려해서 아이오와와 사우스다코타의 초원을 통과하고 몬태나와 아이다호의 로키 산맥을 넘는 북쪽 경로를 선택했다. 로키 산맥을 넘은 뒤에는 곧장 해안 쪽으로 향했다. 해안을 따라 샌프란시스코로 간 다음, 거기에서 만 건너편의 오클랜드에 있는 누나 집에 해럴드를 내려줄 생각이었다. 물론, 그 경로가 가장 빠른 길은 아니었다. 하지만 굳이 시한을 정하고 거기에 맞출 필요는 없었다. 어차피 요세미티의 오두막집은 2주 후에나 쓸 수 있도록 예약되어 있었으니까.

일리노이의 하늘은 맑았다. 우리 뒤에서 멀어져가는 도시의 지평선 위로 아지랑이가 피어올랐다. 하루 중에 이 무렵은 교통과 교역이 대도시 쪽으로 들어가는 시각이었다. 한 시간에 걸쳐서 지옥 같은 도시의 차량 정체를 빠져나오자 길은 횡하니 뚫렸다. 우리가 가는 방향으로는 농장 지대가 펼쳐져 있었다. 나는 기지개를 켜고 양팔을 번갈아 가면서 몇 차례 빙빙 돌렸다. 핸들을 잡은 손에서 긴장이 조금 풀리는 느낌이었다.

그러자 스포츠바 식당과 오페라극장에서 있었던 일들을 느긋하게 되짚어볼 여유도 생겼다. 나는 녹음기의 녹음 버튼을 누르고 스미스를 바라보았다. 스미스는 이미 준비가 되어 있었다.

"자네도 학생들에게 한계효용이 점점 줄어드는 원리를 가르쳐왔겠지?"

"그럼요. 무더운 여름날 오후, 첫 번째로 마시는 시원한 냉수 한 잔이 가져다주는 갈증 해소 효과는 두 번째로 마시는 잔이 가져다주는 효과보다 크죠. 이렇게 냉수를 마시는 횟수가 늘어날 때마다 갈증 해소 효과는 조금씩 줄어든다는 뜻이죠. 그래서 네 번째 잔을 마실 때 추가되는 편익은 거의 없게 됩니다. 어쩌면 배가 너무 불러서 오히려 마이너스 효과가 발생할 수도 있죠. 이게 한계효용 체감의 법칙입니다."

"맞네. 이 법칙은 부에도 똑같이 적용된다네. 인간이 자기가 살아가는 삶 속에서 느끼는 불행과 혼란 가운데 많은 부분이 부자와 빈자 사이의 격차를 지나치게 높게 바라보는 데서 비롯된다는 말이야.[1] 이건 과학적인 차원의 이야기야. 집단 사이에서 가장 끈끈한 동류의식(fellow-feeling)을 생성하는 데 엄청나게 많은 돈이 필요하지 않다는 사실은 우리도 관찰을 통해 확인했잖아. 그렇지 않나? 우리가 이런 경험을 하는 데 돈이 얼마나 들었지?"

"스포츠바에서는 20달러였지요. 오페라 공연은 입장권 금액과 주차료, 음료를 모두 합해서 200달러 정도 나왔고요."

"내가 말하고자 하는 요지는 오페라 공연에 들인 비용이 스포츠바에서 들인 돈의 열 배나 된다는 거야. 그런데 오페라 공연에서 우리가 얻은 만족감과 효용도 열 배로 늘었던가? 그렇지 않다면 부에 관한 한계효용 체감의 법칙이 성립한다는 말이 되지. 그리고 횟수가 거듭될수록 그 감소의 속도는 한층 더 빨라진다는 거야."

나는 어깨를 으쓱하며 대답했다.

"맞는 말이죠."

"맞다 마다지. 스포츠바에서 만난 피츠버그 파이어리츠를 응원하던 팬들처럼 평범하게 살아가는 사람들이 오페라극장에서 우리가 만났던 상류사회의 사람들보다 더 평온하고 즐겁고 만족스러운 삶을 살 수도 있지 않을까?"

"하지만 그런 논지에는 과학적 근거가 빠져 있습니다. 게다가 사람은 누구나 빈자가 되려 하기보다는 부자가 되려 하죠."

"부자가 되는 걸 싫어할 사람은 없지. 하지만 절제나 정의의 규칙까지 무너뜨려가면서, 혹은 미래에 대한 우리 마음의 평정심까지 흩트리면서 부자가 되려고 할 정도는 아니지.[2] 만일 부 자체가, 즉 그것 하나만 목적이 된다면 자기보다 더 많은 부를 축적한 사람은 언제나 있게 마련이지. '가장 많이' 가지지 않으면 '가진다는 것'은 아무 의미가 없어져 버린단 말일세! 허영과 우월감으로 구성되는 부자의 즐거움은 완벽한 마음의 평정심과는 절대 일치할 수 없는 거지."[3]

머릿속으로 그의 주장을 정리해보았다. 나름대로 일관된 논리가 있었다. 그러나 미심쩍은 부분은 여전히 남아 있었다.

스미스는 계속 말을 이어갔다.

"내가 말하는 두 번째 요지는, 부의 증가가 일시적으로만 좋은 느낌을 가져다준다는 거야. 왜냐하면, 시간이 지나고 나면 그 증가한 부의 상태에 적응하거든. 행복은 이전 수준으로 회귀하려는 경향이 있어. 이 '이전' 수준을 '자연스러운' 수준이라고 부를 수도 있겠지.[4] 시계추가 균형을 찾으려고 다시 원래 자리로 돌아가듯 그렇게 '자연스럽게' 돌아가는 거야."

그는 머리를 절레절레 저은 다음 말을 계속 이었다.

"부와 권력은 겨울 폭풍이 아니라 여름 소나기를 막아줄 수 있을 뿐이야. 그래서 아무리 부와 권력을 가진 사람이라고 해도 늘 예전과 똑같은 수준의 (혹은, 흔히 있는 일이지만 예전보다 더 많은) 불안과 공포와 슬픔, 그리고 위험과 죽음에 노출될 수밖에 없다네."[5]

* * *

네모 반듯한 아이오와의 농장 들판이 차창 밖으로 빠르게 지나갔다. 태양은 높이 떠 있었고, 우리의 대화는 계속 이어졌다.

"부자와 빈자의 행복을 어떤 절대적 차원에서 비교할 수는 없지 않습니까? 게다가 행동은 말보다 더 많은 것을 말해줍니다. 가난한 사람이 부를 축적하면 이 사람들은 더는 스포츠바에 가지 않고 특별석에서 야구 경기를 보고, 오페라극장에 갑니다. 볼링 대신 골프를 치지요.

그들이 선택하는 '더욱 고양된 선택'은 부자들을 위한 것이지요."

웬일로 스미스가 내 말에 고개를 끄덕였다.

"맞네. 바로 그것을 나는 인간 정신의 위대한 '자기기만'이라고 부른다네. 가난한 사람이 부유한 사람이 부리는 사치의 뒤꽁무니를 죽어라 좇는 거지. 부자와 권력자를 존경하다 못해 숭배하는 성향!"

거기에서 스미스는 잠시 말을 끊었다. 자기가 할 말을 강조하기 위해서였다.

"바로 이 성향이 우리의 도덕 감정을 타락하게 하는 가장 크고 보편적인 원인이지."[6]

나는 계속 운전석에 앉아 있기가 불편했다. 하늘에서 독수리 한 쌍이 느리게 원을 그리며 날고 있었다. 우리는 '팬케이크 하우스' 광고판 옆을 지나쳤다. 조금만 더 가면 그 가게가 나온다는 뜻이었다.

"좋습니다! 그렇다 치지요. 그런데 그 성향이 어떻게 사람의 도덕성을 타락시킵니까?"

스미스는 체스판에서 자기 차례를 맞은 사람처럼 기다렸다는 듯 대응했다.

"부자가 되겠다는 사람들이 도덕으로 나아가는 길을 무시하거나 포기하는 경우는 너무도 많아. 그런데 불행하게도, 도덕으로 향하는 길과 부자가 되는 길이 정반대 방향으로 놓여 있는 경우가 많단 말이야."[7]

우리는 광고판이 가리키는 그 팬케이크 하우스에 차를 세웠다. 물을 마실 수 있는 그늘진 곳에 렉스를 묶어두고 안으로 들어갔다. 스미스가 화장실에 간 사이 나는 신문을 한 부 사들고 테이블에 가서 앉았다. 연예오락 면에 우리가 전날 밤에 갔던 오페라극장 사진이 실려 있었다. 그리고 그 아래에 '총성으로 얼룩진 오페라'라는 설명이 달려 있었다. 명백하게 과장된 것이었다. 추측건대, 초판 이후 나중에 새로 추가된 기사임이 분명했다. 경찰은 범행 동기도 불분명한 데다 범인이 의도적으로 노린 피해자도 없었다고 발표했다. 범인과 격투를 벌인 경비원은 가벼운 상처만 입었던 터라 곧바로 퇴원했다고 했다. 검은색 가발이 인근 골목길 쓰레기통에서 발견되었다고 했다. 하지만 경찰 당국은 다른 사항들에 대해서는 밝히기를 꺼리는 모양이었다.

커피를 한 모금 마시면서 생각해보았다. 뭔가 앞뒤가 잘 맞지 않았다. 사실, 나는 검은색 가발을 썼던 그 사내를 강도라고 생각했다. 그런데 강도라면 아무래도 범행 장소를 잘못 선택한 게 아닐까 싶었다. 경비원 같은 사람들은 눈을 씻고 봐도 없는 한적한 곳을 선택했어야 옳다. 그때 오페라를 보러 온 부유한 사람들이 머리에 떠올랐다. 어쩌면 경제학적인 차원에서 볼 때 강도의 선택이 맞을 수도 있었다. 위험이 높으면 높을수록 그만큼 더 큰 보상을 받을 수 있으니까 말이다.[8] 매우 논리적 추론이긴 했지만, 어쩐지 미처 내가 파악하지 못하는 어떤 퍼즐 조각이 따로 있을 것만 같은 예감이 들었다.

점심을 먹은 뒤 우리는 다시 고속도로를 달렸다.

"교수님이 말씀하신 인간 정신의 '자기기만', 그러니까 사람들이 자기 자신을 타락하게 하는 행위라는 개념은 현대 경제학이 설정하는 많은 것의 토대 자체를 부정하는 개념이 아닙니까? 그러니까, 대다수 경제학자가 '합리적'으로 생각하는 경제적 인간이라는 모델을 설정하

204

고, 이 모델을 가지고 경제 주체의 행위를 설명하는데, 교수님은 이런 개념 자체를 부정하시는 게 아니냐는 말입니다."

스미스는 나의 공격에도 전혀 동요하지 않았다. 나는 도발 강도를 좀 더 높여보기로 했다.

"교수님은 혹시 본인이 일반 대중보다 더 현명하다고 생각하시는 것 아닙니까? 그렇다면 그건 속물근성 아닐까요?"

스미스는 기지개를 켜며 말을 받았다.

"내가 자네를 많이 자극했나 보군. 그렇지 않나? 도덕철학이라는 것은 적어도 내가 아는 한 동기를 따진다네. 도덕철학이야말로 이 수수께끼를 풀 수 있는 열쇠지. 그런데 자네는 외적인 행동에만 초점을 맞추고 동기를 무시하고 있어. 세상 사람들이 흘리는 모든 땀과 세상 사람들이 만들어내는 그 모든 부산스러운 움직임은 과연 무엇을 위한 것일까? 사람들이 탐욕과 야망을 품는 이유는 무엇일까? 사람들이 어떤 것을 획득할 때 흥미를 느끼는 것은 마음의 평온이 아니라 허영 혹은 쾌락이네.⁹ 부자가 자기 재산을 자랑스러워하는 것은 그 재산이 세상의 관심이 자기에게 쏠리게 해주기 때문이지.¹⁰"

"그런데 왜 그런 것들이 자기기만이 됩니까?"

"인간의 삶에서 진정한 행복을 구성하는 것이 무엇인가 하는 점에서 볼 때 가난한 사람이라고 해서 부유한 사람에 비해 절대로 뒤처지지 않거든.¹¹ 길가에서 햇볕을 쬐는 거지는 왕이 그토록 애써 얻으려고 하는 안정성을 이미 가지고 있단 말일세. 그 안정성이 생명에 관한 것이든 지위에 관한 것이든 말일세.¹²"

스미스는 내가 자기 말을 잘 듣고 있는지 확인이라도 하려는 듯 나를 바라보았다.

"인간 행복의 주요 부분이 남에게 사랑받고 있다는 인식에서 비롯된다면 말일세. 사실 나는 이렇게 믿고 있네. 재산이 갑자기 많아진다든가 혹은 적어진다든가 하는 변화는 행복에 그다지 큰 영향을 미치지 못한다는 말이지."[13]

길은 사람들이 붐비는 번잡한 거리로 이어지고 있었다. 고급 승용차에서부터 팬티스타킹에 이르는 온갖 것들을 선전하는 광고판들이 즐비한 곳이었다. 스미스가 잔뜩 인상을 쓰며 투덜거렸다.

"상품을 소비하는 국민을 양육하겠다는 오로지 하나의 목적만을 위해 어떤 위대한 제국을 건설한다는 것은 상품을 판매하는 사람들로 구성된 나라만이 할 수 있는 일이지."[14]

"맞는 말씀일지도 모르겠습니다만, 너무 욕은 하지 마십시오. 적어도 지금은 그 소비의 제국 덕분에 우리가 오늘 하룻밤 묵을 곳을 쉽게 찾을 수 있으니까요."

오후 네 시였다. 렉스를 산책하게 할 시간이었다. 잠깐 고민했다. 스미스도 오랜 시간 동안 차를 타고 있느라 무척 피곤할 터였다. 다행히도 우리가 찾아간 모텔은 애완동물을 보살펴주는 서비스를 갖추고 있었다.

저녁을 먹고 샤워한 뒤 스미스와 나는 잠옷으로 갈아입고 느긋하게 시간을 보냈다. 렉스는 내 침대 발치에 앉아 있었다. 나는 습관적으로 텔레비전을 켜고 케이블방송국 채널을 이리저리 돌렸다. 채널마다 화면이나 음성 상태가 좋지 않았다. 텔레비전 화면에 시선을 고정한 스미스의 얼굴색이 점점 어두워졌다. 홈쇼핑 채널에서는 한 호스트가 한껏 높은 톤으로 인조 다이아몬드로 만든 팔찌를 팔고 있었다. 스미스는 얼굴을 잔뜩 찡그렸다.

"도대체 얼마나 많은 사람이 저런 값싼 장신구를 사는 데 돈을 쓰면서 자기 자신을 망치고 있을까?"[15]

나는 텔레비전의 음량을 줄였다. 스미스가 계속 말을 이었다.

"저런 하찮은 물건들이 어떻게 사람들의 관심을 사로잡는지, 또 그 물건을 가진 사람들을 얼마나 불행하게 하는지 생각을 좀 해보란 말이야!"[16]

나는 웃음을 참을 수 없었다.

"하하하! 교수님의 상상력이 너무 극단으로 달립니다."

"더 중요한 것은, 저기 어디에도 신중한 분별력을 찾아볼 수 없다는 걸세. 만족을 유예할 줄 아는 자제력은 어디에 있지? 미래를 위해 저축하지 않는데, 과연 이 나라가 미래에 번영을 누릴 수 있을 것 같나? 천만에!"

스미스는 놀라운 웅변술의 소유자여서 늘 대화의 다음 단계를 예상하고 자기가 하는 말에 미묘한 뉘앙스를 부여해서 다음 단계로 넘어가는 징검다리로 삼는다.

"하지만 물질적인 행복을 추구하는 이 모든 헛된 탐색에도 나름대로 잘못된 부분을 보충하는 한 가지 측면이 있긴 하지."

그는 하품을 한 차례 길게 하고 나서 말을 이었다.

"인류의 산업을 계속 깨어 있게 만들어서 끊임없이 돌아가게 하는 것도 바로 그 자기기만이니까."[17]

"그래서 결국 우리가 더 열심히 일하게 된다는 말씀이시죠, 교수님?"

아무 대답도 없었다. 스미스는 이미 깊이 잠들어 있었다.

나는 리모컨을 눌러 시카고 지역 방송국 프로그램을 찾았다. 앵커가 가벼운 농담을 던지는 거로 봐서 저녁 뉴스는 거의 끝나가고 있었다. 드람뷔를 한 잔 마셨다. 술기운 때문에 온몸이 나른했다. 나는 이불 속으로 기어들어가기조차 귀찮아서 그냥 그 자리에서 꾸벅꾸벅 졸았다.

인위적인 미소로 무장한 말끔한 얼굴의 앵커가 공동 진행자를 바라보며 말을 건넸다.

"브렌다, 오페라극장에서 일어난 총격 사건에 대해 새로 들어온 소식은 없습니까?"

눈이 번쩍 뜨였다.

"이번 선거에서 시장에 맞서는 후보가 마침 그 총격 사건이 발생할 당시 군중들 사이에 있었습니다. 한데, 이 후보는 이 사건을 선거 쟁점으로 삼고 있습니다. 그는 오늘 발표한 성명서에서 '우리 도시의 가장 유명한 공공장소조차 더는 안전하지 않다'라고 비판하고 나섰습니다. 한편 시장 측에서는 이런 주장을 터무니없는 것으로 일축하면서 시카고의 모든 거리는 '과거 그 어느 때보다 더 안전하다'라고 말했습니다."

이런 설명이 이어지는 동안 오페라극장 외부에 설치된 CCTV로 촬영된 흑백 영상이 소개되었다. 검은색 숱이 많은 가발을 쓴 왜소한 남자가 한 손을 바람 점퍼 안에 넣은 채 주변을 수상하게 두리번거리며 걸어가고 있었다. 그런데 이 남자의 얼굴이 이상하게도 낯익다는 생각이 들었다. 남자의 두 눈은 좌우를 빠르게 두리번거렸다. 날렵한 코는 분명하고도 강인한 인상을 풍겼다. 이 흑백 영상은 계속 반복되었다.

나는 음량을 조금 더 높였다. 그 바람에 침대에서 자던 스미스가 귀를 막으면서 뒤척였다.

"그런데 브렌다, 왜 모든 언론이 이 사건에 관심을 기울이는 겁니까? 강도 미수 사건인 데다 중상을 입은 피해자도 없는데 말입니다. 이런 사건이야 시카고에서 흔히 있는 일이라 딱히 특별한 것도 없지 않습니까?"

"처음에는 별것도 아닌 사건이었지만, 지금은 이 사건 때문에 당국이 바짝 긴장하고 있습니다. 시청 관계자들은 한결같이 공식적인 대응을 거부하고 있습니다. 그러나 우리 방송국이 FBI(연방수사국)가 이 사건을 맡았다는 사실을 단독으로 확인했습니다. 경찰이 아직 언론에 발표하지 않은 증거가 하나 있습니다. 그것은 바로 범인이 배포한 것으로 보이는 전단인데요. 이 전단은 현장에서 바로 회수되었다고 합니다."

기자는 이런 상황을 즐기는지 얼굴에 미소까지 머금었다.

"믿을 만한 소식통에 따르면, 이 전단이 테러 집단인 피플오버프로핏을 언급하는 내용을 담고 있다고 합니다. POP는 올해 초에 러시아 영사를 공격한 주체가 자기라고 주장한 단체이기도 합니다. 이들은 또한 다음 달 샌프란시스코에서 열리기로 예정된 정상회담이 열리지 못하게 하겠다고 공언하기도 했습니다."

앵커가 자못 심각한 얼굴로 기자에게 물었다.

"용의자에 대한 단서 같은 건 나온 게 있습니까?"

"당국은 우선 범인이 문제의 검은색 가발을 어디에서 샀는지 알아내려고 노력하고 있습니다. 그리고 또 한 가지가 있습니다. 경찰은 용의자가 현장에서 자동차를 타고 달아나는 것을 보았다고 주장하는 여러 명의 목격자로부터 진술을 받았습니다. 그들의 진술에 따르면, 범인이 타고 달아난 자동차는 구형 모델의 파란색 세단이라고 합니다."

Part 2

변화

Transformation

"자기 자신의 행동을 예민하고도 진지하게 주의하는 것이야말로
(⋯) 도덕의 실질적인 본질이다."[1]

— 애덤 스미스, 『도덕감정론』

Chapter 12

POP가 애덤 스미스를 없애려는 이유

줄리아에게

이 풍경을 담은 엽서에서 보는 것처럼 꽃이 활짝 핀 이곳은 운전하기에 참 좋네요. 편안하게 이런저런 생각을 하기도 좋고요. 물어보고 싶은 것도 참 많습니다. 요즘 스미스 교수님은 거의 잠만 잡니다. 내게 온 편지는 모두 수폴스로 보내주시면 고맙겠습니다. 수폴스에는 오늘 늦게 도착할 예정입니다. 당신을 생각하면서……

아이오와 디모인에서, 리치

우리는 꾸준히 달려서 사우스다코타의 북쪽으로 들어갔다. 수폴스 우체국에 차를 세우고 유치 우편(우편물을 특정 우체국으로 발송하면 이 우체국에서 우편물을 보관해주는 서비스 – 옮긴이)에 와 있던 편지 두 통을 받았다. 겉봉의 글씨는 낯익은 달필이었다. 나는 편지를 받자마자 봉투를 뜯었다.

리치에게

당신과 해럴드 아저씨가 없으니 너무 조용하네요. 여행은 잘하고 있
는지 궁금합니다. 이웃집 사람 말로는, 우리 집 전화벨이 계속 울렸
다고 하네요. 자동응답기를 설치하지 않은 걸 얼마나 후회했는지 몰
라요(물론 지금은 달아놨어요). 나는 그동안 갤러리로 작품을 잔뜩 실
어 날랐답니다. 아직도 다 끝나지 않았습니다만. 전시회 오프닝은 이
번 금요일이에요. 행운을 빌어주세요.
할 말은 많지만, 아껴뒀다가 나중에 돌아오면 할게요. 참, 목사님이
안부 전해달라고 하셨어요.

　　　　　　　　　　　　　　　　　따뜻한 마음을 담아서, 줄리아

또 다른 우편물 한 통은 공문서처럼 보이는 업무용 봉투였다. 반송
주소는 매사추세츠의 케임브리지 애덤 스미스 경제학부로 되어 있었
다. 나는 바짝 긴장했다. 늘 그랬듯이 라티머 교수는 우편물 겉봉에 발
신인 이름을 적지 않았다.

번스에게

대체 자네 지금 어디에 있는가? 자네에게는 사소한 문제일지 모르지
만, 월드켐은 벌써 한 주 전부터 자네 논문을 기다리고 있네. 내가 자
네 논문의 마지막 장을 보고 싶다는 건 굳이 말하지 않아도 잘 알겠

지? 이메일 받아보지 않았나? 전화는 왜 안 주나? 전-화-하-게.

밥 라티머

추신 : 이 말은 꼭 해야겠네. 월드켐이 어떤 멍청한 볼셰비키 단체로
부터 테러 협박을 받았다네. 이 단체는 월드켐이 러시아 자산을 사들
이는 데 반대하는 모양이야. 정말 귀찮고 힘든 노릇이긴 하지만, 보
안 요원을 항시 대동하고 다녀야 한다네. 어차피 이건 내가 감당해야
할 몫이 아닌가 싶네.

* * *

수폴스에서 벌써 160킬로미터쯤 왔다. 초지의 평원이 동쪽에 있는
곡선 도로까지 드넓게 뻗어 있었다. 우리 두 사람은 거의 아무 말도
하지 않았다. 스미스는 많이 지쳐서 대부분의 시간을 의자를 뒤로 젖
힌 채 코를 골며 보냈다. 렉스도 스미스를 흉내 내는지 뒷좌석에서 코
를 처박고 계속 잤다. 스미스가 그렇게 잠만 자는 게 오히려 다행이다
싶었다. 누군가와 대화를 나누고 싶은 마음이 아니었기 때문이다. 또
내가 느끼는 공포를 누군가에게 말하고 싶지도 않았다.

텔레비전에서 보았던 괴한이 자꾸만 머리에 떠올랐다. 어딘지 모르
게 낯이 익은 그 남자는 바람막이 점퍼 속에서 권총을 손에 쥐고 있
었다. 그 남자를 내가 어디에서 봤을까? POP가 관련되어 있다고 했던
언론 보도 때문에 그랬는지, 문득 교수회관에서 웨인, 캐럴과 점심을

먼던 일이 떠올랐다. 만일 POP가 라티머 교수를 노리고 있다면 나는 어떻게 될까? POP가 나도 노릴까? 라티머 교수가 살해 협박을 받을 무렵 메릴랜드 고속도로에서 파란색 세단을 탄 어떤 사람이 나에게 총을 겨눈 일이나, 시카고에서도 내 가까운 곳에서 총격 사건이 일어난 일은 우연이라고 하기에는 너무도 이상했다. 게다가 누가 우리 집의 쓰레기 재활용통을 뒤져 내 박사 학위 논문 초고를 훔쳐간 일은 또 어떻게 설명하지? 이 일련의 사건들이 어떤 연관성을 가지고 있을까?

나를 죽이고 싶어하는 사람은 과연 누구일까? 나는 라티머 교수처럼 유명한 사람도 아니었다. 물론 월드켐 프로젝트에 관여하고 있긴 하지만, 그 속에서 내가 맡은 몫을 생각하면 그 일 때문에 누군가가 나를 납치하려 한다고 추론하기에는 지나친 비약이었다. 그런데 만일 그들이 노리는 표적이 내가 아니라면, 해럴드를 노리고 있단 말인가? 주변에 친한 사람이라고는 아무도 없는 실직한 자동차 정비공을 굳이 살해해야 할 이유가 뭘까? 악랄한 고리대금업자에게 돈을 빌리고 갚지 않았을까? 그렇지 않을 가능성이 컸다. 그러다가 결국 어떤 경우에도 부인할 수 없는 결론에 도달했다. 적어도 월드켐이 관련된 것만은 확실해 보였다. 누군가는 분명 내가 논문을 완성하기를 기다렸다가 그 논문을 훔치기 전에 먼저 나를 죽이려 하는 것 같았다. 그 추측이 맞는다면, 이유가 뭘까? 그걸 알아내야만 했다. 그러자면 우선 살아남아야 했다.

해럴드는 영적 대화를 너무 많이 한 탓에 매우 쇠약해진 상태였다. 스미스는 눈을 단단히 감은 채 깊은 잠에 빠져 있었다. 깊은 숨을 쉴 때마다 들릴락 말락 코를 골았다. 나는 룸미러를 흘끗흘끗 바라보았다. 미행하는 차가 있는지 살피려는 본능적인 행동이었다. 그리고 POP가 다음에는 어떤 방식으로 공격해올지 미리 생각해두어야 했다. POP가 전개할 온갖 공격 방식이 머리에서 들끓었다. 나는 머리를 세차게 흔들었다.

'아니다. 어쩌면 내가 과민반응하는 것일지도 모른다.'

* * *

모텔에서 하룻밤을 묵었다. 고속도로에서 몇 킬로미터 떨어진 곳에 있는 모텔이었다. 그리고 아침에 일어나 몇 시간 동안 쉬지도 않고 계속 달렸다. 드넓은 강폭을 자랑하는 미주리 강을 따라 달리다가 휴게소를 발견하고 들어갔다. 아침 겸 점심으로 우리는 땅콩버터 샌드위치와 당근 그리고 신선한 과일을 먹었다. 스미스는 한결 기력을 회복했다. 식사도 왕성하게 했다. 식사를 마친 뒤, 나는 녹음기의 녹음 버튼을 눌렀다.

"듣기 껄끄러우시더라도 이 말을 해야겠습니다. 사람들이 교수님 말을 잘 이해하지 못하는 점에 대해 교수님은 그 사람들을 탓하시지만, 교수님 본인에게도 잘못이 있음을 인정하셔야 합니다. 부가 행복으로 가는 길을 보장하지 않는다는 사실을 왜 『국부론』에서 분명하게 언급하시지 않았습니까? 『국부론』에서는 '개인의 이익을 추구하는 것(self-interest)'을 주된 원리라고 하셨지 않습니까? 그것을 오늘날의 사람들은 '이기적인 마음(selfishness)'으로 해석할 수밖에 없는데 말입니다."

"흥분하지 말게, 리처드."

스미스는 복숭아를 우적우적 씹으며 말했다.

"나는 장장 400쪽에 걸쳐서 인간 행동의 동기를 설명하려고 애를 썼네.『도덕감정론』에서 말이야. 그 시대에는 내가 말하는 부를 놓고 인간의 이기적인 마음을 중요시한다고 제멋대로 재단하면서 비난하는 사람은 아무도 없었어. 사람들이『도덕감정론』을 읽지 않은 게 내 잘못이란 말인가?"

그는 복숭아씨를 옆으로 던졌다. 렉스가 용수철처럼 튀어나가 그 씨를 물고는 앞발로 열심히 땅을 팠다.

"『도덕감정론』이 그다지 큰 호응을 얻지 못했던 게 아닙니까?"

"아니, 그 반대였네. 그 책은 출간되자마자 고전의 반열에 올랐지. 프랑스어와 독일어, 심지어 러시아어로도 번역되었으니까. 모든 위대한 철학자들이 이구동성으로 찬사를 보냈단 말이야. 특히 데이비드 흄 선생님이 그랬고……."[1]

그의 목소리는 뒤로 갈수록 점점 힘없이 처졌다. 말을 마치고 그는 잠시 생각에 잠겼다. 그러다가 고개를 돌려 나를 바라보며 말했다.

"내 생각에는 자네가 데이비드 흄 선생님을 만나보면 무척 좋아할 것 같은데……. 사실 누구나 그분을 좋아하지. 그래, 언젠가 그분을 꼭 만나게 해주겠네, 약속하지."

"참 재미있겠네요!"

그렇게 대답했다. 아닌 게 아니라 나는 스미스를 상대로 짓궂은 장난을 즐기고 있었다. 게다가 나는 그의 온갖 지식에도 더는 놀라지 않았다. 렉스는 가까운 곳에 피크닉 테이블을 펴놓고 식사하는 가족을 뚫어지라 바라보았다. 작은 샌드위치 조각이라도 땅에 떨어지길 간절히 바라는 눈치였다.

스미스는 한숨을 내쉬고는 풀밭에 누워 머리를 깍지 낀 두 손에 얹었다. 그러고는 꿈을 꾸는 듯한 목소리로 말했다.

"『도덕감정론』덕분에 나는 유명해졌어. 강단에서 은퇴해도 될 정도로 경제적 여유도 생겼지. 아직 마흔 살도 되지 않은 젊은 나이에 말이야. 글래스고 대학교 교수직을 버리고 나와서 어느 부잣집 청년의 개인 선생이 되어 그 청년과 함께 유럽 여행을 했다네. 당시에는 그런 여행이 부잣집 청년에게는 일종의 통과의례였지. 마침 나는 유럽 여행을 해본 적이 없어서 그 제안을 선뜻 받아들였던 거야."

말투로 보건대, 그가 처음 했던 유럽 여행은 개인적으로 무척 놀라운 경험이었던 게 분명했다.

"그랬지. 그 책 덕분에, 그리고 흄 선생님과의 교류 덕분에 나는 파리를 깊이 있게 바라볼 수 있었네. 케네 박사님(프랑수아 케네로 프랑스의 경제학자이며 중농주의의 창시자-옮긴이), 자크 튀르고(프랑스의 경제학자이자 정치가-옮긴이) 등의 여러 개혁자와 많은 밤을 함께 보내며 이야기를 나눌 수 있었지. 지금도 그 사람들을 아주 생생하게 기억해. 케네 박사님은 중농주의의 창시자이면서도 프랑스 왕 루이 15세의 정부였던 퐁파두르 부인의 주치의기도 했지. 그런데 중농주의자들은 경

제 모델을 만들어내는 데 천재적이었어. 사실 그런 걸 시도한 것도 처음이었고."²

옛날 일을 회상하는 그의 눈은 반짝거렸다.

"1760년대 중반이었어. 우리 중 몇 명이 혁명적 자유시장 원리를 공표하고 나섰지. 그때는 프랑스 정부가 단속하고 검열했지만,³ 살롱에서 안전하게 보호받으며 그런 발표를 했던 거야. 그리고 튀르고처럼 용감한 사람들은 이런 이상적인 원리들 가운데 몇 가지를 실제로 실행하기도 했었지. 비록 짧은 기간이긴 했지만, 재무장관으로 있으면서 말이야. 봉건 영주 시대의 교역 장벽을 철폐했던 거야! 그때 만일 국왕이 튀르고의 이 개혁적인 조처를 인정하기만 했더라도 좋았을 텐데……. 만일 그랬다면 나중에 어떤 결과가 벌어졌을지 누가 알겠어? 그런 개혁 덕분에 프랑스혁명이 일어나지 않을 수도 있었거든. 그랬다면 루이 16세가 단두대에서 목이 잘리는 일도 없었겠지."

나는 프랑스 역사를 잘 몰랐다. 그래서 나중에 시간이 나면 좀 읽어봐야겠다고 다짐했다. 언제가 될지는 장담할 수 없지만……. 스미스는 입가에 미소를 띠면서 계속 말을 이었다.

"유럽 대륙에서 그렇게 2년 동안 있다가 고향을 돌아갔지. 어머니가 너무도 보고 싶었어. 그리고 그 뒤 10년 동안 연금을 받아 생활하면서『국부론』을 집필했다네."

스미스가 해럴드 아저씨의 몸을 빌려 영적 대화를 한다는 사실을 도저히 믿을 수 없었다. 그래서 따로 애덤 스미스에 관해 조사하는 과정에 그런 내용을 읽은 적이 있었다. 그리고『도덕감정론』에 대해 사람들이 했던 익살맞고 우스꽝스러운 비난도 생각이 났다.

"그래서 어떤 사람들은 『도덕감정론』이 순진한 청년이 끼적인 낙서였다고 말합니다. 유럽에 머무는 동안 비로소 철이 들었다고요. 그래서 『국부론』에서 개인적인 차원의 이익을 강조하게 되었다고요."

그러자 스미스가 곧바로 응수했다.

"무슨 말도 안 되는 소리를! 『도덕감정론』 제6판이 『국부론』이 출간되고 14년 뒤에 나왔네."

그러고도 화가 풀리지 않는지 자리에서 벌떡 일어나 고함을 질렀다.

"인간 본성에도 맞지 않고, 또 상업에 대해 직접 썼던 책과 모순되는 내용의 책을 재발행할 정도로 내가 형편없는 인간이라는 말인가?"[4]

멀지 않은 곳에서 식사하던 가족들이 의아해하는 눈빛으로 우리를 바라보았다.

"사람들이 쳐다보잖아요. 흥분하지 마세요."

"그래, 좋아!"

스미스는 목소리를 낮춰 말했다.

"이 문제는 내가 죽고 80년이 지나서야 제기되었어. 그때는 나 자신을 변호할 수도 없었단 말이야."

나는 빙그레 웃었다.

"케인스가 이렇게 쓴 적이 있어요. 이른바 '실용적인' 사람들이 이미 죽어서 세상에 있지도 않는 경제학자들의 견해에 지배를 받는다고요. 그러니까 교수님 말씀은, 이미 죽고 없는 경제학자들의 견해를 여기저기 부분적으로 따서 조합한 엉성한 캐리커처에 의해 사람들이 실질적으로 지배를 받는다는 말씀이시죠?"

"바로 그거지."

그제야 그의 눈에 미소가 감돌았다.

"많은 시간이 걸리긴 했지만, 이제야 비로소 자네가 뭔가를 깨닫는군. 아주 좋아!"

* * *

그날 오후, 우리는 평온한 평원이 아니라 바람이 심하게 부는 배들랜즈(사우스다코타 남서부의 건조 지역-옮긴이)의 구릉을 지나고 있었다. 저 유명한 블랙힐즈가 멀리 어렴풋한 회색 형상으로 나타났다. 다음 날에는 러시모어 산의 큰바위얼굴을 보고, 또 그다음 날에는 쿠스터 장군의 마지막 전투 현장이었던 리틀 빅혼(라코타-샤이엔 원주민 연합군이 미 육군 제7기병연대와 전투를 벌여서 이긴 곳-옮긴이)을 찾아봄으로써 관광객의 의무를 다할 참이었다. 이런 계획을 세운 채 나는 래피드시티 외곽에 있는 야영지를 찾아갔다. 고속도로에서는 제법 떨어진 곳이었다. 이런 곳이라면, 누가 나를 찾는다 하더라도 고속도로변에 있는 모텔보다는 훨씬 찾기 어려울 것이라는 계산이 섰기 때문이었다. 게다가 나는 야영을 좋아했다. 일상을 벗어나는 즐거움을 누릴수 있기 때문이었다.

그 작은 오아시스는 물이 말라 있었다. 나는 렉스에게 물을 떠서 주고 야영 준비를 했다. 텐트를 세우는 일은 아무것도 아니었다. 스미스는 이런 나의 모습을 신기한 듯 바라보았다.

"한 번 더 얘기해보게. 모텔이 아니라 굳이 여기를 선택한 이유를."

"인격을 수양하기 좋은 곳이잖아요."

두 건의 암살 미수 사건이 있었고, 그 표적이 바로 나라는 이야기를 아직 스미스에게 하지 않고 있었다. 명확한 증거가 없었을 뿐 아니라 굳이 스미스에게 부담을 안기고 싶지는 않아서였다. 그러나 스미스가 프랑스에서 봉건주의와 맞서 싸움을 벌였으며, 또 프랑스혁명으로 피비린내 나는 폭풍이 몰아쳤다는 얘기를 아침에 본인 입으로 들은 뒤 마음을 바꾸었다. 스미스도 이런 식의 살해 음모에 익숙할 것이라는 생각이 들었기 때문이었다. 내 주변에서 일어나는 일을 그에게 얘기했을 때 그가 어느 정도 놀랄 수도 있겠지만, 누군가가 내 목숨을 노리는 일을 포함해 모든 상황을 솔직하게 털어놓기로 했다. 나와 계속 함께 여행할 것인지, 혹은 헤어질 것인지 선택할 권리는 스미스에게 있으니까.

스미스가 자기 짐을 텐트 안으로 다 옮긴 것을 보고 나는 드디어 그 얘기를 했다.

"여기 잠깐 앉아보세요. 제가 지금 하는 얘기를 교수님도 잘 이해하시리라 믿습니다."

스미스는 눈을 커다랗게 뜨고, 다음 말을 기다렸다. 어차피 쉽지는 않을 것 같았다.

"제가 중요한 어떤 걸 알았습니다. 총격에 관한 이야깁니다."

그가 눈을 가늘게 떴다. 그리고 차분한 목소리로 물었다.

"그러니까……, 누가 나를 죽이려 한다는 말인가?"

"교수님을요?"

나는 할 말을 잊어버렸다.

"그래. 나도 짐작은 했네. 솔직히 말해서 어려운 짐작도 아니야. 파란색 세단을 타고 총을 겨누었던 그 친구의 눈을 어떻게 잊을 수 있겠나? 자네에게 금방이라도 구멍을 내버릴 것 같은 기세더군. 그런데 그 눈을 오페라극장 앞에서도 봤잖아."

"교수님, 정신 차리세요! 교수님은 과거에서 온 그냥 하나의 목소리일 뿐입니다. 그 사람들이 노리는 것은 접니다. 그 사람들은 제가 자기들에게 불리한 어떤 방책을 마련했다고 생각한다고요."

"아니야! 그건 커다란 그림 퍼즐의 작은 한 조각 그림일 뿐이야. 내가 바로 그 사람들이 입을 다물어주기를 바라는 사람이네."

도저히 믿을 수 없다는 내 표정을 읽은 그는 눈을 반쯤 감고 다시 말을 이었다.

"내가 망각 속으로 사라져버린다면 누가 가장 이득을 보겠나? 내가 사라지면 누가 가장 좋아하겠느냔 말이야."

스미스는 손으로 바닥을 세게 치고 계속 말을 이었다.

"내가 살던 시대와 달라진 게 거의 없어! 거대 기업, 거대 정부, 거대 교회, 권력이나 부를 강탈해서 차지하는 그 모든 것들! 그들은 나를 없애려는 동기를 충분히 많이 가지고 있지. 월드켐처럼 가격을 조작하거나 경쟁을 철폐하고 싶어하는 기업, 권력 놀음에 푹 빠져 있는 관료 그리고 그 밖에 POP와 같은 수많은 존재……."

그는 머리를 저었다.

"이 사람들은 절대 사라지지 않을걸세. 그들은 제각기 다른 모습을 하고 있지만, 결국에는 모두 중상주의자들이야. 다른 사람들을 희생해서 자기 이득을 챙기려고 안달이지. 지지를 받는다는 명목으로! 그런데 내가 걸림돌이 된다는 말이지."

그는 마치 성당의 사제가 하듯 내 어깨에 자기 한 손을 얹고 계속 말을 이었다.

"리치, 세상을 바꾸고 혁명으로 이끄는 것은 사상이네. 그리고 내 사상이 예전에 그랬는데, 내가 다시 돌아옴에 따라 혁명의 풍파가 다시 일어난 거야."

그는 잠시 말을 끊었다가 다시 이었다.

"물론 내 사상은 지금의 이 시대에는 우스꽝스럽게 비치겠지. '이윤(profit, 이익)'이라는 말도 이미 더러운 말이 되고 말았으니 더 말을 해서 무엇 하겠냐만은……."

스미스의 말에 나는 할 말을 완전히 잊어버렸다. 나는 야영 의자에 가서 구부정하게 앉았다. 스미스는 다시 원래 모습으로 돌아가서 공을 가지고 렉스와 장난치며 놀았다. 내가 마련한 방책과 내 논문을 아무것도 아닌 시시한 것으로 생각하다니. 게다가 사람들이 자기를 표적으로 삼아 공격한다고 생각하다니! 못 말리는 자기중심주의적인 태도였다. 정말 터무니없는 발상이었다. 그러나 그만해야 할 것 같았다. 나는 머리를 긁었다. 드람뷔를 한잔 맛있게 마시고 싶은 마음이 간절했다. 그런데 '이윤'을 더럽다고 했던 스미스의 마지막 발언이 계속 마음에 걸렸다. POP가 '피플오버프로핏'의 약자임을 알고 있었기 때문이다.

이윤이라……. 나는 마치 꿈에서 깬 듯 자세를 바로 하고 앉았다. 애덤 스미스와 이윤! 머릿속으로 그 가능성을 더듬었다. 스미스의 여러 이론은 명쾌했지만, 초심자들을 헷갈리게 할 수 있었다. 이윤에 대한 스미스의 저 유명한 통찰이 이번에 우리에게 일어난 그 곤란한 문제들의 원인이 될 수 있을까? 스미스는 온갖 역설을 즐겼는데, 그런 역설들 가운데 하나는 기업이 단기간에 높은 이윤을 올릴 때 실질적으로 소비자에게 유리할 수 있다는 것이었다.[5]

건전한 경쟁이 작동하는 시장에서는 어떤 제품에 대한 수요가 늘어나면 가격이 상승한다. 예를 들어, 석유를 놓고 보면 이런 양상이 분명하게 드러난다. 가격이 좀 더 높아졌다는 것은 구매자가 석유를 좀 더 많이 구매하려 한다는 명백한 신호다. 따라서 석유 생산자는 한동안 좀 더 많은 '초과' 이윤을 얻을 수 있다. 그러나 진입 장벽이 없는 시장일 경우에는 새로운 경쟁자들이 이 고수익 영역에 진입하고 싶은 유혹을 느끼면서 토지와 노동과 자본을 추가로 이 시장에 투입한다. 이렇게 해서 시간이 지나면, 늘어난 석유 공급 때문에 가격은 자연스러운 수준으로 다시 낮아진다.[6] 이렇게 해서 장기적으로 볼 때 소비자는 가장 낮은 가격에 좀 더 많은 석유를 살 수 있는 이득을 누린다.

그러나 이런 '자연스러운' 질서는 놓치기 쉽다. 가격 등락이 심한 시장은 국외자의 눈에 일관성이 없을 뿐 아니라 위협적인 것으로 비친다. 어느 날에는 수요가 빗발쳐서 가격이 하늘을 찌르다가도, 어느 날에는 새로운 유정이 발견되거나 석유 추출 기술이 획기적으로 개선되어 가격이 곤두박질친다. 누가 보더라도 명백한 이런 혼란은 정부의 개입을 부른다. 무너진 것처럼 보이는 시장을 '고쳐서 바로잡겠다'는 개입이다. 그리고 이 개입의 본질은 가격을 정부가 정하는 것이다. 그러나 애덤 스미스는 시장의 자율적인 규제를 신봉했다. 이때 시장은 '보이지 않는 손'처럼 중앙집권화된 통제나 계획이 없이도 자원을 수익이 좀 더 높은 영역으로 이끈다. 자연스럽게 결정된 가격이나 임금, 이윤을 인위적으로 조작하려고 개입할 경우에는 상황이 더욱 나빠지기만 할 뿐이다. 이런 결론은 두 개의 결정적인 가설을 전제로 한다. 하나는 시장에서 경쟁이 이루어져야 한다는 것이고, 다른 하나는 오염 등과 같은 외부 요인들이 해를 끼치지 않아야 한다는 것이다.

스미스가 말한 '자연스러운' 질서는 매머드 윤활유와 같은 석유 생산자들에게는 끔찍한 개념이다. 왜냐하면, 장기적인 경쟁으로 인해 이윤이 제한받기 때문이다. 매머드 윤활유가 다시 높은 이윤을 얻을 수 있는 유일한 길은 (더 나은 섬유 첨가제를 개발함으로써) 생산성을 높이거나, 공정처리나 마케팅 과정을 좀 더 싸게 수행할 수 있는 장치를 개발하는 것이다. 이것이 바로 애덤 스미스가 가졌던 위대한 통찰들 가운데 하나다. 즉, 기업이 계속해서 이윤을 추구할 때 끊임없는 혁신과 기업의 변신으로 이어질 수밖에 없다는 것이다. 모든 기업은 살아남기 위해 스스로 변신해야 한다.

그러나 혁신에는 비용이 많이 들어간다. 매머드 윤활유 입장에서는 어떤 교묘한 방법을 동원함으로써 이윤 폭을 예전 수준으로 높일 수 있다. 그 방법은 바로 경쟁을 제한하는 것이다. 이 방법이 성공하면 석유 물동량이 줄어들고 소비자 가격이 높아진다. 결국 매머드 윤활유는 두둑한 이윤을 챙긴다. 이것이 바로 석유왕 존 D. 록펠러가 이른바 '강도 귀족(악덕 자본가)' 시대에 자행한 방식이었다. 또 그 이유로 욕을 먹었던 방식이기도 했다. 록펠러가 이런 비난을 듣고 난 뒤 스탠더드오일은 여러 개의 회사로 해체되었다(스탠더드오일은 1890년 기준으로 미국 내에서 88퍼센트의 시장점유율을 기록했는데, 1906년 독점금지법인 '셔먼법'에 따라 고소당했다. 그리고 최고재판소의 해산 명령을 받아 1911년에 33개 회사로 해체되었다 – 옮긴이). 오늘날에도 석유수출국기구(OPEC)가 이 방법을 쓰려고 노력한다. 생산자들 사이에 필연적으로 일어날 수밖에 없는 이런 유착 때문에 애덤 스미스는 기업가의 동기를 매우 냉소적인 눈으로 바라보았다. 이런 집단은 경쟁과는 대립하는 이런 방향에 대해 각별한 관심을 가진다.

그 결과, 어떤 나라에서는 실질적 경쟁이 이루어지지 않는 자본주의 체제가 형성되었다. 예컨대, 권력자들이 경제계 실력자들과 결탁해서 이른바 '정실 자본주의(Crony Capitalism)'를 만들어낸 것이다. 이런 체제에서 이득을 보는 사람들은 정치적으로 좀 더 강력한 권력을 가지게 된다. 아무튼, 이런 상황에서는 부패를 척결하기가 한층 어려워진다. 가난하고 억압받는 계층은 자본주의가 음모적으로 진행되어 자기들은 터무니없는 기업 이윤에 의해 착취당하는 철저한 피해자가 되고, 또 이런 체제를 유지하기 위해 정치적 억압이 필연적으로 동반될 것이라고 생각한다. 경제학을 제대로 알지 못하는 사람은 거대하고 복잡한 그림 퍼즐의 한 조각만 바라본다. 그는 진정한 경쟁적 시장에서 이윤이 수행하는 유용한 사회적 역할을 제대로 파악하지 못한다. POP와 같은 과격한 단체는 아마도 부패한 체제에서 발생하는 이런 독점적 이윤에 초점을 맞출 것이다. 이런 단체는 그 모든 사악함의 상징적인 인물이 애덤 스미스라고 오해하고, 그를 죽이는 것이야말로 정의를 실천하는 일이라고 생각할 수도 있다.

그렇다면 스미스가 되살아나 영적 대화를 나눈다는 사실을 POP는 어떻게 알았을까? 그리고 스미스가 암시하는 위험이란 구체적으로 무엇일까? 머릿속에서 온갖 생각들이 치고받으며 들끓었다. 만일 POP가 우리를 추적하고 있다면 스미스가 한 말도 어느 정도 일리가 있을 터였다. 하지만 다른 한편으로는, 러시아의 자산을 매입하려는 월드켐의 계획을 구체적으로 실행할 방안이 잘만 되면 엄청난 돈을 벌어다 줄 정도로 가치가 있을 수도 있었다. 나로서는 후자의 가능성을 결코 외면할 수 없었다. 어쩌면 나나 스미스 두 사람의 목숨이 모두 위험할 수도 있었다.

"이제 알아들었나?"

스미스가 옆에 와서 앉으며 물었다. 나는 고개를 끄덕였다.

"나한테 화난 건 아니지?"

"이런 이야기를 왜 좀 더 일찍 해주시지 않았습니까?"

"했다면? 했다면, 내 이야기를 믿어줬겠나?"

그는 한숨을 길게 내뱉은 뒤 말을 이었다.

"자네 생각에는 내가 어떻게 하면 좋겠나? 도망쳐버릴까? 해럴드가 나를 완전히 밀어내게 해서 이제 다시는 세상을 위한 어떤 목소리도 내지 말까? 그런데 설령 내가 그렇게 한다 하더라도 우리를 뒤쫓는 녀석들은 수단 방법 가리지 않고 해럴드를 해치려 들지 않을까? 내가 이미 떠나고 없다는 사실을 알지 못하고 말일세. 그래서 말인데……, 아무리 생각해봐도 내가 다시 나타나면서 하고자 했던 일을 온전히 끝내는 편이 더 나을 것 같아, 내 생각에는."

* * *

스미스가 낮잠 자는 동안 나는 야영장 사무실로 가서 공중전화에 동전을 한 주먹 밀어 넣었다. 화요일 오후였다. 이때는 한 주 가운데서도 라티머 교수가 케임브리지에 있는 자기 사무실에서 학생들과 면담하는 유일한 시간이었다. 첫 번째 신호음이 떨어지자 에다가 받았다.

"리칩니다."

"어머, 리치!"

에다는 잠시 망설이는 기색이더니 목소리를 낮춰 말했다.

"얼마나 걱정했는지 아세요? 여기서 무슨 일이 일어났는지 교수님은 상상도 못 하실 거예요."

에다는 POP가 살해 협박을 했다는 사실, 사무실 직원 모두를 보안 요원이 철저히 보호한다는 사실, 그리고 사무실 직원들이 모두 나를 미친 듯 찾고 있다는 사실을 차례로 일러주었다. 그런 다음, 라티머 교수에게 연결했다. 곧 해병 출신의 귀에 거슬리는 목소리가 들렸다.

"젠장! 번스, 자네 발톱을 줄 하나로 꿰어 공중에 매달아야 정신 차리겠나? 한국전쟁 때 다 배운 거니까 각오해! 잠깐만……."

라티머 교수가 누군가에게 나중에 다시 오라고 말하는 게 들렸다. 나는 갑자기 중요 인물이 된 것 같은 기분이 들었다. 그러나 기분이 썩 좋지만은 않았다.

"지금 전화하는 데가 어딘가?"

"중서부에 있습니다. 공중전화고요."

"빌어먹게 많은 도움이 되겠구먼, 젠장! 연방정부가 지금 이 통화를 도청하고 있으니까 명심하게. 그 친구들이 지금 자네가 어디 있는지 알아낼 거야. 제대로 말해주는 게 좋을 걸세."

그래서 나는 정확한 현재 위치를 일러주었다.

"이봐, 번스……."

라티머가 뭐라고 말했다. 내가 그의 말을 잘랐다.

"누가 교수님을 쫓는지 압니다. 우리가 예전에 점심을 함께 먹을 때 만났던 사람……. 교수님이 예전에 지도했다는 학생……. 이름이 맥스 헤스였던가요?"

"자네가 한발 늦었네. FBI가 어제 여기 와서 시카고에서 찍었다는 영상물을 보여줬네. 내가 그 친구를 확인했지. 근데, 자네는 어떻게 알았나?"

나는 고속도로에서 총격을 당했던 일과 오페라극장 앞에서 있었던 일을 들려주었다.

"CCTV 영상을 보고 헤스를 알아봤습니다. 검은 가발을 쓰고 있었지만요."

하지만 나는 누가 내 논문의 초고를 훔쳐갔다는 말은 하지 않았다.

라티머는 내가 한 말을 흘려들으며 말했다.

"대담하게도 그렇게 훤한 데서, 또 그렇게 많은 카메라가 있는 데서 사람을 죽이려고 한 걸 보면 그 친구는 사람들의 관심을 끌려고 그랬던 게 분명해. 우리가 찾는 게 뭔지 알고 나니 그 친구가 자네를 쫓고 있다는 걸 알겠더군. 내가 그 영상물에서 자네가 있다는 걸 알아보니 FBI에서는 곧바로 사람을 풀더란 말이지. 그런데 자네는 도대체 뭘 하고 있나?"

"이런저런 생각 좀 하느라고요."

"허 참……. 이봐 번스, FBI가 언론에 뭐라고 밝히긴 했지만, 실제로는 그보다 더 많은 것을 알고 있어. POP는 진짜 심각한 문제야. 당장 이리 와야 해, 알아?"

"보스턴으로 말입니까?"

"이렇게 멍청하긴. 자네 목숨이 위험하단 말이야! 월드켐에서도 자네를 안전한 곳에서 보호해주기로 했네. 거기에서 논문 마지막 장을 조용히 마무리할 수 있을 거야. 자네가 필요로 하는 건 보안 요원들이 도서관에서든 어디에서든 얼마든지 찾아줄 걸세. 젠장, 어떻게 하다 보니, 나도 이 일에 너무 많은 걸 걸어버렸단 말이야."

라티머는 조금도 변하지 않았다. 물론 그는 나를 걱정하긴 했지만, 사실은 민영화와 관련해서 내가 도출할 공식을 자기 손에 넣지 못하게 될까 봐 더 걱정하는 것 같았다.

"잠깐만요. POP가 진짜로 추적하는 사람이 누구인지 압니다."

"나하고 자네지 누구겠나? 헤스조차 월드켐 입찰 건에 대해 훤히 아는 이 마당에 농담 따먹기나 하고 있을 땐가?"

"그게 아니라, 교수님……."

라티머가 다시 내 말을 자르지 못하도록 급하게 말을 쏟아냈다.

"예전에 점심을 함께 먹던 자리에서 제가, 폭우가 쏟아지던 날 밤에 우리 집을 찾아왔던 어떤 사람 얘기를 말씀드리려 했던 거, 기억하시죠? 그 사람이 바로 그들이 추적하는 인물입니다."

그리고 그 사람은 다름 아닌 애덤 스미스다, 라는 말까지 하려고 했다. 그러나 기어코 라티머가 내 말을 잘랐다.

"이봐 번스, 딴소리하지 말고 일단 이리로 와. 온 다음에 모든 얘기를 다 해보란 말이야."

"지금 그 얘기를 들어주실 수는 없습니까?"

그렇게 말하고, 라티머의 대답을 기다렸다.

"빨리 오라니까 뭐해! 비행기를 잡는 대로 다시 전화해. 월드켐 사람을 공항으로 보낼 테니까."

* * *

내가 필요로 하는 모든 것을 알아냈다. 놀라울 것도 없었고 반가울 것도 없었다. 나는 케임브리지의 라티머 교수 연구실로 갈 수도 있었다. 아니면, 모든 걸 운에 맡기고 스미스와 함께 여행을 계속할 수도 있었다. 어려운 선택은 아니었다. 예정대로 요세미티로 갈 생각이었다. 하지만 모든 사람이 예상하는 그런 길을 따라가지는 않을 터였다.

전화를 끊고 20분 만에 스테이션 왜건에 시동을 걸었다. 렉스는 안전장치를 달아 안전띠에 묶었다. 스미스는 뭔가 이상하다는 눈치이긴 했지만, 불평하지 않았다. 물론 질문도 하지 않았다. 고속도로로 향해 가다가 도중에 편의점에 들러 기름을 채웠다. 현금지급기에서 남아 있던 돈을 몽땅 현금으로 찾았다. 그런 다음, 시골길을 타고 남쪽으로 향했다. 그렇게 160킬로미터쯤 간 뒤 서쪽으로 나 있는 도로로 갈아탔다. 스미스가 지도를 보고 길을 찾았다. 우리는 텅 빈 대지를 가로질러 남쪽으로, 또 서쪽으로 달렸다. 도중에 마주친 사람이나 차는 거의 없었다.

밤이 되자 창문을 내렸다. 시원한 바람이 얼굴과 팔을 때리게 해서 잠을 쫓으며 계속 자동차를 몰았다. 갈 길은 멀었다. 우선, 가야 할 물리적 거리라는 측면에서 그랬다. 또, 오늘 알게 된 사실들을 하나로 꿰어 온전히 이해해야 한다는 측면에서도 그랬다. 스미스는 나의 말동무가 되어주기 위해 깨어 있으려고 필사적으로 노력했다. 그의 눈은 피로감으로 퀭했다. 그러나 눈빛만은 긴장감으로 반짝거렸다.

"사람이 어떻게 해서 무지막지한 살인자가 될 수 있죠? 맥스 헤스처럼 아무리 사악한 괴물이라고 하더라도 말입니다."

그러자 스미스는 이렇게 대답했다.

"남을 깊이 이해하려면 먼저 자기부터 평정심을 가져야 해.[7] 만일 혹독한 일을 당해 궁지에 몰려 있다는 느낌이 들 때는 다른 사람에 대해 생각할 수 있는 여력조차 없어지거든."

헤스의 우울한 눈빛과 초조해하던 행동에서 나는 그의 내면이 무척이나 황폐하다는 인상을 받았었다. 나는 라티머한테 들은 이야기를 스미스에게 들려주었다. 맥스 헤스가 어느 여름 한철에 볼리비아에서 얼마나 많은 박탈감과 빈곤을 경험했는지도 이야기해주었다. 또, 그 뒤에는 완전히 다른 사람이 되어 돌아와 자본주의에 반대하는 활동을 하고 있다는 사실도 말했다. 그 바람에 그는 라티머의 눈 밖에 났으며, 결국 학위도 따지 못한 채 쫓겨나고 말았다는 이야기까지 다 했다.

"라티머 교수가 헤스가 겪었던 마음의 고통에 공감하지 못했다니 비극이군! 만약 내가 알게 된 나의 불운에 자네가 어떤 동류의식도 느끼지 못한다면, 자네와 나는 서로를 참을 수 없는 존재로 느낄 수밖에 없을 거야.[8] 자네는 나의 폭력성과 열정에 당황할 것이고, 나는 자네의 냉담함과 무감각에 분노할 거야. 헤스는 라티머의 무관심에 분노했어. 이 분노 때문에 헤스는 그런 행동을 하게 된 거야."

스미스는 내 어깨를 부드럽게 몇 차례 두드렸다.

"자네는 지금 감정에 대해, 그리고 그 감정을 다른 사람과 나누는 것에 대해 막 생각하기 시작한 거야."

그 수수께끼 같은 말을 하고 스미스는 눈을 감았다. 나는 숙제처럼 던져진 그 문제를 놓고 곰곰이 생각했다. 나는 감정에 대해 많은 것을 알지는 못했다. 그러나 내가 가진 모든 논리력을 동원해서 이 이상한 사건에 우리가 휘말리게 된 과정이나 이유를 어떻게든 알아내야 했다. 만일 헤스가 노리는 표적이 스미스라면 헤스는 어떻게 그의 존재를 알게 되었을까? 해럴드가 영적 대화를 나눈다는 사실을 나와 줄리아 말고 또 누가 알고 있을까? 좋은 질문들이었지만, 답은 오리무중이었다.

Chapter 13

감정에 관한 애덤 스미스의 생각

다음 날 해가 뜰 무렵, 여행을 시작한 이후의 자동차 주행거리는 딱 900마일(약 1,500킬로미터)이었다. 중서부 지역을 한참 많이 지나왔다. 밤을 꼬박 새우며 운전했다. 그날 밤, 달빛 아래 달린 건 아마 우리뿐이었을 것이다. 맥스 헤스가 캄캄한 밤의 어둠을 헤치고 달리는 운전기술을 가지고 있지 않은 한 말이다. 유타의 남부 고원으로 내려가는 동안 콜로라도의 로키 산맥이 끝도 없이 펼쳐졌다. 사암(沙巖)으로 만들어진 기념물과 화강암 지형, 끝없이 이어지는 깊은 협곡, 깎아지른 듯한 절벽들을 지났다. 아침 햇빛은 붉은색이었다가 주황색이었다가 자주색으로 바뀌었다. 모아브(유타 주에 속한 도시 – 옮긴이)에서 기름을 넣고 먹을 걸 샀을 뿐 나머지 시간은 쉬지 않고 계속 서쪽으로 달렸다. 그러다 보니 문득 관광에 대한 아쉬움이 밀려왔다. 이런저런 볼거리들을 느긋한 마음으로 봐야 하는데…….

나는 손가락으로 핸들을 톡톡 두드리며 말했다.

"바빠서 관광도 못 하네요, 그렇죠?"

스미스도 고개를 끄덕였다.

카페인 덕분에 간신히 눈을 뜨고 있긴 했지만, 몸은 물먹은 솜뭉치처럼 완전히 녹초 상태였다. 한 시간 뒤, 빛이 바랜 주립공원 안내 표지판이 보였다. 그 공원으로 이어지는 길은 구불구불했다. 게다가 비포장이었다. 향나무 숲을 관통하고도 한참 더 내려갔다. 코다크롬 베이슨이라는 이름의 작은 야영지가 나타났다. 이름이 이상하다 싶었다. 아니나 다를까, 안내판에는 『내셔널 지오그래피』의 사진작가가 예술적 표현을 연상시키는 온갖 색채들과 형상들을 보고 장난스럽게 붙인 이름이라는 설명이 적혀 있었다.

"공원 세계도 승자 독식 사회네요."

"응?"

"브라이스나 자이언에 있는 거대 국립공원이 관광객들을 모조리 싹쓸이할 때, 여기에 있는 바위 분화구나 석회암 아치들이 그런 곳의 풍경 못지않게 훌륭함에도 여기를 찾는 관광객이라곤 좀처럼 찾아볼 수 없으니 말입니다."

물론 사람들이 전혀 없지는 않았다. 야영을 즐기는 집단은 여기저기 제법 있었다. 그들은 그 메마른 땅에서 고립감을 즐기고 있던 터라 우리에게는 신경도 쓰지 않았다. 나는 기지개를 켜고 입이 찢어지라고 하품을 한 다음 스미스에게 말했다.

"숨어 있기에는 나쁘지 않네요."

* * *

다음 날, 우리는 온종일 잠을 잤다. 그다음 날도 오전까지 계속 잤다. 중서부 지역을 쉬지도 않고 달려서 탈출하느라 피로가 누적된 모양이었다. 두 번째 밤을 보낸 날 저녁이 되어서야 우리는 가까스로 정상적인 상태로 돌아왔다. 스미스는 침울했다. 그런 심정 때문이었는지 저녁을 거의 먹지 않았다. 그사이 몸무게도 많이 줄었는지 허리띠의 구멍을 한 칸 줄여야 했다. 막대사탕으로 유혹해봤지만, 딱 한 입만 베어 물더니 옆으로 치워버렸다. 그러고는 무겁게 다물었던 입을 열었다.

"얘기 좀 할까?"

우리는 텐트 안에 자리를 잡고 앉았다. 스미스는 에어 매트리스에 앉았다. 이건 스미스를 위해 특별히 산 물건이었다. 렉스는 혀를 늘어트린 채 헐떡거리며 마치 경비견이라도 되는 양 텐트의 앞문을 지켰다. 나는 양반다리를 하고 앉아 녹음기를 켰다.

"준비되었습니다."

"오래 차를 탄 덕분에 여러 가지 것들을 생각했네. 자네는 내게 물었지. 헤스가 무엇 때문에 화가 났고, 또 무엇 때문에 살인자처럼 끔찍한 일을 저지르려고 하는지 말이야. 자네 질문을 받고, 문득 내가 살던 시대의 어떤 인물이 떠오르더군. 토머스 홉스라는 사람이야. 홉스는 명석한 사람이었지. 그러나 어떤 점에서 보면 그 사람은 내가 평생을 바쳐 반박했던 바로 그 길을 걸어갔어."

그의 목소리는 힘없이 잦아드는가 싶다가 다시 커졌다.

"홉스는 자네가 '나' 중심적인 사고방식이라고 부르는 것을 대중적으로 확산시킨 사람이네. 도덕적 판단은 오로지 자기애만을 바탕으로 해서 이루어진다는 게 그의 생각이었지."

"그런 견해는 꽤 널리 알려졌지만, 그다지 많은 사람이 홉스의 저작을 읽었을 것 같지는 않습니다. 어디까지나 추측이긴 하지만."

스미스가 고개를 끄덕이며 말을 받았다.

"요즘에 누가 책을 읽나? 아무튼, 홉스는 자연 상태의 삶을 끊임없는 전쟁의 연속이라고 보았지. 인생은 '외롭고, 궁핍하고, 역겹고, 잔인하고, 짧을' 수밖에 없는 거지. 인간은 자기 이외의 모든 사람과 싸우게 되어 있으니 말일세. 홉스는 국가가 등장하는 것도 바로 이런 맥락에서 설명하지."

스미스는 한숨을 길게 쉬고 나서 말을 이어나갔다.

"홉스는 자기 책 『리바이어던』에서 인간이 사회에서 피난처를 찾는 이유는 자기와 비슷한 종족인 다른 인간들에게 어떤 자연적인 친근감을 느껴서가 아니라 사회에 속하지 않고서는 안전하게 살아갈 수 없어서라는 가설을 설정한단 말이야."[1]

"매우 강력한 설득력을 가진 개념이지요."

"하지만 그 가설은 핵심적인 요점을 놓치고 있어. 그게 뭐냐 하면 말일세, 사람의 심장 박동은 사랑받고자 하는, 그리고 또 다른 사람을 즐겁게 해주고자 하는 열망을 의미한다는 사실이야. 사람은 그렇게 살도록 만들어졌어. 상식적으로 생각해보면 알잖아, 그렇지 않은가?"

그 부분에서 스미스의 감정은 격렬해졌고, 말도 빨라졌다.

"유인원에게 음식을 주고 안전을 보장해주는 대신 다른 유인원과 접촉하지 못하게 할 때 어떤 일이 일어나는지 생각해보란 말이야. 이 유인원은 힘들어하다가 결국 죽어버리잖아! 말을 하고 미술과 음악을 즐길 줄 아는 사람의 경우는 이런 경향이 유인원보다 열 배나 더 심하게 나타날 거야. 다른 사람을 향한 동료애를 알고 이해하고, 또 경험하는 것은 인생에서 필수적인 거야. 이게 없다면 우리는 뭐가 되겠나?"[2]

스미스의 강력한 주장을 듣고도 나는 의구심을 떨칠 수 없었다.

"진화심리학에 따르면, 생존과 생식 문제가 가장 중요한 변수거든요.[3] 사회적 행동이 인간이 성공적으로 번성할 수 있는 동맹을 형성하는 데 도움된다면 사회적 행동이 유전자적으로 각인이 될 수 있겠죠. 이타주의도 마찬가지고요."

"자네가 정 그렇게 원한다면 그쪽 노선을 따를 수도 있겠지. 자네 말은 자기애나 생존과 관계된 것이 아닌 한 '옳고 그름'이라는 것은 존재하지 않는다는 얘기잖아. 그렇다면 어떤 사람이 인생을 살아가면서 내리는 선택은 단순한 거래에 지나지 않는다는 얘기가 되어버린단 말이야."

논리상으로는 그랬다.

"사랑이 단순한 거래밖에 되지 않는다면, 우리는 어떻게 서로를 사랑할 수 있을까요?"

"내 말이 바로 그거야!"

스미스가 자세를 고쳐 앉으며 말했다.

"타인을 향한 공감이 과연 믿을 만한 것인지 생각해봐야지. 나는 그렇다고 봐. 『도덕감정론』 가지고 있나?"

나는 책을 찾아서 스미스에게 건네주었다.

"이 문제가 워낙 중요해서 나는 이 문제를 책머리에서 다뤘어. 첫 단락을 읽어줄 테니 들어보게."

인간이 아무리 이기적이라 하더라도 인간의 본성에는 몇 가지 원칙이 분명히 존재한다. 이 원칙들 때문에 사람은 누구나 다른 사람들의 운명에 관심을 가지고, 또 다른 사람들의 행복이 자기에게도 꼭 필요한 것이 된다. 비록 다른 사람들이 누리는 행복이 설령 '나'에게는 단지 그 행복을 바라보는 즐거움밖에 주지 않는다고 하더라도 말이다.[4]

스미스는 책을 밀쳐두고 말했다.

"이것이 바로 문제의 핵심이야. 사람은 다른 사람들의 행복을 바란다고 나는 썼네. 바로 이런 심리를 토대로 해서 도덕이라는 것이 형성되거든. 물론, 사람은 다른 사람을 이용하고 속이지 않는다는 말을 하는 게 아니야. 이런 일은 언제든지 일어나. 그러나 아무리 못돼먹은 악당이라 하더라도, 그리고 맥스 헤스처럼 사회가 정해놓은 법을 무자비하게 어기는 범법자라 하더라도 다른 사람들의 행복을 바라는 마음이 전혀 없지는 않단 말이야."[5]

멀리서 코요테 한 마리가 울부짖었다. 본격적으로 짖어대기에 앞서서 목을 푸는 일종의 서막이었다. 그 소리는 저물녘에 아비새(북미산 큰 새로, 물고기를 잡아먹고 사람 웃음소리 같은 소리를 낸다 – 옮긴이) 들이 내는 소리만큼이나 신비롭고 낭만적이었다. 문득, 저 코요테는 무엇 때문에 저렇게 울까 하는 생각이 들었다. 줄리아 생각이 났다. 그리고 정체를 딱 꼬집어서 말할 수 없는 어떤 회한에 사로잡혔다.

스미스는 계속 뭐라고 말을 했다. 내 생각이 다른 곳을 헤매는 동안 스미스가 말하는 내용 가운데 몇몇 부분을 놓치고 말았다.

"오해는 하지 말게. 우리는 모든 사람에게 똑같은 애정을 느낄 수는 없네. 사람과 사람 사이의 거리가 멀어지면 그만큼 공감 폭도 좁아질 수밖에 없는 건 당연하지. 하지만 나 아닌 다른 사람에게 어떤 진정한 감정을 느끼는 일은 얼마든지 가능하다네."

스미스는 잠시 생각에 잠겼다가 다시 말을 이었다.

"예를 들어 자네는, 자네가 인생을 살아가는 데 있어서 애정이라는 것이 실제로 존재한다는 사실을 믿지 않는 것 같아, 내가 보기에는. 자네가 지금 스스로 그렇게 비참하다고 느끼는 이유도 근본적으로 따져 보면 그런 인생관 때문이 아닐까 싶은데?"

나는 그 지적을 견딜 수 없어서 자리에서 일어났다. 그러거나 말거나 스미스는 자기 판단을 확신하는 표정으로 나를 바라보았다. 그 얼굴에 대고 나는 쏘아붙였다.

"말씀은 참 잘하시네요. 교수님 본인은 결혼해본 적도 없으면서."

그의 얼굴에 고뇌가 일었다. 그걸 읽는 순간, 나는 스스로 한 말을 후회했다.

"죄송합니다!"

그렇게 말하고 나는 텐트 밖으로 나와버렸다. 그리고 무작정 걸었다. 걷다 보니 어느새 야영장이 끝나는 경계 지역이었다. 야영하는 사람들이 피워놓은 화로가 여기저기 제법 있었지만, 밤은 꽤 어두웠다. 그 덕분에 유타의 밤하늘에 박혀 있는 수없이 많은 별이 선명하게 잘 보였다. 협곡의 우묵한 분지는 마치 거대한 망원경 같아서 수많은 별이 손에 잡힐 듯이 가깝게 보였다.

뒤에서 발소리가 들렸다. 돌아보지 않아도 스미스임을 알 수 있었다. 나는 돌아보지 않은 채 말했다.

"나는 내가 사랑을 한다고 생각했습니다. 그러나 곰곰이 생각해보니⋯⋯."

내 목소리가 잦아들었다.

"그러니까⋯⋯, 사랑을 삶 속에서 그냥 누린 게 아니라 사랑이라는 것을 딱 떼어냈다는 말인가?"

"예, 저는 내가 느끼는 감정을 의심했지요. 그 감정이 실제로 존재하는 것인지 아닌지 확인하고 싶어서 말입니다."

우리 두 사람은 잠시 아무 말 없이 은하수를 바라보았다. 그리고 천천히 텐트로 돌아왔다. 프로판가스 전등을 켜고 드람뷔를 작은 잔에 따라서 한 잔 마셨다. 우리 두 사람은 쿠션에 기대앉았다. 렉스는 내 곁에 웅크렸다.

내가 먼저 침묵을 깼다.

"우리가 착각하는 거면 어떡하죠? 개가 복종을 하고 꼬리를 살랑살랑 흔드는 것은 살아남기 위한 본능적인 행동일 뿐이거든요. 사람들은 대부분 자기가 키우는 개가 자기를 사랑한다고 착각하지만요."

나는 렉스의 머리를 쓰다듬었고, 스미스는 껄껄 웃었다.

"하하하, 자네는 개가 아니잖아. 그렇지 않나? 이걸 한번 보자고."

스미스는 텐트를 뒤져서 지방 신문 한 부를 꺼내 들었다. 언젠가 휴게소에서 산 신문이었다.

"자네, 이거 봤나?"

스미스가 내미는 신문 1면에는 전체 면의 3분의 1을 차지하는 기사가 실려 있었다. 그 기사의 제목은 '뒤랑고, 화재로 두 명 사망, 고아가 된 어린 남매'였다. 나는 소리를 내서 읽었다.

"이동주택에서 발생한 누전으로 인한 화재……. 배선 설비를 정비하려고 만졌던 사람은 과실치사로 기소……."

불길에 휩싸인 이동주택을 배경으로 해서 두 아이가 들것에 실려 나가는 끔찍한 사진도 있었다. 소년은 팔 하나를 잃은 상태였다. 소녀의 다리는 화상으로 심하게 훼손되어 있었다.

"슬픈 일이네요."

"자네 마음속에 어떤 감정이 생겼다는 걸 느끼겠나?"

"그야 물론이죠. 이 순진무구한 어린이들에게 가해진 폭력에 구역질이 나려고 합니다. 어떻게든 아이들을 돕고 싶은 마음이 생기네요."

"그런데 자네는 어째서 생면부지의 이 아이들을 걱정할까? 이 아이들과 금전적인 관계도 없고, 자네 생존의 문제가 이 아이들의 행복이나 불행에 따라서 달라지는 것도 아닌데 말이야."

나는 아무 말도 하지 않고 잠자코 있었다.

"자네는 이 아이들을 보고 믿을 수 있는 진심 어린 반응을 한 거야. 왜냐하면, 자네 상상력 가운데 어떤 부분이 이 아이들이 당하는 일에 공감하기 때문이지. 굳이 진화론적인 기원을 따지지 않는다 하더라도 그런 감정은 분명히 존재한다 이 말일세."

쟁점을 좀 더 정확히 인식하려면 마음이 없더라도 스미스의 말을 계속 반박해야 했다. 그러나 사실 그렇게 하기도 쉽지는 않았다. 그래도 나는 악마의 변호인 역할을 충실하게 수행하기 위해 고개를 저으며 반박했다.

"그 사진을 보고 그 아이들이 마치 내 아이들인 것처럼 반응했을 수도 있죠. 이런 점에서 보자면, 내가 그 아이들을 걱정한 것도 이기적인 유전자가 작동했기 때문이라고 얼마든지 설명할 수 있습니다."

"끼워 맞추기식 합리화지. 자네는 즉각적으로 공감했네. 이성적으로 자기에게 유리한 방식을 계산해서 나온 반응이라고 하기에는 너무도 빠른 반응이었어. 나는 『도덕감정론』에서 이 문제를 직접 다루었네."

스미스는 다시 책을 집어 들고 어떤 부분을 찾아 인용했다.

인간이 느끼는 모든 감정을 자기애가 특정한 방식으로 발현된 것으로 추론하기 좋아하는 사람들은 즐거움이든 고통이든 자기가 설정하는 원칙에 따라 아무런 문제 없이 설명할 수 있다고 생각한다. 이런 맥락에서 이 사람들은 다음과 같은 논리로 무장한다. 사람은 자기에게 약점이 있음을 알고 있다. 또한, 다른 사람들에게서 도움을 받을 필요가 있음을 알고 있으므로 이런 사람은 다른 사람들이 자신의 열정을 인정할 때마다 기뻐한다. 왜냐하면, 자기가 그 도움을 받을 수 있다고 확신하기 때문이다. 하지만 반대의 상황에서는 슬퍼하는데, 그 도움을 받을 수 없다고 확신하기 때문이다.[6]

스미스는 잠깐 멈추었다가, 다시 계속 인용했다.

그러나 즐거움과 고통을 느끼는 감정은 늘 즉각적으로 일어나고, 또 너무도 사소한 대상이나 계기를 통해 일어난다. 그러므로 이기적인 계산으로 그런 감정이 일어난다고 생각할 수는 없다.

인용을 마친 스미스가 나를 바라보았다. 나는 이렇게 말했다.

"이 책을 읽은 사람이라면 교수님을 오해할 수 없겠네요. 그러니까 교수님은 인간 행동의 동기를 모두 자기애로 돌리는 이론을 논박하신 거네요."

"바로 그걸세. 내가 다른 사람들에게 자연스럽게 공감할 때 내가 느끼는 기쁨은 커지고, 또 내가 느끼는 슬픔은 줄어들지.[7] 우리가 다른 사람들에게 느끼는 애정은 사실 이런 습관적인 공감이라고 할 수 있겠지."

어딘지 낯선 감정이 나를 휘감는 느낌이 들었다. 분석적이고 이성적인 생각이 잠시 중단되는 기분이었다.

"그러니까……, 그러니까 사랑이 실제로 존재합니까?"

스미스는 흠칫 놀라더니 웃음을 터뜨렸다.

"하하하! 알겠어. 자네가 왜 그런 말을 하는지. 자네 줄리아를 사랑하지?"

나는 고개를 끄덕였다.

"어떤 목소리와 대화를 나누는 해럴드 아저씨가 된 기분입니다. 요즘 제 머릿속은 온통 줄리아에 대한 생각으로 가득 차 있습니다. 줄리아의 두 눈동자, 줄리아의 미소, 줄리아의 피부에서 맡았던 향기, 줄리아의 웃음소리, 줄리아의 머릿결……. 정말 미치겠습니다!"

스미스는 고개를 끄덕이며 자기 손 하나를 내 어깨에 올려놓았다. 마치 사랑의 열병을 앓는 아들에게 아버지가 하듯이…….

"사랑에 빠진다는 것은 너무나도 자연스럽고, 심지어 어떤 경우에도 용서받을 수 있는 상상력의 어떤 열정이지.[8] 그러니 괜찮아! 하지만 적어도 제삼자의 눈에는 어쩐지 우스꽝스럽게 보일 수 있겠지.[9]"

어쩐지 바보가 되는 기분이었다.

"못 들은 거로 하세요."

"내가 생각하기에는, 어떤 위대한 도덕과 사랑에 빠지는 것과는 전혀 관련성이 없는 것 같아. 사랑에 흔히 동반되는 온갖 악덕을 생각해 보란 말이야. 사랑이 사람들을 파멸과 불명예로 이끌고 온갖 종류의 고뇌를 안겨주는 경우가 얼마나 많은가. 사랑의 결과가 이 시대를 살아가는 젊은이들에게는 때로 치명상을 입히기도 하잖나."

그는 자기 뺨을 손바닥으로 문지르며 잠시 생각에 잠겼다가 말을 이었다.

"쓸데없이 간섭한다고 욕먹을 수도 있지만, 이런 감정을 넘어서야 한다는 말을 자네에게 꼭 하고 싶네. 사랑에 빠진 어떤 열정이라는 이 상태를 사랑에 동반되고, 또 우리 모두에게 도움되는 다른 열정들, 즉 인간애, 관대함, 친절, 우정, 존중 등을 개발하는 토대로 삼아야 한다는 말일세."

스미스는 별이 총총한 밤하늘을 바라보면서 오늘 하루 가운데서 가장 따뜻한 목소리로 말했다.

"그걸 나눌 수 있는 용기를 가지게 된다면, 그게 바로 진정한 사랑이겠지."

* * *

나는 생각의 늪에 깊이 빠져들어 있었다. 스미스는 잠잘 준비를 했다. 스미스는 아까 이야기하면서 *끄집어냈던* 신문을 치우다가 문제의 그 화재 기사를 잠시 읽어보더니 혀를 찼다.

"쯧쯧쯧……, 야만인들 같으니라고! 전기 설비를 정비하려고 만졌던 수리공이 기소되었는데, 이 사람에게 마을 전체가 등을 돌렸다니……. 이걸 보니 툴루즈에서 있던 사건이 생각나는군. 그 사건 자네도 알지?"

"네? 모르는데요?"

나는 그게 무슨 사건인지 전혀 몰랐다. 스미스의 입은 마치 공부를 더 하라는 말을 하고 싶은 눈치였다.

"어떤 청교도인이 아들을 죽였다는 누명을 쓰고 유죄 판결을 받았네.[10] 그런데 사실 이 판결은 순전히 종교적인 편견과 대중적인 광란에 따른 잘못된 것이었어. 그 마을은 가톨릭을 신봉하는 마을이었거든. 이 사건으로 유럽 전체가 들썩거렸어. 그래서 볼테르가 그 남자의 무죄를 주장하고 변호하려고 나섰지. 하지만 그 남자는 이미 처형된 뒤였어."

스미스는 한 손으로 머리를 쓸어 올렸다. 그러면서 그는 신문의 그 화재 기사를 바라보며 혼잣말하듯 중얼거렸다.

"이번에는 늦지 않을 거야. 만일 볼테르가 여기에 있다면, 그 불쌍한 수리공을 구할 수 있을 텐데……."

스미스는 혼잣말하면서 멍하니 있을 때가 많았다. 그래서 나는 이번에도 그의 말을 그다지 심각하게 받아들이지 않았다. 그저 또 그러나 보다 하고 가볍게 넘겼다. 하지만 그러지 말았어야 했다. 그랬더라면 며칠 뒤 보안관에게 체포되어 구금되는 일은 없었을 것이다.

Chapter 14

줄리아와 상상 속 대화

다음 날 아침, 스미스는 늦잠을 잤다. 먼저 일어난 나는 설거지를 하고 쓰레기를 치웠다. 사우스다코타의 블랙힐즈에서 콜로라도의 로키 산맥을 넘어 유타로 들어오는 힘든 여정으로 스미스가 건강을 해치지나 않았을까 걱정스러웠다. 게다가 전날 밤에는 늦게까지 이야기를 나누었으니 아무래도 야영장에 하루 더 머물며 쉴 필요가 있었다. 마침 나는 생각해야 할 거리가 여러 개 있었다. 그 가운데 가장 먼저 해야 할 것은 요세미티로 향하는 여행을 계속할 때의 위험성이 얼마나 될지 판단하는 것이었다.

POP의 위협이 과연 실질적으로 얼마나 위험할까? 우리에게 가해졌던 두 차례의 공격은 거의 성공할 뻔했다. 그러나 그 공격들은 너무도 무모했고 어설펐다. 어쩌면, 작은 규모의 분파 집단이 독자적으로 수행한 소행일 수도 있었다. 혹은 맥스 헤스처럼 정신없이 날뛰는 인물이 개인적으로 벌인 짓거리일 수도 있었다. 한편, POP가 UN 주재 러시아 공사를 공격했다는 사실은 미국이 잘못되길 바라는 사람들과 POP가 좀 더 깊이 내통할 수도 있었음을 말해주었다. 만일 그렇다면 그들은 정교하고도 전문적인 공격 기술을 가지고 있을 수도 있었다. 그러므로 이 테러리스트들이 스미스와 내가 어디에 있든 우리를 찾아낼 수도 있다는 최악의 경우를 가정해두는 게 좋았다. 즉, 몬태나와 아이다호를 통과해 북쪽으로 향하면서 우리가 사용했던 신용카드가 단서가 되어 꼬리를 잡혔을 수도 있었다. 따라서 그들이 이미 우리를 미행할 수도 있다는 의미였다. 만일 그렇다면 해럴드의 누나 집을 그들이 이미 감시하고 있을 수도 있었다. 또는 내 집이나 학교에 도착한 내 우편물을 가로챘을 수도 있었다. 그것도 아니라면, 줄리아와 나누었던 전화 통화를 도청했을 수도 있었다.

손가락을 갈퀴처럼 만들어 렉스의 털을 빗질해서 검불을 털어내면서도 나는 생각을 멈추지 않았다. 내가 너무 예민한 걸까? 지난 며칠 동안 나는 신문이라는 신문은 모두 샀다. 오페라극장 앞에 일어난 사건을 다룬 기사는 단 한 줄도 없었다. 어쩌면 맥스 헤스가 종적을 감추면서 그 사건은 자연스럽게 사람들의 관심에서 멀어졌을 수도 있었다. 신문사들도 대중의 이런 마음을 반영한 결과일지도 몰랐다.

나는 그릇을 모두 챙겨 넣은 뒤 종이와 펜을 들고 피크닉테이블에 앉았다. 줄리아에게 하고 싶은 말이 너무도 많았다. 그동안 내가 어떤 일을 겪었는지, 지금까지 살아오면서 내가 놓치고 말았던 것을 어떻게 다시 깊이 생각할 수 있게 되었는지, 내가 어떤 마음으로 줄리아를

생각하는지……. 하지만 그런 것들을 글로는 도저히 모두 옮겨놓을
수 없음을 깨달았다. 10분 동안 고민을 하다가 마침내 이렇게 썼다.

정말 보고 싶은 줄리아에게

온전한 문장으로 당신에게 글을 쓰려니 기분이 이상하네요. 할 말은
정말 많지만, 어떻게 말해야 할지 모르겠습니다. 아무튼, 스미스 교
수님은 나에게도 도움이 되었습니다. 사실 내가 기대했던 것 이상의
특별한 방식으로 도움이 되었어요. 스미스 교수님을 내게 소개해야
겠다고 본능적으로 판단해주었던 그 일에 대해 고맙다는 말을 이렇
게 정식으로 하고 싶어요. 조금 새삼스럽긴 하지만요.

이 편지를 갤러리로 보내는 데는 어떤 사정이 있어서입니다. 쓸데없
이 당신을 놀라게 하고 싶지는 않지만, 스미스 교수님과 나는 지금
위험한 상황에 부닥쳐 있습니다. 어쩌면, 당신도 위험할지 모릅니다.
그래서 전화도 믿지 못하겠습니다. 그렇지 않았다면, 당신이 일부러
새로 설치한 자동응답기에 메시지를 남겼겠지요. 혹시, 당신이 내가
보낸 편지를 가지러 갈 때 수상한 사람이 어슬렁거리지는 않던가요?
혹은, 해럴드 아저씨 집에 어슬렁거리는 사람은 없던가요? 모쪼록
조심하세요.

　　　　　　　　　　　　　　　　　　당신을 그리워하며, 리치

봉투에 우표를 붙인 뒤 근처에 있던 야영장으로 느긋하게 걸어갔
다. 그 자리에 있던 야영객들은 짐을 싸서 픽업트럭에 실으며 떠날 채

비를 하고 있었다. 어디로 가느냐고 물어보니 북쪽으로 향한다고 했다. 그래서 그날 오후 아이다호에 도착할 때 보이시(아이다호의 주도-옮긴이)에서 편지를 대신 부쳐줄 수 있을지 물었다.

"편지요? 야영장 매점에 우편함이 있는데, 거기에다 넣지 왜요?"

"내 친구가 우편 소인을 수집하거든요. 보이시 우체국 소인이 찍힌 우편물을 받으면 좋아할 것 같아서요."

* * *

그날 오후 늦게 스미스와 나는 접의자에 앉아 흙빛으로 물든 협곡을 내려다보았다. 한 무리의 야영객을 태운 차가 우리 옆으로 지나갔다. 삼십 대 초반의 여자 세 명이었다. 그 가운데 빨간 머리 여자에게 스미스는 특별히 관심을 보였다. 자리에서 일어나 도와주겠다며 스미스가 그들에게 다가갔다. 일상생활에서 스미스는 무슨 일을 하든 서툴기 짝이 없었다. 그런 터라, 그의 이런 갑작스러운 행동이 나로서는 몹시 당황스러웠다. 빨간 머리 여자는 스미스의 제안을 정중하게 사양했다. 아닌 게 아니라, 여자들은 불과 몇 분 만에 야영 준비를 모두 마쳤다. 그리고 그들은 산악자전거를 꺼내 어깨에 메고 우리를 향해 손을 흔든 뒤 협곡 아래로 내려갔다. 렉스도 그들을 따라가다가 내가 서둘러 쫓아가 큰 소리로 부른 뒤에야 마지못해 발길을 돌렸다.

주변에는 온전히 우리 둘밖에 없었다.

"교수님, 지금까지 배운 걸 제가 한번 요약해볼게요. 홉스는 절대적인 선이나 절대적인 악은 존재하지 않으며, 모든 행동은 자기애라는 관점에서 도덕적인 정당성이 결정된다고 주장했습니다. 진화심리학의 현대적 관점에서는 감정을 생존과 생식을 위한 단순한 도구에 지나지 않는다고 봅니다. 그런데 교수님은 다른 사람들을 향한 관심과 배려가 가장 중요한 기준이며, 도덕적 판단은 공감을 이용해 정서적 반응을 연구하는 차원에서 이루어질 수 있다고 주장하십니다. 대충 맞죠?"

"대충이 아니라 기본적으로는 맞네. 나는 정부가 최소한의 통제만 행사하는 사회를 염두에 두고 있네. 이런 정부가 가능하게 하려면 무엇이 옳고 무엇이 그른지 판단할 수 있는 능력, 그리고 지나친 자기애를 제어하고자 하는 바람을 사람들이 가지고 있어야 해. 이런 바람은 저절로 생기는 게 아니고 갈고닦아야 하지. 건전한 양심이 발현되려면 평생이 걸릴 수도 있거든."

"그런데 홉스의 주장에 사람들이 어떻게 반응했습니까?"

"각양각색이었네. 교회는 도덕을 판단하는 데서 신을 제외하고, 신이 정한 법을 인정하지 않았다는 이유로 홉스에게 욕설을 퍼부었네. 합리주의자들도 대수학이나 기하학의 여러 법칙과 마찬가지로 논리가 도덕이 지닌 자연적이고 범주적인 여러 법칙을 밝힐 수 있을 것이라는 믿음을 가지고 있었기에 홉스를 비난했지."

"교수님도 그런 법칙들이 존재한다고 믿으십니까?"

"도덕의 '자연적' 법칙 말인가? 물론이지. 자네는 토머스 제퍼슨이 미국의 독립선언문 발상을 어디서 얻었다고 생각하는가? 독립선언문에는 이렇게 되어 있지. '우리는 다음을 자명한 진리라고 생각한다. 모든 사람은 평등하게 태어났고, 조물주는 몇 개의 양도할 수 없는 권리를 부여했다'라고. 하지만 이 '권리'는 과연 어디에서 나온 것일까? 이것은 자연 법칙에서 비롯되었단 말이야. 인간은 자연에 존재하는 중력법칙만큼이나 강력한 도덕법칙이라는 어떤 공통적인 것에 매여 있다는 원리지."

역사에 대한 나의 무지가 다시 한번 드러났다. 그런 표정을 읽었는지, 스미스는 내 어깨를 두드리며 격려했다.

"합리주의자들과 달리 나는 감정과 경험이 절대적인 도덕적 판단을 구분하는 핵심이라고 보네. 오해하지는 말게. 논리는 가치를 따질 수 없을 정도로 소중한 도구이긴 하지만, 분석만으로는 옳고 그름을 판단할 수 없으니 말이야. 데이비드 흄 선생님은 내가 살아 있는 동안 그런 발상을 부숴버렸지."

"오늘날 우리가 실제 사실과 이론을 다루는 실증경제학(positive economics)과 가치를 다루는 규범경제학(normative economics)을 구분하는 것도 바로 그런 이유죠?"[1]

"그렇지! 흄 선생님이 했던 작업이지. 그러고 보니 생각나는데……, 자네와 데이비드를 꼭 만나게 해주겠다고 내가 약속했지? 꼭 그런 자리를 만들어야겠어."

스미스는 자기가 했던 말을 두 번 이상 반복하는 일은 별로 없었다. 그런데 데이비드 흄과 만나게 해주겠다는 말은 벌써 여러 번 했다.

"영적 대화를 나누는 건 교수님 한 사람으로도 충분하니까 사양하겠습니다."

"아냐. 꼭 만나봐야 해."

그러더니 잠시 생각에 잠긴 듯하던 스미스가 말을 이었다.

"자네가 만나야 할 내 친구들이 몇 명 있어. 어쩌면 지금이 그때일지도 모르겠군. 너무 늦어버리면 소용 없으니까. 근데, 아무도 볼테르를 읽지 않는다는 사실을 나는 도무지 믿을 수가 없네. 정말 부끄러운 일이야!"

그 말을 끝으로 스미스는 갑자기 우울해졌다. 만일 내가 좀 더 관심을 기울였더라면, 그리고 그가 했던 마지막 말을 중요한 경고로 받아들였다면, 나는 그토록 많은 고생을 하지 않아도 되었을 것이다. 그러나 나중에 드러나듯이 불행하게도 그렇게 하지 못했다. 모든 것을 이 시대의 사법 당국에 맡기라고 설득했어야 했다. 또한, 그 골치 아프고 위험한 상황에서 스미스와 함께 빠져나왔어야 했다. 그러나 나는 스미스의 말을 대수롭지 않게 넘겨버리고 말았다.

스미스의 이마에 깊은 주름 여러 개가 잡혔다.

"약속! 약속! 오오, 주피터……(주피터는 '보이지 않는 손'의 주인이다-옮긴이)."

그는 등을 보이고 돌아서서 생각에 잠겼다. 옛날의 일들을 떠올리는 게 분명했다. 스미스가 이런 모습을 보이는 건 처음이었다.[2]

스미스는 한참 만에야 상념에서 깨어났다. 그는 내 무릎 위에 놓인 책을 가리켰다.

"이게 중요한 거야. 책 제목을 좀 봐. '도덕감정론(The Theory of

Moral Sentiments)'이잖아. 도덕적인 여러 감정에 대한 바로 그 이론. 단어 하나하나의 의미를 잘 살펴보란 말이야. 첫째, '이론'이 뭐지? 이론이라는 것은 인과관계를 일반화하는 거야. 결국, 이 책 제목이 말하는 것은 '도덕적인 여러 감정'에 대한 일반화야. 도덕적인 감정들이라는 것은 옳고 그름에 대한 감정을 말하는 거지."

"무슨 말씀인지 알겠습니다."

"그리고 내가 도덕적 감정들의 이론에 부정관사(a)가 아니라 정관사(the)를 붙인 것도 보편적인 이론이라는 의미를 보여주기 위해서지. 사실, 이걸 보면 내가 스코틀랜드 계몽주의 학파의 스승과 동료로부터 많은 도움을 받았음을 알 수 있을 거야."

나는 고개를 저었다.

"'보이지 않는 손' 그리고 푸줏간 주인이나 제빵업자의 이기적인 관심과는 꽤 동떨어진 것처럼 보입니다만……."

"훈련을 제대로 받지 못한 사람들이 보기에는 그럴 수도 있겠지. 하지만 경제학은 도덕철학으로 처음 출발했다는 사실을 절대로 잊어버리면 안 되네. 도덕성을 상업이라는 영역에 적용하는 문제를 논의하기 전에 먼저 도덕성 그 자체부터 탐구해야 한다는 말일세."

거기까지 말을 한 스미스는 힘에 부치는지 고개를 떨구었다.

"더는 못 하겠군."

그는 자리에서 일어나 휘적휘적 다른 곳으로 걸어가면서 말했다.

"혼자서 생각할 게 좀 있어."

　　　　　*　　*　　*

　다음 날은 더할 나위 없이 아름답고 맑았다. 산들바람도 시원했다. 나는 숨은 은신처인 이 야영장에서 하루 더 묵기로 마음먹었다. 아침 시간 내내 스미스가 했던 말을 녹음한 테이프를 분류했다. 오후에는 스미스의 정신이 또렷했다. 기분이 좋은지 평소보다 말도 많았다. 전날 자기를 그렇게 괴롭히던 문제들을 깡그리 잊어버린 듯했다.

　"나가 있게. 청소는 내가 하지. 나도 자네처럼 잘할 수 있으니까."

　"정말입니까?"

　의심이 가득한 내 표정을 보고, 그는 닭 떼라도 쫓듯이 손을 홰홰 저었다.

　"저리 가, 저리! 자네는 내가 하는 설명에 너무 오랫동안 매여 있었어. 가서 뭘 하든지 혼자 좀 즐기라고."

　자신만만한 그의 모습을 보자 마음이 놓였다. 도보여행 차림으로 갈아입고, 물과 치즈 그리고 과자를 챙겨 가방에 넣고 협곡으로 향했다. 해가 지기 전까지 돌아오겠다고 하고는 좁은 길로 들어섰다. 렉스가 앞장섰다.

　유타 외곽의 불모지는 깊은 협곡과 어딘지 후줄근해 보이는 구릉들로 장관을 이루었다. 게다가 가상의 세계에나 있을 법한 깎아지른 돌기둥들이 하늘로 우뚝우뚝 솟아 있어서 한층 강렬한 인상을 풍겼다. 줄리아가 이런 이국적인 풍경을 보았다면 어떤 그림을 그릴지 상상해보았다. 상상 속에서 줄리아와 함께하자, 모든 것이 실제보다 더 크고 밝게 보였다. 나는 조현병 환자처럼 곁에 있지도 않은 줄리아와 대화를 나누었다. 대략 한 시간쯤 지났을까? 그러는 동안 나는 사람들이 근사한 풍경 속에 왜 그토록 쉽게 갇혀버리고 마는지 알 것 같았다. 해가 기울어갈 무렵, 코요테 한 마리가 언덕 옆으로 난 길을 뛰어가는 걸 보았다. 저 녀석이 오늘 밤에도 그 신비스러운 울음을 울겠지 하는 생각을 하면서. 녀석이 시야에서 완전히 사라질 때까지 렉스의 목줄을 단단히 붙잡았다.

야영지가 내려다보이는 언덕에 오른 시간이 일곱 시 삼십 분경이었다. 평소 같으면 평온하기만 한 야영지에 불이 환했다. 사람들도 부산하게 움직였다. 그제야 나는 구급대 차량이 거기에 와 있다는 사실을 깨달았다. 그 차가 경광등을 번쩍거리고 있음도. 나는 달리기 시작했다. 그런 다음에야 누구의 텐트 앞에서 그런 소동이 벌어지는지 알아차릴 수 있었다. 그로부터 약 20분이 지난 뒤, 몇 번이나 넘어질 뻔한 다음에야 야영지에 다다랐다.

내가 도착했을 때 구급대원은 장비를 구급차에 싣고 있었다. 스미스는 간이침대에 누워 있었다.

"무슨 일입니까?"

나는 숨을 헐떡이며 물었다. 의사는 드람뷔 술병을 들어 보였다. 술병은 비어 있었다.

"할아버지가 술을 너무 많이 마신 것 같습니다."

근처에 텐트를 친 일행 가운데서 빨간 머리 여자가 다가왔다.

"저 아저씨가 나를 보더니 '사랑하는 캠벨 양'이라고 자꾸 부르지 뭐예요. 내가 그런 사람 아니라고 하자, 무척 슬퍼하시던데……. 내 이름은 콤튼이에요, 진짜로. 캠벨이 아니고요."

구급대원에게 상태가 어떠냐고 물었다. 의사는 나와 빨간 머리 여자를 번갈아 바라보며 말했다.

"자고 일어나면 괜찮을 거예요. 근데, 이 간장약이 텐트 안에 있던데……. 한 주 정도는 간호를 잘해야 할 겁니다."

"저는 저분 여자친구가 아니라니까요!"

"미안합니다! 다른 사람과 착각하신 모양입니다."

그렇게 말하고 구급대원에게로 돌아섰다.

"병원에 입원해야 하지 않겠습니까?"

"나도 그렇게 말했는데, 싫다고 합디다. 의료보험이 없다면서요. 아무튼, 여기에서 가장 가까운 병원은 3마일(약 5킬로미터) 떨어져 있으니까 참고하세요."

스미스를 간호하는 일은 쉽지 않을 게 분명했다. 지난번 교수회관에서 쓰러졌던 때를 생각하고 내린 결론이었다. 아무래도 나 혼자서는 하기 어려운 일이었다. 그래서 나는 신속하게 결정을 내렸다. 그리고 줄리아에게 전화하러 공중전화가 있는 매점으로 잰걸음을 놀렸다.

* * *

다음 날 아침, 눈을 뜨니 렉스의 두 귀가 뒤로 바싹 젖혀져 있었다. 놀랍게도 렉스는 송곳니를 드러낸 채 간이침대에 의식을 잃고 누워 있는 스미스 주변을 돌면서 으르렁거리는 게 아닌가! 나는 렉스에게 목줄을 채워 자동차로 데리고 갔다. 그리고 다시 돌아왔을 때 스미스는 간신히 눈을 떴다.

"스미스라는 사람과 당신이 날 또 죽이려 했구먼."

목소리는 가냘팠다. 말하는 동안 입가로 침이 흘렀다. 해럴드였다! 나는 그를 부축해서 일어나 앉히고, 알약과 함께 물을 건넸다. 해럴드가 알약을 삼킨 뒤 나는 지난밤에 줄리아의 화랑으로 전화했다고 말했다. 그제야 그는 얼굴에 미소를 띠었다. 줄리아가 올 것이라는 말도 해주었다.

"줄리아가 내일 여기 올 겁니다."

그러자 해럴드는 이렇게 말했다.

"근데……, 당신도 웃고 있네? 좋은가 보지?"

Chapter 15

'해럴드'와 '스미스'의 행방불명

다음 날, 해럴드는 비틀거리는 몸으로 일어났다. 그러고는 자기도 공항으로 줄리아를 마중하러 나가겠다고 고집을 부렸다. 해럴드를 혼자 두고 가는 게 더 걱정스러웠다. 그런 터라, 차라리 같이 있는 게 낫겠다 싶어 함께 나섰다. 세다까지는 자동차로 한 시간이나 걸렸고, 줄리아가 거기 오는 데 꼬박 하루가 걸렸다. 버지니아에서 여기까지 바로 오는 비행기가 없어서 애틀랜타와 솔트레이크시티를 거쳐야 했기 때문이다.

비행기에서 내린 줄리아는 약간 긴장한 표정이었다. 그러나 긴 여행을 하고 난 직후였음에도 그녀는 여전히 아름다웠다. 그녀는 해럴드를 따뜻하게 안아주었다. 계속 짖어대는 렉스에게는 그만 짖으라고 녀석의 코에 키스했다. 그 모습을 보고 있자니, 렉스에게 질투가 났다. 마침내 어색한 순간이 내 앞으로 다가왔다. 줄리아도 그랬고, 나도 그랬다. 포옹과 악수와 키스 가운데 무엇을 선택해야 할지 몰라 잠시 망설였다. 나는 이 어색한 순간을 여행 가방을 받으면서 활짝 웃는 것으로 얼버무리며 넘겼다.

"와줘서 고마워요!"

우리는 밤 열 시가 넘어서야 야영장에 도착했다. 줄리아가 사용할 텐트를 내가 대신 쳐주겠다고 했다. 줄리아는 큰 소리로 웃으며 괜찮다고 했다.

"영국 사람도 이런 것쯤은 할 줄 알아요."

자기 말을 증명해 보이려는 듯 줄리아는 자기 짐에서 텐트를 꺼낸 뒤 번듯하게 세웠다. 캄캄한 어둠 속이었지만, 십 분도 채 걸리지 않았다. 그녀는 매트를 깔고 슬리핑백을 꺼냈다. 그런 다음 나머지 짐들도 모두 깔끔하게 정리했다.

해럴드는 잠자리에 들었다. 나는 피크닉테이블에서 줄리아가 짐을 모두 정리하고 나오기를 기다렸다. 줄리아는 공항에서는 활기에 넘치는 것 같았는데, 그사이에 무척 지쳐 보였다.

'저렇게 힘이 들면서도 이 먼 곳까지⋯⋯.'

그녀가 얼마나 진심으로 걱정하는지 알 수 있었다. 나보다는 해럴드를 많이 걱정하는 것 같았다. 그 순간, 그녀가 나를 위해서도 그렇게 걱정해주면 얼마나 좋을까 하는 생각이 들었으나 무진 애를 쓰며 저항했다. 나는 어느새 줄리아에게 정서적으로 점점 더 많이 의존하게 되었다. 그것도 내가 감당할 수 없을 정도까지⋯⋯. 과연 그녀에게 이런 내 마음을 털어놓을 용기가 있을까?

미리 준비해둬야겠다는 마음에 자동차에서 드람뷔를 새로 한 병 꺼내 연거푸 두 잔을 마셨다.

"줄리아, 당신이 해결해줘야 할 문제가 생겼어요."

그녀 쪽으로 잔을 내밀며 내가 말했다.

웃을 듯 말 듯한 표정이 그녀의 지친 얼굴에 퍼졌다. 마치 나무에서 떨어지는 나뭇잎처럼 그렇게 천천히, 종잡을 수 없을 정도로. 그녀는 나에게 잘 자라며 손을 흔들어 보이고 텐트 안으로 들어갔다. 나는 드람뷔를 한 잔 더 마시고 달도 없는 하늘을 올려다보았다. 하늘이 나를 내려다보는 것 같았다. 잠시 뒤, 나는 넉 잔째 드람뷔를 따르고 있었다. 한숨을 쉬면서……. 평소에 나는 드람뷔를 두 잔 이상 마시는 적이 거의 없었다.

* * *

다음 날, 줄리아는 늦게까지 잤다. 줄리아가 텐트 밖으로 나왔다. 내가 마련한 달걀과 베이컨은 이미 차갑게 식어 있었다. 그녀는 내 팔에 자기 손을 얹으며 말했다.

"어젯밤에는 미안했어요! 너무 피곤해서 누구하고든 무슨 얘기를 나눌 힘이 하나도 없었거든요."

그녀는 미소를 지으며 접시를 내밀었다. 배가 많이 고팠던지 다시 데운 달걀 요리 2인분을 순식간에 해치워버렸다.

해럴드도 일어났다. 전날 밤에 줄리아를 만나서 무척 좋아했지만,

다시 자기 모습으로 되돌아온 뒤 줄곧 그랬던 것처럼 축 처진 모습이었다. 눈가는 퀭했고, 피부도 푸석했다. 마침 줄리아도 함께 있던 터라 나는 한결 강하게 주장할 수 있었다.

"아저씨, 병원에 가요. 같이."

"아니야. 내 안에 있는 이 목소리는 아무리 유능한 의사도 어쩌지 못한다니까."

"아저씨가 우리가 보는 앞에서 돌아가시면, 아저씨는 우리한테 민폐를 끼치는 거란 말이에요."

줄리아가 그렇게 말하고는 눈을 찡긋했다. 우리 세 사람은 한꺼번에 깔깔거리며 웃었다. 이 웃음소리에 다른 야영객들이 우리 쪽을 쳐다보았다. 이 웃음이 해럴드에게도 좋은 처방이었는지 곧 달걀 요리를 조금 입에 댔다.

"가족 얘기 좀 해주세요. 누이가 한 명뿐입니까?"

"더 있지만, 내가 아는 가족은 한 명뿐이오. 내가 태어난 곳은 루마니아 서쪽 지역에 있는 티미쇼아라라는 마을이지. 아이가 여섯 명이었고, 내가 막내였소. 아버지는 행상을 했고……. 전쟁 마지막 한 해 동안 우리는 다른 데로 피난을 가 있었소."

해럴드는 빵을 씹어 삼키는 동안 잠시 말을 멈추었다가 계속 이어갔다.

"어머니와 누나와 나는 피난을 가는 길에 다른 가족을 놓쳐버렸소. 사람들이 고함을 지르고 이리저리 밀치고 그런 혼란이 없었어……. 기차역마다 나치가 살벌하게 진을 치고 있었고……. 우리는 난민수용소에 갇히게 되었지. 내가 열 살 때 우리는 엘리스 섬으로 나왔소. 그때 이민 관리소 직원이 어머니에게 이름을 물었지. 어머니는 영어를 몰랐으므로 우리가 살던 마을 이름을 댔다오."

그러면서 그는 정확한 루마니아 발음으로 말했다.

"티-미시-와라."

그는 계속 이야기를 이어갔다.

"그 직원이 무척 바쁘기도 했고, '티미쇼아라'의 철자를 몰랐기 때문에 그냥 '팀스'라고만 적었소. 어머니는 그 글자를 읽을 줄 몰랐지. 하긴 뭐, 전쟁통에 남편과 다른 자식들을 모두 잃어버렸는데……. 아무래도 모두 죽었다고 봐야겠죠. 그런 일을 겪은 마당에 서류 한 장이 어떻게 되는 게 뭐 그리 중요했겠소?"

줄리아가 두 주먹으로 턱을 괴며 물었다.

"가족을 찾아볼 생각은 하지 않았나요? 전쟁이 끝난 뒤에 가족 찾기를 돕는 기관들이 생겼잖아요."

해럴드는 허허롭게 웃으면서 고개를 저었다.

"집시들은 정부 기관에 도움을 받으러 가지 않거든. 가봐야 도둑질이나 싸움질밖에 하지 않는 사람들이라고 욕만 먹으니까……. 우리는 언제나 우리 힘으로 살았어요."

한 차례 한숨을 내쉰 뒤, 다시 말을 이었다.

"예전에는 아내가 있었소. 하지만 지금은 오클랜드에 있는 누나뿐이지."

그는 소금을 조금 집어 들고 허공에 던지며 말했다.

"이 소금처럼 우리는 모두 바람에 날려서 흩어지고 말았다오."

해럴드는 무언가를 좀 먹고 난 뒤라 그런지 기분이 한결 좋아진 것 같았다.

"너무 많이 누워 있어서 그런지……. 잠시 화장실에 다녀올 테니, 그동안 나 빼고 젊은 사람 둘이서 잉꼬처럼 재밌게 얘기 나누시오."

느릿하게 걸어가는 모습은 누가 봐도 아픈 사람이었다.

해럴드가 자리를 비우자 줄리아와 나는 자연스럽게 내 텐트 안으로 들어갔다. 오후의 미풍이 텐트 안으로 들어올 수 있게 앞 덮개를 활짝 열었다. 그러고 보니 우리 두 사람이 단둘이 함께 있는 것은 프레데릭스버그에서 저녁을 먹은 뒤 처음이었다. 게다가 해럴드가 했던 '잉꼬처럼'이라는 말은 우리 두 사람 모두를 설레게 했다.

나란히 에어 매트에 앉긴 했지만, 어색함이 우리를 갈라놓았다. 한동안 침묵만 흘렀다. 그러다가, 마치 무대에서 막이 걷히는 것처럼 우리 두 사람이 동시에 입을 뗐다. 그 묘한 타이밍이 가져다준 웃음 덕분에 어색함은 사라졌다.

"먼저 말하세요."

줄리아가 말했다. 나는 망설이지 않았다. 먼저 그녀의 진심을 의심한 것을 사과하고 싶었다. 또 스미스를 만나게 해준 데 대해 감사하고 싶었다. 그동안 여행을 하면서 있었던 일들 가운데서 얘기해주고 싶은 것도 많았다. 우리의 목숨을 노렸던 두 차례의 공격, 월드켐의 러시아 자원 매입 관련 계획, 라티머 교수를 피해 다니는 일, FBI, POP……. 줄리아의 눈빛에서는 지난번 저녁을 함께 먹을 때 보이지 않았던 따뜻한 기운이 보였다.

둘이 함께 있은 지 삼십 분쯤 지났을 때 줄리아가 말했다.

"근데, 당신 지도 교수 라티머 말이에요. 그분은 꼭 자기가 당신 아버지나 되는 것처럼 말하더군요."

"나도 그런 생각을 했습니다. 나는 인정받아야 하는 사람에게 제대로 인정받기 위해 최선을 다하고 있습니다. 하지만 그분은 내가 바라는 정서적인 교감을 용납하지 않아요, 전혀요."

그렇게 말하고 나니, 저절로 무거운 한숨이 나왔다.

"그래서 케임브리지를 떠났던 겁니다. 솔직히 허스트 대학교는 학교 자체로만 보자면 별로예요. 그래도 나에게 필요한 어떤 단절과 독립을 보장해주니까요."

줄리아의 눈이 내 눈을 자세히 살폈다.

"이해할 수 없는 게 하나 있어요. 당신이 라티머 교수를 위해 쓰고 있는 논문 말이에요. 그 논문의 핵심적인 내용을 왜 월드켐에게 그냥 넘겨주려고 하죠? 당신이 만들어낼 그 공식이 그렇게 가치가 있는 거라면 돈을 받고 팔아도 되는데, 어째서 팔지 않는 거죠?"

"글쎄, 나도 잘 모르겠어요. 음……, 우리가 하는 연구라는 게 원래 그래요. 자기가 발견한 사실들을 회의에서 공유하고 함께 발표합니다. 지식을 공동으로 관리하는 셈이죠. 학문 활동에 외부 활동이 엄청나게 많이 따라붙는 것도 바로 그래서고 말입니다. 사회가 우리를 지원하는 이유도 바로 여기에 있죠."

나는 말을 하면서도 줄곧 그 문제에 대해 생각했다.

"요즘에는 자기가 연구하고 조사한 것의 결과를 자기 혼자 차지할 생각으로 자기 회사를 차리는 학자들도 많은 것 같습니다. 이런 점에 비추어보자면 나는 조금 전통적인 편이죠."

"흠……, 애덤 스미스 교수님 말인데요. 그 사람에게서는 무엇을 배웠나요?"

그 점에 대해서는 할 말이 무척 많았다.

"나는 내 정신이 나를 이끌어줄 것이라는 생각을 늘 했습니다. 고도로 개발된 이성이 내가 가장 올바른 판단과 결정을 내리게 해줄 것이라고 믿었죠. 그런데 교수님이 나에게 가르쳐준 게 많이 있지만, 그 가운데서도 특히 이성이라는 것은 사실 지혜의 한 부분에 지나지 않는다는 거예요. 또 감정이라는 것이 실제로 존재하고, 이성만큼 중요하다는 것도 배웠습니다. 고등학교 때 교사들이 교실 벽에 붙여놓곤 했던 여러 명언 가운데 하나이던 데이비드 흄의 명언을 이제야 제대로 이해하게 되었죠. '이성은 열정의 노예다'라는 글귀였는데, 이 명언의 진정한 의미가 무엇인지 깨달았거든요."

나는 줄리아를 생각하면서 마음속으로 그려보았던 여러 풍경도 이야기해주었다. 그 이야기를 다 하고 나자 그녀가 내게 키스했다. 가까이에서 그녀의 숨결을 듣는 것만으로도 내가 기억할 수 있는 그 어떤 순간보다 편안하고 행복했다.

이 달콤한 꿈에서 깨어났을 때, 나는 해럴드가 했던 집시에 대한 냉소적인 언급이 문득 떠올랐다. 그리고 스미스가 어릴 때 집시에게 유괴될 뻔했다는 이야기도 떠올랐다. 이랬던 애덤 스미스가 티미쇼아라 출신의 집시 몸을 빌려 영적 대화를 한다는 게 과연 우연의 일치일까? 나는 줄리아를 돌아보았다. 줄리아 역시 나를 바라보고 있었다.

"줄리아, 당신도 혹시……?"

"네, 티미쇼아라. 그게 열쇠예요, 그렇죠? 1989년에 루마니아에서 혁명이 시작된 곳이 바로 거기예요. 차우셰스쿠가 그 용감한 시위대를 진압하려 한다는 텔레비전 뉴스가 지금도 생생하게 기억나요. 차우셰스쿠의 잔인한 진압에 나중에는 군대도 반발해서 혁명 진영에 가담했잖아요. 그게 바로 동유럽 자유 운동의 시작이었어요. 그건 바로 애덤 스미스로서는 절대로 놓칠 수 없었던 상징이었던 거예요!"

그럼 퍼즐의 어려운 조각이 맞춰졌다.

* * *

줄리아와 나는 달게 한잠 자고 일어났다. 그런데 해럴드가 보이지 않았다.

"설마……?"

"혹시?"

해럴드는 오후 한 시 이후로 보이지 않았다. 그 뒤로 다섯 시간이 지나 여섯 시였지만, 어디에도 없었다. 사라져버린 것이었다. 우리는 최악의 상황을 상상했다. 해럴드가 없어진 게 마치 렉스 탓이기라도 한 듯 나는 텐트 옆에서 자는 녀석을 쏘아보았다.

"일어나 렉스! 빨리 가서 아저씨 찾아봐!"

나는 우선 드람뷔 병부터 확인했다. 자동차의 글로브박스에 내가 뒀던 그대로 있었다. 우리는 야영장 구석구석을 돌아다니면서 화장실이며 샤워장을 살펴보았다. 해럴드는 없었다. 화장실 관리자가 고맙게도 렉스를 맡아주겠다고 해서 움직임이 한결 자유로워졌다. 나는 쪽지를 써서 텐트 입구 눈에 잘 띄는 곳에 핀으로 꽂아두고 줄리아와 함께 자동차를 타고 나갔다. 최대한 속력을 내서 달렸고, 금방 시내에 도착했다.

보안관 사무소는 오래되어 보이는 법원 건물 옆에 붙어 있는 벽돌 건물이었다. 그 시각에 사무실을 지키는 사람은 한 명뿐이었다. 검은 테 안경을 쓴 둥글둥글한 청년이었다. 제복을 입지 않은 거로 봐서는 파견 요원 같았다. 무전기와 컴퓨터, 그 밖에 신기해 보이는 이런저런 장비들이 놓여 있는 책상에서 그는 우리를 올려다보고는 대형 포장 감자 칩 봉지에 들어 있던 손을 슬그머니 뺐다.

"실종 신고하려고 하는데요?"

그는 관련 양식을 꺼낸다거나, 심지어 볼펜을 드는 행동조차 하지 않은 채 그야말로 과자 봉지에서 손을 빼낸 그 자세를 그대로 유지하면서 물었다.

"실종 발생 시간이 언제입니까?"

"오늘 오후."

"그래요? 실종 신고는 24시간이 지나야 접수됩니다."

직원은 벽시계를 흘깃 한번 보고는 시선을 컴퓨터 모니터로 돌렸다. 그의 한 손은 다시 과자 봉지 속으로 들어갔다.

"보안관은…… 어디 가면 뵐 수 있죠?"

줄리아가 영국인 특유의 냉정함을 잃지 않은 간결한 말투로 물었다. 하지만 직원은 더 강한 상대였다. 그의 눈빛은 자기들은 이보다 훨씬 더 험하고 수상한 사건을 숱하게 경험한다고 말하고 있었다.

"저 아래 '로타 마마스'에 가보세요."

그는 자기 주변에 널려 있는 온갖 신기한 장비들에 관심을 가진 채 사무실을 나서는 우리를 지켜보았다.

보안관 표식이 있는 자동차가 그 식당 앞에 주차되어 있었다. 보안관은 거리를 한눈에 볼 수 있는 테이블에 앉아 있었다. 하지만 그는 식당으로 들어와서 자기 쪽으로 가고 있는 우리에게 눈길도 주지 않았다. 보안관은 마른 체형이었다. 갈색 제복은 그의 몸에 딱 맞았다. 선출직인 공무원이 유지해야 하는 이미지가 무엇인지 잘 아는 사람인 게 분명했다. 흰 머리를 짧게 잘랐으며, 주름진 얼굴은 햇볕에 그을려서 강인한 인상을 풍겼다. 나이는 대략 예순 살로 보였다. 그러나 절대로 가볍게 상대할 인물이 아니었다.

접시에는 음식이 아직 남아 있었다. 보안관은 접시를 옆으로 밀치며 손짓으로 우리에게 앉으라고 했다. 우리는 우리가 누구인지 소개한 다음, 해럴드가 술을 마시면 위험해진다는 사실과 그가 갑작스럽게 사라진 일을 간략하고도 분명하게 설명했다. 보안관은 아무런 감정이 드러나지 않은, 그러면서도 긴장을 풀지 않은 얼굴로 우리가 하는 말을 들었다.

우리가 말을 마치자, 보안관은 흰색의 두꺼운 도자기 커피 잔을 두 손으로 만지작거리며 조용한 목소리로 말했다.

"버지니아에서 오셨소?"

"예."

"당신들이 걱정하는 이유를 잘 알겠습니다. 하지만 내가 해드릴 수 있는 일이 별로 없어요. 성인이 맥주 몇 잔 마시겠다는데, 법으로 막을 순 없잖아요. 내가 무슨 수로 그 사람이 술 마시는 걸 막겠소?"

"술을 마시면 그분은 죽는다고요!"

보안관은 고개를 끄덕였다.

"그럴 수도 있습니다만, 술 마시고 죽는 사람이 어디 한두 사람입니까? 아무튼, 실종된 지 하루가 지나지 않으면 우리도 손을 쓸 수 없으니까, 뭐······."

매달려봐야 소용없을 것 같았다.

"근처에서 제일 가까운 술집은 어딥니까?"

"여기 카운티에서는 술이 금지되어 있습니다(미국에서 술을 판매하는 것이 법률로 금지된 지역이 있는데 '드라이 카운티(dry county)'라고 한다-옮긴이)."

보안관은 커피를 한 모금 마시고 커피잔을 내려놓았다. 그러고는 수첩과 펜을 꺼내 우리 앞에 약도를 그려 보였다.

"로키 플랫으로 올라가면 '버드하우스'가 있어요. 여기서 30킬로미터 정도 거리죠. 남쪽으로는 '외로운 갈매기 카페'가 있는데, 약 40킬로미터 정도? 그리고 서쪽으로 가면 '실버마인 바'가 있어요. 정확히 56킬로미터 거리입니다."

그런 다음, 그는 눈을 가늘게 뜨고 계속 말했다.

"남자들이 특히 좋아하는 데가 있는데, '올드 뒤랑고 살롱'이라고……. '실버마인 바'를 지나서 약 50킬로미터를 더 가야 합니다. 이 정도 거리라면 갈 만하죠. 여자들이 훨씬 친절하니까!"

그러면서 그는 왼쪽 눈을 찡긋했다.

뒤랑고라면……?

"뒤랑고라고요? 화재 사고로 부모가 죽고 어린 남매가 고아가 된 곳 말입니까?"

"예, 거기."

나는 보안관의 수첩에서 종이를 찢어서 주머니에 넣고 돌아섰다.

"근데, 그 사람은 차도 없이 걸어서 나갔다고 하지 않았소?"

나는 뒤를 돌아보며 대답했다.

"자기가 가고 싶은 곳까지 차를 얻어 타고 갔을 수도 있겠죠."

* * *

벌써 해 질 무렵이었다. 우리는 '실버마인 바'에서 나왔다. 줄리아는 차에 몸을 밀착하면서 차 지붕 위로 두 팔을 털썩 내려놓았다. 지친 기색이 역력했다. 우리는 이미 세 시간 동안 그 지역에서 가까운 술집들을 뒤지고 다녔다. 자동차의 주행거리 표시판으로는 이미 200킬로미터 넘게 돌아다녔다. 하지만 해럴드의 흔적은 어디에도 없었다. 날씨는 더웠고, 입술은 타들어 갔다. 몸은 젖은 모래주머니처럼 무거웠다.

줄리아는 사람들에게 해럴드의 사진을 보여주었다. 스미스와 내가 버지니아를 떠날 때 찍었던 바로 그 사진이었다. 그러나 술집에서 바텐더나 여종업원 가운데 사진 속 그 얼굴을 알아보는 사람은 아무도 없었다. 줄리아는 사진을 가방에 넣으며 말했다.

"굳이 뒤랑고까지 갈 필요가 있을까요?"

"가야죠. 어디에든 가 있을 수 있으니까요. 지나가는 트럭을 얻어 탔을 수도 있잖아요. 만일 그랬다면 내일 아침 해가 뜨기 전 로스앤젤레스에 도착할 수도 있고, 어쩌면 오클랜드로 가고 있을지도 모르죠. 아니면, 지금쯤 야영지에서 저녁을 준비하고 있을지도 모르고……."

최악의 시나리오를 굳이 입 밖으로 내기는 정말 싫었지만, 그 말도 했다.

"맥스 헤스에게 납치되어 여기 있는 어떤 길로 실려 가서 흔적도 없이 묻혔을 수도 있죠."

우리는 말없이 그냥 가만히 앉아 있었다. 해는 수평선을 향해 막 달려가고 있었다. 저녁이 왔음을 알리는 소리가 멀리 사막에서 들려왔다.

"뒤랑고에서는 여자들이 더 친절하다고 한 보안관의 말이 무슨 뜻일까요?"

지도책을 꺼내 확인하니, 뒤랑고는 주 경계선 너머에 있었다. 그곳은 네바다였다.

"네바다!"

"어머! 도박과 매춘의 도시잖아요!"

줄리아의 눈이 동그래졌다.

"야영장에 있던 여자가 스미스가 자기를 보고 옛날 여자 친구인 줄 알았다고 했잖아요. 네바다에 가면 분명 스미스의 환상에 딱 맞는 여자가 있을 거예요."

얼마 후, 우리는 서쪽으로 달리고 있었다. 나는 손으로 내 머리를 두들겼다.

"이런 바보 같으니라고! 스미스가 다시 돌아온 게 맞아요. 여자를 찾으러 간 건 아닌 것 같아요."

나는 앞 좌석에 치워져 있던 신문을 가리켰다. 시내로 들어오면서 가지고 왔던 신문이었다.

"스미스가 저 신문을 우리에게 남겼단 말입니다. 그 신문에 보면 뒤랑고에서 일어난 화재 사건을 다룬 기사가 있어요. 그 사고에서 두 사람이 사망했는데, 전기 설비를 손본 수리공이 과실치사 혐의로 기소되었거든요. 그 일로 스미스가 괴로워했고, 그래서 어떻게든 그 남자를 돕겠다고 간 겁니다."

그러고 보니 의미를 알 수 없는 스미스의 혼잣말이 생각났다. '이번에는 늦지 않을 거야. 만일 볼테르가 여기에 있다면……' 어쩌고 하던 말이었다. 생각이 거기까지 미치자 스미스가 무슨 일을 저지를지 걱정되었다. 그때 그게 무슨 말인지 물어봤어야 했다.

네바다 주임을 알리는 표지판을 지나 몇 분 더 달린 뒤 '올드 뒤랑고 살롱' 주차장에 차를 댔다. 뽀얀 먼지가 일었다. 픽업을 비롯한 스포츠카 등 온갖 종류의 차가 주차되어 있었다. 그 차들 위로 먼지가 내려앉았다. 컨트리 음악을 연주하는 소리가 바깥에서도 들렸다. 시계를 보니 아홉 시였다.

그 술집은 서부 영화 촬영차 사용한 세트 같았다. 가시 선인장들이 출입구를 둘러싸고 정원으로 조성되어 있었다. 바싹 마른 목재를 깔아놓은 길은 주차장에서부터 2층 건물 앞까지 이어졌다. 그 옆에는 목재로 지은 커다란 별채가 서 있었다. 짐승 뿔로 장식된 입구에 서니 음악 소리가 한층 크게 들렸다. 문 안쪽으로는 희미하게 형체만 보이는 사람들이 춤을 추고 있었다. 나로서는 익숙하지 않은 분위기였다. 문을 열고 안으로 들어갔다. 줄리아가 그 뒤를 따랐다.

거대한 바가 홀 끝까지 뻗어 있었다. 여종업원들은 쟁반에 음료를 담아 부지런히 사람들 사이로 사라졌다. 홀의 다른 편에서는 밴드가 빠른 노래를 연주하고 있었다. 홀은 청바지에 반소매 셔츠를 입은 건장한 남자들과 이들과 함께 온 짧은 치마에 꽉 끼는 블라우스를 입은 여자들로 가득했다. 왼쪽으로 아치 통로를 따라가니 오락게임을 하는 테이블과 슬롯머신이 있는 메인 홀이 나왔다.

줄리아가 내 손을 잡은 자기 손에 힘을 주었다.

"화장실에 다녀올 테니 마실 거 주문해줘요."

"오케이!"

나는 비집고 들어가서 바에. 겨우 자리를 잡았다. 주문을 기다리는 사람은 많지 않아 곧바로 주문할 수 있었다. 카우보이모자를 쓴 금발의 늘씬한 여자가 내 옆자리에 찰싹 달라붙듯 앉았다. 소방차 색깔의 빨간 립스틱을 칠한 그녀의 입술이 벌어졌다.

"안녕하세요!"

여자는 마스카라를 검게 칠한 눈으로 나를 바라보았다.

나는 정중하게 고개를 끄덕였다. 어쩐지 얼굴이 화끈 달아오르는 느낌이었다.

여자가 다리를 꼬았다. 그 바람에 미니스커트가 들리면서 허벅지 깊은 곳이 보였다. 여자는 자기 종아리를 내 다리에 밀착시켰다.

"혼자 왔어요?"

"아뇨, 아내랑……."

내 입에서 불쑥 튀어나온 그 말에 나 자신도 놀랐다. 하지만 효과는 확실했다. 금발 여자는 뒤도 안 돌아보고 가버렸다. 주문한 음료수를 들고 바에서 떨어져 출입문 근처에서 줄리아를 만났다. 줄리아에게 카우보이모자를 쓴 금발 여자 이야기를 해주었다. 그런데 스미스는 과연 이런 상술의 압박을 잘 견뎌냈을까? 사방에 널려 있는 술의 유혹은 이겨냈을까?

"큰 홀도 찾아보고, 남자 화장실도 가봤어요. 하지만 해럴드 아저씨, 아니 스미스 교수님은 없었어요."

빈 테이블이 있기에 거기에 앉아서 사람들을 한 명씩 훑어보았다. 여기도 아니구나 하는 생각에 허탈한 마음으로 럼주를 섞은 콜라를 홀짝거리며 마셨다. 게다가 음악까지 처량했다. 다시 다른 곳을 찾아보든지, 아니면 무슨 수를 내야 했다. 우리는 둘 다 너무 지쳐서 아무 말도 하지 않은 채 그저 망연히 있기만 했다. 여기까지 오는 동안에는 스미스가 분명 여기 있을 것이라고 확신했다. 하지만 스미스는 없었다.

'이제 어떡하지?'

스미스가 다시 야영장으로 돌아갔을 수도 있었다. 하지만 그럴 가능성은 희박했다. 그가 카우보이 여자들 가운데 한 명과 이 층에 올라가 있지 않다면(만일 그랬다면 이런 일탈은 스미스 교수에게는 전혀 맞지 않는 행동이었다), 우리가 가정했던 모든 가능성이 다 물거품이 된다는 뜻이었다.

여종업원이 식사 주문을 받으러 왔다. 줄리아가 그녀에게 스미스의 사진을 보여주었다. 그녀는 사진을 흘낏 보고서는 고개를 저었다. 여자는 줄리아의 사진을 옆 테이블로 가지고 가서 테이블 위에 놓인 잔을 치우며 '태미'라 불리는 여자에게 물었다.

"태미, 이 남자 봤니?"

태미는 흰 머리카락을 15센티미터 가까운 높이로 말아 올린 머리 모양을 하고 있었다. 안경 너머의 퉁방울눈으로 사진을 들고 찬찬히 들여다보았다. 그녀의 테이블에는 25센트짜리 동전이 무더기로 쌓여 있었다. 그녀는 일정한 금액으로 동전을 쌓은 뒤 종이로 말고 있었다.

"봤지. 오늘 밤에 왔어."

탁한 목소리로 보건대, 그 여자는 슬롯머신뿐만 아니라 담배도 즐기는 모양이었다.

"바의 저기 저 자리에 앉아 있었는데, 어디 갔는지는 모르겠어."

태미는 다시 한 번 확인하듯 주위를 둘러보았다. 그리고 고개를 저었다.

우리는 태미에게 꼬치꼬치 물어봤다. 그러나 별 소득은 없었다.

"게임을 하거나 술을 마시다 보면 사람 금방 잃어버려."

"술 마시는 소리가 끊기지 않네."

내가 홀을 둘러보며 말했다.

"맞아요. 지난주에 화재 사고로 죽은 사람들 때문이죠. 랜디 타코다와 수 타코다 부부."

거기까지 말하고 말을 끊은 태미가 우리 쪽으로 목을 쭉 내밀고는 이렇게 덧붙였다.

"랜디의 두 형제가 저기에 앉아 있어요."

바로 뒤에 있는 긴 탁자 쪽을 바라보았다. 거기에는 여덟 명에서 열 명쯤 되는 남자들이 맥주병을 앞에 두고 앉아 있었다. 한가운데 있는 두 남자는 서로 빼닮았는데, 둘 다 입술이 얇고 금발이었다. 테이블에는 빈 병이 수북이 놓여 있었다. 두 형제의 얼굴에서 웃음기라곤 전혀 찾아볼 수 없었다.

"불을 낸 사람은 지금 감옥에 갇혀 있어요. 내일 순회판사가 와서 심리할 거예요. 그다음에는 아이들과 관련해서 청문회가 열리고요. 그래서 오늘 여기에 술 마시는 사람들이 이렇게나 많아요."

태미가 담담하게 말했다. 그리고 마지막으로 이렇게 덧붙였다.

"술에 취한 카우보이들이 범법자에게 어떻게 하는지 본 적 있나요?"

바로 그때 밴드가 연주하던 곡을 끝냈다. 춤을 추던 사람들은 각자 자기 자리로 흩어졌다. 음료수를 담은 쟁반을 든 여종업원 하나가 밴드 연주석을 지나 맨 구석의 목재 패널 벽 앞에 섰다. 그러자 마치 마법처럼 벽이 갈라지더니 여종업원이 한층 더 어두운 그 방 안으로 들어갔다. 벽은 다시 닫혔다.

"저기 한번 가봅시다."

내가 일어서자 줄리아도 따라 일어섰다.

그런데 그 마법의 벽 너머에 있는 방으로는 들어갈 수 없었다. 목이 통나무처럼 굵은 무표정한 남자가 문 앞에서 가로막았기 때문이다.

"못 들어갑니다."

남자는 회색 바지에 흰색 셔츠 차림이었다. 셔츠에는 '올드 뒤랑고 살롱'이라는 글자가 적혀 있었다.

"사람을 찾고 있어서 그러는데, 잠깐이면 됩니다."

"한바탕 좋은 구경거리 만들고 싶지 않으면, 저리 가세요."

줄리아도 짜증 내며 물었다.

"그냥 살짝 보기만 해도 안 되나요?"

남자는 들은 척도 하지 않았다. 눈길도 주지 않는 남자의 태도로 보건대, 포기하는 게 나을 것 같았다. 닫힌 문 건너편에서는 여러 사람이 내는 목소리와 웃음소리가 들렸다. 그때 벽이 다시 열렸다. 아까의 그 여종업원이 빈 술병들을 쟁반에 담아 들고 나왔다. 문이 열리던 바로 그 순간에 귀에 익은 목소리가 들렸다. 줄리아와 나는 동시에 서로의 얼굴을 바라보았다.

스미스의 목소리를 들은 것이다.

Chapter 16

고전 속 위인들의 카드 게임

줄리아와 나는 어쩔 수 없이 자리로 돌아왔다. 문 앞을 지키던 남자는 그때까지 우리를 지켜보았다. 이 모든 모습을 지켜보던 태미가 말했다.

"저렇게 판이 큰 게임은 옆에서 구경도 못 하게 해."

"왜요?"

"여기 규정이 그래."

"우리도 돈이 있는데……. 어떻게 하면 들어갈 수 있어요?"

줄리아가 묻자, 태미가 깔깔거리며 웃었다.

"저건 목요일 밤마다 열리는 포커 게임이에요. 같이 게임할 사람을 시장이 고르는데, 무척 까다로워요."

"그럼, 언제 끝나요?"

내가 물었다.

"느긋하게 앉아서 한잔 더 하세요. 새벽 한두 시나 되어야 본격적인 판이 벌어질 테니까요."

줄리아와 나는 담배 연기와 소음을 더는 참을 수 없어서 건물 밖으로 나와 난간에 앉았다. 줄리아는 두 팔로 자기 무릎을 안았다. 드디어 스미스를 찾았다. 하지만 스미스가 우리를 여기로 이끈 이유를 알 수 없었다. 왜 스미스는 그 포커판에 끼었을까?[1] 나는 생각을 정리해보았다. 스미스는 분명 무슨 이유나 사연이 있으리라 판단했을 것이다. 그리고 그 이유나 사연이라는 것은 고아가 된 아이들과 과실치사 혐의로 감옥에 갇혀 있는 수리공과 관련이 있을 게 분명했다. 그런데 과연 그게 뭘까? 줄리아도 비슷한 결론에 도달한 모양이었다.

"교수님은 뭔가를 하시려는 거예요. 그러니까 우리가 적극적으로 나서서 교수님을 도와야 해요."

"좋아요. 한번 해봅시다."

어둠 속에서 우리는 종이상자 더미와 쓰레기가 수북하게 넘치는 쓰레기통들, 거기에 버려진 수레들을 헤치고 또 넘어서 올드 뒤랑고 살롱 건물 뒤에 나 있는 좁은 통로를 지나갔다. 철책이 우리를 막아섰다. 건물 뒤쪽 벽면으로 접근하려면 철책을 넘어야 했다. 우리는 철책을 기어올랐다. 그나마 가시철망이 없어서 다행이었다. 건물 뒤쪽에 나 있는 창문에서 불빛이 새어 나오고 있었다. 안에서 여러 사람의 말소리가 바람결에 희미하게 들렸다. 내가 줄리아에게 속삭이듯 말했다.

"이러다가 들키면 어떻게 될까요?"

"아무리 나쁜 일을 당한다고 해봐야 해럴드 아저씨에게 무슨 일이 생겼을 때 우리가 느끼게 될 죄책감보다야 더하겠어요?"

줄리아는 고양이 같은 눈을 반짝이며 앞장섰다. 나는 그녀의 손을 잡고 철망을 계속 기어올랐다. 마침내 철망 반대편으로 다리 하나를 넘겼다. 그런데 내 몸이 어쩐지 흔들린다는 느낌이 들었다. 바로 그 순간, 우리가 럼주를 마셨고 취한 상태라는 생각이 들었다.

"아아!"

줄리아가 철책에서 균형을 잡지 못하고 아래로 떨어졌다. 나도 그 위에 떨어졌다. 다행히 우리가 떨어진 곳에는 커다란 트럭 타이어가 있었다. 그 타이어 위에 우리 두 사람은 포개진 채 널브러졌다.

"발을 삐었나 봐요."

줄리아가 속삭였다. 목소리만 들어도 그녀가 느끼는 통증이 어느 정도인지 알 수 있을 것 같았다. 그런데 그녀의 얼굴이 내 얼굴 바로 앞에 있었다. 그녀의 얇은 면 소재 옷을 통해 그녀의 부드러운 몸과 따뜻한 체온이 고스란히 느껴졌다. 그녀의 머리카락과 피부가 밝게 반짝였고, 꽃향기를 뿜었다. 갑자기 그녀의 맥박이 빨라졌다. 나는 아무 생각 없이 그녀의 입술에 키스했다. 그녀는 잠깐 놀라는가 싶더니, 곧 적극적으로 내 입술을 빨았다. 나는 그 순간을 영원으로 확장하고 싶었다. 우리가 어디에 있는지, 또 왜 거기에 있는지 잊어버렸다. 그런데 그녀는 참았던 숨을 쉬려고 내 입술에서 자기 입술을 뗐다.

"정말 낭만적인 장소네요, 그죠?"

우리는 이상한 자세로 서로 얽힌 채 키득키득 웃었다. 갑자기 세상이 밝아지고 행복해지는 기분이었다.

줄리아의 시선이 내 얼굴 뒤쪽을 향하는가 싶더니, 그녀의 눈이 가늘어졌다.

"저기요!"

그녀가 가리킨 곳은 2층 난간이었다.

"저 비상계단으로 올라가면 돼요."

"내가 잡아줄게요."

줄리아는 한 손으로 내 목을 잡고 버티면서 그 비상계단에 올랐다. 나도 뒤따라 올라갔다. 우리는 한 걸음씩 조심조심 발을 옮겼다. 지붕이 지나치게 내려앉은 형국이라서 도둑고양이처럼 이동하는 우리 몸을 감추기에는 좋았다. 경사진 지붕에는 툭 튀어나온 채광용 창 두 개가 열려 있었다. 우리는 까치발로 서서 가까이 있는 창문을 통해 안을 들여다보았다.

방 한가운데에 원탁의 카드 테이블이 놓여 있었다. 녹색 천이 덮인 테이블에는 사람들이 앉아 있었다. 각자 빨간색과 파란색 칩들을 자기 앞자리에 쌓아두고 있었다. 테이블 위에는 사슴뿔 장식과 철제 장식으로 치장한 샹들리에가 희미한 빛을 뿜었다. 그나마 테이블은 밝은 편이었지만, 방의 나머지 부분은 어두웠다. 테이블에 앉은 사람은 모두 일곱 명, 남자 다섯과 여자 둘이었다. 그 가운데 스미스도 있었다. 빨간 머리 여자와 크고 둥글둥글한 머리를 가졌으며 땅딸보임이 거의 확실한 남자 사이에 자리를 잡고 앉아 있었다. 스미스의 이마는 땀으로 번쩍거렸다. 그리고 스미스 앞에 물병만 있고 술병이나 술잔은 놓여 있지 않았다. 그나마 다행이었다. 스미스는 왼손으로는 카드를 잡고 있었다. 오른손은 빨간 머리 여자의 어깨에 가만히 얹혀 있었다. 그녀를 바라보는 스미스의 눈빛에는 만족스러움이 가득했다.

막 베팅이 시작되었다. 둥근 머리의 주인공이 말했다.

"베팅할 건지 말 건지……, 볼테르?"

볼테르라 불린 남자는 스미스 맞은편에 앉아 있었다. 그의 뺨은 분홍색으로 발그레했다. 머리카락은 넓은 이마를 드러내며 단정하게 뒤로 빗어 넘겨져 있었다. 야윈 얼굴에 유독 코가 뾰족하게 드러나 보였다. 그 바람에 마치 고등학교 과학 교사 같은 인상을 풍겼다. 그는 카드를 바닥에 엎어놓고 칩을 만지작거리더니 빨간색 칩 하나를 안으로 던져 넣으며 말했다.

"콜!"

귀를 창문에 가까이 밀착하자, 칩끼리 부딪치는 소리까지 들렸다.

그다음에 콜을 할 것인지 카드를 덮을 것인지 결정해야 할 사람은 카키색 셔츠를 입은 동안의 남자였다. 셔츠 단추를 위에서부터 세 개나 풀어 젖힌 이 남자는 마흔 살 정도 되어 보였는데, 단정하지 않은 검은색 머리카락이 어깨까지 치렁거렸다. 그을린 얼굴에 자리 잡은 짙은 색 눈동자는 쉽게 결정을 내리지 못하고 흔들렸다. 이 남자는 손목에는 구리 팔찌를, 집게손가락에는 터키석과 은으로 만든 반지를 끼고 있어서인지 위계질서를 그다지 중요하게 여기지 않을 것 같은 인상을 풍겼다. 그런데 손톱을 살 부분까지 아주 바싹 깎은 걸 보면 시간에 관한 위계에는 예민한 모양이었다. 그의 셔츠 주머니에는 수첩과 연필 몇 자루가 꽂혀 있었는데, 이것은 그 사람이 메모를 습관화하고 있음을 일러주었다.

"루소는 거기에다가 다시 더 올립니다!"

자신을 3인칭으로 칭한 이 남자는 마지막 남은 칩 두 개를 판돈 더미에 던졌다.

"나는 덮어야겠네요."

스미스 옆에 앉은 빨간 머리 여자가 말했다.

잠시 침묵이 흘렀다. 머리가 큰 남자가 팔꿈치로 스미스를 쿡 찌르며 말했다.

"이보게 스미스, 또 딴생각하나? 자네 차례야."

"아, 내가 하기에 따라서 자네 운이 달라지겠군!"

스미스가 재빨리 주먹을 쥐며 말했다. 사람들은 차례대로 카드를 엎은 채 테이블에 내려놓았다. 마침내 볼테르의 순서가 되었다. 볼테르는 미소를 지으며 칩 하나를 던졌다. 미소 짓는 그의 얼굴에 보조개가 나타났다.

"콜인가, 볼테르?"

루소가 물었다.

"그럼! 칩 던지는 거 못 봤나? 패나 보여줘."

루소가 자기 카드를 펴서 테이블 가운데로 던지며 호기롭게 말했다.

"자니 원 페어!"

그러자 볼테르가 다시 빙그레 웃으면서 자기 카드를 천천히 까보였다. 깨끗하게 다듬은 손가락이 까뒤집은 그의 카드는 퀸 원 페어였다.

"여왕님이 이겼군!"

"빌어먹을!"

루소는 마치 테이블을 뒤집어버리기라도 할 것 같은 기세로 벌떡 일어났다.

"속임수 쓰는 거 아냐? 이 속임수가 내 눈에만 보이는 거야? 볼테르가 내 패를 본 게 벌써 두 번째라고!"

루소는 방 전체를 샅샅이 뒤지기 시작했다. 고개를 숙여서 테이블 아래를 살폈다. 그런 다음, 고개를 들어 천장도 살폈다.[2] 줄리아와 나는 루소의 시선이 창문 쪽으로 옮겨오기 전에 급히 고개를 숙였다. 누군가 루소가 호구라고 놀리는 소리가 들렸다. 이어서 왁자한 웃음소리가 들렸다.

줄리아가 눈을 커다랗게 뜨고 속삭였다.

"저 사람들 이름이 모두 역사 속에나 나오는 이름이잖아요. 루소는 유명한 철학자이고, 볼테르도 유명한 철학자이자 저술가……."

나도 그녀의 귀에 대고 속삭였다.

"애덤 스미스는 볼테르를 우상으로 여겼어요. 도대체 어떻게 된 일이죠?"

줄리아가 눈을 깜박거리며 대답했다.

"혹시……. 말도 안 돼요! 집단 영적 대화 얘기를 책에서 읽긴 했지만……."

우리는 다시 살그머니 고개를 들고 창문을 통해 방 안을 들여다보았다. 그때였다. 갑자기 방이 빙글빙글 돌기 시작했다. 마치 『이상한 나라의 앨리스』에 나오는 토끼 굴에 떨어진 것 같았다. 머리가 깨질

듯 아팠다. 혹시 술에 이상한 약을 탄 게 아닐까?

"이리 좀 앉게, 루소."

스미스 쪽에 앉아 있던 덩치 큰 남자였다.

"스미스를 오랜만에 만난 기념으로 하는 친선 게임이잖아. 봐, 나는 스미스에게 칩도 그냥 줬잖아. 자네에게도 좀 줄까?"

스미스가 손을 저으며 말했다.

"선생님도 돈이 별로 없는데……(애덤 스미스는 1723년생, 데이비드 흄은 1711년생, 루소는 1712년생, 볼테르는 1694년생이다-옮긴이)."

나는 줄리아에게 속삭였다.

"스미스 교수님 옆에 있는 사람은 틀림없이 데이비드 흄일 거예요. 제일 친한 사람이었거든요."

흄은 짧고 굵은 손으로 자기 칩을 한 움큼 쥐어 루소에게 주었다. 루소는 고맙다는 뜻으로 고개를 끄덕이며 말했다.

"자네의 친절이 결국에는 나를 망치고 말걸세."

조금 전까지만 하더라도 길길이 날뛰던 루소였지만, 어느새 흥분은 사라지고 없었다.

"맞아. 루소는 독사니까 데이비드가 조심해야 해. 언젠가는 자네를 물 테니까, 하하하!"

볼테르였다.

그때 스미스를 시험하기 위해 내가 스미스에게 했던 질문 가운데 하나가 생각났다. 그 얘기를 나는 줄리아에게 했다.

"루소는 편집증으로 고생했대요."

흄이 자리에서 일어나면서 카드 게임은 잠깐 쉬자면서 테이블에 놓여 있던 자기 잔을 들었다.

"자, 우리의 오랜 친구를 위해 건배 한번 하자고. 그나저나 이게 도대체 얼마 만에 보는 건가? 아, 뭐, 그 얘기는 관두고……. 자, 스미스를 위하여 건배!"

스미스에게 행운을 빌어주는 소리와 잔을 부딪히는 소리가 잠시 방을 가득 채웠다.

떠들썩하던 소리가 잦아들자, 스미스가 자리에서 일어났다.

"비록 몇 시간밖에 안 되는 짧은 시간이지만, 이렇게 자리를 함께해주셔서 정말 고맙습니다! 정기적으로 열리는 이 포커판이 아주 좋은 기회네요. 시장에다 교장에다 신문 발행인 그리고 마을의 의사까지, 이 동네에서 내로라하는 사람들이 모두 참석했으니 말입니다."

그렇게 말하고 스미스는 흄, 볼테르, 루소 그리고 의사라고 지명된 안경을 쓴 나이 든 신사에게 일일이 고개를 숙여 인사했다.

"여러분은 지금 이 포커판에 참석한 사람들의 몸과 마음을 빌려서 말할 수 있습니다. 그리고 그 사람들이 아는 모든 것을 활용할 수 있습니다. 어쨌거나 요즘 사람들은 입만 열면 우리 시대의 이런저런 사상들을 앵무새처럼 떠들고 있으니 말입니다. 여기 계신 분들이 했던 말들을 인용하면서요. 그러니 우리가 영적 대화를 하는지는 전혀 알지 못할 겁니다."

"그건 그래!"

볼테르가 맞장구쳤다.

나는 머리가 심하게 아팠다. 조금 전에는 어지럽더니 이제는 두통이 시작된 것이었다. 집단 영적 대화가 실제로 존재하는지 어떤지를 두고 줄리아와 논쟁하고 싶지는 않았다. 우리 눈앞에 펼쳐지는 이 상황을 나중에 누군가에게 설명하고 설득해야 할 일은 제발 없었으면 좋겠다는 마음뿐이었다.

"이 마을에서 진행되는 논쟁들이 특별히 새로울 건 없습니다. 다만, 우리가 좀 더 집중적으로 조명해볼 수 있지 않을까 하는 생각입니다."

"쓸데없을지도 모르는 일을 해보자는 얘기지?"

루소가 끼어들었다. 스미스는 계속 말을 이었다.

"물론, 오늘 밤 여러분이 무슨 일을 한다고 해서 여러분이 몸을 빌리고 있는 사람들의 의지를 거스를 수는 없을 겁니다. 다만, 우리가 오늘 어렵게 이 자리에 모인 것은 고아가 된 그 어린 남매와 불쌍한 수리공을 위해 뭔가 해줄 수 있는 게 있지 않을까 해서입니다."

아무것도 모른 채 그 자리에 함께 있던 두 여자는 눈이 휘둥그레져서 스미스를 바라보았다. 그들로서는 도무지 무슨 영문인지 알 턱이 없었다. 흄이 이런 눈치를 채고 여자들에게 말했다.

"저 사람 말은 신경 쓰지 않아도 돼요. 내가 시장인 건 알죠? 이건 일종의 게임이고, 오늘 우리는 연기를 하는 거니까요. 역할 놀이라고나 할까……. 나를 포함해서 여기 있는 사람들은 아주아주 오래전으로 거슬러 올라가서 그 시대 사람들을 연기하고 있으니까, 그냥 재밌게 구경만 하면 돼요."

흄은 자리에서 일어나 자기 왼쪽에 있던 여자 뒤로 가서 섰다. 그녀는 롱드레스를 입고 진주 목걸이를 하고 있었다. 검은 머리카락을 말아서 머리 위에 높이 올린 머리 모양을 하고 있었다. 여자가 흄과 시시덕거리는 모양새로 봐서는 여자들은 그 방을 빌릴 때 함께 딸려 나오는 서비스인 것 같았다. 여자가 팔을 뻗어서 흄의 손을 잡으며 말했다.

"재밌게들 노세요. 재밌게 놀려고 여기 오셨잖아요. 이것보다 더 이상하고 웃기는 걸 우리는 많이 봤으니까. 괜찮아요, 그렇지 벨르?"

그렇게 말하면서 여자는 깔깔 웃었다. 벨르라 불린 빨간 머리 여자도 고개를 끄덕였다. 흄이 여자의 목에 가볍게 키스한 다음 말했다.

"나의 백작 부인 말씀, 다들 잘 들었나?"

흄은 새로운 음료가 준비된 작은 탁자로 가서 위스키 잔을 들었다. 한 모금 마시고 나서 그는 말을 계속 이었다.

"내일은 무척 덥겠군! 순회판사가 처리해야 할 일이 산더미처럼 쌓여 있는데."

흄이 자리에서 일어날 때 자리에 앉았던 스미스가 흄의 말을 받았다.

"맞는 말입니다. 자, 포커판을 잠시 쉴 거면 일 얘기나 좀 하는 게 어떻습니까?"

스미스는 의사라고 소개된 오른쪽 남자를 돌아보며 물었다.

"케네 박사님, 박사님부터 먼저 시작하실까요? 아이들 현재 상태는 어떻고, 앞으로 어떻게 될 것 같습니까(프랑수아 케네는 1694년생이다 - 옮긴이)?"

흰색 곱슬머리에 짙은 눈썹을 한 케네 박사로 불린 근엄한 신사가 자리에서 일어났다. 타원형의 작은 안경이 들창코 위에 걸려 있었다.

"저 사람은 누구예요?"

줄리아가 속삭였다.

"아마도 스미스 교수님이 프랑스에서 사귄 사람 같은데……. 교수님은 중농주의 학파의 지도자인 케네 박사라고 말했어요. 케네는 의사였어요."

"그러면 저 사람이 케네?"

"아마도……."

케네는 세상의 짐을 힘껏 들어 올리기라도 하는 것처럼 비장하게 허리를 곧추세웠다. 그러고는 숨을 크게 내뱉은 다음 말했다.

"에밀리와 파코의 화상은 조금씩 나아지고 있어서 다음 달에는 퇴원할 수 있을 걸세. 문제는 이 아이들이 어디로 갈 것인가 하는 것이지. 판사는 두 가지 가운데 하나를 선택할 거야. 우선, 아이들의 할머니가 여기서 육칠십 킬로미터 떨어진 곳에 사는데, 거기에 갈 수도 있네. 루소의 공동체 바로 옆이야. 그 공동체가 아직 있다면 말일세."

루소가 얼굴을 찡그리며 케네를 바라보았다. 케네는 계속 말을 이었다.

"할머니도 아이들을 데려가고 싶어. 하지만 할머니가 너무 가난해. 그게 문제일세. 두 아이가 방 하나를 함께 써야 해. 도시의 유지라고 할 수 있는 우리가 힘을 보탠다면 작은 방을 새로 하나 마련해줄 수도 있겠지."

듣고 있던 사람들이 뭐라고 말들을 했다. 그 바람에 방은 잠시 소란스러웠다. 케네는 목청을 가다듬고 계속 말했다.

"그리고 판사가 선택할 수 있는 또 하나의 방안은, 로스앤젤레스에 사는 아이들의 이모에게 아이들을 보내도록 하는 것일세. 이모도 아이들을 돌보겠다고 하니 다행이지. 이 여자는 넉넉하게 잘살아. 남아도는 방도 많고."

"수고가 많으셨네요!"

흄은 고개를 끄덕이고는 주머니에서 시가를 꺼내서 입에 물었다. 하지만 시가에 불을 붙이지는 않았다.

이때 루소가 갑자기 자리에서 벌떡 일어나서는 초조한 듯 방 안에서 왔다 갔다 하기 시작했다. 그가 발을 옮겨놓을 때마다 나무 바닥은 삐걱거리는 소리를 냈다. 그리고 마침내 입을 열었다.

"어쩌면 나 혼자 이런 생각을 하는 건지도 모르겠습니다만, 이 아이들에게 시골에서 자랄 수 있는 권리를 보장해줘야 한다는 게 제 주장입니다. 할머니의 집은 비록 작긴 하지만, 주변에 넓은 대지가 펼쳐져 있으니까요. 나무들도 있고 샛강들도 있고……. 그 모든 게 아이들에게 필요한 겁니다."[3]

그러자 감독자의 눈빛으로 루소를 바라보던 볼테르가 말을 받았다.

"루소, 이성적으로 생각해야지. 자네 공동체는 사실상 버려졌고 폐기되었네. 그 황무지에서는 이 아이들이 절반밖에 성장하지 못할 걸세. 거기에서 가장 가까운 학교라고 해봐야 80킬로미터나 떨어져 있으니까 말이야."

루소가 고함을 지르듯 대답했다.

"에밀리와 파코는 자연에서 직접 경험을 통해 세상을 배울 필요가 있습니다. 그 아이들 속에 있는 자연스러운 선함과 아름다움이 보이지 않습니까? 아이들을 자연 속에 놓아두면 고귀한 품성은 한층 더 풍부해집니다. 아이들은 이론을 배우기 전에 경험부터 먼저 할 필요가 있단 말입니다."

줄리아가 나를 바라보았다. 그녀의 눈이 동그래져 있었다.

볼테르가 루소의 말을 정면으로 반박했다.

"아이들의 품성은 그렇다 쳐도 머리는 어떻게 할 건가? 그리고 이성은?"

"아이들은 모든 상거래를 스스로 통달하게 될 겁니다. 강에서 물고기를 잡고 옥수수를 심고 자기 몸을 온갖 색깔로 칠할 겁니다."

이번에는 스미스가 나섰다.

"로빈슨 크루소처럼 말입니까? 오로지 혼자서 자기 힘만으로 세상에 맞선다? 참으로 낭만적이긴 합니다만, 사람은 다른 사람들을 필요로 합니다. 서로 교역을 하면 자기에게도 득이 되고 다른 사람들에게도 득이 되니까요."

하지만 루소는 곧바로 반격했다.

"어떤 사람이 다른 사람의 도움이 필요해지는 순간, 재산은 누군가의 사유물이 되지. 평등은 사라지고 마는 거야. 그리고 곧 노예제도가 나타나지!"[4]

스미스도 지지 않았다.

"노동을 분담하기 위해서뿐만 아니라 감정을 함께 나누기 위해서도 사람은 다른 사람을 필요로 한다는 사실을 모릅니까? 자, 여기 이 방을 둘러보시죠. 사회는 단순하게 실용적이기만 한 그런 구조물이 아닙니다. 그 이상입니다. 아름다운 거죠."

볼테르는 세 번 손뼉을 쳤다.

"브라보! 잘하는군, 스미스. 근데 루소, 그렇다면 아이들은 문명사회의 미술과 음악은 어디에서 배우나? 그리고 사회의 예절은 어디에서 배우나?"

"문명은 부패할 뿐입니다!"

루소가 쏘아붙이자, 볼테르는 그를 외면했다.

"흠……, 그러니까 우아한 야만인이 되겠다는 말인데……."

"난 그렇게 말하지 않았습니다."

루소의 두 눈이 이글이글 타올랐다.

이 모습을 지켜보던 스미스가 흄에게 속삭였다.

"저분은 대상을 정확하게 분석하기보다는 강력하게 느끼는 쪽으로 더 뛰어난 역량을 가진 것 같습니다."[5]

흄이 빙그레 웃으면서 고개를 끄덕이고는 카드 테이블로 가서 자기 파트너인 콘테스 뒤에서 그녀의 긴 목을 쓰다듬었다.

"어때, 자네라면 시골에 파묻혀 있고 싶다는 이유로 도시에서 나와 춤을 추며 보내는 밤들을 기꺼이 포기하는 일은 없겠지?"

"당연하죠. 남자 친구가 우리가 함께 있는 걸 찾아내지 않는다는 조건이 붙겠지만, 호호호!"

"만일 남자 친구에게 들키면, 여기 이 애덤 스미스와 함께 있었다고 말해. 그럼 아가씨가 하는 말을 모두 믿어줄 테니까 말이야."

흄과 여자는 재미있다는 듯 서로의 머리를 비비며 웃었다.

스미스는 자기 오른쪽에 있는 여자를 바라보고 말했다.

"나를 매력적인 남자로 봐주는 사람은 아무도 없겠지? 내 책은 나를 그렇게 보겠지만……."[6]

불타는 듯한 빨간색 머리카락과 입술을 제외하면 그 여자는 지극히 평범했다. 얇은 자주색 드레스를 입은 그 여자는 고개를 저었다.

"어머, 아니에요. 매력적인 남자세요."

여자는 스미스의 벗어진 머리를 쓰다듬었다.

"또 재미있기도 해요. 나를 부를 때마다 '미스'라는 말을 붙이시잖아요. 근데 참, 내 이름은 벨르예요. 캠벨이 아니고……."

스미스가 얼굴을 붉혔다.

"미스 캠벨, 이…… 이 이야기는 꼭 해야겠는데……."

"잠깐!"

흄이 스미스의 말을 끊었다.

"말로 하지 말고 행동으로 해봐!"

이렇게 말한 흄은 옆에 있는 여자를 자기 가슴으로 바짝 끌어당겨 안고 그녀의 뺨에 요란하게 키스했다. 그러자 스미스를 제외한 모든 사람이 큰 소리를 내며 웃었다. 흄의 여자 콘테스도 킬킬거리고 웃었다.

"제가 하는 말은 정숙해요."

여자는 오른손으로 흄의 등을 감고서 말을 계속 이었다.

"하지만 제 행동은 전혀 정숙하지 않아요."[7]

그리고는 흄의 엉덩이를 꼬집었다.

스미스는 침을 꿀꺽 삼켰다.

"미스 캠벨, 이런 상황에 대해 마음 깊은 곳에서 우러나오는 진심의 사과를 드리고자 합……."

사람들은 일제히 웃음을 터트렸다. 그 소리에 스미스의 말은 묻히고 말았다. 줄리아와 나도 웃음을 참지 못했다. 그 바람에 미끄러져서 하마터면 땅에 떨어질 뻔했다. 줄리아도 손으로 자기 입을 막으며 터져 나오는 웃음을 간신히 참았다. 불쌍한 스미스, 그날의 귀빈이었지만 놀림감이 되고 말았다.

이상한 밤이었다. 내가 가진 합리적인 이성으로는 도무지 설명할 수 없었다. 스미스와 그의 친구들을 전혀 다른 각도에서 이해할 수 있었다. 또 그만큼 따뜻한 격려를 받고 용기를 낼 수 있었다. 그러나 나는 이 마술쇼의 놀라운 비밀, 그 감추어진 수법이 드러나길 기다렸다. 우리가 보고, 또 들은 그 모든 것이 과학의 여러 법칙을 절대 어긴 게 아님을 확인받고 싶었다.

나는 나 자신을 믿고 싶었다. 그렇게 마음이 진정되었을 때 줄리아의 귀에 대고 속삭였다.

"이 포커판에 정기적으로 모여서 게임을 즐기던 사람들은 어떻게 되었을까요?"

"어떻게 되긴요? 다들 저기에 있잖아요. 다들 평소 자기 모습보다 자기 역할을 더 잘하고 있을걸요? 아!"

줄리아가 짧은 비명을 토했다. 그녀는 발을 삐었다는 사실을 잊고 있던 모양이었다. 그녀는 발을 이리저리 돌려보며 얼굴을 찡그렸다.

그러면서도 아까 하던 말을 계속했다.

"이 일을 설명할 수가 없네요. 마치 꿈 같아요. 저 사람들은 앞으로 몇 시간 동안 각자 다른 사람의 영혼에 사로잡혀서 행동하겠죠. 그리고 내일 아침에 일어나면 이상한 꿈을 꿨다고 생각할 거예요. 잘은 모르지만."

방 안에서는 어느새 웃음소리가 가라앉았다. 우리는 다시 살그머니 창문으로 고개를 넣고 안을 들여다보았다.

"케네 박사님, 더 하실 말씀 없습니까?"

케네는 안경을 벗어서 렌즈를 꼼꼼하게 닦은 뒤 다시 썼다.

"아이들에 대해서는 루소의 의견에 동의하네. 로스앤젤레스에 있는 이모에게 아이들을 보내면 아이들은 공업과 상업의 세상에서 지루한 나날을 보내게 될 테니까 말이야. 공업이나 상업은 국가의 재정에 도움되지 않는, 말하자면 수태할 수 없는 불임 산업이거든. 이에 비해 농업은……."

"아, 잠깐만요!"

"잠깐!"

흄과 스미스가 동시에 케네의 말을 막았다. 그러나 케네는 두 사람을 무시한 채 계속 말을 이었다.

"그 할머니에게는 50에이커의 땅이 있어! 비옥한 땅이고 농업용수 공급도 잘되는 땅이지. 그 땅에서 얼마나 많은 작물이 생산되는지 계산을 한번 해보지."

케네는 구석으로 가서 자기 의료가방에서 커다란 종이를 하나 꺼내 탁자 위에 펼쳤다. 그 종이는 세 개의 칸으로 나누어져 있었다. 그 칸들 위로 여러 개의 선이 어지럽게 교차해 있었다.

"저게 뭐예요?"

줄리아의 물음에 내가 설명해주었다.

"'경제표'입니다. 사회에서 일어나는 각종 생산과 유통에 관한 것, 예컨대 사람 몸에서 피가 어떻게 순환되는지 보여주는 것처럼, 한 나라의 생산물이 어떻게 흘러가는지 보여주는 표입니다. 케네는 의사였는데, 최초의 거시경제학 모델인 경제순환표를 개발한 사람이에요."[8]

케네는 다른 사람들이 지켜보는 가운데 큰 소리로 설명을 이어갔다.

"7년 동안 풍작과 흉작이 평균적으로 나타난다고 치면……, 옥수수 수확량, 축산 수확량, 고용 임금에다가 지주에게 줘야 하는 임대료……."

케네는 고개를 젓고는 말을 계속 이었다.

"이것 봐. 다른 요인이 개입하면 자연스러운 균형은 깨져버리고 말아. 산업의 발전은 필연적으로 유일하게 농업만이 담당하는 생산 부문에 재앙을 불러일으킨단 말이야."

흄이 소리를 낮추어 스미스에게 말했다.

"농업 신앙이 또 시작되었군! 이른바 '과학의 가면을 뒤집어쓴 신비주의'지."[9]

벨르가 불쑥 끼어들었다.

"그런데 이게 그 아이들, 에밀리와 파코와 무슨 관계가 있나요?"

케네가 벨르를 바라보며 대답했다.

"이게 그 아이들의 미래거든. 그 아이들의 미래는 농업에 있으니까."

그때 스미스가 잽싸게 케네의 말을 가로채고 들어갔다.

"존경하는 박사님, 박사님은 살아 있는 사람들 가운데서 가장 천재적인 분이십니까? 그렇다면 박사님의 모델은 진실에 가장 가깝게 접근하는 것으로 생각할 수 있습니다.[10] 하지만 이 아이들이 공업에 종사할 경우 자기 재산을 늘리고, 또 거기에 따라 국가 재산도 늘어나지 않겠습니까? 자연이 아니라 노동이야말로 국부(國富)의 원천입니다."

"무슨 소리! 토지가 모든 것이고, 토지가 가장 중요해! 내 경제표가 이걸 확실하게 보여주고 있잖아. 완벽한 체제 안에서, 자유방임주의의 이상적인 체제 안에서 자연의 법칙은 조화를 이룰 수 있어."

케네는 그렇게 말하면서도 계속 계산해나가고 있었다.

스미스가 교수회관에서 했던 말이 문득 떠올랐다. 스미스는 자기는 너무도 실용적으로 생각하는 사람이라서 중농주의 학파가 가진 것과 같은 엄격한 도그마는 도저히 수용할 수 없다고 했었다. 그랬기에 스미스가 볼테르에게 다음과 같이 속삭일 때도 나는 전혀 놀라지 않았다.

"저분은 완벽한 체제를 상상하시지만, 저는 여태까지 그런 걸 한 번도 본 적이 없습니다. 그리고 완벽하지 않은 체제들이라도 얼마든지 잘 돌아가는 걸 자주 봤죠."

볼테르가 고개를 끄덕였다.

"나도 그런 말을 한 적이 있지. 가장 좋은 것은 좋은 것의 적이야."

케네가 계산하던 것을 멈추고 볼테르와 스미스를 바라보았다.

"자네들은 뭐라고 중얼거리고 있나?"

스미스가 대답했다.

"친애하는 박사님, 경험으로 볼 때 인간의 육체는 다양한 식단과 운동이라는 조건 아래에서 완벽한 건강 상태를 유지할 수 있습니다."

스미스는 자기 배를 톡톡 두드리며 말을 이었다.

"그런데 그 상식을 아이들에게도, 그리고 비유해서 말씀드리자면, 좀 더 넓은 상업의 세상에도 적용할 수 있지 않을까요?"

그때 방 바깥의 바 쪽에서 나는 소음이 갑자기 커졌다. 난폭한 고함도 들렸다. 볼테르가 이 틈을 타서 말을 가로챘다.

"말싸움은 이쯤에서 그만하지. 더 중요한 일이 많이 있으니까 말일세. 아모스 존슨이라는 그 불쌍한 수리공은 또 어떡할 건가? 그 사람은 감옥에 갇혀 있고, 술집에서는 성난 사람들이 해코지할 틈을 호시탐탐 노리는데…… 이 마을의 불의로부터 그 사람을 지켜줄 방법이 없을까?"

Chapter 17

기묘한 만남

벨르가 카드 테이블에서 일어나며 말했다.

"무슨 말씀이세요? 불의라니요? 그건 민중의 정의예요. 만일 법이 그 정의를 실천하지 않는다면 우리가 할 거예요."

흄이 그런 벨르를 말렸다.

"진정해 벨르, 순회판사가 내일 도착할 테니까 법대로 처리하게 두자고."

줄리아와 나는 술집 '올드 뒤랑고 살롱'의 2층 발코니 창에 붙어 서서 이 기묘한 만남이 이루어지는 현장을 지켜보고 있었다. 긴 시간 동안 고정된 자세를 유지하고 있다 보니 무릎과 등이 뻣뻣해졌다. 스미스는 빨간 머리 벨르가 하는 말을 가만히 지켜보고 있었다.

"여러분 모두 말은 참 쉽게 하시네요. 저는 수 타코다와 고등학교를 함께 다녔어요. 그 친구가 변을 당했다는 말을 듣고 얼마나 울었는지 몰라요. 평생 그렇게 많이 운 적이 없었을 거예요. 아모스 존슨이 한 달 전에 그 집의 전기 배선을 손봤고, 그 바람에 불이 났으니 그 사람이 수와 랜디 부부를 죽인 거나 다름없다고요!"

"증거가 없는데도?"

볼테르가 목소리를 높이며 말했다.

"상식적으로 생각해보세요. 그 사람이 전기 배선을 잘못해서 그렇게 된 거잖아요! 여기 계신 분들은 생각을 너무 많이 하시는 거 같네요."

벨르가 팔짱을 끼면서 스미스를 흘낏 바라보았다.

콘테스는 흄을 잡아끌어 카드 테이블에 앉혔다.

"미남 아저씨, 포커 게임을 하려고 여기 오신 거 아니에요? 게임을 안 하시면 이 가게가 돈을 어떻게 벌겠어요? 벨르 너도 마찬가지야. 패 돌려야지."

볼테르가 벨르 앞으로 다가가서 부드러운 어조로 말했다. 하지만 그렇다고 해서 강렬한 의도까지 숨길 수는 없었다.

"상식이라는 게 그다지 상식적이지 않아. 재판도 없이 유죄 판결을 내리겠다는 건가? 그 사람에게도 하늘로부터 받은 인권이라는 게 있어."

하지만 벨르는 지지 않고 받아쳤다.

"죄를 지은 사람이 자유롭게 돌아다니며 계속 죄를 지을 수 있도록 하잔 말씀이세요?"

"아무리 그래도, 무고한 사람에게 죄를 씌우는 것이 죄를 지은 사람을 풀어주는 것보다 더 나쁘고 위험하지 않을까?"[1]

스미스 눈가의 작은 근육들이 한결 부드럽게 풀어지더니 볼테르의 말을 받았다.

"하긴 그 문제에 대해 선생님보다 잘 아는 사람이 누가 있겠습니까?"

모든 사람의 시선이 볼테르를 향했다. 볼테르는 얼굴을 찡그리며 벨르를 보고 말했다.

"그래 맞아. 나도 바스티유 감옥에 갇힌 적이 있지. 얼마나 아름다운 감옥이었던지……. 게다가 나는 거기서 정말 훌륭한 깨달음을 얻었으니까 말이야. 그곳의 냉기와 습기는 완벽할 정도로 내 몸에 딱 맞았지. 게다가 맛있는 쥐들이 수시로 들락거렸고……. 사실 쥐를 잡는 게 쉽지는 않았어. 날조된 죄를 뒤집어쓴 채 그곳에 갇혀 있는 우리로서는 그 경험이 얼마나 큰 행운이었는지 모른다네. 그 경험이 없었더라면 그 멋진 나날들을 경험하지 못했을 걸세."[2]

볼테르는 천천히 자기 자리로 가서 앉았다. 그 모습을 벨르의 시선이 줄곧 따라갔다. 콘테스가 몸을 앞으로 숙이며 볼테르에게 말했다.

"그게 핵심이 아니에요. 여기에서는 수리공 아모스 존슨이 유죄라는 걸 모든 사람이 알아요. 최대 다수에게 최대 행복인 게 옳은 거 아니에요?[3] 우리는 모두 그 사람이 유죄라고 말하거든요."

볼테르가 버럭 소리를 질렀다.

"아냐, 그건 아냐! 아무런 증거도 없이 순전히 편견과 미신에 따라서 어떤 사람에게 유죄의 모자를 씌우는 건 다수의 독재야. 실제로 일어났던 구체적인 진실들을 똑바로 살펴봐야 해."

이번에는 흄이 자리에서 일어났다.

"구체적인 진실들이라는 게 뭐죠? 이번 사건에서 구체적인 진실은 뭡니까? 그런 것들은 어느 정도의 가능성만 가지고도 얼마든지 알 수 있습니다. 그러니까, 인과관계는 절대로 입증할 수 없다는 겁니다. 그저 어떤 가설이나 가정만 존재할 뿐이죠."

스미스가 자기 물잔을 톡톡 두드려서 사람들의 관심을 끈 다음 발언했다.

"우리가 존슨이라는 그 수리공의 정신 상태, 그의 생각을 확인할 수 있을까요?"

바로 그때, 문 두드리는 소리가 들렸다. 잠시 후 문밖을 지키던 경비가 흄에게 잠깐 나오라고 손짓을 했다. 흄이 방을 나가 바 쪽으로 갔다. 심상치 않은 일이 일어난 모양이었다. 남은 사람들은 서로의 눈만 바라볼 뿐 아무 말도 하지 않았다. 그렇게 이삼 분 동안 침묵이 흘렀다. 다시 돌아온 흄의 이마 주름은 한층 깊어 보였다.

"스미스, 자네 소원이 이루어지겠군."

흄은 불을 붙이지 않은 시가를 씹으며 말했다.

"바에 있는 사람들 사이에서 오늘 밤에 아모스 존슨을 직접 처단해서 정의를 세우자는 이야기가 오갔나 봐. 보안관은 다른 사건 재판에 증언하려고 멀리 나가 있는 상황이고. 그 수리공을 가두어놓은 곳을 딱 한 사람이 지키고 있는데, 사람들이 그 수리공에게 직접 폭력을 행사하려고 들이닥칠 경우에는 이 사람 혼자서는 도저히 감당할 수 없을 듯하여 내가 그 수리공을 이리 데리고 오라고 했어. 우리가 지켜주겠다고."

"여기로?"

루소가 고함을 지르듯 물었다. 흄이 루소를 지그시 보며 대답했다.

"그렇다네. 사람들이 수리공이 없어진 것을 알고 찾아다닐 때, 전혀 생각도 하지 못할 곳이 바로 이 방 아니겠나?"

그리고 30분 뒤 아모스 존슨은 그 누구의 눈에 띄지도 않도록 조심하며 그 방으로 들어왔다. 줄리아와 나는 창문 끝에서 물러나 스트레칭을 했다. 잠깐이나마 방 안에 있는 사람들에게 발각되지 않도록 몸을 숨겼다. 무단 침입죄로 붙잡혔을 때 어떤 벌을 받게 될지 알 수 없었다. 거액의 돈이 오가는 포커 게임을 몰래 훔쳐보다가 붙잡히면 어떤 벌을 받게 될지 알 수 없었다. 하지만 그 자리를 떠날 생각은 없었다. 스미스가 수리공의 목숨을 구하겠다는 생각으로 자기가 알던 사람들을 그 방으로 불러모았을 것이기 때문이었다.

아모스 존슨은 허리가 구부정한 노인이었다. 그는 발을 질질 끌면서 방으로 들어왔다. 줄리아와 나는 그 전에 이미 다시 그 고통스러운 자세로 창문에 달라붙어서 안을 들여다보고 있었다. 노인은 한 걸음씩 내디딜 때마다 조금씩 절뚝거렸다. 노인이 불빛 아래 섰을 때 비로소 노인의 모습이 온전히 드러났다. 깨끗하게 다린 바지와 흰색 셔츠를 입었고, 갈색 부츠를 신고 있었다. 털이라고는 흰색의 얇은 콧수염 외에는 아무것도 없었다.

"댁을 노리는 사람들이 있어서 이리로 불렀어요."

"우리가 도울 수도 있습니다."

흄이 노인에게 앉으라고 손짓하며 말했다. 볼테르가 덧붙였다.

노인은 고개를 끄덕이며 의자 끝에 걸터앉았다. 어색한 침묵이 흘렀다. 이제 그 방에 있는 사람들의 관심사는 포커 게임이 아니라 그 수리공 노인임은 누가 봐도 명백했다. 흄이 정중하게 물었다.

"'쉐디 그로브 모빌 홈파크'의 수리공이 맞습니까?"

"예, 3년 동안 거기에서 일했습니다."

다시 긴 침묵이 이어졌다. 하지만 나는 그 수리공이 지난 한 주 동안 감옥에서 무척 외로웠을 것으로 추정했다. 왜냐하면, 그 침묵을 깬 사람이 바로 그였기 때문이다.

"거기서 일하기 전에는 재스퍼에 있는 니켈 광산에서 42년 동안 일했지요. 약 5년 전에 퇴직을 당했지만, 계속 바쁘게 살고 싶었거든요. 평생 일하고 살았습니다."

"지난달에 랜디 타코다의 이동주택 전기 배선을 한 거 맞죠?"

콘테스가 물었다. 노인의 콧수염이 가늘게 떨렸다.

"맞기도 하지만, 아니기도 해요."

흄이 얼굴을 찡그렸다.

"댁도 철학자입니까?"

노인은 혼란스러운 모양이었다.

"아니, 그게 아니라……. 내 말은 그 전기 배선을 전적으로 내가 했다고 말할 수 없어서 그런 겁니다. 랜디 타코다가 내게 도와줄 수 있는지 물었어요. 퓨즈가 나갔는데, 회로차단기도 없었거든요. 내가 갔을 때 그가 가진 것은 알루미늄 선밖에 없었지요. 자기 형이 항공 기지 창고에서 찾은 거라고 합디다."

루소가 두 손을 홰홰 저어서 노인의 말을 막았다.

"이 사람은 그런 이야기를 우리에게 할 필요도 없고 해서도 안 됩니다. 이건 재판이 아니니까. 그리고 여기서 한 말이 나중에 재판에서 불리하게 작용할 수도 있으니까. 까딱하다간 우리가 모두 재판정에 증인으로 출석해야 할 수도 있고."

루소는 방 안의 사람들을 빠르게 둘러보며 덧붙였다.

"게다가 지금 하는 얘기를 누가 듣고 있는지도 모르는데."

그러자 흄이 스미스의 귀에 대고 속삭였다.

"의심병이 도졌군그래."

하지만 수리공 노인은 계속 말을 하고 싶어했다.

"괜찮습니다. 보안관에게 열다섯 번도 더 했던 이야기와 똑같은 이야깁니다. 다시 한 번 얘기할게요. 나는 랜디에게 분명히 말했습니다. 알루미늄 전선으로는 작업하지 않겠다고요. 사용이 금지된 금속이잖아요. 구리 전선을 가지고 오지 않으면 도와줄 수 없다고 분명하게 얘기했습니다(구리 전선은 과부하가 걸릴 경우 끊어지지만, 알루미늄 선은 과부하가 걸려도 끊어지지 않는다 – 옮긴이)."

사람들 사이에 약간의 동요가 일었다.

흄이 다시 물었다.

"그런데 무엇 때문에 마음을 바꿔서 알루미늄 전선으로 퓨즈를 만들었지요?"

"내가 그 집에서 나가려고 하는데 여자아이, 그러니까 에밀리가 내 손을 잡고는 자기 인형들을 보고 싶지 않은지 묻더군요. 그런데 인형들이 하나같이 더럽고 초라했습니다. 버린 걸 주워 모았지 않나 생각이 들더군요. 그제야 나는 실내를 둘러보았습니다. 비교적 깨끗한 편이긴 했지만, 가구는 죄다 부서지거나 떨어져 나갔더군요. 소파에는 구멍이 나 있었고, 커튼은 군데군데 터져 있었습니다. 부부가 맞벌이를 했습니다만, 최저임금만으로 살기에는 부족했던 거지요. 아이들 둘이 없다고 해도 말이지요. 아마 두 사람은 건강보험 혜택도 받지 못했을 겁니다."

"예, 없었습니다. 그런데 그냥 두지 왜 그랬소?"

케네 박사가 물었다.

"낡은 전기 배선이 너무 위험했거든요. 그냥 그대로 둘 수가 없었습니다. 그래서 랜디가 돈을 준비해서 구리 전선을 마련하면 그때 가서 교체해주겠다고 했지요. 그리고 지난주에 랜디가 전화해서 돈을 거의 다 모았다고 했거든요. 그런데 그만 그다음 날 사고가 났지 뭡니까. 신문에서 아이들 사진을 보고는 정말 마음이 아팠습니다. 내가 사회보장연금으로 받을 돈을 가지고서라도 구리 전선을 사서 배선 공사를 해줬어야 했는데……."

노인은 머리를 절레절레 흔들면서 괴로워했다. 흄이 헛기침해서 목청을 가다듬은 뒤 노인에게 말했다.

"화재에 따른 끔찍한 결과를 놓고 보자면 당신이 한 행동은 변명의 여지가 없어요."

벨르가 고개를 끄덕였다.

"내 말이 그거라니까요."

존슨은 고개를 떨구었다. 스미스가 자리에서 일어나면서 말했다.

"이 사건의 결과가 비극적임은 우리 모두가 아는 일입니다."

스미스는 파란색 칩을 왼손 엄지와 검지 사이에서 굴리며 말을 계속 이었다.

"그러나 우리는 어떤 행동이 초래한 결과의 효용만을 놓고 그 행동의 도덕성을 판단할 수는 없습니다. 그 사람이 했던 행동의 동기가 적절하고, 또 칭찬받아 마땅하다는 데 여기 있는 사람들은 모두 공감하리라 생각합니다. 해를 끼치고자 하는 의도는 전혀 없었어요. 오로지 선행을 베풀겠다는 마음뿐이었으니까요."

그러자 벨르가 발끈했다.

"집을 홀랑 태워버렸다고요! 그게 중요하지 않다는 거예요?"

"의도하지 않았던 일이고, 그 점에 대해서는 깊이 뉘우치고 있으니까 말이오. 어떤 행동의 결과뿐만 아니라 의도까지 함께 놓고 판단해야 그 행동을 올바르게 판단할 수 있으니까요."

볼테르가 주먹으로 테이블을 탕탕 두드렸다.

"알았네. 무슨 말인지 잘 알았어."

스미스는 비틀거리며 쓰러지듯 자기 자리에 털썩 주저앉았다. 이마에 맺힌 땀을 훔치며 다시 이야기를 이어나갔다.

"우리가 존슨 씨를 처벌할 수 있으려면 해를 끼친 행동뿐만 아니라 그 행동의 동기까지도 함께 살펴봐야 한다는 말입니다. 이 사건에 대해 대중이 느끼는 분노에 나는 도저히 공감할 수 없습니다."

그 말에 다시 벨르가 따지듯 물었다.

"그렇다면 두 사람이 죽고 어린아이 둘이 고아가 된 사실 자체를 무시하자는 거예요?"

스미스가 고개를 저었다.

"그런 말이 아니고……, 무고한 사람이 누명을 쓰고 사형 당할 때의 고통이 가장 끔찍하니까요.[4] 그 고통은 실제로 죄를 지은 사람이 받는 고통보다 훨씬 더 크단 말이오.[5]"

벨르는 도저히 인정할 수 없다는 듯 한숨을 쉬고는 스미스를 외면했다.

바에서는 악단이 막 연주곡 하나를 끝낸 참이었다. 그 바람에 침묵은 한층 더 깊게 느껴졌다. 이 침묵을 깬 사람은 흄이었다.

"자, 이러지 말고 카드 게임이나 계속하자고. 다들 너무 예민해진 거 같은데, 그러지 말고."

흄은 카드를 집어 들며 콘테스를 바라보았다.

"숙녀분 말이 맞는 거 같아. 카드를 몇 판 돌리면 기분이 좋아지겠지. 세븐카드 스터드 어때?"

흄은 다른 사람들의 대답을 기다리지도 않고 카드를 두 장씩 돌렸다.

"자, 하이 카드 오픈!"

흄은 위스키를 한 모금 마시면서 콘테스에게 윙크했다. 그녀가 미소를 지으며 흄의 팔에 자기 손을 얹었다.

루소는 흄이 엎어서 준 자기 카드를 진지하게, 아주 조금씩 펴보았다. 하지만 카드 패를 확인한 뒤 그의 입은 실룩거리기 시작했다. 눈에는 불길이 이글거렸다. 그리고 망설이는 듯하더니 칩 하나를 가운데로 던졌다. 스미스는 카드를 덮고 죽었다. 다른 사람들은 칩 한 개씩을 차례로 던지며 콜을 했다. 흄은 그다음 카드를 돌렸다. 맨 먼저 콘테스에게, 그다음에는 케네에게, 그리고 볼테르에게. 그리고 루소에게 카드를 주는 순간, 루소가 흄의 손을 잡고 테이블 위에 자기 손으로 눌러서 고정했다. 다른 손으로는 먼저 받았던 카드를 집어던지며 말했다.

"이 카드로는 도저히 게임 못 해! 흄이 패들을 벌써 다 읽었단 말이야. 내가 장난질하는 현장을 잡았다고!"

루소는 부들부들 떨면서 자리에서 일어났다.

"여기 있는 사람들이 모두 내 편이 아니라는 걸 난 알아, 안다고요!"

흄이 고개를 저으며 말했다.

"이봐 친구, 그건 정말 아니야. 우리는 자네를 높이 평가한단 말이야. 여기 있는 사람 대부분이 그래."

루소의 눈이 이글거렸다.

"그런 식으로 놀리지 마세요! 사기꾼에다 천박하기까지! 다들 타락한 인간들이야!"

볼테르가 더 참지 못하고 한마디했다.

"자네 자존심은 낙타의 혹만큼이나 단단하군."[6]

루소가 발끈해서 반박했다.

"선생님은 이성을 가지고 계시지만, 그 이성에는 지혜가 없습니다."

"이봐, 장 자크. 그게 무슨 무례한 말인가?"

흄이 부드럽게 타일렀지만, 루소는 흄을 휙 돌아보며 쏘아붙였다.

"자네는 명예를 가지고 있지만, 그 명예에는 도덕이 없지."

볼테르가 흄에게 눈을 찡긋하며 말했다.

"내가 아까 독사에게 물리지 않도록 조심하라고 했지?"

루소는 다른 공범이나 사기 행각의 증거를 찾으려고 시선을 위로 향했다. 한편 줄리아와 나는 방심한 채 아무 생각도 없이 팔꿈치를 창턱에 걸친 채 방 안을 들여다보고 있었다. 루소의 시선 이동에 깜짝 놀라서 숨으려고 했지만, 너무 늦고 말았다. 루소가 우리를 봐버린 것이다.

루소의 입에서 엄청난 괴성이 터져 나왔다. 곧바로 술집의 홀로 통하는 문이 열리고 거대한 체구의 남자가 들어왔다. 그리고 그 남자 뒤로 타코다 형제 두 사람이 데리고 왔던 친구들, 그러니까 수리공을 직접 응징하겠다는 사람들이 안을 기웃거리는 모습이 보였다.

Chapter 18

줄리아를 버리고 떠나다

다음 날 아침, 나는 스미스와 함께 피크닉테이블에 앉아 있었다. 줄리아는 그릴에서 팬케이크를 만들어 접시에 담아 테이블에 내놓았다. 태양은 서서히 하늘 높이 올라가고 있었다. 우리는 밤새 보안관 사무실의 조사실에 붙들려 있었다. 위험에 처하면 에너지 소모가 급격히 늘어나게 마련이었다. 위험한 순간이 지나가자 서서히 기력이 회복되었다. 스미스는 많은 양의 식사를 했다. 안색도 좋았고, 거동도 여태까지 본 모습 가운데 가장 평화로워 보였다.

줄리아와 스미스는 쉬지 않고 떠들었다.

"교수님은 루소의 표정 보셨어요? 우리와 눈이 마주쳤을 때는 정말이지 마치 지옥에서 올라온 악마를 본 듯한 얼굴이었다니까요!"

스미스는 그 표정을 미처 보지 못해 분한 모양이었다.

"극도로 불쾌했겠지만 자업자득이지. 광기가 아니라 배은망덕이 그 친구의 중간이름이야."[1]

"분별력이 있는 사람은 포커 게임으로 도박을 하지 않습니다."

나는 평소에 신중한 분별력을 강조하던 스미스에게 잔소리했다. 하지만 줄리아가 스미스를 두둔하고 나섰다.

"나는 교수님이 하신 게 도박이 아니었다고 생각해요. 교수님은 포커판에 끼어 있긴 했지만, 패를 받고는 계속 죽었으니까요."

스미스는 팬케이크를 크게 한 입 베어 물고는 씹다가 삼켰다. 그러고는 잠시 나를 뚫어지라 바라보았다.

"아무래도 자네들에게는 사과해야겠군."

그는 우리 두 사람을 가리키며 포크를 흔들었다. 내가 대답했다.

"당연하죠."

우리는 법을 어겼고, 그 행동에 따른 결과는 굴욕적이었다. 줄리아와 나는 체포되어 사진을 찍히고 지문을 채취당했다. 그리고 몇 시간 뒤 시장의 권고로 죄목에서 불법침입 항목이 철회된 뒤에야 겨우 풀려날 수 있었다. 그나마 다행이었던 것은 우리 때문에 일어난 소동으로 스미스와 볼테르가 수리공 존슨을 옆문으로 안전하게 피신하도록 도운 일이었다.

"나는 자네가 그 술집으로 찾아올 것으로 확신했네. 하지만 그 일이 연방정부 차원의 사건으로 비화하리라고는 생각도 못 했지."

"군중이 폭동을 일으킨 와중에 시장이 살해될 수도 있었다고요. 정말 운이 좋았다고 봐야죠."

스미스는 고개를 끄덕이면서 자기 턱을 손가락으로 톡톡 쳤다.

"어떤 것을 대변하려면 누군가에게 공격받게 마련이야."

그러고는 입을 활짝 벌리고 미소를 지으며 말했다.

"솔직하게 말하면, 나와 동시대를 살았던 사람들을 자네와 만나게 해주려고 줄곧 생각했다네. 그래서 그런 자리를 만들었던 거야. 지혜와 도덕은 오로지 행동을 통해서만 나타나거든."

줄리아가 자기가 먹을 팬케이크를 접시에 담아 테이블에 앉으며 스미스의 말을 받았다.

"그렇다면 지혜롭고 도덕심이 넘치는 두 분이 설거지하시면 참 좋겠네요."

그때 야영장의 화장실 관리자인 칼라한 부인이 렉스를 데리고 나타났다. 렉스는 마음씨 좋은 부인과 하룻밤을 같이 보낸 일이 나쁘지 않았던 모양이었다. 녀석은 마치 로데오 경기에 참여한 황소처럼 엉덩이 부분을 흔들어대면서 우리 주변을 껑충껑충 뛰어다녔다. 칼라한 부인은 박물관 뒤편에 있는 트레일러에서 생활했는데, 렉스와 함께 있어서 무척 좋았다고 했다. 활달한 성격의 과부인 그녀는 야영객을 가족처럼 돌보는 것이 자기 취미라고 했다.

"지금은 46개 주와 11개 외국 국가에 '가족'을 두고 있지요."

그녀는 행복해 보였다. 우리는 캘리포니아에 도착하는 대로 그녀가 좋아하는 검은색 초콜릿을 한 상자 꼭 보내주겠다고 약속했다.

얼마 뒤, 우리는 피곤을 이기지 못하고 곯아떨어져서 오후 늦게까지 잠을 잤다. 그리고 해가 떨어질 무렵에 협곡으로 산책하러 나갔다. 줄리아는 삔 발목 때문에 여전히 절뚝거렸다. 그래서 그녀는 내 팔에 기대야만 했다. 나는 마치 숙녀를 보호하는 기사가 된 듯한 기분을 만끽했다. 스미스는 렉스와 함께 우리 뒤를 따라왔다. 렉스는 평소와 다름없이 뱅글뱅글 도는 춤을 추었다. 스미스의 발뒤꿈치에 코를 박고 냄새를 맡기도 하고, 우리의 관심을 끌려고 애를 쓰기도 했다.

20분쯤 걸은 뒤에 발아래로 평원이 내려다보이는 가파른 절벽 끝에 다다랐다. 얼핏 보면 생명체가 살 수 없는 황량한 땅 같았다. 그러나 자세히 보면 그게 아니었다. 생명체의 흔적은 곳곳에 널려 있었다. 생명이 있는 무언가가 미끄러져 내려간 흔적이 있었다. 절벽 곳곳에 동물들이 파놓은 구멍이 있었으며, 바위틈 사이로 생명의 팔을 뻗는 식물들도 있었다. 우리는 커다랗고 둥근 바위가 만들어내는 그늘을 찾아서 앉았다. 그리고 가지고 온 물을 나누어 마셨다.

"어젯밤에 보니까 교수님이 흄과 오랜만에 만나서 회포를 푸시는 것 같던데요?"

줄리아의 말에 스미스가 고개를 끄덕였다.

"만날 때마다 늘 할 얘기가 산더미처럼 많이 쌓여 있지. 절대 과장이 아니라 흄 선생님과 나는 인류 역사 가운데서, 적어도 1만 년 전 농업이 시작된 뒤 가장 흥미로운 시대에 살았거든."

나는 스미스의 말을 반박했다.

"설마 지금만큼 흥미로운 시대가 있었을까요? 요즘에는 달과 화성에도 사람이 날아가잖아요. 인공위성과 컴퓨터가 전 세계의 어느 곳에서든 통신할 수 있고 말입니다. 심장이식 수술이나 생명체 복제도 이제는 물렸을 정도니까요."

"이런 근시안을 가진 젊은이를 봤나!"

스미스는 웃음을 억지로 참으며 말을 이었다.

"발명은 상상력에서 나온다네. 요즘 사람들이 18세기 '계몽운동'이라고 부르는 것 말일세. 그 운동이 사람들을 정신적 구속에서 해방시켰네. 상상력이 해방되니 비로소 혁신이 가능해졌던 걸세."

그의 표정에 난해한 아름다움이 나타났다.

"우리, 그러니까 흄 선생님과 나는 세상의 생각이 심오하게 바뀌던 그 미묘한 시대에 살았네. 사회의 많은 부분이 아직도 중세의 장막에 덮여 있긴 했지만, 다른 부분들은 점점 더 과학혁명의 빛을 받기 시작했어. 중세 사람들은 내세를 향한 신념에 매달렸지. 왜 안 그랬겠나? 사회는 교회와 봉건 영주와 정부가 강요하는 엄격한 통제로 질식 상태였지. 천국에 가면 그 모든 것을 보상받을 수 있는데, 굳이 지상에서 그 모든 불평등에 맞서서 싸울 필요가 없었던 거야."

스미스는 뭔가 말할 때면 작은 물건을 만지작거리는 버릇이 있었다. 이번에 그는 작은 돌멩이 여러 개를 손안에 넣고 굴리며 말했다.

"계몽주의가 밝혀낸 중요한 사실이 있어. 진보는 가능하기도 하고, 또한 동시에 바람직하다는 것이었지. 이런 통찰이 미국과 프랑스에서의 혁명으로 이어졌어. 산업혁명이라는 경제 혁명으로 이어졌던 거야. 그러므로 자네는 내가 살았던 시대의 사람들을 만나서 내가 쓴 저작들이 어떤 맥락에서 나왔는지 깨달을 필요가 있는 거야. 우리에게는 정의와 자유가 단순한 단어가 아니라 진보를 상징하는 사상이었어. 많은 사람들은 바로 이 이상을 위해 목숨을 버려야 했고. 미국도 독자적인 국가로 자립하기 위해 엄청난 대가를 치렀지. 그 기나긴, 그리고 막대한 비용이 드는 데다 모든 것을 황폐하게 하는 그 전쟁을 막아보려고 나도 나름대로 많은 노력을 기울였다네. 하지만 내 노력은 모두 물거품이 되었네. 너무도 많은 무고한 사람들이 살육되었어. 그것이 바로 경제적 독립을 주제로 내가 쓴 책『국부론』의 핵심이지. 이 책이 1776년 봄에 출간되었다는 게 우연의 일치라고 보는가? 내 책이 출간되고 넉 달 뒤 미국이 독립을 선언한 것이 정말 우연이라고 보는가? 정말 그렇게 생각하나? 응?"[2]

스미스의 목소리에는 분노가 실렸다. 목소리도 그만큼 깊어졌다.

"대영제국의 지배자들은 대서양 너머에 위대한 제국을 가지고 있다는 생각만으로 국민들이 흐뭇하게 느끼게 해주었지.[3] 웃기는 얘기야. 사실 이 제국은 자기들의 상상 속에만 존재했던 거야. 그것은 위대한 제국이 아니라 그 제국의 그림자에 지나지 않았어. 황금 광산이 아니라 황금 광산의 그림자였지. 그 그림자는 쉬지 않고 거대한 돈을 집어삼키는 괴물이었어. 식민지 무역이 독점적으로 이루어진 결과, 영국 국민 대부분은 편익을 누리는 게 아니라 그저 손실만 떠안고 그 무게에 짓눌렸어. 우리 지배자들이 꿈에서 깨어나야 했던 시기였어."

스미스는 절망적인 심정을 표현하듯 두 팔을 들어 허공을 휘저었다.

"나는 미국을 억압된 상태로 유지하기 위한 전쟁보다는 합법적인 형태의 연합이 더 낫다고 보았어. 상상해보란 말이야. 50년 뒤에는 수도를 런던에서 필라델피아로 옮길 수도 있었단 말일세!"[4]

거기까지 말한 뒤 스미스의 어조는 갑자기 풀이 죽었다.

"내 말은 씨도 먹히지 않았다네. 그리고 얼마 뒤 시민전쟁(미국의 독립전쟁-옮긴이)이 일어났어. 미국은 영국에서 떨어져 나갔고."

줄리아는 한결 평온하고 행복해 보였다. 그녀를 바라보는 것만으로도 행복했다. 햇살도 좋았고, 산들거리는 바람도 좋았다. 스미스가 말을 계속 이어갔으므로 나는 어쩔 수 없이 그가 하는 말에 귀를 기울여야 했다.

"버지니아에 살던 미국 건국의 아버지들(미국 헌법 제정자들-옮긴이)은 자유무역과 관련된 내 의견을 무척 좋아했지. 왜 안 그랬겠어? 자유무역이 보장되기만 하면 노예가 경작한 담배를 유럽에 직접 팔수 있었거든. 영국의 독점 중개업자들을 제쳐버리고 말이야. 가치 있는 일이었지. 하지만 그들이 저질렀던 위선은 또 어떻게 바라보아야 할까? 자기가 생산한 제품을 자기 마음대로 팔 수 있는 자유. 하지만 이 자유를 그들은 흑인에게는 허용하지 않았어. 이렇게 그 사람들은 내 철학을 난도질해서 그 가운데 자기들 마음에 드는 부분만 골라 선택한 거야. 그리고 내 이론과 사상을 자기들 입맛에 맞게 왜곡한 거야. 플랜테이션 농장 소유주들이 노예제도에 대해 내가 가지고 있었던 견해에도 동조해주길 바랐지만, 그런 일은 일어나지 않았지. 원하지 않는 노동을 팔고 사는 그 고약한 시장을 근절하기 위해 또 한 차례의 피비린내 나는 전쟁을 거쳐야만 했어(남북전쟁을 가리킨다-옮긴이)."[5]

스미스는 손안에서 만지작거리던 자갈 하나를 절벽 아래로 던지고는 귀를 기울였다. 하지만 아무 소리도 들리지 않았다.

"자네가 이 모든 것을 사람들 앞에 드러내는 것이 얼마나 중요한 일인지 이제 알겠나? 자네가 나서면 역사가 달라질 거야, 그렇지 않을까? 데이비드 흄 선생님이 계몽주의에 기여했던 부분은 철학에서 역사와 경제학 분야를 망라해서 공로를 일일이 따지기 어려울 정도로 방대하지. 자네도 이제는 잘 알겠지만 볼테르 선생님은 나에게 어마어마한 영향을 끼치셨어. 볼테르 선생님과 루소가 프랑스혁명의 정신적인 토대를 마련했다네. 특히 루소는 평등주의 사상과 천부인권 사상에 큰 영향을 주었지. 그리고 경제표를 창안한 케네 박사님은 가장 영향력 있는 경제학자셨지. 하지만 잘 듣게. 나는 순수하게 실용적인 차원에서 중농주의 학자들과는 거리를 두었네. 제조업이 사회에 기여하지 않는다고 하던 케네 박사님의 말을 자네도 들었지? 문명의 발전에 반대하던 루소만큼이나 터무니없는 발상이지."

스미스의 말은 계속되었다.

"계몽주의 사상가들이 늘 같은 견해가 아니었다는 건 분명하네. 우리는 툭하면 격렬하게 대립했으니까 말일세. 진리 탐구가 꼭 필요하다는 점에는 모두가 동의했네. 그 진리가 세상을 어디로 인도하든 상관없이 말이지. 과학혁명(약 1550~1700년에 이루어진 것으로 그리스-아랍의 과학 전통에서 근대 과학으로 전환됨으로써 자연을 바라보는 시각에 일어났던 큰 변화를 통칭하는 말 - 옮긴이)이 이루어짐에 따라 자연적으로 존재하는 물리적인 세상을 이해하고, 예측하고, 어느 정도 통제할 수 있음이 드러났어. 데이비드 흄 선생님과 나는 이런 과학적 방법들을 인간 세상에 적용하려고 노력했네. 중력 법칙과 다를 게 없는 사회 조직의 법칙, 즉 도덕성과 시장의 법칙을 밝히려고 말일세."

스미스는 경이로움이 가득한 얼굴로 고개를 저었다.

"정말 혁명적이고 낙관적인 시대였어. 분명히 그랬다네. 자네들이 격찬하는 요즘의 새로운 발명들은 우리가 했던 혁신적인 사고의 곁가지들일 뿐이야. 우리 시대에 배태되었던 원인이 낳은 결과물이지."

지성의 그림 퍼즐 조각들이 하나씩 제자리에 놓이고 있었다. 그리고 비록 올드 뒤랑고 살롱에서 보낸 지난밤은 초현실적인 꿈이긴 했지만(지난밤의 사건은 정말이지 펠리니 감독[페데리코 펠리니, 이탈리아의 영화감독, 대표작은 〈길〉-옮긴이]의 영화처럼 도저히 일어날 수 없는 일이 실제로 일어난 것이다), 어느새 나는 그 모든 것을 아무런 저항도 없이 받아들이고 있었다. 그런데 내가 스미스를 진정한 천재라고 인정하는 순간, 현실에서 도저히 있을 수 없는 그 모든 것들이 더는 거슬리지 않았다. 정말 이상한 일이었다.

조용히 듣기만 하던 줄리아가 마침내 입을 열었다.

"두 신사분 얘기에 찬물 끼얹는 거 같아서 정말 죄송하지만, 과거 얘기는 그만하고 미래 얘기를 해야 하지 않을까요?"

그 지적에 스미스와 나는 할 말이 없었다. 줄리아의 말은 계속되었다. 이번에는 나에게 하는 말이었다.

"인정해요. 제가 해럴드 아저씨더러 스미스 교수님과 영적 대화를 하라고 부추긴 거……. 하지만 교수님이 해럴드 아저씨의 정신을 완전히 차지해버릴 줄은 정말 조금도 몰랐어요."

그러고는 스미스에게 희미하게 미소 지으며 말했다.

"교수님에게 화를 내려는 건 아니에요. 하지만 교수님은 해럴드 아저씨 집에 저녁 한 끼 함께 먹으러 방문해서는 여름 내내 해럴드 아저씨 집에 눌러앉아 있는 거나 마찬가지잖아요. 너무 심한 민폐 아닙니까? 끝내야 할 시간이 한참 지나지 않았습니까?"

스미스는 할 말이 없었다. 스미스와 나는 시선을 주고받았다.

줄리아가 이번에는 나를 바라보며 말했다.

"이제 해럴드 아저씨를 오클랜드에 있는 누나 댁으로 모셔다 드려야 해요."

스미스는 괜히 땅만 뚫어지라 바라보았다. 나는 서쪽으로 흘러가는 구름에 몰두한 척 아무 말도 하지 않았다. 하지만 그것도 오래 가지 못했다. 결국, 나는 줄리아에게 내 계획을 밝혀야만 했다.

"아직도 스미스 교수님과 나눠야 할 얘기가 무척 많이 남았어요. 교수님은 날마다 새로운 주제로 말씀하시는데, 그 모든 게 무척 중요하단 말이에요."

줄리아가 매섭게 받아쳤다.

"그 이야기는 오클랜드에 가서 해도 되잖아요. 해럴드 아저씨가 자기 누님과 함께 있으면 건강에도 더 좋을 거 아니에요. 몸도 그렇고 정신도 그렇고."

나는 스미스를 바라보았다. 스미스는 아무 말도 하지 않았다. 하지만 이마에 깊은 주름을 만드는 것으로 봐서는 고민이 깊은 모양이었다. 그리고 그는 거의 눈에 띄지 않을 정도로 아주 조금씩 머리를 앞뒤로 흔들고 있었다. 이 동작이 의미하는 것은 분명했다. 줄리아의 생각에 반대한다는 뜻이었다. 그러나 나는 이미 결론을 내려놓고 있었다.

"좋아요! 그럼 저녁을 먹고 나서 곧바로 출발합시다."

줄리아의 눈길이 부드러워졌다. 그녀는 나를 껴안았고, 자기 머리를 내 가슴에 대고 비볐다.

"고마워요!"

하지만 스미스의 표정이 사나웠다. 내가 자기를 버렸다고 생각하는 모양이었다.

나는 자리에서 일어나 혼자 걷기 시작했다. 내 뒤로 스미스가 힘겹게 천천히 걸었다. 줄리아가 그를 부축해주었다. 줄리아가 화를 낸 것만 빼면 우리는 모두 기분이 좋았다. 사실, 줄리아가 화를 냈다는 사실조차 다들 금방 잊어버리긴 했지만. 우리가 야영장의 매점에 도착했을 때는 다들 평화로운 마음이었다. 그런데 매대에 놓여 있던 지역 신문이 우리가 만끽하던 평화를 산산조각냈다. 나와 줄리아의 사진이 1면에 크게 박혀 있는 게 아닌가! 보안관 사무실에 있을 때 찍힌 사진이었다. 그리고 우리의 이름과 프레데릭스버그의 집 주소까지 다 나와 있었다.

"망했네! 학장이 무척 좋아하겠군. 새뮤얼슨상 심사위원회도 좋아하겠고, 젠장!"

그런데 스미스는 사진을 한참 동안 바라보더니 딴소리를 했다.

"자네들 둘은 무척 잘 어울리는 한 쌍이야."

POP가 이 사진을 볼 수도 있었다. 머리가 혼란스러웠다. 만일 POP가 이 사진을 보게 되면, 우리가 어디에 있는지를 금방 알아내고 추적할 터였다. 스미스와 내가 두 번이나 죽음의 문턱까지 갔다 온 것이 절대로 우연이 아니라는 확신이 들었다. 어쩌면 맥스 헤스가 여전히 우리를 추적하고 있을 가능성이 컸다. 그는 스미스나 나 그리고 우리 주변에 있는 누구든 해칠 수 있었다. 지금까지는 운이 좋았다. 그러나 갑작스러운 사건에 휘말리면서 지역 신문의 1면을 장식하게 된 것은 명백히 불운을 예고하는 것이었다. 사진과 함께 소개된 우리가 엮인 사건은 프레더릭스버그의 지역 신문사도 충분히 좋아할 만한 기삿거리였다. 아무튼, 내일이면 모든 사람이 우리가 어디에 있는지 알게 될 터였다. 줄리아가 우리와 계속 함께 있다가는 줄리아도 다칠 수 있었다. 그로부터 30분 뒤에 마침내 나는 어떻게 할 것인지 계획을 완성했다.

저녁을 먹은 뒤 짐을 싸서 모두 차에 실었다. 그리고 화장실에서 줄리아에게 남길 편지를 썼다.

사랑하는 줄리아, 우리는 오클랜드에 갈 수 없어요. 이유는 여러 가지가 있고, 그게 무엇인지는 당신도 잘 알 겁니다. 그리고 우리와 함께 가면 당신도 위험해집니다. 그러니 당신을 떼어놓고 갈 수밖에 없어요. 이 결정을 나 혼자서 내려서 미안합니다. 부디 용서하세요. 당신은 때로 너무 용감하게 행동하잖아요. 당신은 함께 가겠다고 나설 게 뻔하고, 그러면 나는 안 된다고 말하지 못할 것 같아서 이렇게 혼자 결정을 내린 겁니다. 당신이 집으로 무사하게 돌아갈 수 있도록 봐달라고 칼라한 부인에게 부탁해놓았어요. 내가 당신을 사랑한다는 거, 믿어주세요. 그리고 해럴드 아저씨도 당신을 사랑하는 거 알죠? 그리고 스미스 교수님도 같은 마음일 거예요. 정말 이상한 삼각관계도 다 있네요! 다시 만나서 하나가 될 때까지, 안녕!

줄리아가 화장실에 간 틈을 타서 나는 이 편지를 그녀의 지갑에 넣었다. 스미스와 나는 급하게 차를 타고 출발했다. 칼라한 부인이 손을 흔들며 작별 인사를 했다. 우리가 탄 차는 해가 저물어가는 방향으로 달려갔다. 렉스는 뒤 창문을 통해 멀어져가는 야영장을 바라보았다. 그리고 어느 순간 룸미러에 줄리아가 후다닥 뛰어나오는 게 보였다. 자동차가 출발하는 소리를 듣고 깜짝 놀랐을 것이다. 먼지 속으로 사라지는 우리를 바라보며 무척 허탈했을 것이다. 그런 생각 때문에 하마터면 차를 세울 뻔했다.

내가 선택한 결정은 지독한 것이었다. 하지만 나로선 그렇게 할 수밖에 없었다. 내가 세운 계획을 줄리아에게 얘기했다면 그녀는 동행하겠다고 우길 게 뻔했다. 그런 그녀의 고집을 나는 꺾지 못했을 것이다. 룸미러 속 줄리아의 모습이 마침내 보이지 않게 되었다.

"줄리아가 무척 화를 낼걸? 하지만 자네는 옳은 결정을 내린 거야."

"내가 이런 결정을 내린 동기를 줄리아도 알겠죠? 설마, 동기는 빼버리고 행동만 가지고 평가하진 않겠죠?"

Saving

Adam

Smith

Part 3

도덕

Virtue

"탁월한 분별력은
최고의 감성과 결합한 최고의 이성이다."[1]

– 애덤 스미스, 「도덕감정론」

Chapter 19

내면의 관객

밤새 쉬지 않고 달려서 캘리포니아 해변에 도착했다. 사람들이 우리를 알아보지 못하기를 바랐다. 마침 본격적인 휴가철이라서 카멜 아래쪽에 있는 안개 낀 수목원은 사람들의 눈을 피하기에 좋았다. 아무리 눈이 밝은 테러리스트라 하더라도 거기에 있는 우리를 찾아낼 수는 없을 것 같았다. 또 유타에서 벌였던 모험으로 지친 심신을 달래기에도 좋았다. 생각하고, 또 계획을 세울 시간이 내겐 필요했다. 이제 곧 9월이다. 월드켐의 9월 이사회 회의가 점점 가깝게 다가왔다. 하지만 아직은 그날 내놓을 만한 게 아무것도 없었다. 그런데 이상하게도 마음이 편안했다.

우리는 빅서(캘리포니아 주 서부에 있는 명승지로 로스앤젤레스와 캘리포니아 사이 해안에 있다-옮긴이)에 자리를 잡았다. 해안 근처였고, 하늘 높이 삐죽삐죽 솟아 있는, 지구에서 가장 키가 큰 생명체인 삼나무들 사이에 야영 텐트를 쳤다. 숲이 얼마나 우거졌는지 햇빛은 거의 들어오지 않았다. 저녁에 흩날리는 이슬비도 지면에 닿지 못할 정도였다. 텐트를 친 첫날, 우리는 이틀 밤을 설치는 동안 자지 못한 잠을 충분히 보상받을 정도로 단잠을 잤다. 다음 날 아침에도 우리는 늑장을 부리며 안개가 걷히는 걸 바라보기만 했다. 하늘에 펼쳐지는 자연의 거대한 형상들을 보고 경탄하면서 게으름을 피웠다. 해가 중천에 떴을 때쯤 배가 고프다는 생각이 들었다. 사무소에 가서 근처 식당이 어디 있는지 물어서 그곳으로 자동차를 몰았다. 바다가 내려다보이는 절벽 끝에 자리 잡은 편안한 식당이었다.

북캘리포니아의 해변은 일 년 내내 서늘했다. 그 덕분에 렉스를 차 옆에 그냥 두어도 되었다. 물그릇과 약간의 사료를 담은 그릇만 두어도 충분했다. 우리는 식당 안으로 들어갔다. 커다란 창문들 하나하나가 모두 빅서의 장엄한 풍경을 담은 그림이었다. 갑자기 줄리아를 떼어놓고 온 게 미안해졌다. 이 낭만적인 곳에 줄리아와 함께 있으면 얼마나 좋을까 하는 생각이 들었다. 내가 줄리아를 그리워한다는 사실을 새삼스럽게 알 수 있었다. 종업원에게 식사를 주문했다. 스미스를 보니 얘기를 하고 싶은 눈치였다.

"얘기하고 싶은 게 있으세요?"

"질문이 있으면 하게."

나는 녹음기를 꺼내 테이블 위에 올려놓았다. 녹음기를 사용하지 않은 게 한 달은 된 듯한 기분이었다. 그전까지 무슨 얘기를 나눴는지 기억이 잘 나지 않았다. 하지만 사실은 녹음기를 마지막으로 사용한 건 불과 며칠 전이었다. 그랬다. 스미스는 내 드람뷔를 몰래 마셨다. 빨간 머리 야영객을 자신의 옛 여자 친구로 착각했다. 결국에는 술에 취해 쓰러졌고, 해럴드가 되어 정신을 차렸다. 그 후 실종되었다가, 술집 겸 도박장에서 발견되었다. 쓰러지기 전까지 사람들이 일으킨 폭동 사태에 깊이 관여했었다는 사실이 밝혀졌다. 이런 사건들이 연이어 일어났으니 내가 스미스와 그 전에 무슨 얘기를 나누었는지 생각나지 않는 것도 그리 놀라운 일은 아니었다.

나는 마지막으로 녹음한 내용을 재생해보았다. 인간은 자기가 가진 이기적인 동기를 다른 사람들이 가진 동기와 자연적으로 (다시 말해서 천성적으로) 균형을 맞추려고 하므로 정부 차원의 강력한 통제는 사실상 필요하지 않다는 내용, 사람은 양심이라는 것을 가지고 있다는 내용이었다.

"그럼, 그렇고말고지."

스미스가 자기가 한 말에 맞장구치며 고개를 끄덕였다.

"좋아요. 그렇다면 그다음 문제는 사람이 어떻게 양심을 가지게 되는가 하는 문제네요. 사람은 양심을 가지고 태어납니까? 아니면, 요즘 사람들이 알고 싶어하듯 가게에서 돈을 주고 사야 합니까?"

"진심으로 하는 소린가?"

말은 그렇게 했지만, 스미스는 웃고 있었다.

"사람은 양심을 가지고 태어나지는 않는다네. 그 대신, 양심을 개발하려는 의지는 갖고 태어나지. 또 그렇게 하기 위한 여러 도구도 함께 가지고 태어나거든. 그래서 양심은 평생에 걸쳐서 함양되고, 그래서 도덕적인 사람으로 발전해나가는 걸세. 돼지나 쥐나 바위하고는 다르게 말일세. 양심을 추구하고 가꿀 때 양심이 형성되고 모습을 갖춰나가는 거야."

나는 잠시 생각한 뒤 물었다.

"그런데 왜 제가 양심을 함양하려고 애를 써야 합니까? 본능이나 이성에만 의존하면 되지 않습니까?"

스미스는 음료수를 한 모금 마신 뒤 대답했다.

"자네의 양심은 본능과 이성, 그 두 가지를 모두 사용해서 형성된 거야. 본능과 관련해서 우선 자기를 보존하고자 하는 마음이나 자기애에 대해서는 예전에 이야기했었지. 나는 내 책들을 쓰면서 이런 본능이 사악하지 않다는 사실을 밝히려 노력했네. 특정한 한계를 넘지만 않으면 이런 것들은 오히려 미덕이라고 할 수 있지. 여기에 대해서는 『국부론』에도 썼어."

스미스의 말은 계속 이어졌다.

"그런데 본능에 대해 또 하나 짚어야 할 게 있어. 인간은 남에게 인정받고 싶어하는 선천적인 본능도 가지고 있거든. 우리는 다른 사람들과 공감하는 방식을 통해 이런 본능을 추구하지. 내가 말하는 공감은 좋다거나 나쁘다거나 하는 특정한 감정을 뜻하는 게 아니야. 다른 사람의 감정을 이해한다는 뜻이지. 다른 사람들과 함께 나누는 동류의식이라고 할 수 있지. 그래서 이런 동류의식은 이기적인 동기에서 비롯된 것이라고 말할 수도 있겠지."[1]

식당의 다른 테이블에서 어떤 아기 엄마가 아기를 아기용 높은 의자에 앉히면서 혹시 아기가 불편해하지나 않을까 온갖 정성을 다 들이는 모습이 보였다. 나는 그 모습을 가리키면서 물었다.

"저기 좀 보세요. 저 아기는 자기 엄마를 하나님과 가까운 존재로 바라봅니다. 자기를 인정해줄 때 느낄 수 있는 그 애정을 자기 엄마에게서 바라는 겁니다. 남이 나를 인정해준다는 것과 살아남는다는 것은 같은 뜻이 아닐까요?"

"그 주제는 한층 더 심오한 거라네. 자기 자신의 내면으로부터 인정받고자 하는 바람 때문에 자네는 궁극적으로 자네 부모나 친구들과 맞설 수 있어. 자네의 양심이 자네를 죽음으로 이끌 수도 있지. 소크라테스의 경우처럼 말일세. 생존 본능만으로는 인간의 모든 행동을 설명할 수 없어. 심지어 모든 행동이 아니라 가장 의미 있는 행동조차 설명할 수 없을걸?"

아래로 내려다보이는 해변에는 딱 한 사람밖에 없었다. 그는 서프보드를 왼팔로 끼고 물을 향해 걸어가고 있었다. 두 팔을 꿰지 않은 채 늘어뜨린 검은색 서핑복은 허리에 딱 맞아 보였다. 길게 기른 회색 머리카락을 말 꼬랑지처럼 뒤로 질끈 묶어서 늘어뜨린 그 남자는 오로지 멀리서 연달아 밀려오는 파도에만 집중하는 듯했다. 남자는 물 앞에서 보드를 모랫바닥에 내려놓았다.

남자는 천천히 두 팔을 서핑복으로 밀어 넣고 등 쪽의 지퍼를 채웠다. 그리고 파도 거품이 부서지는 곳까지 걸어간 다음 그 자리에 섰다. 약 50미터 전방에서 폭이 좁은 파도가 일어났다. 길이는 100미터 정도 되어 보였다. 이 파도의 양쪽 끝으로는 거대한 바위들이 수면 위로 우뚝 솟아 있었다. 바위의 뾰족한 형상은 매우 위협적으로 보였다.

"저 사람을 보게. 물가에서 얼마나 주저하는지 잘 보란 말이야. 저 사람 내면에는 갈등이 파도치고 있어."

"즐거움과 고통의 함수를 계산하는 거지요. 서핑은 위험하고도 힘든 일이니까요."

"맞아. 저 사람은 저 커다란 파도 속으로 들어갈 것인지 말 것인지를 놓고 내면의 대화를 하고 있겠지. 옳은 행동과 그른 행동을 판단하고자 하는 대화야. 그런데 자네는 이걸 알아야 해. 우리가 저 사람을 인정하느냐 인정하지 않느냐 하는 것이 저 사람의 판단에 아무런 영향도 미치지 않는다는 것을 말이야. 왜냐하면, 저 사람은 우리가 자기를 지켜보는 줄 모르니까 그걸 자기 판단의 근거로 삼지 않는다는 말이지. 저 사람이 머릿속에 그리는 관객은 저 사람의 마음속에 있는 관객이라는 뜻이네. 저 사람은 자기 자신과 대화를 나누는 거지."

"그런 것 같습니다."

"바로 저거야. 자기 자신과의 저런 대화를 통해 양심이 형성되고 다듬어진다는 거지."

남자는 드디어 결심한 모양이었다. 서프보드와 연결된 줄을 발목에 연결하고는 파도 속으로 빠른 걸음으로 걸어 들어갔다. 그리고 보드에 엎드린 자세로 올라타서, 하얗게 부서지는 파도를 머리에 뒤집어쓰며 손으로 노를 저어 바다 쪽으로 나아갔다.

"그런데 교수님, 우리가 저 남자와 동류의식을 가지려 한다고 치면, 어떻게 하면 될까요?"

"저 사람 처지가 되어봐야지. 하지만 진짜로 그렇게 할 수는 없으니 생각이나 상상을 통해 저 사람 처지가 되는 거야. 예를 들어 '내가 지금 저 사람이면 기분이 어떨까?' 하는 질문을 자기 자신에게 던지는 거지. 사람들 사이에 공감이 일어나도록 해주는 것은 상상의 적극적 작용이거든. 상상이라는 것은 인간이 진정으로 인간적인 존재가 될 수 있도록 창조주가 마련한 선물이라네."

스미스는 연거푸 달려오는 파도를 바라보며 천천히 말했다.

"지금부터 내가 하는 말은 미묘하면서도 중요한 얘기니까 잘 듣게. 내가 다른 사람과 공감한다는 것은 내가 적절하다고 느끼는 것을 다른 사람이 인정해준다는 뜻이야."

"무슨 뜻이죠?"

"이런 가정을 한번 해보자고. 자네가 보험으로 해결할 수 있는 가벼운 자동차 사고를 냈다 쳐. 그런데 만일 자네가 이 별것 아닌 일 때문에 인생이 완전히 꼬여버리기라도 한 것처럼 행동한다면 다른 사람들은 자네에게 공감하기 어려울 거야. 자네가 보인 그런 반응이 주변 상황이나 환경에 맞지 않기 때문이지."

"하지만 만일 아내가 이 사고로 사망했다면 그 반응은 적절한 것이겠죠."

스미스가 고개를 끄덕였다.

"자네는 자신의 감정 반응이 적절한 것인지 신경을 쓰겠지. 오랜 시간이 흐르는 과정 중에 무엇이 사람들 사이에서 용인되는지 깨닫고 나면 그 반응을 수정할 수도 있어. 예를 들어 어린아이는 팔이 약간 긁히는 상처를 입어도 금방 죽을 것처럼 큰 소리로 울어대지. 하지만 이 아이도 사회화되면 작은 상처 따위로는 울지 않는단 말이야. 더 큰 상처나 고통을 당할 때 쓰려고 울음을 아껴둬야 한다는 걸 배우는 거지."

"자기 감정을 억누르는 작은 악마가 된다는 얘기죠?"

스미스가 껄껄 웃었다.

"하하하! 불교 신자는 쾌락과 고통을 단순히 선택이라고만 여긴다네. 불교 신자는 고통을 억누르는 것일까? 아니면, 고통을 느끼지 못하는 것일까? 생각해보게."

잠시 생각해보니 스미스의 말을 이해할 수 있을 것 같았다.

"네, 알아들었습니다."

"그래. 나는 내 감정을 누그러뜨리겠다는 선택을 했으므로 내 감정과 행동을 잘 의식한단 말이지. 이것들을 예의주시해 적절한 감정인지 아닌지, 또 적절한 행동인지 아닌지를 확인하려고 말이야. 그래서 다른 사람들이 나를 바라보는 바로 그 시각으로 나 자신을 바라보려고 애를 쓰지. 그래서 나는 이 연극에서 배우가 될 뿐만 아니라 공정한 관객²이 되는 거지."

스미스는 잠시 말을 끊고 쉬었다가 다시 이었다.

"이 공정한 관객의 견해가 양심을 생성하는 데 결정적으로 중요해. 내가 무슨 행동을 할 수 있을지 다른 사람의 관점에서 바라볼 때, 내가 나에게는 중요한 인물임에도 나 자신의 자기중심적인 편파성을 인정하지 않는 다른 사람에게는 중요한 인물이 아님을 깨닫는 거야. 게다가 사실 이 점이 정말 중요한 것인데, 사람들은 자기 아닌 다른 사람으로부터 인정받기를 바랄 뿐 아니라 자기 내면으로부터도 존경을 받고 싶어하거든. 즉, 자기 자신을 칭찬하고 싶어한다는 말일세. 궁극적이고도 본질적인 요소야. 많은 사람이 깨닫지 못하는 것이기도 하고. 내 말 잘 듣게. 사람은 궁극적으로 자기 자신에게 칭찬받고 싶어해. 즉, 칭찬받아 마땅한 인간이 되고 싶어한다는 말이지."

바로 그때, 아까 그 아기가 악을 쓰며 울기 시작했다.

"저 아기가 공부해야 할 게 참 많네요."

내가 생각해도 재치 있는 말이었다.

식사가 끝나자 종업원이 접시를 치웠다. 우리는 커피와 차를 마시면서 느긋하게 해변을 바라보았다. 하늘에는 시커먼 구름이 잔뜩 끼어 있었다.

스미스는 눈을 가늘게 뜬 채 입술을 한쪽으로 모았다. 어떤 주제를 놓고 곰곰이 생각하는 모양이었다. 그러더니 혼잣말처럼 중얼거렸다.

"양심이 인간이 가진 약점에 밀려나는 경우가 많아. 이건 의심의 여지가 없는 사실이야."

그러고는 나를 바라보며 말을 이었다.

"하지만 우리 내면에 있는 재판관, 즉 우리 마음속의 위대한 양심이 갖는 권위는 그야말로 대단한 걸세. 자기 자신과 관련 있는 어떤 것이 과연 제대로 자기 자리를 찾아가는지 알 수 있는 길은 오로지 양심에 비추어보는 방법밖에 없거든."[3]

스미스는 상체를 앞으로 구부리고 팔을 뻗어서 내 팔을 자기 손으로 가볍게 두들기며 말했다.

"예를 하나 들어볼 테니 잘 듣게. 착시가 뭔지는 알겠지? 물체의 실제 크기나 길이와는 상관없이 그 물체가 보는 사람에게 얼마나 가깝게 있느냐에 따라 커 보이기도 하고 작아 보이기도 하지 않나?"

스미스는 빅서 공원이 내려다보이는 커다란 창문을 가리켰다.

"저기 저 풍경을 보게. 나무와 산과 바다로 이루어진 거대한 풍경이지. 하지만 우리 눈에 보이는 저 장대한 풍경이 유리창 몇 개 안에 다 담겨 있지 않은가? 우리 눈에는 저렇게 거대한 산들이 우리가 지금 머무르고 있는 이 공간보다 훨씬 작게 보인단 말이야. 서핑하는 저 남자도 내 손톱 크기밖에 되지 않고 말이지. 그건 바로 우리 눈이 우리를 속이기 때문이라네!"[4]

스미스는 자기 말에 도취된 듯했다. 그의 말은 열정적으로 다시 이어졌다.

"그런데 관점이라는 발상을 도입하면 눈이 가진 이런 결점을 고칠 수 있네. 무슨 말이냐 하면, 산과 이 공간을 같은 거리에서 바라볼 수 있는 상상 속 제3의 지점에 자리를 잡고 바라볼 때 이 둘을 정확히 비교할 수 있단 말이야. 그리고 실제 크기나 거리 등을 알 수도 있고……. 사람은 습관과 경험을 통해 이런 비교와 판단을 너무도 즉각적이고도 어렵지 않게 해내므로 사람들은 이런 과정이 진행되고 있다는 사실을 거의 인식하지 못하지."

스미스는 자리에서 일어나 천천히 걷기 시작했다. 그리고 걸으면서 말했다.

"눈이 그러는 것처럼 우리 본성 안에 있는 이기적이고 원초적인 열정들 역시 우리를 속이지. 그래서 자기에게 가장 가까운 것을 가장 중요하다고 여기는 거야. 하지만 이런 왜곡을 타당성과 정의라는 관점을 통해 고칠 수 있다네. 이런 것들이 애초에 설정되어 있던 감정의 불균형을 바로잡아주지."[5]

거기까지 말한 스미스가 갑자기 몸을 돌려 나를 바라보고 말을 이었다. 매우 진지한 표정이었다.

"이걸 생각해보란 말이야. 예를 들어 중국이라는 거대한 국가의 한 지역에 지진이 일어나 그 지역이 수많은 주민과 함께 갑자기 사라져버렸어. 지진이 도시와 주민을 모두 삼켰다고 상상해보잔 말이야."[6]

그렇게 말하며 스미스는 내 어깨에 한 손을 올려놓았다. 예상치 않았던 몸짓에 나는 깜짝 놀랐다. 스미스의 말은 계속 이어졌다.

"그런데 유럽에 사는 어떤 사람이 있어. 이 사람은 비록 인간성이 훌륭하긴 하지만, 지진이 난 지역이나 지진으로 사망하거나 실종된 사람들 그 누구와도 개인적인 이해관계나 관심이 있지 않아. 이 사람은 과연 그 끔찍한 재난 소식을 듣고 어떤 반응을 보일까?"

이미 나는 스미스가 자기 논리를 전개하는 수사에 익숙해 있었으므로 답이 뻔한 질문에는 일일이 대답하지 않았다.

"내 생각에 이 사람은 분명 불행한 일을 당한 사람들에게 애도의 마음을 가질 거야. 그리고 삶의 허망함을 느끼겠지. 인간이 노동으로 이룩한 모든 것들이 언제든 한순간에 사라질 수도 있음을 절실하게 깨달았을 테니 말일세. 그리고 만일 그가 생각이 깊은 사람이라면, 아마도 그 재앙이 유럽의 상업에 미칠 영향에 대해, 그리고 세계경제에 미칠 영향에 대해 여러 가지 추론도 하겠지."

스미스는 눈을 가늘게 뜨고 음험한 미소를 지었다.

"그리고 이 모든 철학적 성찰이 끝나고 나면 그 사람은 일이든 놀이든 자기가 하던 것을 계속 이어서 하겠지. 인간적인 여러 감정을 충분히 표현한 뒤 말일세. 마치 그 끔찍한 사고가 일어나지 않았던 것처럼 평소와 다름없이 말이야."

나는 그를 바라보며 그가 할 다음 말을 기다렸다.

"아, 그렇지! 중국에서 수백만 명이 사망한 사건보다도 자기에게 일어나는 시시한 사건이 실질적으로 그 사람의 마음을 더 많이 흔들어놓을 수 있어. 예컨대, 다음 날 손가락 하나를 잃게 된다면 그 사람은 밤새 잠을 못 이루겠지. 하지만 중국인 수백만 명이 죽었다고 해도 코까지 골면서 깊이 잠들 수 있단 말일세. 그렇게 많은 사람이 사망하는 어마어마한 재앙이라 하더라도 자신에게 닥치는 사소한 재앙보다 덜 중요하게 인식되거든. 이게 바로 진리야. 고통스러운 진리지. 우리의 수동적인 감정은 거의 언제나 즉각적이고 야비하고 이기적이라네."[7]

"교수님은 지금 인간의 양심이라는 것을 제외하신 거죠?"

"아니, 그렇지 않아. 이 논의를 행동이라는 영역으로 바꿔볼까? 인간애가 넘치는 그 사람이 어떤 은밀한 행동을 함으로써 그 수백만 명의 목숨을 구할 수 있다고 가정하면 어떻게 될까? 예컨대, 자기 손가락 하나를 희생함으로써 그 사람들을 구할 수 있다고 가정하면?"

"……."

"그 사람은 자기 손가락 하나를 희생할까? 자네라면 어떻게 하겠나?"

"손가락 하나를 포기해서 수많은 사람의 목숨을 구할 수 있다면, 물론 그렇게 할 겁니다."

스미스의 얼굴에 미소가 번졌다.

"자네는 조금 전까지만 하더라도 야비하고 이기적이었는데, 지금은 손가락이 잘려나갈 때의 육체적인 고통과 평생 불구로 살아야 하는 불편함까지 감수하겠다니 대견하군! 그런데 갑자기 왜 이렇게 바뀌었을까?"

"제 손가락 하나를 희생해서 수백만 명의 귀한 목숨을 구할 수 있으니까요."

"그래, 바로 그걸세! 자네는 지금 관점을 사용한 거야. 자네는 상상 속에서 중국이라는 멀리 있는 나라의 어떤 지역을 방문했어. 거기에서 자네는 자신의 고통뿐만 아니라 수백만 중국인의 비극도 함께 느낀 거야. 공정한 관객의 관점에서 보자면 자네가 한 선택은 전혀 어려운 게 아니었지. 어떤 선택을 할 때 자신을 칭찬할 수 있을까, 어떤 선택이 창조의 법칙에 맞을까, 하는 생각을 자네가 했기 때문이라네."

스미스는 뭔가 강조할 말이 있는 듯 집게손가락을 들어 올린 채 말을 이었다.

"양심을 여는 열쇠는 도덕적 상상력을 발휘하는 거야. 수동적 감정은 거의 언제나 야비하고 이기적이지. 그러나 그에 비해 능동적 원칙은 흔히 관대하고 우아해진단 말이야."

스미스의 논리는 정말이지 날카로웠다. 찬탄할 수밖에 없었다.

"정말 탁월합니다, 교수님! 정말 감명받았습니다."

하지만 스미스는 깊은 생각에 잠긴 듯 무표정하게 턱을 문지르며
말했다.

"아냐. 아직 수박 겉핥기밖에 안 돼."

* * *

렉스를 태우고 식당 주차장에서 빠져나왔다. 그리고 1번 도로를 따
라 남쪽으로 1.5킬로미터 정도 더 간 뒤에 파이퍼 비치로 향하는 길
로 빠져나왔다. 급하게 우회전해야 하는 그 좁은 도로를 안내하는 표
지판이 없어서 관광객들은 그냥 지나치기 일쑤였다. 하지만 식당에서
종업원이 친절하게 가르쳐주었으므로 우리는 그 길을 놓치지 않고 잘
빠져나왔다. 그 종업원 말로는, 현지인들이 관광객이 들락거리는 게
싫어서 일부러 표지판을 훼손한다고 했다. 1차선의 그 좁은 도로는 두
개의 구릉 사이에 난 협곡을 따라 이어졌다. 이따금 깊은 숲에 숨어
있는 집으로 이어지는 자갈길로 연결되기도 했다.

한동안 그 길은 직선으로 이어졌다. 그 직선 도로에서 파란색 자동
차가 멀리 뒤에서 따라오는 것을 흘낏 본 것도 같았다.

파란색 자동차!

갑자기 맥박이 빨라졌다. 드넓은 미국 땅이었다. 게다가 한적한 시
골이었다. 그러나 안심할 수는 없었다. 맥스 헤스가 여전히 우리를 노
리고 뒤를 밟고 있을 가능성은 얼마든지 있었기 때문이다. 잠시 우리
차를 따라온다 싶었던 그 파란색 자동차는 곧 샛길로 빠졌다. 정확하

게 보진 못했지만, 예전에 사막에서 우리를 습격했던 파란색 세단보다 훨씬 큰 차 같았다. 맥스 헤스가 아닌 게 분명했다. 생각이 거기까지 미치자, 안도의 한숨이 나왔다.

몇 킬로미터를 더 가자, 도로는 비포장으로 바뀌었다. 자갈과 흙으로 된 길이었다. 우리는 파이퍼 주립공원으로 들어갔다. 입장료 자율 지급함에 5달러를 넣었다. 주차장에는 선반을 설치한 지프 체로키 한 대뿐이었다. 아까 식당에서 보았던 서퍼가 이 차의 주인 같았다. 주차장에서 조금 더 걸으니 하늘을 뒤덮은 숲이 나왔다. 그 숲을 지나자 태고의 모습을 갖춘 해변이 나타났다. 간조 때였는데, 해변의 폭은 약 50미터였다. 거대한 파도가 바위에 부딪쳐서 하얀색 거품을 일으키고 있었다. 바위의 천연 아치에 부딪힌 파도는 거대한 물보라를 일으켰다. 무지개가 걸렸다. 서퍼는 혼자 온갖 기술을 구사하며 파도를 탔다. 얼핏 잘못 본 사람이라면 물개 한 마리가 놀고 있다고도 할 수 있을 것 같았다.

렉스는 파도가 부서지는 끝 지점까지 뛰어가서는 물이 뒤로 밀려나면 맹렬하게 짖으면서 따라갔다가 다시 물이 밀려오면 기를 쓰고 달아나는 술래잡기 놀이를 반복했다. 차가운 바닷물이 밀려오고 다시 밀려 나가는 그 광경의 한 부분이 되어 바닷물과 술래잡기하는 순간은 렉스에게도 황홀한 경험임이 분명했다. 우리는 서퍼 한 사람 말고는 아무도 없는 해변을 밀물 때 밀려왔던 자줏빛 해조류가 늘어선 줄을 따라 걸었다. 반쯤 걸어가니 폭풍에 밀려왔을 것 같은 커다란 나무 그루터기가 있었다.

나는 그 그루터기에 앉아 곰곰이 생각해보았다. 스미스가 전개했던 그 명쾌한 논리를 왜 경제학 교과서 어디에서도 찾아볼 수 없는 걸까? '선택의 학문'이라 불리는 경제학은 무슨 까닭으로 전체의 절반만, 즉 인간 행동의 '야비하고 이기적인' 측면만을 가르치고 인간 행동의 '우아하고 관대한' 측면을 가르치지 않을까? 애덤 스미스가 말한 시장은 자율적이면서도 도덕관념이 없는 개인들이 모여 있는 어떤 가상의 세계에 존재했던 게 아니라, 상호의존적이고 사회적인 세상, 즉 도덕을 중시하고 도덕적 양심이 개인 행동을 구속하는 세상에 존재했다. 인간 행동의 '우아하고 관대한' 측면을 무시할 때 경제학자는 필연적으로 정확하지 않고, 심지어 위험하기까지 한 결론에 다다를 수밖에 없다. 그 측면을 염두에 둘 경우, 실제 현실에 존재하는 시장과 기업 활동은 어떻게 달라질 수 있을까?

이런 내 생각을 읽기라도 한 듯 스미스가 미소 지으며 말했다.

"리치, 관대한 사람들이 다른 사람의 더 큰 이익을 위해 자기 이익을 희생하게 하고, 또 이기적인 사람들도 자주 그런 행동을 하게 만드는 것이 무엇인지 우리가 찾아내야 해. 이 문제를 놓고 진지하게 생각해보란 말일세."[8]

그렇게 말한 뒤, 스미스는 허리를 굽혀 모래 속에서 반질반질한 돌 몇 개를 주워들고 무게를 가늠했다. 생각에 잠겨 있을 때 나오는 동작이었다. 바람이 세어지고 있었고, 하늘은 점점 어두워졌다. 바다에는 끝부분이 하얗게 부서지는 파도들이 넘실거렸다. 그 파도에 올라탄 서퍼는 보드에서 떨어지지 않으려고 애를 썼다. 나는 그루터기에서 내려와 해변을 걸었다. 날카로운 작대기 하나가 눈에 띄었다. 나는 그 작대기로 거대한 해조류의 공기주머니를 찔렀다. 하나씩 찌를 때마다 공기주머니는 '픽!' 소리를 내며 터졌다. 그것도 시들해지자 막대기를 멀리 던지고 모랫바닥에 털썩 주저앉았다. 스미스가 다가오며 물었다.

"나 때문에 혼란스러운가?"

"음……. 스탈린이나 마오, 혹은 맥스 헤스 같은 사람이라면, 그런 독재자나 테러리스트라면 교수님이 말씀하신 양심에 따라 행동하지 않는다고 봐야 하지 않을까요?"

"맞는 말이네."

스미스는 마치 선사시대에서 뚝 떨어진 것 같은 펠리컨 무리가 해안선을 따라 우리 머리 위를 날아가는 모습을 바라보며 말했다.

"그런 예를 들자면 수도 없이 많습니다. 어디를 둘러보더라도 그런 악당은 널려 있으니까요."

"맞아."

스미스의 시선이 다시 나에게로 향했다.

"가장 완벽한 도덕을 갖춘 사람, 우리가 자연적으로 가장 사랑하고 존경하는 사람은 이기적인 자기감정을 가장 완벽하게 통제하는 사람이며, 다른 사람의 감정에 온전히 공감할 수 있는 예민한 감성을 지닌 사람이네.⁹ 이런 특성이 제거된 사람이 바로 자네가 예로 들었던 바로 그 괴물들이지. 양심이 없는 이런 사람들이 지배하는 사회는 어떤 상태가 될까?"

굳이 대답할 필요가 없는 질문이었다.

스미스는 뒷짐을 진 채로 길게 한숨을 쉰 뒤 다시 입을 열었다.

"고난, 위험, 상처 그리고 불행⋯⋯. 이런 것들은 자제력이라는 미덕을 우리에게 가르쳐주는 유일한 스승이야. 하지만 이런 것들로부터 무언가를 배우려는 사람이 아무도 없다는 게 문제지."[10]

말을 마치고 스미스는 물가로 걸어갔다. 그는 무척이나 지쳐 보였다. 나는 스미스가 잠시나마 혼자 있게 해주고 싶었다. 그런데 갑자기 스미스가 손가락으로 어느 한 지점을 가리키며 나를 바라보았다. 나는 그의 손가락이 가리키는 지점의 파도를 바라보았다.

"그 친구가 가라앉았어! 보이지 않아!"

그 순간, 거대한 파도가 해변으로 밀어닥쳤다. 서프보드가 파도에 밀려 물가로 나왔다. 보드는 서퍼의 발목에 연결되어 있어야 했지만, 서퍼는 보이지 않았다. 스미스가 보드가 있는 곳으로 달려갔다. 나도 뒤를 따랐다. 곧 스미스를 추월해서 보드가 있는 곳에 먼저 다다랐다. 서퍼와 보드를 연결하는 장치가 부서져 있었다.

내 머릿속엔 서둘러 남자를 찾아야 한다는 생각밖에 없었다. 옷을 벗으며 바닷물 속으로 뛰어들려고 했다. 그때 스미스가 내 팔을 잡고 말했다.

"그 친구, 그냥 빠져 죽게 내버려 두고 이 보드를 우리가 훔쳐가는 거 어떤가? 아무도 보는 사람이 없는데, 뭐 어때? 응?"

나는 내 귀를 의심했다. 아무 말도 할 수 없었다.

Chapter 20

해달 사냥꾼의 역설

나는 있는 힘껏 고함을 질렀다.

"무슨 그런 말씀을 하세요?"

피가 거꾸로 솟는 것 같았다. 하지만 스미스는 빙그레 웃었다.

"바로 그걸세. 자네는 그런 행동을 상상도 할 수 없는 거야. 자네의 그런 도덕적 상상력 덕분에 자네는 그 끔찍한 짓을 저지르지 않을 수 있는 거지."

"예에?"

"아, 저기 있다!"

검은색 서핑복을 입은 남자가 우리가 있던 장소에서 20미터쯤 떨어진 곳에 무릎을 꿇은 자세로 얕은 바다에 머리를 처박고 있었다. 렉스가 가장 먼저 그 남자에게 달려갔다. 우리는 그 뒤를 따라갔다. 남자는 비틀거리면서 일어나 물가로 걸어 나왔다. 그는 연신 기침을 했다. 스미스는 남자에게 달려가는 와중에도 나를 속여먹었다는 사실이 재미있는 모양이었다.

"자네 반응은 자네 안에 이미 내면화되어 있는 외부적 기준에 대한 것이었어. 그게 바로 공정한 관객의 반응인 거지, 하하하!"

나는 지지 않고 맞받아쳤다.

"하지만 그 관객이 단지 사회화의 결과라면 우리는 모두 로봇이 되고 말 겁니다. 사회가 인종을 차별한다면 저도 그렇게 될 거란 말입니다. 도덕적 상대주의가 세상을 지배할 거라고요!"[1]

말하는 동안 우리는 어느새 남자에게 가까이 다가갔다.

"지금은 시간이 없으니까 자네 오해는 다음에 풀어주지. 우선, 이 친구부터 돕고."

남자는 키가 크고 건장했으며, 몸무게는 90킬로그램은 족히 넘을 것 같았다. 40대 초반으로 보이는 남자는 축 늘어진 채 물에 젖은 두 팔을 우리에게 맡기고 천천히 주차장으로 걸어갔다. 나는 남자를 주차장으로 데려다 놓은 다음 보드를 챙기러 다시 해변을 다녀왔다. 이미 해가 진 데다, 남자를 부축하느라 물기에 젖은 셔츠에 한결 거세진 바람이 파고들어 한기가 느껴졌다. 내가 다시 주차장으로 돌아왔을 때까지도 남자는 짠물을 뱉어내고 있었다.

남자는 기침을 해대며 미안한 듯 자책했다.

"그렇게 큰 파도를 타보겠다고 나가다니, 내가 미쳤죠. 하마터면 죽을 뻔했네요. 우리 부모님이 아시면 날 죽이려 들 겁니다, 하하하!"

남자의 이름은 피터 첸이었다.[2] 그는 빅서에서 야영하고 있었다. 그는 지난밤에 팰로앨토에서 왔다고 했다. 엘리뇨 때문에 파도가 크게 일자 서핑하기 좋은 기회라고 여기고 왔다고 했다. 남자는 도저히 운전할 수 있는 상태가 아니었다. 자기 차에 기댄 채 무릎을 감싸고 덜덜 떨었다. 몇 분 뒤, 그는 어깨와 무릎에 통증이 느껴져서 진통제를 먹어야겠다며 자기 차에서 배낭을 꺼냈다. 다리에 힘이 빠져서 제대로 서지도 못했다. 야영장까지 데려다줘야 했다.

"야영장까지 제가 운전해서 모셔다 드릴게요. 보드는 차에 올려놓았으니까 됐고……. 우리 차는 나중에 와서 가져가면 되니까요."

피터는 맥없이 고개를 끄덕였다. 우리 셋은 지프 체로키 앞자리에 구겨지듯 함께 탔다. 렉스는 뒷자리에 탔다. 체로키는 우거진 수풀 사이로 꼬불꼬불 이어진 도로를 달려 빅서의 야영장에 도착했다.

"바로 저기가 내 자립니다. 샛강 옆요."

"사람이 별로 없네요?"

"조용한 곳을 찾아서 왔으니까요."

"저녁 같이하시겠소? 먹을 게 많이 있는데……."

스미스가 권했다. 피터 첸은 기꺼이 호의를 받아들였다.

* * *

피터의 자리에서 우리 자리까지는 약 800미터쯤 되었다. 우리는 즐거운 마음으로 그 거리를 감수했다. 불을 지핀 다음 감자를 은박지에 싸서 구웠다. 피터는 피크닉 의자에 앉아서 왼손으로는 자기 오른쪽 어깨를 주물렀고, 오른손으로는 맥주캔을 들고 마셨다. 스미스는 불 옆에 서 있었다. 렉스는 그럴 필요가 전혀 없었음에도 귀를 세우고 망을 보았다.

"고기는 얼마나 익힐까요, 피터?"

"고기는 안 먹습니다. 감자면 됩니다."

피터의 부드러운 말투는 운동으로 다져진 건장한 체구와 햇볕에 그은 피부, 말끔하게 면도한 얼굴과 무척 대조되었다. 손도 온통 근육으로 단단했다. 손톱은 깔끔하게 다듬어져 있었다. 한 다발로 묶은 은회색의 긴 머리카락은 등까지 내려왔다.

"주말도 아닌 평일에 서핑하다니, 부럽네요!"

"회사 사장이 누릴 수 있는 특권 가운데 하나죠, 하하하! 사실은 그게 아니라 우리 회사에서는 모두 탄력 근무시간 제도(미리 정해진 총 근로 시간 범위 내에서 개별 근로자가 원하는 대로 출퇴근 시간을 조정할 수 있는 근로 시간제 – 옮긴이)를 운영하고 있거든요."

"어떤 일을 하시오?"

스미스가 물었다.

"컴퓨터 칩 관련 사업입니다. 특수 반도체를 만들고 있죠. 연매출액은 6천만 달러 정도이고, 직원은 마흔 명 정도죠. 얼마 전에 10주년 행사를 치른 회사입니다."

"하지만 겉으로만 봐서는 댁은……."

"사장 같지 않다고요? 하하하! 고맙습니다. 칭찬 맞죠? 근데, 두 분은 동부에서 오셨나요?"

"그걸 어떻게 아십니까?"

"어떤 생각을 하고 있는지 들어보고 알았죠. 다르니까요. 여기에서는 성공하려면 달라야 하거든요. 신생 창업 기업들이 모두 망한다는 이야기는 들어보셨죠? 그런데 우리는 망하지 않았습니다. 이 시장에서는 창의성이 필수적입니다. 물론 효율성도 중요하지요. 제품 설계에서만 그렇게 할 것이 아니라 생산과 마케팅, 배송에서 모두 그래야 합니다. 충성심과 동기 부여가 핵심이죠. 그렇게 하려면 작업장이 여느 기업들과는 완전히 달라야 하고, 여느 경영자와도 완전히 달라야 합니다."

"그다지 많이 다를 것 같지는 않은데요? 어차피 이윤을 추구하는 것 아닌가요?"

내 물음에 피터는 정색하며 고개를 저었다.

"그렇지 않습니다. 일종의 역설입니다만, 우리는 이익을 목적으로 회사를 경영하지 않습니다. 우리 회사가 성공한 비결은 그게 아니었거든요."

식사를 마친 뒤 우리는 말없이 앉아 있었다. 장작을 태운 연기가 하늘로 날아올라 갔다. 하늘에는 별들이 반짝거렸다. 모두 잔뜩 먹어 배부른 상태였고, 머릿속에는 온갖 생각들로 가득 차 있었다.

"당신 얘기 좀 들어봅시다."

스미스의 요청을 받아들여 피터가 자기 이야기를 했다. 그의 목소리는 낮았고, 말투는 겸손했다.

"인생의 결정적 경험을 열아홉 살에 했습니다. 그때 베트남에 파병

되어 있었어요. 보직은 항공대 소속 레이더 관제였는데, 가장 친한 친구이던 로이가 비행 임무를 수행해야 하는 날이었습니다. 그 친구를 마중하려고 활주로에 나가 있었지요. 그때 갑자기 적의 로켓 포탄이 사방에서 터지기 시작했습니다. 로이가 탄 헬리콥터가 그 포탄에 맞았어요. 로이의 몸이 순식간에 반으로 잘려버렸지요. 내가 달려갔을 때까지 로이의 숨은 붙어 있었습니다만…… 나는 가장 친한 친구가 고통스럽게 죽어가는 걸 지켜보아야 했습니다."

피터는 불쏘시개로 불을 휘적거려서 불길이 다시 타오르게 했다. 그런 다음 계속 말을 이었다.

"죽어가는 사람을 안고 있다는 것……, 그보다 더 힘든 건 없습니다. 인간의 본 모습이 그대로 나올 수밖에 없습니다. 그 어떤 지적인 말이나 재치도 필요 없고 가능하지도 않습니다. 그런 것들은 전혀 의미가 없습니다. 오로지 존재, 실존만 있을 뿐입니다. 그 깨달음은 로이가 내게 남겨준 소중한 선물이죠."

불길이 잦아들자 피터가 작은 나무토막 하나를 모닥불에 얹었다.

"실제로 존재한다는 것은 무언가와 자신이 연결되어 있다는 뜻입니다. 일할 때나 놀 때나 집에 있을 때나 같은 사람이라는 거죠. 인생은 하나로 통합된 것입니다. 베트남에서 돌아온 뒤 이런저런 회사에 취직해서 온갖 일을 다 했습니다. 큰 회사에도 있어 봤고, 작은 회사에도 있어 봤습니다. 한 회사에서는 업무 강도가 얼마나 센지 마치 진창에 빠져 있는 느낌이 들 정도였습니다. 내가 누구인지, 왜 사는지 살필 겨를도 없었죠. 삶의 모든 공간에서 공포를 느꼈습니다."

피터는 작은 목소리로 말했다. 나는 그가 하는 말을 놓치지 않고 들으려고 바싹 다가가 앉았다.

"공포를 동기 유발의 도구로 사용하는 사장과 상사는 자기들도 떳떳하게 여길 수 없는 의사결정을 내립니다. 그러고는 '현명한 사업상의 결정'이라는 말로 합리화하죠. 하지만 정말 그렇게 현명한 결정이라면 왜 모든 사람이 고통스러워하고 괴로워할까요? 이직률은 또 왜 그렇게 높을까요? 그 사람들은 자기 집에 돌아가서도 그 '현명한 결정'을 가족들에게 숨깁니다. 회사에서 하는 생활이 다르고 집에서 하는 생활이 다릅니다. 이중생활을 하면서 살아가는 겁니다. 다른 사람들 눈에 자기가 좋은 사람으로 비치길 바라지만 인간적 의사결정을 내리도록 허용하지 않는 병든 조직에 갇혀 오도 가도 못 하는 처지가 되는 겁니다."

"사업하다 보면 힘든 결정을 내릴 수밖에 없죠."

내가 끼어들자 피터의 목소리에 힘이 들어갔다.

"이유가 정당하다면 사람들은 아무리 힘든 결정이라도 받아들입니다. 그런데 정당한 이유가 뭔가, 하는 질문이 곧바로 나옵니다. 사람들이 자기가 가진 모든 정력을 발휘해서 기꺼이 열심히 일할 수 있도록, 그리고 때에 따라서는 자기를 희생할 수 있도록 동기 부여하는 것은 과연 무엇일까요?"

그 말에 나는 이렇게 대답했다.

"실리콘밸리의 저 유명한 스톡옵션……, 그런 거 아닙니까?"

"바로 그겁니다. 사람들은 자기가 회사에 기여한 몫을 인정받고 보상받을 때 열심히 일합니다. 스톡옵션은 중요하죠. 하지만 그게 전부라고 생각하면 중요한 걸 놓치게 됩니다."

피터는 잠시 뜸을 들이면서 신중하게 단어를 선택했다.

"비밀은 바로 이겁니다. 사람들은 자기가 한 일을 놓고 자신을 높이 평가할 수 있을 때 더 열심히 일합니다. 기업의 목표가 자신의 최고 목표와 그 가치가 일치할 때죠."

스미스는 고개를 끄덕이며 내 쪽으로 고개를 쭉 빼고는 이렇게 말했다.

"자기 안의 공정한 관객이 자기 자신을 인정할 때를 말하는 걸세."

피터는 스미스가 한 말의 뜻을 제대로 이해하지 못한 채 계속 자기 이야기를 했다.

"자기 자신보다 더 큰 어떤 꿈을 가짐으로써 마음 깊은 곳에서 진심으로 감동할 때 사람들은 더 열심히 일합니다. 이럴 때 창의적 정신이 발휘되고, 이성과 감성이 하나로 통합되죠. 그러면 회사는 통합된 인간으로 변모된 직원들의 열망을 담는 수단이 됩니다."

그 대목에서 나는 밀턴 프리드먼과 애덤 스미스가 '공상적인 사회 개량주의'에 반대했던 사실을 떠올리며 이의를 제기했다.

"그런가요? 회사는 이윤 창출 수단이 아닌가요?"

"회사라는 조직은 그것 이상의 잠재력이 있습니다. 사람들이 좀 더 큰 꿈을 수용할 때 놀라운 변화가 일어납니다. 작업장은 생기가 도는 역동적 공간으로 바뀌고 열정이 넘쳐흐릅니다. 이윤은 더욱 높은 열망을 성취할 때 자연스럽게 따라오는 부산물입니다."

"단지 돈이 아니라 돈보다 더 나은 어떤 것이라고요?"

피터가 웃었다.

"하하하! 돈을 많이 벌겠다는 문구를 기업 강령으로 내건 회사를 본적이 있습니까? 눈을 씻고 봐도 찾기 어려울 겁니다. 이유는 간단합니다. 돈은 좀 더 높은 열망만큼 직원들이 일에 매진하도록 만들지 못하기 때문입니다. 최초·최고·최대·최신이 되라고, 혹은 가장 열심히 일해서 가장 많은 산출을 기록하라는 목표를 제시함으로써, 혹은 자기가 거두는 성공이 고상하고 가치 있는 사회적 목표가 되도록 해야 한다고 제시함으로써 사람들에게 감동을 줘야 합니다. 심지어 도널드 트럼프조차 돈은 자기 성공의 목적이 아니라 성공의 척도일 뿐이라고 했는데요, 뭘."

나는 고개를 끄덕였다.

"물론 대다수 기업은 돈이 아닌 다른 어떤 것을 목표로 설정하고 있습니다. 예컨대, 고객 만족을 추구한다고 하죠. 하지만 그건 기업의 이미지를 대중에게 좋은 방향으로 각인시키려고 하는 속임수 아닙니까?"

피터는 고개를 저었다.

"그래도 그런 게 없는 것보다야 낫죠. 직원과 고객들은 위선적이거나 가짜인 것을 날카롭게 찾아냅니다. 만일 어떤 회사가 순전히 이익만을 목표로 운영된다면 직원들은 냉소적이 되고 맙니다. 회사가 성공하려면 더욱 높은 차원의 열망과 목적이 진정성 있게 제시되어야 합니다. 단호한 헌신이나 성실성 그리고 실천이 뒷받침되지 않는 회사의 강령은 아무것도 아닙니다."

"글쎄요······. 월스트리트는 반길 것 같지 않네요."3

피터도 고개를 끄덕였다.

"신생 기업이 모두 그렇듯, 우리 회사도 자금 조달의 문제를 안고 있습니다. 하지만 역설적이게도 직원들은 자기가 하는 일이 어떤 소중한 의미가 있어야 한다고 생각하고 그 의미를 찾는단 말입니다. 이런 상황에서 그 의미를 담을 수 있는 수단을 제공하면 직원들은 회사를 위해, 그리고 서로를 위해 무엇이든 할 겁니다. 이럴 게 아니라 나중에 우리 회사에 직접 와서 한번 보시지요."

스미스가 고개를 끄덕였다. 나도 그러겠다고 했다.

"약속하신 겁니다. 모레 정오에 오세요, 우리 회사에."

* * *

내 차가 있는 해변 주차장으로 피터가 나를 데려다주었다. 나는 내 차를 가지고 돌아와 야영장 사무실 주차장에 주차했다. 생각하면서 계획을 세울 조용한 시간이 필요했다. 스미스, 피터와 함께한 저녁 시간이 물론 즐겁긴 했다. 그러나 이 아름다운 삼나무 숲에 있는 시간을 줄리아와 함께하지 못한다는 사실이 안타까웠다. 줄리아의 매혹적인 눈이 간절히 보고 싶었다. 줄리아와 함께 있으면 기분 좋게 웃을 수 있을 텐데······. 줄리아의 맑은 향기가 기억 속에서 아른거렸다.

공원 사무실 바깥에 공중전화가 놓여 있었다. 늦은 시간이었지만,

시차 덕분에 줄리아가 있는 버지니아는 저녁 일곱 시밖에 되지 않았다. 지난번에 유타로 와달라고 전화했을 때는 다행히 그녀가 갤러리에 있었다. 그러나 이번에는 전화를 받지 않았다.

그렇다고 해서 줄리아의 집으로 전화할 수는 없었다. POP나 FBI, 혹은 그 밖의 어떤 사람이 그녀의 전화를 도청할지 몰랐기 때문이다. 어떻게 하면 좋을지 잠시 생각해봤다. 줄리아의 집에서 아래쪽으로 한 집 건너 젊은 부부가 살고 있었다. 이 부부는 일 년 전에 줄리아의 그림을 한 점 샀는데, 내가 그 그림을 가져다주었고, 또 직접 벽에 걸어주기까지 했다.

'이 부부의 이름이 뭐였지? 토머스? 톰킨스?'

줄리아의 집에서 그 집 쪽으로 갈수록, 즉 서쪽으로 갈수록 도로명의 숫자가 올라가는지 내려가는지 기억해내려고 애를 썼다. 그리고 동전을 한 움큼 준비해서 공중전화로 전화를 걸었다. 다행히도 친절한 전화 안내원 덕분에 그 집의 전화번호를 알아낼 수 있었다. 그 젊은 부부는 로버트 톰슨과 사라 톰슨이었다.

전화를 받은 사람은 사라 톰슨이었다. 정원 가꾸기 동호회 회장답게 쾌활한 성격이었다.

"저를 기억하실지 모르겠습니다만……."

나는 내가 듣기에도 우스꽝스러운 소리로 시작했다. 그러나 곧 심호흡을 한 차례 한 다음 줄리아에게 급히 연락해야 하는데, 줄리아의 집 전화가 고장이 난 것 같다는 말로 내가 곤란한 상황에 놓여 있다고 설명했다. 내가 들어도 십 대 아이들이나 할 법한 형편없는 거짓말이었다. 하지만 그렇다고 해서 모든 사실을 있는 그대로 밝혀서 무고한 사람까지 위험에 빠뜨릴 수는 없었다. 톰슨 부부가 우리 일을 모르면 모를수록 덜 위험할 터였다. 나는 줄리아가 전화를 받을 수 있게 해달라고 애원하는 말을 마지막으로 말을 끝냈다. 하지만 돌아오는 대답은 부정적이었다.

"글쎄요. 줄리아가 댁의 전화를 받으려 하지 않을걸요? 남편이 아시아로 여행 가고 없어서 어젯밤에 줄리아를 우리 집으로 초대해 함께 저녁을 먹었어요. 댁을 별로 달갑게 생각하지 않던데요? 내가 보기엔 줄리아가 잘못한 것 같지 않던데요? 줄리아가 댁에게 기회를 두 번이나 줬는데, 그 기회를 두 번이나 차버리지 않았나요?"

답답했다.

"이번에는 사정이 다릅니다. 다른 어떤 분을 위해 어쩔 수 없는 일이었으니까요."

"아, 그러세요?"

내 말은 한마디도 믿지 않겠다고 이미 작정한 사람의 말투였다.

"줄리아에게 얘기라도 좀 전해주시면 안 될까요?"

"물론 줄리아가 알아서 할 일이죠. 하지만 지금은 줄리아가 집에 없어요. 내일 이 시간에 다시 한 번 해보세요. 줄리아가 전화를 받을 거라고 장담은 못 하겠습니다만. 세계 일주 아저씨, 알아들으셨죠?"

그게 통화의 마지막 말이었다. 줄리아의 목소리를 듣고자 했던 나의 시도는 실패로 끝나고 말았다.

*　*　*

　다음 날 아침, 우리는 여덟 시가 조금 넘어서 일어났다. 텐트와 피크닉테이블 그리고 나무숲 위로 안개가 자욱하게 덮여 있었다. 렉스도 움직이기 싫은 눈치였다. 우리는 커피를 진하게 타서 마시고, 마지막 남은 트레일믹스(시리얼 브랜드 이름-옮긴이)를 해치웠다. 햇볕이 텐트의 이슬을 다 말렸을 무렵, 우리는 짐을 정리해서 차에 싣고 출발했다. 다시 1번 도로를 타고 북쪽을 향해 꼬불꼬불 이어진 길을 달렸다. 태평양을 바라보는 가파른 절벽을 휘감아 도는 길이었다. 급커브길이 여러 차례 이어지는가 싶더니 제방을 강화하는 공사로 도로가 차단되어 우회해야 했다. 우리는 카멜 정남쪽에 있는 포인트 로보스로 들어갔다. 이곳은 바다에 우뚝 솟은 바위 지역으로 수백 마리의 강치가 살고 있는 곳으로 유명했다. 강치들은 연안 섬에서 짖어 대곤 했다. 안내 표지판에 따르면, 이곳은 세계 최대 해양 보호구역이었다. 우리는 입장료를 내고 바다를 내려다볼 수 있는 주차장으로 차를 몰아 들어갔다. 스미스는 담요를 깔고 누워 렉스와 함께 일광욕을 했다. 나는 해안선을 따라 이어진 오솔길로 산책하려고 나섰다.

　바위로 이루어진 해안을 따라 바다표범 무리들이 바위에 올라앉아 햇볕을 쬐고 있었다. 차례대로 포개지듯 앉아 있는 녀석들의 모습은 마치 거대한 수제 시가를 나란히 놓아둔 것처럼 보였다. 이따금 물에 있던 바다표범이 바위에 올라와서는 무리 위에 벌렁 드러누워서 포개지곤 했다. 다들 평화롭고 만족스러워 보였다. 목책으로 안전한 거리만큼 떨어져 있어서 그런지 구경하는 관광객들은 신경도 쓰지 않는 눈치였다.

보호구역으로 지정된 작은 만(灣)에는 구슬만 한 크기의 매끈한 회색빛 자갈들이 마치 카펫처럼 깔려 있었다. 썰물이 시작되자 온갖 종류의 해양 생물들이 모습을 드러냈다. 말미잘도 자주색과 초록색, 오렌지색의 서로 다른 종류들이 곳곳에 널려 있었다. 나는 따개비와 삿갓조개를 주웠다. 조심스럽게 발걸음을 옮기면서 햇빛과 바닷바람을 즐겼다. 제비갈매기도 먹이 사냥에 열심이었다. 갈매기는 거만하게 날갯짓하며 하늘을 날았다. 얕은 물에서는 소라게가 집으로 삼아 숨어 있던 조개껍질에서 기어 나와 바다달팽이들, 이따금 보이는 불가사리 옆을 기어갔다.

나는 바다를 등지고 서서 물이 빠져나간 바위틈 사이를 살펴보고 있었다. 그때 갑자기 '쉬익!' 하는 소리가 들리는가 싶더니 파도가 덮쳐왔다. 미처 고개를 들 사이도 없이 파도에 갇혀버렸고, 무릎까지 바닷물에 젖고 말았다. 예상치 못했던 바다의 폭력성에 혼이 난 나는 서둘러 높은 쪽으로 피했다. 더 멀리까지 내려가지 않았다는 사실을 다행스럽게 여겼다. 바다가 품은 에너지는 실로 어마어마하다는 사실을 새삼스럽게 깨달았다.

전날 밤에 피터가 했던 말이 문득 떠올랐다. 사람들에게는 정말로 미처 사용되지 않은 에너지가 잠재해 있는 걸까? 직원이 좀 더 인간답게 살 때 기업이 좀 더 기업다울 수 있을까? 피터의 발상은 지금 세상을 지배하고 있는 냉혹하고도 계산적인 기업 경영 원칙이나 철학과는 확실히 거리가 멀었다. 하지만 불합리해 보이는 이론이 과학혁명의 핵심이 되기도 한다. 내가 발을 딛고 선 땅 밑에는 크고 딱딱한 바위가 있었다. 그 사실을 나는 분명히 느낄 수 있었다. 그러나 입자물리학에서는 물질의 99퍼센트가 비어 있을 뿐 아니라 그나마 나머지를 구성하는 물질도 끊임없이 운동을 하고 있다고 주장한다. 또 그 원자를 쪼갤 때 거의 무한정에 가까운 에너지를 얻을 수 있다고 한다. 이런 주장이 바로 피터가 말하던 그 논리가 아닐까? 인간 정신의 핵심으로 들어가서 그 에너지를 방출케 한다? 정말 환상적인 얘기임에는 분명했다. 그런데 과연 그 에너지가 작동하기 시작했을 때 그것을 통제할 수 있기는 할까? 기업에 소속된 직원들이 에너지를 발휘하기 시작할 때 그들을 계속 그 기업의 울타리 안에 가둬둘 수 있을까?

주차장으로 돌아왔을 때 스미스는 사과에 땅콩버터를 발라 베어 먹고 있었다. 스미스는 땅콩버터를 특히 좋아하는 것 같았다. 예전에 땅콩버터 가격을 일러준 적이 있었는데, 아마도 그때 땅콩버터의 가격 대비 효용이 매우 만족스럽다는 사실을 깨달았던 모양이다.

한 주 동안 야영하고 나자, 나와 스미스 둘 다 편안하고 안락한 생활이 그리워졌다. 그래서 몬터레이에 있는 캐너리 로우 인근의 한 모텔에 방을 잡았다. 모텔에 들어가서 맨 처음 한 것이 뜨거운 물로 오랜 시간 목욕하는 것이었다. 목욕한 뒤 스미스는 렉스와 장난을 치며 놀았다. 그들을 남겨두고 아쿠아리움으로 향한 나는 그곳에서 놀라운 광경을 목격했다. 거대한 수족관 안에서 돌고래들은 다른 돌고래의 움직임을 예상하는 것 같았다. 마치 한 몸처럼 똑같은 움직임을 보이

다루는 수학적 모델로서는 도저히 이해할 수 없다. 그리고 바로 이런 수학적 모델이 라티머 교수와 그의 제자인 내가 월드캠에 제시하는 것이었다. 이런 생각이 나를 무겁게 짓눌렀고, 나는 그런 내 모습이 실망스러웠다.

그러나 오늘 밤에는 줄리아와 통화할 수 있을지 모른다는 희망을 위안으로 삼았다. 서부 시간으로 열 시가 되자 동전을 챙겨 들고 모텔에서 세 블록 떨어진 곳에 있는 공중전화 부스로 들어갔다. 톰슨 부부의 집으로 전화를 걸었고, 신호음이 울렸다. 나는 숨을 멈추고서 한참을 기다렸다. 그리고 마침내 줄리아가 받았다! 하지만 나는 그 첫 번째 통화에서 별로 말을 하지 못했다. 줄리아가 부드러우면서도 뾰족한 영국식 발음으로 나를 마구 몰아세웠기 때문이다. 사실 나는 굳이 말을 할 필요도 없었다. 내가 바란 것은 오로지 그녀의 목소리를 듣는 것뿐이었으니까.

Chapter 21

새로운 패러다임

다음 날 아침, 우리는 몬터레이 베이를 돌아서 산타크루스로 들어간 다음, 산을 가로질러 북쪽으로 향했다. 거대한 삼나무 숲을 지났다. 샌앤드레이어스 단층도 지났다. 산호세의 가장자리를 돌아 구름에 덮인 산타크루스 산맥과 나란히 달리는 길을 따라 샌프란시스코를 향해 달렸다. 도로 양옆으로 떡갈나무가 있는 구릉을 지났다. 유리와 쇠를 소재로 해서 지은 번쩍거리는 상업지구도 지났다. 황금빛으로 물든 황량한 풍경에는 쓸쓸함의 살풍경한 아름다움이 묻어났다. 샌프란시스코 만 위로 수평선 가까이 스모그와 습기로 형성된 갈색 연무가 북쪽과 동쪽으로 우리 시선이 닿는 곳까지 아득하게 덮여 있었다.

열한 시쯤 우리는 팰로앨토 외곽에 다다랐다.

"정말 꿈만 같네요!"

고속도로에서 빠져나와 페이지밀 로드로 올라서면서 내가 했던 말이다. 실리콘밸리의 중심부에 있다는 생각에 가슴이 뛰고 황홀할 지경이었다. 앞쪽으로 길게 뻗은 도로를 따라 휴렛패커드 본사 건물이 보였다. 낮은 층으로 이어진 거대한 건물들과 공장들은 흡사 대학교 캠퍼스 같았다. 길 건너편으로 난 옆길 위쪽에는 스탠퍼드 대학교의 상징인 후버타워가 있었다. 캠퍼스 주변으로 최첨단 건물들이 마치 버섯처럼 서 있었다. 좀 더 나아가자, 실리콘밸리를 구성하는 관련 산업 지역이 나타났다. 금융자본가, 컨설턴트, 변호사, 경제부 기자 등이 부지런히 활동하는 지역이었다. 우리는 정보화 시대의 거인들인 인텔, 선 마이크로시스템스, 시스코시스템스, 모토로라, 록히드마틴 등을 차를 타고 지나가며 둘러보았다. 바로 이곳이 애플, 어도비, 넷스케이프 등과 같은 수백 개의 기술 관련 신생 기업들이 자리를 잡고 시작한 곳이었다. 마이크로소프트는 시애틀에서 처음 기업계에 발을 들여놓았다.[1]

"교수님, 여기가 새로운 미국의 중심부입니다. 시장이 무너지지 않는 한은요."

스미스는 관심을 가지고 둘러보았다.

"수출 증가율이 가장 빠르게 성장하는 부문입니다. 게다가 생산성이 경이로울 정도입니다. 몇 달에 한 번씩 성능이 한층 업그레이드된 반도체가 등장하지요."

피터 첸의 공장은 인근 도시인 마운틴뷰 창고 건물의 한 층을 차지하고 있었다. 공장 옆에 심어놓은 각종 나무와 식물들 때문에 도로에서 동떨어진 느낌을 주었다. 나무와 식물들이 모여 있는 곳에는 작은 안내판이 서 있었다.

"생태계 서식지 재생."

우리는 주차장에 차를 세워두고 건물 안으로 들어갔다. 렉스는 나무 그늘 아래에서 쉴 수 있게 묶어두고 그 앞에 물그릇을 놓아주었다.

피터는 현관에서 우리를 반겨주었다. 깔끔한 청바지에 흰색 셔츠를 입고 있었다. 파란색 넥타이를 맸으며, 한눈에 봐도 비싸지 않을 것 같은 단화를 신고 있었다. 지난번과 똑같은 미소와 따뜻한 눈빛을 하고 있었지만, 어쩐지 이틀 전에는 보지 못한 것 같은 주름이 이마에 깊게 패어 있었다. 우리는 그의 안내를 받아 안내실이 있는 로비를 지나갔다. 삼십 대 중반으로 보이는 여자가 카운터 옆에 서 있었다. 눈이 붉게 충혈되어 있었고, 이 여자보다 나이가 좀 더 들어 보이는 다른 여자가 이 여자의 어깨에 손을 얹고 뭐라고 말을 하고 있었다. 좋지 않은 일을 당한 동료를 위로하는 모양이었다.

"안 좋은 일이라도 있습니까?"

나는 피터의 사무실로 들어가자마자 물었다. 사무실은 가로 3미터쯤에 세로 4미터쯤 되는 좁은 방이었다. 사무실 유리창을 통해 공장이 한눈에 보였다. 사무실에는 손님용 의자가 두 개 있었다. 거기에 스미스와 내가 앉았다. 피터는 실용적인 목제 책상을 앞에 두고 앉았다.

"회사가 약간의 위기를 맞았습니다."

피터는 두 손으로 머리를 쓸어올리며 말했다.

"솔직히 말하면, 약간의 위기가 아니라 치명적 위기입니다."

이런 상황에서 폐를 끼칠 수는 없다는 생각에 나와 스미스는 눈빛을 교환했다. 스미스가 엉거주춤 엉덩이를 들며 말했다.

"다음에 와야겠군요."

"아닙니다. 앉으십시오. 오히려 교수님이 얘기를 들어주셨으면 합니다. 회사를 경영하는 일이 재미있기만 한 게임 운영과 같은 것이라는 잘못된 인상을 심어드리고 싶지 않아서 가시지 말라는 겁니다."

피터는 자리에서 일어나 머리를 절레절레 흔들었다.

"우리 회사의 최대 고객인 맥도날드 반도체의 짐 맥도날드가 방금 전화했어요. 이 사람이 우리 회사의 회계 관리자인 바버라를 아주 심하게 질책했거든요."

피터는 아까 눈이 빨갛게 충혈될 정도로 펑펑 울었던 여자가 있던 방향을 턱으로 슬쩍 가리켰다.

"사실 이번이 처음은 아닙니다. 그 사람이 우리 회사로 전화를 한 번씩 할 때마다 우리 직원은 눈물범벅이 되곤 합니다. 바버라뿐만 아니라 그녀 부서의 부하 직원도 그랬어요. 기술팀에 소속된 직원도 그랬고요. 한두 명이 아닙니다. 그 사람은 자기가 무슨 황제라도 되는 것처럼 거들먹거리며 횡포를 부립니다. 자기가 보스라는 사실을 직원들이 확실히 알아야 한다고 생각하고 일부러 그러는 겁니다."

"그 양반이 원하는 게 뭐요?"

스미스가 물었다.

"자기가 주문한 물량을 다른 업체에서 주문한 물량보다 먼저 뽑아달라는 겁니다. 계약서에는 분명 내일까지로 명시되어 있는데도 오늘 오후까지 내놓으라고 억지를 부립니다."

"이례적인 요구입니까?"

내가 물었다.

"전혀 그렇지 않습니다. 우리는 능력이 닿는 대로 최대한 그런 요구를 받아주려고 노력했어요. 지금도 그렇게 하고 있고요. 하지만 오늘 같은 경우에는 맥도날드보다 먼저 받은 주문이 스무 개나 있습니다. 발주 회사들 가운데 일부는 소규모 신생 기업들입니다. 이익을 아주 조금씩만 보장받고 영업 활동을 하는 회사들이죠. 이 회사들 역시 맥도날드만큼이나 조금이라도 일찍, 그게 아니면 적어도 계약서에 명시된 일자에 납품받기를 간절히 바라고 있죠."

"그런데 소규모 신생 기업들과는 거래하지 않아도 지장이 없지만, 맥도날드처럼 큰 회사는 놓치면 안 되잖아요."

"그렇습니다. 우리 회사 전체 매출의 30퍼센트를 소화해주니까요."

피터는 한 차례 한숨을 내쉰 뒤 말을 이었다.

"짐 맥도날드는 나를 대등한 입장의 파트너로 대우해줍니다. 하지만 우리 직원들에게는 폭군처럼 행세하죠. 그러지 말라고 몇 번이나 얘기했지만, 들은 척도 하지 않습니다. 참 답답한 노릇이죠."

"그 회사에서 그 사람보다 높은 사람과 얘기해보면 안 됩니까?"

피터가 고개를 저었다.

"그 사람이 창업자이고 CEO인 걸요. 돈이 최고라고 생각하는 사람이죠. 그래서 이런 식으로 자기 하고 싶은 대로 하며 사람을 괴롭힙니다. 바버라가 이제 더는 못 참겠다고 하네요, 그만두겠답니다."

"고객이 왕이잖아요. 경쟁이 제1법칙인데, 어쩝니까. 손해를 볼 수는 없으니 회계 책임자를 새로 뽑아야겠네요.”

피터는 서류 캐비닛 쪽으로 걸어갔다. 그런 다음 거기에 기대서서는 크게 한숨을 쉬는가 싶더니 갑자기 손바닥으로 캐비닛을 ‘쾅!’ 소리가 나게 쳤다. 스미스도 이제 그만 일어나야 하는 것 아니냐고 눈짓을 했다. 이제 떠나야 할 시간이었다.

피터는 다시 자기 책상 앞에 와서 앉더니 한결 작은 소리로 말했다.

“아닙니다. 그 사람과 부딪혀볼 겁니다.”

그는 자리에 앉아 수화기를 들었다. 잠시 후, 짐 맥도날드와 연결된 모양이었다.

“짐? 피텁니다. 맥도날드 주문량 말인데요, 오늘까지는 납품해드릴 수 없습니다. 아뇨, 못 합니다……. 다른 업체들과 약속했는데, 그 약속을 어길 수는 없잖아요. 맥도날드 물건은 약속드린 대로 내일 납품하겠습니다.”

거기까지 말한 뒤 피터는 한 차례 심호흡을 했다.

“아, 그리고 한 가지 더 말씀드릴 게 있는데…….”

피터는 바버라와 관련된 이야기를 짧은 몇 개의 문장으로 요약해서 말하고는 다음과 같이 덧붙였다.

“직원들에게는 당신이 직접 내리는 지시는 받지 말라고 얘기해뒀으니까, 섭섭하시더라도 앞으로 우리 회사 방침을 이해해주십시오.”

피터는 놀란 얼굴로 아무 말도 하지 못하는 스미스와 나를 바라보면서 미소를 지어 보였다. 하지만 어쩐지 공허하고 스산하기까지 한 미소였다.

짐이라는 남자가 고함을 지르는 소리가 우리가 앉아 있는 자리까지 들렸다. 피터가 전화기의 스피커폰 버튼을 누르자 성난 짐의 목소리가 마구 쏟아졌다.

"나하고 거래를 끊어도 좋다 이겁니까? 작년에 내가 주문한 금액이 2천만 달러나 되는데, 나를 자르겠다? 내가 가장 중요한 고객이란 거 몰라요? 예?"

"우리도 깊이 생각해봤고, 전에도 여러 번 말씀드렸지 않습니까. 일이 이렇게까지 되어서 유감입니다만, 더 드릴 말씀이 없네요."

피터는 전화를 끊었다. 얼굴이 창백했다. 그는 자리에서 일어나 유리창을 통해 공장을 바라보았다. 그러더니 이마를 유리창에 대고 기댔다. 그의 입김으로 유리창에 김이 서렸다.

"고객이 왕이라고요? 절대로 아닙니다. 직원이 왕이죠."

그러자 스미스가 빙긋 웃으며 말했다.

"나는 역설을 좋아하는데, 듣기 좋은 말이네요. 계속해보세요."

피터는 다시 심호흡한 다음 우리 쪽으로 돌아섰다.

"제 멘토로 폴 호켄이라는 분이 있습니다. 이 분이 한번은 이런 말을 했습니다. 건설적인 직원 윤리를 구체화하기 전에는 절대로 건설적인 고객 서비스 윤리를 마련할 수 없다고요. 내가 응답해줘야 상대방으로부터 응답받을 수 있으니까요."[2]

"그러면 회사의 수익성에 심각한 문제가 생기지 않을까요?"

내 질문에 피터는 이렇게 대답했다.

"우리 회사의 가장 큰 무기는 생산성입니다. 우리 회사에는 무단결근이나 장기결근이 없습니다. 이직률도 낮고 도둑질도 일어나지 않지요. 우리는 회사에 닥치는 문제들을 함께 맞서고 함께 해결하려고 노력합니다. 그런 터라 업계 전체가 끊임없이 어려움을 당하는 상황에서도 우리 회사는 지금까지 잘해왔습니다. 옛날식의 구태의연한 방식, 즉 직원을 마치 부품 바꾸듯 쉽게 채용하고 해고하는 방식으로는 직원들의 사기가 떨어져 함께 일할 수 없습니다. 해고의 공포가 물론 동기 부여의 어떤 변수가 될 수도 있습니다만, 이런 환경에서는 직원들은 모험하려 들지 않고, 또 혁신하려 한다거나 다른 동료와 협력하려 하지도 않습니다. 무사안일주의에 빠져서 그저 납작 엎드리기만 하죠. 이런 기업 문화에서는 아첨꾼과 관료주의자, 무임승차자만 판을 칩니다."

"그래도 최대 고객을 내치려면 엄청난 용기가 필요한 법인데……."

내 말에 피터는 고개를 저었다.

"바버라는 우리에게 친누이나 마찬가지입니다. 맥도날드의 직원들이야 회사를 버리고 떠날 수도 있겠지요. 하지만 바버라는 앞으로도 오랫동안 우리 회사의 회계 담당자로 남아 있을 겁니다."

피터는 다시 몸을 돌려 유리창 너머의 공장을 손가락으로 가리켰다.

"제 말이 분명 이상하게 들리겠습니다만, 짐 맥도날드가 지금처럼 계속 우리를 괴롭히고, 내가 이 상황을 가만히 내버려둘 경우 회사가 어떻게 될지 상상해보십시오. 짐뿐만 아니라 우리와 거래하는 모든 기업이 한 주에 한 번씩, 혹은 하루에 한 번씩 우리 회사의 기업 문화와 기업 철학을 시험하려 들지 않겠습니까? 만약 다른 어떤 핵심적 가치보다 수익을 먼저 고려한다면, 전혀 다른 판단을 내리겠지요. 예컨대, 안전 시설과 오염방지 시설에 대해서도 법률이 허용하는 범위 안에서 최대한 적은 돈을 들일 겁니다. 또 직원들이 개인적으로 급한 용무가 생겼거나 말거나 아랑곳하지 않고 작업 시간을 엄격히 통제할 겁니다. 이렇게 하면 어떤 일이 일어날까요? 직원들은 자기가 그저 언제든 조각낼 수 있는 고깃덩이에 불과하며, 회사의 수익을 위해서는 언제나 해고될 수 있는 존재에 지나지 않는다는 사실을 즉각 알아차릴 겁니다. 작업장에서의 긴장이나 갈등 수준도 한층 높아지겠죠. 또 직원들은 위궤양이나 스트레스에 시달리면서 병원을 들락거려야 할 겁니다. 의도한 것일 수도 있고, 아닐 수도 있겠지만 실수가 잦아지고 불량률이 높아질 겁니다. 회사가 직원에게 특별한 어떤 것을 요구하지만, 그 요구에 부응하는 직원은 아마 없을 겁니다. 회사가 직원을 특별한 존재로 대우하지 않았으니 당연한 결과겠죠. 이렇게 해서 우리 회사는 몰락의 길을 걸어갈 겁니다. 수익을 최우선 목표로 삼았는데, 회사가 망하다니! 역설이죠. 우리는 우리 회사에서 필요하다고 생각하고, 또 바라는 어떤 '가족'의 분위기를 만들기 위해 더욱 높은 수준의 열망이나 목적을 추구할 겁니다. 이럴 때 고객 서비스와 수익은 자연스럽게 뒤따라올 겁니다."

거기까지 말한 피터는 의자에 털썩 주저앉아 두 손으로 얼굴을 감싼 채 약 30초 동안 아무 말도 하지 않았다. 그러다가 두 손으로 자기 얼굴을 문질렀다. 두 뺨을 문지르고, 두 눈을 문지르고, 코를 문질렀다. 마치 유령이라도 본 사람의 얼굴 같았다.

"어쩌면 지금 내가 인생 최대의 실수를 저질렀는지도 모릅니다. 직원을 믿고 직원에게 권한을 부여하는 게 멋지고 좋은 일이긴 하지만, 회사가 망해버리면 아무 소용이 없잖아요. 결국에는 직원들에게도 못 할 짓을 한 셈이 되겠죠."

피터는 다시 자리에서 일어났다.

"실수해서는 안 됩니다. 지속해서 상당한 수준의 이윤을 유지하지 못할 때 지금 상태도 유지할 수 없을 겁니다."

피터는 두 손으로 사무실을 가리켰다.

"여기 보세요. 우리가 얼마나 검소합니까? 고급스러운 사무실과는 거리가 멀잖아요. 회사 소유 차량도 없고, 경영진 전용 식당이나 헬스클럽도 없습니다. 비행기도 이코노미석만 탑니다. 물론 임신 5개월째인 폴라는 예외지만 말입니다. 일과 관련된 스트레스를 줄임으로써 건강보험료 지출도 줄입니다. 다른 회사들과 마찬가지로 온갖 노력을 다하면서 우리에게 닥치는 문제들을 감당하고 있습니다. 이번 일도 그저 신이 우리를 도와주길 바랄 뿐입니다."

피터는 문으로 걸어가며 말했다.

"직원들에게 지금 상황을 얘기해줘야겠습니다. 맥도날드가 우리에게 일감을 주지 않을 것을 염두에 두고 어떤 조처를 해야 합니다. 조정할 게 있으면 조정도 하고."

피터는 로비로 나가 바버라에게 뭐라고 얘기했다. 바버라가 피터를 안았다. 피터는 우리에게 밖으로 나오라고 손짓했다. 우리는 피터의 사무실에서 나갔다.

"쉽지 않겠지만, 우리가 끝내 살아남을 것을 나는 압니다."

그는 조금 전보다 한결 행복해 보였다. 목소리에도 자신감이 묻어 났다.

"옳은 일을 하면 그 일과 관련된 모든 이들이 깊은 영향을 받습니다."

우리 셋은 흰색 복도를 걸어갔다. 걸어가는 동안 피터는 계속 말했다.

"우선 좋은 에너지가 방출되고 삶이 확장됩니다. 오늘 내가 내린 결정을 놓고 앞으로 회사를 위해 두 팔을 걷어붙이고 나설 사람은 바버라만이 아닐 겁니다. 이 얘기를 들은 다른 직원들도 틀림없이 그렇게 나설 겁니다. 직원들은 회사가 자신을 어떻게 대하는지 금방 알아차리거든요."

하지만 나는 아직도 반신반의했다.

"너무 이상적인 접근 아닙니까?"

"그럴지도 모릅니다만, 공포를 조장해야 동기 부여가 되는 사람은 내보내야 했습니다. 이런 사람들은 너무도 깊은 상처를 받은 나머지 자기 자신을 가운데 놓고 생각하지 못합니다. 자기가 무엇을 해야 할지 매 순간 지시받길 원하고, 누가 자기를 감시해주길 원합니다. 이런 점을 염두에 두자면 우리 회사의 모델이 모든 사람에게 맞지는 않겠죠. 하지만 적어도 지금까지는 잘 먹혔습니다. 덕분에 회사가 돈도 벌었고요."

우리 세 사람은 넓은 제품 생산 구역으로 들어갔다. 세척용의 온갖 산 제품이 담긴 통들이 놓여 있었다. 피터는 우리에게 작업하는 곳에 너무 가까이 다가가지는 말라고 주의를 주었다.

"우리는 지금 전 세계의 선도적 기업들과 경쟁하고 있습니다. 그러니까 달라질 수밖에 없고, 달라져야 합니다. 우리는 인간관계를 새롭게 설정함으로써 그 변화를 끌어내고 있습니다."

스미스는 마치 꿈을 꾸는 것 같은 눈빛으로 피터를 바라보며 물었다.

"동류의식……, 그 말이죠?"

"예, 하지만 실제적인 것이어야 합니다. 가짜는 금방 알아보잖아요. 나는 이것을 가르치거나 설교하지 않습니다. 직접 실천합니다. 일단 진정한 인간관계가 형성되고 나면 모든 사람이 다른 사람을 보살피고 돌봅니다. 이게 정말 아름다운 것이죠."

스미스가 피터의 말을 받았다. 머릿속에 외우고 있던 것을 암송하는 듯한 말투였다.

"다른 사람을 대할 때 지성을 가진 사람으로 대하면 잃어버리는 것은 아무것도 없다. 하지만 다른 사람을 소로 대하면 머지않아 모든 것을 잃어버린다. 그 사람은 진짜 소가 되어 뿔로 받아버리니까."

피터가 얼굴을 환하게 밝히며 말했다.

"멋진데요?"

"볼테르거든."

스미스가 고개를 끄덕이며 대답했다.

하지만 나는 반박하고 나섰다.

"여기에 시가 왜 나옵니까? 좋은 말만 하며 어떻게 기업을 경영합니까? 불가능합니다."

피터가 곧바로 반박했다.

"좋은 말을 하자는 얘기가 아닙니다. 좋은 말이라는 것은 허상입니다. 직원들이 일을 엉터리로 하게 만들어 결국 그 사람을 죽이고 마니까요. 솔직해야 하고 직설적이어야 하죠. 공명정대해야 합니다."

우리는 설계 작업하는 구역에 들어섰다. 반도체 칩의 식각(蝕刻) 공정이 이루어지는 곳이었다. 피터가 들어서자 직원 네댓 명이 우리를 보고 고개를 끄덕이며 인사했다. 피터는 실리콘 웨이퍼 하나를 들어 올렸다. 에메랄드그린과 황금색의 복잡한 회로가 아름다웠다.

피터가 빙그레 웃으며 말했다.

"만일 우리가 여기에서 해낸다면, 여기보다 경쟁이 덜한 분야에서 다른 회사들도 얼마든지 잘해나갈 겁니다. 그러니 우리가 선구자일 수밖에 없네요."

"이 회사의 조건이 특별하다고 생각하지 않소?"

스미스가 물었다. 피터는 고개를 저었다.

"그다지 특별한 건 없습니다. 보세요. 저는 스탠퍼드 대학교에서 공학을 전공했습니다. 헨리 포드가 대량생산 방식을 통해 산업혁명을 어떻게 이뤄냈는지 배웠습니다. 그가 생각한 원리는 간단하죠. 자동차를 한 대씩 연속적으로 생산하는 것이 아니라 컨베이어벨트를 따라 동시 생산하는 것으로 바꾼 겁니다. 생산 공정이 길었으므로 비숙련 노동자를 고용해 단순 동작을 반복적으로 수행하도록 할 수 있었던 겁니다."

내가 반론을 제기했다.

"그런 규모의 경제가 지금도 여전히 유효하지 않습니까? 그렇게 하지 않고서 어떻게 대만의 반도체 업체 같은 강력한 라이벌들과 경쟁하려고 합니까?"

피터는 빙그레 웃었다.

"우리는 경쟁할 생각이 없습니다. 저들이 부가가치가 낮은 칩을 만들 때 우리는 부가가치가 높은 특수 칩을 만듭니다. 이 분야 산업에서는 속도와 품질이 가장 중요한 변수거든요."

피터는 웨이퍼를 내려놓고서 말을 계속 이었다.

"포드는 혁신을 이루어냈습니다. 그럴 수밖에 없었던 이유도 간단합니다. 포드가 뭐라고 했는지 아십니까? '소비자는 이제 어떤 색깔이든 자신이 원하는 모델-T 자동차를 가질 수 있게 되었다. 단, 그게 검은색인 한'이라고 말했습니다(헨리 포드가 모델-T 자동차의 색깔을 검은색으로 선택한 이유는 검은색 페인트가 가장 빨리 말랐기 때문이다 - 옮긴이)."

우리는 웃었다. 스미스는 웃음이 끝나길 기다렸다가 말했다.

"지금의 소비자가 포드가 염두에 두었던 그 소비자와 같을까요? 천만의 말씀! 오늘날에는 모든 게 주문생산으로 이루어지고 생산 공정은 짧습니다. 모든 게 빨리 돌아갑니다. 그러므로 제조업 현장에서도 끊임없이 진행되는 변화에 대처할 수 있고, 스스로 생각해서 책임감을 느끼고 적극적으로 해법을 찾아낼 수 있는 그런 직원을 필요로 합니다. 만약 경영진이 일선 직원들에게 직접 동기를 부여할 수 있다면, 이 직원들에게 날마다 이런저런 지시를 내리는 높은 임금의 중간관리자들을 추려낼 수 있습니다. 이 경우, 얼마나 많은 시간과 돈이 절약되고, 생산성이 높아질지 생각해보십시오. 제조업 분야에서 이런 일이 가능하다면 서비스업 분야에서는 효과가 두 배로 높아질 겁니다."

우리는 공장 출입구 쪽으로 걸어가고 있었다. 그때 피터가 한 말을 곰곰이 생각한 끝에 내가 이렇게 물었다.

"그러니까 직원의 노동생산성은 직원이 자기가 하는 업무에 대해 어떻게 생각하느냐에 따라 결정적으로 달라진다는 사실을 깨닫고 실천하는 게 당신이 말하는 돌파의 획기적인 방안입니까?"

그러자 스미스가 내 옆구리를 쿡 찔렀다.

"이보게, 그 얘기는 내가 『국부론』에서도 했잖아. 사기가 낮을 때와 비교해 사기가 높을 때 노동자의 생산성이 더 높다는 것은 굳이 따지고 들어 살펴보지 않아도 알 수 있잖아."[3]

피터도 고개를 끄덕였다.

"맞는 말씀입니다. 하지만 직원이 충성심을 가지고 자기에게 할당된 일을 신이 나서 열심히 하게 하려면 전통적 기업 경영 방식을 버리고 새로운 방식을 찾아야 합니다. 이런 건 MBA 과정에서 배울 수 있는 것도 아니고 메모로 정리할 수 있는 것도 아닙니다. 직접 경험해야 합니다."

스미스가 고개를 끄덕였다.

"분별력과 관대함 그리고 정의로움은 도덕의 특성이야. 올바르게 성장한 사람은 이런 덕성들을 가지고 있지. 특히 관대함과 정의로움은 이 사람을 다른 사람들과 연결해준다네. 그것도 진정한 방식으로 말일세."[4]

스미스의 말을 내가 반박했다.

"관대함과 정의로움은 우리도 친구나 가족에게 보여주잖아요. 기업을 운영할 수 있게 하려고 경제학자들이 일반적인 것으로 제시함 직한 경제학 모델은 아니라는 말입니다."

피터가 내 말을 받았다.

"그렇다면 당신은 고립된 상자 안에서 인생을 살고 싶습니까? 그게 현명함으로 이어지는 길일까요?"

* * *

점심을 먹으려고 팰로앨토의 유니버시티 애비뉴의 베이글 가게에 들어갔다. 피터가 추천해준 가게였다. 샌드위치를 먹고 라테를 마시면서 책이나 신문에 머리를 박고 있는 학생들에게는 천국과도 같은 곳이었다. 옷차림이나 행동으로 판단하건대, 그 공간 안에 있는 학생들은 전국 각지에서 온 게 분명했다. 그들은 마치 쇠가 자석에 이끌리듯이 실리콘밸리의 교육과 산업에 이끌린 사람들이었다. 피터 말로는, 그곳이 세계에서 박사 학위를 가진 사람 비율이 가장 높은 곳이라고 했다. 나는 그곳에 있는 사람들을 될 수 있으면 똑똑히 봐두려고 했다. 그 가운데서 누군가는 분명 차세대의 휴렛이나 패커드, 혹은 게이츠나 잡스가 될 것이기 때문이었다.

커피를 들고 우리는 시내를 걸었다. 유니버시티 애비뉴에서 조금 걸어가니 빌 휴렛과 데이비드 패커드가 대공황이 끝난 직후 전자 사업을 처음 시작했다는 작은 차고가 나왔다. 흰색으로 칠해져 있는 차고였다. 돌아오는 길에 납작한 어도비 벽돌로 지은 건물을 보았다. 표지판은 그

곳이 공공도서관임을 알려주었다. 스미스와 나는 얼굴을 마주 보고 말 없이 고개를 끄덕였다. 스미스는 신문을 살폈고, 나는 인터넷을 검색했 다. 그렇게 30분 정도 검색하니 정보가 산더미처럼 쌓였다.

"여기 좀 보게."

스미스가 신문 기사 하나를 가리키며 말했다.

"다음 달에 샌프란시스코에서 무역정상회담이 열린다는군. 월드 켐 이사회가 열리는 바로 그 주야. POP가 이 두 회의를 무산시키겠다 고 공공연하게 협박한 걸 보면 아무래도 우연의 일치는 아닌 것 같은 데……."

POP뿐만이 아니었다. 나는 인터넷으로 검색한 자료를 가리키며 스 미스에게 말했다.

"환경단체, 노동조합, 마르크스주의자, 공화당의 극우 지지자와 민 주당의 극좌 지지자들도 있습니다. 세계무역에 반대하는 집단이 기묘 하게도 손을 잡고 있네요."

스미스는 이 문제를 놓고 곰곰이 생각하더니 말했다.

"아무래도 내가 거기에 가야겠군."

스미스가 위험을 자초하는 행동을 하겠다고 말했다. 하지만 나도 이제는 이골이 나서 예전보다는 느긋했다.

"물론 가셔야겠죠. 하지만 그 폭력적인 사람들에게서 제가 어떻게 교수님을 보호할 수 있을지 잘 모르겠습니다. 맥스 헤스와 POP가 우 리를 죽이려 하도록 우리 자신을 노출했는데, 이제 그런 어리석은 행 동은 그만두어야 하지 않겠습니까? 설마 헤스가 포기하리라 생각하시는 건 아니죠? 그리고 POP는요? 그것 말고도 또 있습니다. 저도 논문을 마저 써야 하거든요."

"그러면 어디로 갈까?"

"해럴드 아저씨의 누나가 사는 집이 멀지 않은 곳에 있긴 하지만, 거기에 간다는 건 호랑이 입에 머리를 들이미는 거나 마찬가지니까 그런 위험을 무릅쓸 수는 없겠죠."

Chapter 22

다시, 보이지 않는 손

우리는 교통 혼잡이 덜한 경로를 선택해서 샌프란시스코 만의 남단을 건넜다. 바위가 많은 자연 그대로의 모습을 간직한 태평양 연안을 보여주는 금문교의 그림 같은 풍경과 대조적으로 남쪽의 만은 낙후된 산업 지역이었다. 그곳으로 이어지는 몇 개의 강은 늦여름까지 계속 물이 말라 있었다. 산호세가 무질서하게 확장되면서 공업단지와 도로들이 들어서서 만의 3분의 1이 잠식된 모습이었다. 낮게 깔린 연무 때문에 눈에 무언가 낀 것처럼 시야가 불편했다. 게다가 날씨까지 덥고 축축했다.

오클랜드를 지날 때는 아쉬웠다. 주도로 바로 저 너머에 해럴드의 누나 집이 있었기 때문이다. 하지만 우리는 주도로를 타고 계속 동쪽으로 시에라스를 향해 달렸다. 내가 8월 한 달 동안 쓰겠다고 오두막 집을 예약한 상황은 지금도 여전히 유효했다. 물론 애초에 누군가를 데리고 가려고 생각한 것은 아니었다. 애초에 내가 생각했던 그 오두막집은 은둔의 피난처였다. 또 내 논문 속의 여러 악마와 대적하기 위한 곳이기도 했다. 햇살이 좋은 오후에는 힘들게 산에도 오르고 도보여행도 할 계획이었다. 그런데 상황이 바뀌었다. 맥스 헤스와 POP가 우리를 추적하고 있었다. 스미스와 나는 행동을 함께해야만 했다. 그런데 어쩐 일인지 이 모든 일이 나는 마음에 들었다.

버지니아에서 시작된 여행은 벌써 여러 주가 지나가고 있었다. 나는 우리가 지나온 풍경들과 위험한 순간들, 그리고 스미스와 대화를 나누면서 가졌던 지적·정서적 토론과 깨달음을 떠올렸다. 동부에서 여행을 처음 시작할 때 나는 혼란스러웠다. 게다가 잔뜩 화가 나 있었고, 가슴이 답답했다. 하지만 어느새 그런 감정들은 모두 사라지고 없었다. 대신, 내 마음은 놀랍도록 평온했다. 내가 도저히 받아들일 수 없는 것들까지 모두 받아들이고 있었다. 내 인생이 장차 어떻게 될 것인지는 아무것도 보장할 수 없었다. 그런데 이상하게도 해럴드 안의 스미스 교수의 목소리는 내가 어떤 인생을 살아갈 것인지 스스로 선택할 수 있음을 깨닫게 해주었다. 양심의 소리에 귀를 기울이는 것, 내면의 눈을 통해 진실한 감정을 대면하는 것, 소유가 아니라 존재에서 마음의 평화를 얻는 것, 이 모든 것들이 내가 선택할 수 있는 사항이었다. 스미스가 했던 말을 떠올려보았다.

"길가에서 햇볕을 쬐는 거지가, 왕이 그토록 애써 싸우며 얻으려 하는 안정성을 이미 가지고 있단 말일세. 그 안정성이 생명에 관한 것이든 지위에 관한 것이든 말일세."[1]

그가 한 말이 옳다는 걸 나는 알았다. 그러나 그의 이런 견해는 기존에 내가 가지고 있던 태도, 즉 여러 해 동안 대중문화와 광고와 경제학을 공부하면서 더욱 확고하게 굳어졌던 내 태도와 쉽게 융화하지 못했다.

월넛크리크(도시 이름-옮긴이) 가까이 있는 구릉들을 지나고 샌조킨밸리(도시 이름-옮긴이)의 농경지인 평탄한 지역에 들어섰을 때 나는 줄곧 생각해온 질문들을 스미스에게 던졌다.

"피터가 말한 것이 교수님께서 말씀하신 보이지 않는 손과는 어떻게 맞아떨어집니까? 또 피터는 이윤을 목적으로 삼지 않는다면서, 노동자에게 의미 있는 어떤 것을 생산할 때 부수적으로 뒤따르는 것이 이윤이라고 했는데, 이런 발상에 대해서는 어떻게 생각하십니까? 피터를 괴짜로 봐야 합니까?"

"그 질문에는 시장이 답을 주겠지. 피터가 자기 회사 직원들의 좀더 높은 열망에 호소함으로써 생산성을 높일 수 있다면, 그리고 사실이것이 중요한데, 만일 그가 확보한 생산성 향상 효과가 거기에 드는 비용보다 크다면 그 회사의 이윤은 늘어나겠지. 그렇게 될 때 다른 회사들도 피터 회사의 전례를 따르겠지. 아니면, 손해를 감수하면서 옛날 방식을 고집하든가."

스미스는 잠시 말을 끊었다가 다시 이었다.

"매우 흥미로운 실험인데, 피터가 옳은지 어떤지는 시간만이 알 수 있겠지. 그런데 피터가 했던 말을 가만히 생각해보자고. 그가 하는 행동은 어떤 도덕적 양심의 훈육과 지도를 따르는 것 같단 말이야……."

도로는 점점 좁아졌다. 그리고 농산물을 실은 트럭들 때문에 그나마 좁은 도로가 정체되었다. 그 지역은 정부의 대규모 보조금으로 진행된 관개사업 덕분에 급속히 개발된 곳이었다. 그곳에서는 물이 '액체 상태의 금'이었다. 금은 석유나 다이아몬드를 대신해 부의 규모를 결정하는 기준이었다. 우리가 달리는 길가에는 네모 반듯하게 구획된 농경지들이 계속 이어졌다. 각각의 사각형 농경지마다 커다란 기계 팔들이 농작물에 물을 뿜어댔다. 그 기계를 작동하는 엔진부에서는 유독 가스가 안개처럼 뿜어져 나왔다. 스미스는 손수건으로 얼굴을 가렸다. 렉스는 바닥에 털썩 엎드린 채 숨을 헐떡이며 낑낑거렸다.

그 지역을 빠져나오자 스미스가 말했다.

"내가 말했던 푸줏간 주인이나 양조장 주인, 제빵업자의 사례를 생각해보게. 이 사람들은 각자 자기만의 '이기적인 관심사'를 추구하지. 그런데 푸줏간 주인이 품질이 나쁜 고기를 들키지 않고 얼마든지 팔 수 있다고 치세. 이 푸줏간 주인은 자기가 그런 나쁜 짓을 해도 들키지 않으리라 생각하면서 그런 짓을 할까?"

"하겠죠."

"그렇겠지. 하지만 그 어떤 속임수도 완벽하게 사람을 속일 수는 없다네. 소비자들은 곧 푸줏간 주인의 사기 행각을 알아차리고 다른 가게에서 고기를 살 거야. 결국, 그 푸줏간 주인은 망하고 말겠지. 경쟁이 시장에서 강력한 규제의 힘을 발휘하기 때문에 이런 일이 가능한 거야."

스미스는 스토리가 있는 이야기를 하는 게 재미있는 모양이었다.

"그러나 그게 끝이 아니야. 푸줏간 주인이 설령 소비자를 얼마든지 속일 수 있다고 하더라도 그런 나쁜 짓을 하지 않는 쪽을 선택할 수도 있네. 나쁜 짓을 할 경우에는 자기가 가장 소중하게 여기는 어떤 것, 즉 자기가 바라보는 '자기 이미지'를 망치게 되기 때문에 나쁜 짓을 하지 않는 쪽을 선택할 수도 있다는 말일세."

"자기 이미지가 돈보다 더 가치가 있다는 말씀은 지난번에도 하셨습니다."

"자기 이미지는 마음의 평화를 위해 꼭 필요한 거야. 마음의 평화야말로 행복의 본질이니까."

"그런데 만일 푸줏간 주인이 마음의 평화보다 돈을 더 소중히 여기면요?"

"그렇다면 그 사람은 멍청이지. 그런데 세상에는 바보 멍청이가 널려 있다는 게 문제야."

"그러면 보이지 않는 손은 어떻게 되죠?"

나는 끈질기게 물었다.

"시장에서 보이지 않는 손이 작동하는 것은 경쟁에 따른 압박뿐만이 아니라 사람들 각자가 자기 행동에 가하는 자제력 때문이기도 해. 신뢰라는 것은 내면적인 '자기 이미지'를 한층 나은 방향으로 드높이려는 마음으로 다른 사람을 대할 때 생겨나는 거야. 그러므로 시장은 한층 더 효율적으로 작동하지. 그런데 만약 신뢰가 없다면 시장이라는 경제체제는 삐거덕거릴 수밖에 없고, 시장에서의 감시와 강제에 드는 비용은 엄청난 수준으로 높아지지."[2]

우리는 저녁을 먹으려고 스톡턴 인근의 화물자동차 휴게소로 들어갔다. 해는 지평선 아래로 막 넘어가려 하고 있었다. 저녁을 먹은 뒤 카운터에 계산서를 올려놓으면서 내가 말했다.

"많은 기업인이 얼마든지 소비자를 속일 수 있음에도 그렇게 하지 않는다는 교수님 주장은 아무래도 받아들이기 어렵네요."

스미스는 계산서를 자세히 살피더니 말했다.

"자네 말은 앞뒤가 맞지 않아. 봐, 자넨 방금 팁까지 지급했잖아."

"그게 왜요? 종업원은 팁을 받으려고 열심히 봉사했잖아요."

"그래서, 그게 뭐? 우리는 이제 두 번 다시 이 휴게소의 이 식당에 들를 일이 없어. 그러니 팁을 주지 않아도 되잖아? 그렇게 팁을 아끼면 자네는 그만큼 이익이잖아. 그렇지 않나? 팁을 주는 게 옳은 행동이라고 속삭이는 자네 양심의 말을 듣고 자네가 팁을 준 거 아닌가? 자네는 그 양심의 말을 따르는 것이 자네의 '자기 이미지'를 높인다고 생각하기 때문에 그렇게 했던 거고……. 자네가 이렇게 양심을 발휘하는데, 왜 자네는 그 푸줏간 주인이나 제빵업자가 양심도 없이 행동할 것으로 단정하는가?"

"스크루지 같은 사람들이 많이 있잖아요. 제가 아는 사람만 해도 얼마나 많은데요."

"물론 그렇겠지. 내가 하는 말은 사람에게는 누구나 내면의 관객이 있어서 이 내면의 관객이 시장에서든 어디에서든 그 사람의 행동을 끌어준다는 뜻이야."

우리는 하룻밤을 보낼 모텔을 잡았다. 모텔 침대에 누워 에어컨 바람을 맞으니 시원해서 좋았다.

"주무세요?"

스미스는 아직 안 잔다고 했다.

"제가 대학원에서 첫해를 마치고 구두시험을 볼 때였습니다. 세 사람이 한꺼번에 봤죠. 문제를 내는 교수님은 완고한 분이었습니다. 완전히 폭군이었죠. 이 분이 억센 독일식 발음으로 몇 번이고 반복해서 '자본이 뭔가?'라고 물었습니다. 마르크스에서부터 새뮤얼슨에 이르기까지 우리가 아는 모든 것을 다 생각해서 자본의 정의를 내렸습니다. 하지만 그 노교수님은 그 어떤 것도 탐탁히 여기지 않았죠. 결국, 우리 셋은 모두 그 과목에 낙제했습니다. 그리고 다음 해에 다시 그 과목의 시험을 봐야 했죠. 그런데 그 완고한 교수님은 그새 정년퇴직을 하셨어요. 그 덕분에 우리는 그 시험을 쉽게 통과했습니다."

스미스가 일어나 앉았다.

"요점이 뭔가?"

"그 교수님에게 구술시험을 받은 뒤 자본에 대해 많은 생각을 했습니다. 경제학자들은 처음에 물리적인 형태를 가진 자본에만 초점을 맞추어왔습니다. 지게차니 관개시설이니 건물이니 도로 같은 것들, 손으로 만질 수 있는 구체적인 물건 말입니다. 하지만 1960년대에 들어와서는 경제 성장을 설명할 수 있는 많은 것들을 놓치고 있음을 깨닫고는 자본의 범주를 좀 더 확장해서 '인적 자본'까지 포함했습니다. 인적 자본이라 함은 노동자가 생산 과정에 동원하는 만질 수 없는 자본이지요. 예를 들면 교육이나 훈련이나 건강 같은 것 말입니다. 그런데 오늘날에는 거의 모든 기업가가 이런 유형의 자본에 투자하는 것이 매우 중요하다는 사실을 당연하게 여깁니다."[3]

스미스는 역정을 냈다.

"그건 내가 하고자 하는 말과 달라. 나는 사람들이 상호 작용할 때 갖게 되는 가치관을 말하는 거야."

"좀 더 들어보세요. 1980년대에는 인적 자본의 범위가 더 넓어져서 사회적 자본까지 포함했습니다.[4] 경제 활동은 사회적 규범과 여러 제도 속에서 일어나며, 신뢰가 거래비용을 상당한 수준으로 줄여준다는 사실이 확인되었거든요. 그래서 몇몇 경제학자들은 심지어 사회적 자본에는 도덕도 포함된다는 말까지 했습니다."[5]

스미스가 나를 위압적인 시선으로 쏘아보았다.

"자네가 그런 내용을 알고 있었다면 굳이 내가 자네와 사사건건 입씨름할 이유가 없었는데……. 왜 그랬지? 자네와 입씨름하면서 설명해주는 게 얼마나 힘들었는지 아나?"

"예전부터 알았던 게 아니고, 이제야 이해하기 시작했으니까 그렇죠."

"도덕과 사회 규범에 대해 자네가 필요로 하는 모든 것은 내 책 『도덕감정론』을 읽었다면 배울 수 있었을 텐데……."

스미스는 입맛이 쓴 모양이었다.

"앞으로 얼마나 더 배워야 할까요?"

스미스는 대답 대신 한숨을 크게 한 번 쉬고는 벌렁 누워버렸다.

Chapter 23

절체절명의 위기

다음 날 아침, 우리는 드디어 요세미티의 그 오두막집에 도착했다. 그 집은 요세미티 남쪽에 있었고, 방은 두 개였다. 오두막집은 야영지의 쉼터와 별반 다르지 않았다. 예전에는 사냥꾼들이 악천후 때 요긴하게 사용했던 집이었다고 한다. 언덕의 비탈에 자리 잡고 있어서 가장 가까이 있는 이웃집에서도 잘 보이지 않았다. 물은 수동 펌프로 직접 길어야 했다. 화구가 두 개인 가스레인지를 사용해서 요리도 할 수 있었다. 전기나 전화가 원시의 정적을 깰 일도 없었다. 너무도 소박했다. 또 외부에서 누가 찾아올 일도 없었다. 그런 터라 누가 일부러 찾아오지 않는 한 너무도 아늑한 공간이었다.

그 뒤 몇 주 동안 우리는 규칙적으로 생활했다. 스미스는 나보다 먼저 일어나서 내가 마실 커피와 자기가 마실 차를 준비해주었다. 그런 다음, 현관 흔들의자에 앉아 장엄한 봉우리들 사이로 해가 떠오르는 광경을 지켜보았다. 나는 작은 탁자를 차지했다. 그러고는 그 위에 논문 원고와 논문과 관련된 책을 펼쳐놓았다. 배터리를 아껴야 했으므로 노트북은 아주 조금씩만 사용했다.

오후 세 시가 되면 우리는 각자 하던 일을 모두 멈추었다. 그러고는 자동차를 타고 주변에 있는 구릉을 드라이브했다. 잠시 차에서 내려 렉스를 데리고 산책도 했다. 스미스는 풀밭에서 낮잠을 잤다. 저녁을 먹은 뒤, 나는 등불을 켜고 논문을 썼고, 스미스는 책을 읽었다. 열 시쯤 되면 계곡이 내려다보이는 주변 언덕을 산책하는 것으로 하루의 일정을 마쳤다. 잠들기 전, 나는 드람뷔를 한 잔 마셨다. 스미스는 불을 붙이지 않은 시가를 입에 물고 빨았다. 그런 생활을 하는 몇 주 동안 스미스는 날카로운 통찰과 유쾌한 문장으로 나를 즐겁게 했다. 그 모습은 그야말로 영락없는 천재 애덤 스미스의 모습이었다. 돌이켜보니, 그동안 엉뚱한 것에 낭비했던 시간이 너무도 후회되었다. 진짜 애덤 스미스인지 확인하겠다고 열 개의 문제를 준비한 것도 모두 그가 진짜 애덤 스미스임을 인정하지 않겠다는 마음을 이미 먹고 있었기 때문이었다. 하지만 이제는 누가 뭐래도 그는 진짜 애덤 스미스였다. 그러나 그와 함께할 시간이 머지않아 끝날 것을 나는 예감했다. 스미스는 날이 갈수록 점점 더 초조해졌고 우울해졌다.

한 주에 두 번씩 마을로 가서 식료품과 얼음을 샀다. 노트북 배터리를 충전했고 빨래를 했다. 그리고 빨래방의 탈수기가 돌아가는 동안 나는 공중전화기로 줄리아에게 전화를 걸었다. 줄리아와의 통화는 나뿐만 아니라 스미스에게도 큰 힘이 되었다. 줄리아와 나는 POP의 추적을 피해 통화하려고 나름대로 정교하게 작전을 짰다. 미리 약속한 시간에 내가 톰슨 부부의 집으로 전화하면, 설탕을 빌리러 왔다거나 파이를 나누어주려고 '우연히' 그 집에 와 있던 줄리아가 전화를 받는다는 시나리오였다. 몬터레이 이후 우리는 세 차례 통화했다. 줄리아도 이제는 유타에서 자기를 두고 간 일을 용서했다. 그래서 그 무렵, 나는 바쁘기도 하고 행복하기도 했다. 이 두 가지 변화 때문에 논문 집필 작업은 기적과도 같이 놀라운 속도로 진행되었다.

좋은 이론 모델을 마련하는 데는 많은 양의 텍스트가 필요하지 않았다. 다른 모든 사람이 간과했던 단 하나의 본질적인 진실만 붙잡으면 얼마든지 가능한 일이었다. 아닌 게 아니라, 군이 언급할 필요가 없을 정도로 너무도 분명하다는 바로 그 이유로 간과하는 경우가 허다하다. 사람들이 미처 생각하지 못했거나 무시했던 요소가 엄청난 충격을 줄 수도 있다. 특히 유동적인 개발도상국 시장에서는 더욱 그렇다. 예를 들어서 카오스이론(무질서하고 불규칙적으로 보이는 현상 속에 있는 규칙이나 법칙을 밝혀내는 이론-옮긴이)은 나비의 날갯짓이 수천 킬로미터 떨어진 곳에서 어떻게 엄청난 힘을 발휘하는지를 입증했다. 내가 찾고 있던 것은 바로 그런 통찰이었다.

딱 두 번만 치수를 재고 곧바로 재단 작업에 들어가는 목수든, 아니면 줄리아처럼 벌의 원초적인 특징을 단번에 표현해내는 화가든, 모든 장인은 무엇이 중요한지 단번에 알아보는 능력을 갖추고 있다. 본질적 요소를 자신 있게 찾아낼 정도로 명쾌하고, 또 그만한 식견을 갖추는 일은 말처럼 쉽지 않다. 논문의 핵심을 면도날처럼 날카롭게 정리하다 보니 초고에서 저질렀던 실수들이 점점 눈에 띄었다.

메모지 한 장에 끼적여놓은 내용이 영감을 불러일으켰다. 또 이따 금 온종일 산길을 걷곤 했는데, 이런 행동 자체가 무의식적인 차원에서 논문 원고를 쓰는 과정이었다. 두 번째 주가 끝나갈 무렵까지 나는 이곳을 찾는 관광객이라면 절대 빼놓지 않는 필수 코스인 하프돔과 요세미티 폭포, 버날 폭포를 모두 정복했다. 이 각각의 최종 목적지까지 가는 데는 매번 온갖 어려움이 막아서곤 했다. 이 어려움을 극복하면서 내 논문 집필의 어려움도 함께 풀리길 기대했다. 높이가 1킬로미터 넘는 거대한 빙하로 빚어진 '작품'의 정상에 오르기란 정말 힘들었고, 또 위험하기까지 했다. 이런 육체적인 수고는 생각의 강을 반영했다. 생각은 폭포수처럼 장엄하게 쏟아졌다.

놀랍게도 생각이 마치 제방이 터지듯 한꺼번에 쏟아진 것은 가볍게 산책한 어느 날 오후였다. 땀도 별로 흘리지 않은 가벼운 산책이었다. 우리는 자동차를 타고 티오가 패스 로드를 타고 투올러미 초원으로 달려갔다. 주변에 있는 산들의 기슭은 소나무 숲으로 둘러싸여 있었다. 산들은 흰색 띠를 두르고 있었다. 북쪽으로 이어진 계곡에는 여전히 눈이 쌓여 있었기 때문이다.

스미스와 렉스는 강을 살펴보러 갔다. 나는 초원을 걷기로 하고 홀로 나섰다. 초원에는 야생화가 양탄자처럼 깔려 있었다. 빨간색과 주황색, 자주색 꽃을 피운 연한 덤불을 헤치고 걸어갈 때 '쉭, 쉭!' 소리가 났다. 그렇게 1킬로미터 넘게 걸었다. 언제부터인가 호흡은 발걸음과 보조를 맞추고 있었다. 정신과 마음이 평온해졌다. 모든 감각이 한껏 예민해지는가 싶더니, 어느새 그 모든 감각을 초월하는 경지에 이르렀다. 내 마음은 완벽하게 자유로웠다.

상상하기, 즉 관점에 따라 바라보고 초점을 맞추기가 바로 그 열쇠였다! 나는 새롭게 다시 한 번 주변을 훑어보았다. 야생화의 양탄자, 오랜 세월에 걸쳐 형성된 길을 따라 흘러가는 강물, 눈 덮인 봉우리들을 보았다. 이 모든 것들이 조화를 이루어 장엄한 풍경을 만들어내는 그 자연스러운 방식을 생각했다. 예고도 없이 닥치는 겨울 가뭄이나 홍수 같은 일들이 그 풍경을 바꾸어놓을 수도 있을 것이었다. 그러나 그보다는 거기에 있는 생물들과 그 밖의 모든 것이 새롭게 결합해서 자연스러운 균형을 만들어내고 있는 듯했다. 그것은 바로 동시성의 원리였다. 홍수가 난 강은 새로운 제방을 만들어내고, 늙은 나무가 죽으면 바뀐 환경에 맞추어 새로운 나무가 움을 틔우는 바로 그 원리였다.

나는 불확실성 아래에서의 주식 평가 문제를 빠르게 흘러가는 물살로 바라보았다. 또 야생화라는 투자자들이 국제 자본이라는 물을 찾는 것이라고 상상했다. 그러자 놀랍게도 내가 그토록 간절히 원하던 통찰이 머리에 떠올랐다. 하지만 이것은 전혀 우연이 아니었다. 내가 운이 좋아서라고 할 수도 없었다. 내가 그동안 줄곧 지적 토대를 열심히 준비해왔으므로 이런 순간을 맞이할 수 있었다. 결정적인 깨달음의 문턱을 넘는 데는 상상력이 필요했다.

"야호! 야아호오오!"

나는 너무도 기뻐서 펄쩍펄쩍 뛰며 소리를 질렀다. 늘 가지고 다니던 연필과 종이를 꺼내 방금 깨달은 통찰을 정리했다.[1]

* * *

시내로 가는 내내 콧노래를 불렀다. 이 기쁨을 조금이라도 빨리 줄리아와 나누고 싶었다. 하지만 공중전화 부스에서 나올 때 나는 풀이죽어 있었다.

"왜 그래?"

스미스가 물었다.

"전화를 받지 않네요."

"어제도 전화를 안 받더니……."

미리 정해놓은 시각에 내가 톰슨 부부의 집으로 전화하면 그들 가운데 누구든 전화를 받고, 마침 그 집에 와 있던 줄리아에게 전화를 바꿔주어야 했다. 그런데 왜 아무도 전화를 받지 않을까? 환희는 갑작스럽게 걱정으로 바뀌었다. 그리고 이 걱정은 우리가 오두막집에 돌아갔을 즈음에는 극도의 경계심으로 바뀌었다. 스미스에게는 굳이 이런 심경 변화를 드러내지 않았다. 괜한 걱정과 부담을 안겨주고 싶지않아서였다.

'어떻게 한다?'

달리 방법은 없었다. 일단 다음 날 날이 밝을 때까지 기다려보는 수밖에 없었다.

나는 노트북을 켜고 평원에서 깨달은 통찰을 정리해서 입력했다. 그런 다음, 노트북을 옆으로 밀쳐두었다. 스미스와 나는 지난 몇 주 동안 수많은 철학적 주제를 놓고 얘기를 나누었다. 이렇게 나눈 얘기들의 결론이 현재 우리 사회에서 가지는 현실적인 의미는 과연 무엇인가 하는 문제를 그날 밤에 집중적으로 생각해보기로 했다. 줄리아의 집 거실에서 스미스와 맨 처음 이야기를 나누던 때를 떠올렸다. 그때 스미스는 산소가 없으면 양초 심지에 불이 붙지 않는다고 했었다. 경제가 인간이 함께 모여 사는 공간을 하나의 사회로 만들려면 사람들 사이에 상호작용이 필요하다는 뜻으로 그런 비유를 한 것이었다. 여기에서 상호작용이란 도덕적 행위의 어떤 토대를 만들어내는 '동류의식'을 의미했다. 그 당시만 하더라도 나는 그 말이 나에게, 혹은 경제학이나 기업에 어떤 유용한 의미가 있는지 전혀 알지 못했다. 하지만 지금은 알 수 있었다. 그것이 더 나은 삶, 그리고 좀 더 풍요로운 삶을 보장하는 생명선이라는 것을…….

내가 생각했던 경제학은 희소성과 희소성을 다루는 여러 가지 선택 방안들에 대한 강력한 교훈들을 밝혀주는 실천적인 지침이었다. '경제적 사고방식'은 학생이나 정치인이 온갖 다양한 주제나 쟁점에 대해 갖는, 때로 비논리적이거나 뒤죽박죽이기 일쑤인 여러 선입견을 깨뜨리는 것이었다. 나는 내가 선택한 학문이 가져다주는 매력적인 통찰 덕분에 우리 세상은 한층 풍요로워질 것을 의심하지 않았다. 또한, 우리가 하는 선택이 한층 명쾌해지리라 믿었다. 그러나 스미스는 과연 그 '실천적인 지침'이 실제로 모든 문제를 만족스럽게 해결하는지 진지하게 의심해보라고 내게 권유했다. 예컨대, 이런 문제 제기였다. 현대 경제학 이론이 과연 인간이 서로 연결되어 있다는 점을 사회적 차원과 도덕적 차원에서 제대로 파악하고 있는가? 그리고 거기에

근거해서 해결책을 제시하는가? 그것이 논리적으로 얼마나 정교하고 우아한가와는 별개로 말이다. 인간이 서로 연결되어 있다는 사실을 도외시한 채 인간의 경제 활동을 온전히 이해할 수 있을까? 사실, 주류 경제학은 한 인간의 개인적인 차원의 변화에 대해 아무런 관심도 기울이지 않는다. 또한, 어떤 사람이 자기 아닌 다른 사람의 이익을 배려한다는 사실을 인정하지도 않으며, 그렇게 배려하라고 권하지도 않는다. 또 그런 배려가 필요하다는 사실을 환기하지도 않는다.

이에 비해 스미스의 고전적인 견해는 더욱더 큰 물질적인 안락함을 성취하는 데 필요한 통찰을 제시하면서도 이 물질적인 안락함이 행복을 가져다주리라고는 확신하지 않았다. 대다수 사람의 경우에 행복은 내면의 성장과 변화, 즉 각자 갖는 도덕적 상상력을 통한 다른 사람과의 관계 개선의 결과로 나타난다. 이것이 바로 마음의 평화와 행복으로 이어지는 길이라고 했다. 소유가 아니라 존재가 해답이라는 의미였다. 또 스미스는 이런 변화가 발휘하는 힘은 상상을 초월하지만, 실제로 그 과정은 절대 쉽지 않다고도 했다. 생각하고 행동하고 살아가는 방식을 완전히 새롭게 바꾸어야 하기 때문이라고 했다.

그날 저녁에 우리는 늘 그랬듯 달빛을 받으며 산책했다. 산책하면서 나는 이런저런 생각들을 스미스에게 말했다. 땅에 코를 박고 냄새를 맡으면서 앞장서서 걷던 렉스는 오두막집에서 약 400미터 떨어진 지점에서 엄청나게 큰 사슴 발자국을 발견하고 우리를 돌아보았다.

"교수님이 말씀하신 인간적 양심이라는 것이 도대체 무슨 뜻일지 줄곧 생각해봤습니다."

침묵을 깬 내 말에 스미스는 곧바로 대답했다. 마치 내가 그럴 줄 알고서 할 말을 미리 준비해놓기라도 한 것 같았다.

"양심이라는 것은 자기가 하는 행동을 판단하는 능력이라네. 더 나아가서 어떤 의무감을 가지고서 자기가 하는 행동을 도덕적 기준에 맞추는 내면적 능력이지."

"빅서에서 나눴던 대화의 결론을 우리가 내린 적이 없어서 말인데요. 양심은 여론과는 어떻게 다릅니까? 예컨대 여론은 인종차별적일 수도 있고, 무지할 수도 있으며, 뒤랑고의 술집에서 우리가 직접 봤던 것처럼 집단 광기를 반영할 수도 있습니다. 이런 여론과 양심이 어떻게 다릅니까?"

"사람들이 가진 도덕적 기준의 어느 한 부분은 사회화의 결과라네. 하지만 사람들은 상상력을 가지고 있어. 이 상상력 덕분에 편협하고 지엽적인 편견을 초월할 수 있지."

어느새 우리는 늘 잠깐 앉아서 발아래 펼쳐진 계곡을 마주하고 서 있는 절벽까지 왔다. 대기는 쌀쌀했다. 물 흐르는 소리 외에 다른 소리는 들리지 않았다. 스미스는 통나무에 궁둥이를 붙이고 앉으면서 다시 말을 이었다.

"내가 살던 시대에 있었던 별로 행복하지 못한 사례를 하나 들려주지. 북아메리카 식민지에서 반란이 일어나기 전에 영국은 메릴랜드와 버지니아의 담배 무역을 독점하고 있었어. 담배는 세계적으로 거대한 사업이었다네. 어느 모로 보더라도 오늘날의 제약업과 어깨를 나란히 할 정도로 번창한 사업이었지. 내가 학생들을 가르치던 도시인 글래스고는 식민지에서 생산한 이 담배가 수입되는 한창 잘나가는 항구였어. 그런 터라 자연스럽게 그곳 사람들은 담배를 팔아서 많은 돈을 벌었다네. 만일 나도 당시에 상업에 종사하던 친구들이 한결같이 하던 말을 들었다면 엄청나게 많은 돈을 벌었을 거야."[2]

거기에서 한숨을 한 번 쉬고는, 다시 계속했다.

"하지만 그것은 미국의 노예들이 했던 노동의 열매였어. 노예제도는 이 세상에서 가장 사악한 제도라네. 노예라면 남자든 여자든 어린아이든 가리지 않고 돈을 가장 많이 주겠다는 사람에게 팔아넘기니까 말일세.[3] 비록 나는 한 번도 노예가 되어본 적은 없지만, 그 제도가 얼마나 심각하게 부당한 효과를 빚어내는지 상상할 수 있었지. 노예제도는 누군가에게 거대한 재산을 안겨주긴 했지만, 나는 도덕적·경제적 차원의 여러 가지 이유로 노예제도에 반대했다네. 여론은 무지하고, 편견과 왜곡에 사로잡혀 있지만, 공정한 관객이라면 이런 한계에서 벗어날 수 있거든."

스미스의 말은 계속 이어졌다.

"하지만 그렇다고 하더라도, 사람들은 순간적으로 흥분할 때가 있지 않은가. 그럴 때 이 사람은 바람직한 공정함을 견지할 수도 없고, 차가운 이성적 판단을 내릴 수도 없지. 그럴 때는 경험이 일반적인 도덕 법칙의 대안이 될 수 있네. 즉, 사람들은 굳이 매번 공정한 관객에 의존하지 않아도 된다는 말일세."

나는 허점을 비집고 들어가면서 말했다.

"규칙이라는 것은 오랜 전통을 토대로 하는데, 인간의 전통도 끔찍한 잘못을 저지를 수 있지 않나요?"

"그래, 맞아! 현명한 조물주가 인간을 인류의 즉결 심판관으로 만들었지.[4] 하지만 이걸 알아야 해. 전통보다 더 높은 차원의 어떤 법정이 있다는 사실을 말이야. 앞으로 생기게 될 법정일세."

"그게 무슨 뜻입니까?"

스미스는 자리에서 일어나 숲이 시작되는 지점까지 천천히 걸어갔다. 뒷짐을 진 그의 모습은 영락없이 박식한 노교수의 모습이었다.

"자네도 저 위대한 볼테르 선생님을 봤으니, '만일 하느님이 존재하지 않는다면 그런 존재를 새로 꾸며내서 내세울 필요가 있다'[5]라는 말이 무슨 뜻인지 알겠지?"

스미스는 빙그레 웃었다. 그리고 다시 말을 이었다.

"무슨 말인지 간략히 설명해주겠네. 이 세상을 살아가면서 느끼는 행복은, 늘 그런 건 아니지만 많은 경우 앞으로 다가올 세상, 즉 정의가 철저히 실현되는 세상에 대한 소박한 희망과 기대에서 비롯된다는 거지.[6] 이런 희망과 기대는 인간 본성에 깊이 뿌리박은 감정이라네. 하지만 심지어 이 세상에서조차 자기 자신의 도덕적 역량이 지시하는 대로 행동함으로써 사람들은 인류의 행복을 가장 효과적으로 증진하는 수단들을 추구하게 되겠지. 그리고 궁극적으로는 신이 가진 계획이 진행되도록 신을 돕게 될 거라네.[7]"

"교수님이 신앙을 언급하시는 건 오늘이 처음입니다."

"그런가?"

스미스는 싱긋 웃으며 대답했다.

"앞으로는 내 신앙과 관련된 이야기를 할 일은 없을 걸세. 나는 자네가 영웅으로 생각하는 워싱턴이나 제퍼슨이나 프랭클린처럼 자연신론자로 불리면 좋겠네. 자연신론자란 신이 우주와 우주의 법칙을 창조했으며, 사람은 각자 자기 마음을 사용해 그 법칙을 발견해야 한다고 믿는 사람이지. 우리는 이성을 구사해서 우리가 하는 행동이 먼 미래에 끼칠 결과를 알아내고, 또 그 결과가 좋은 것일지 나쁜 것일지 예견한다네.[8] 우리는 이성을 가지고 있기에 이 이성의 도움을 받아서 미래에 좀 더 큰 즐거움을 얻기 위해, 혹은 좀 더 큰 고통을 회피하기 위해 현재의 즐거움을 자제하거나 현재의 고통을 감내하는 자제력을 발휘하지. 이성과 자제력이라는 이 두 가지가 하나로 합쳐질 때 분별력이라는 미덕이 나타나지."

"그런데 교수님……."

내가 말을 받으려고 하자, 스미스는 손짓으로 제지하고 말을 이었다.

"내 말 들어보게. 자기 자신의 재산이나 명성만을 생각하는 분별력은 절대로 바람직하다거나 고귀한 미덕이라고 할 수 없다네.[9] 이런 편협함이 부자를 만들어줄지는 몰라도, 진리와 정의는 절대 부유함 속에서 기쁨을 찾지 않아.[10]"

스미스는 땅에서 돌멩이 몇 개를 집어 들고 손안에서 흔들었다. 무언가 적절한 단어를 생각할 때마다 나오는 무의식적인 동작이었다.

우리가 있던 곳에서 30미터 정도 떨어진 숲에서 부스럭거리는 소리가 들렸다. 무슨 동물인지 알 수 없었지만, 오솔길을 따라 이동하는 모양이었다. 사슴일 수도 있었고, 늑대일 수도 있었다. 렉스가 귀를 바짝 세우고 낮은 소리로 으르렁거렸다. 우리는 아무 말도 하지 않고 무슨 소리가 더 들리는지 귀를 기울였다. 더는 아무 소리도 나지 않았다. 나뭇잎이 바람에 쓸리는 소리뿐이었다. 온 천지에 우리만 있는 것 같은 밤이었다. 외롭고 순수한 황홀함이 펼쳐진 그곳에 둥그렇게 뜬 환한 달만이 우리 머리에 위에서 서늘한 달빛을 뿌렸다.

스미스가 다시 말을 이어갔다.

"아니, 이렇게 표현할 수도 있겠군. 상급의 분별력이라는 게 있다고 말이야. 자기 자신만을 위한 것이 아닌, 좀 더 위대하고 우아한 목적을 추구하는 현명하고 분별 있는 행동을 하는 게 바로 상급의 분별력이라고 할 수 있겠지. 이것은 아까 말했던 편협한 분별력에다 좀 더 위대하고 훌륭한 미덕들이 결합한 것이야. 용기, 더없이 넓은 관대함, 정의에 대한 외경심, 적절한 수준의 자제력 등과 같은 미덕 말일세."

"지금 교수님은 본인 말씀을 하시는 거죠, 그렇죠?"

스미스는 내 말은 듣지도 않고 자기 말만 계속했다.

"상급의 분별력은 가장 완벽한 수준의 지성과 도덕성을 요구하지. 분명히 말하지만, 최상급의 분별력은 최고의 지성이 최고의 감성과 결합한 것이야."[11]

나는 마른 침을 삼켰다. 스미스라는 이 사람은 이런저런 수식어로 정의할 수 있는 지적인 어떤 인물이 아니었다. 삶의 도덕적 틀을 정립한 인물이었다. 단지 현대 경제학의 '아버지'일 뿐만 아니라 명석하고 실용적인 지성의 원천이자 이 지성을 넘어선 지혜의 원천이기도 한 '어머니'이기도 했다. 나는 이런 상상을 해보았다. 다음 학기에 내가 강의할 때, 애덤 스미스의 전체 이론에서 보이지 않는 손 하나만 뚝 잘라내어 했던 지금까지의 강의와 다르게 스미스의 도덕 철학 전체를 이야기한다면 내 강의가 얼마나 획기적으로 달라질 수 있을까?

다시 부스럭거리는 소리가 들렸다. 이번에는 스미스 바로 뒤쪽에 있는 숲에서 나는 소리였다. 렉스가 또다시 으르렁거렸다. 가지가 살짝 흔들리는가 싶더니 커다란 그림자가 숲에서 쑥 나왔다. 곰인 줄 알았다. 하지만 달빛에 드러난 그림자는 바로 맥스 헤스였다. 그가 우리에게 총을 겨누고 있었다.

얼마나 놀랐던지 아무 말도 나오지 않았다. 하지만 스미스는 이런 사실도 모른 채 계속 말을 이어갔다.

"완벽한 지혜와 완벽한 도덕을 갖추기 위해서는……."[12]

스미스는 말을 끝내지 못했다. 헤스가 스미스의 등에 총을 쏘았다. 스미스는 땅바닥으로 고꾸라졌다.

"지혜 같은 소리 하고 있네!"

그렇게 말하면서 헤스는 나에게 총을 겨누었다. 그 순간, 렉스가 헤스에게 달려들었다. 총성이 울렸다. 렉스는 비틀거리며 숲으로 달아났다. 헤스는 렉스를 향해 총을 한 발 더 쏘았다.

"쏘지 마!"

나는 비명을 지르며 쓰러진 스미스를 일으켰다. 스미스는 힘겹게 숨을 몰아쉬었다.

"일으켜 세워서 걸어!"

헤스가 소리를 질렀다. 나는 스미스의 겨드랑이에 손을 집어넣고 그를 일으켜 세웠다. 그런 다음, 끌다시피 하며 그가 총으로 가리키는 방향으로 걸었다. 헤스의 한 손은 총을 쥐고 나를 겨누었고, 다른 한 손은 내 노트북을 들고 있었다. 오두막집에 들렀다가 거기까지 우리를 찾아온 모양이었다.

가파른 언덕을 올라 한참을 더 걷자, 동굴이 나왔다. 동굴 안에는 야영 장비가 흩어져 있었다. 얼마 동안인지는 모르지만 헤스가 거처로 삼은 공간인 듯했다. 주변에 있던 벌목도로에는 흰색 밴이 서 있었다. 나뭇가지를 덮어 위장해놓았지만, 흰한 달빛에 쉽게 알아볼 수 있었다. 파란색 세단이라고만 생각했는데, 그새 자동차를 바꾼 모양이었다. 헤스가 우리를 쉽게 찾아내지 못하리라 방심한 게 잘못이었다.

"우리를 어떻게 찾았지?"

"닥쳐!"

헤스는 내 등을 후려치면서 동굴 안으로 밀어 넣었다. 그리고 스미스의 목덜미를 잡고 질질 끌다시피 하여 동굴 안으로 데리고 들어왔다. 동굴은 춥고 축축하고 어두웠다. 내가 엎어진 곳은 진흙이었다. 등으로는 차가운 물방울이 똑똑 떨어졌다. 스미스는 내 곁에서 힘겹게 숨을 쉬었다. 달빛 덕분에 적어도 헤스의 형상만은 분명하게 볼 수 있었다. 헤스는 여전히 총을 곁에 두고 있었다. 시카고의 오페라하우스에서 있었던 일을 떠올려보면 헤스는 민첩하고 유능한 싸움꾼임이 분명했다. 현재 처한 상황에서는 내가 헤스와 맞붙어서 총을 빼앗고 그를 제압할 가능성은 거의 없었다. 두 팔을 바닥에 버티는 자세로 몸을 일으켜서 앉으려고 했다. 헤스의 부츠가 나를 걷어찼다. 그 바람에 나는 벌렁 나자빠졌다. 그의 발이 내 가슴을 짓눌렀다. 작은 시도조차 포기해야만 했다, 일단은.

자기가 상황을 지배하고 있음을 확실히 주지시킨 뒤에야 헤스는 동굴 벽에 등을 기대고 앉았다. 나를 노려보는 그의 눈빛은 사납게 번들거렸다. 금방이라도 자리를 박차고 일어나 주먹이든 발이든 날릴 태세였다. 그는 잠시 그렇게 나를 노려본 뒤 내 노트북의 전원 버튼을 눌렀다. 재활용통에 버렸던 논문 초고를 도둑맞은 뒤 나는 작업하는 모든 파일에 암호를 지정해두었다. 그러나 헤스의 총이 내 머리를 겨눈 상황에서 그런 암호 따위는 아무 소용이 없었다. 헤스는 그날 내가 최종적으로 정리해서 공식으로 정식화한 작업 결과가 들어 있는 파일을 별 어려움 없이 찾아냈다. 그는 만족스러운지 뭐라고 중얼거리고는 그 문서 파일에서 나갔다.

잠시 후, 헤스가 노트북 하드 드라이브 전체를 포맷하고 있다는 걸 알았다. 나는 너무 놀라서 아무 말도 하지 못했다. 내가 쓴 논문과 정식화한 공식을 훔치려는 게 아니었다. 그 모든 것을 말끔히 지워버릴 심산이었다. 헤스가 내 표정을 보고는 씩 웃었다.

"그래, 맞아. 네 논문과 공식은 모두 이 세상에서 곧 사라질 거야. 너도 마찬가지고."

"그 공식은 내가 아니더라도 다른 사람이 또 발견할걸? 그때마다 그 모든 사람을 다 찾아다니면서 지우고 죽이지는 못할 텐데?"

"내가 굳이 그렇게까지 할 필요는 없어."

노트북에서 나던 소음이 멈췄다. 포맷 작업을 마친 모양이었다. 헤스는 노트북을 옆으로 던져두고 내 귀에 대고 속삭이듯 자기 얘기를 쏟아냈다. 그가 말을 하는 동안 그의 말은 점점 더 격렬해졌고, 소리도 커졌다. 요지는 이랬다.

정의에 어긋나는 어떤 사회가 사악한 악마의 기도를 했다. 서구의 '문명사회'가 자본주의의 제단에 기도를 올렸는데, 이 종교의 상징은 '만능의 돈, 달러'다. 사람들은 100달러 지폐에 박힌 벤저민 프랭클린의 보이지 않는 손에 의해 꼭두각시처럼 조종된다. 그리고 마침내 사람들은 모두 성스러운 것은 천박한 세속적인 것으로 만들어버리는 잔뜩 과장된 상업 세상에 획일적으로 순응했다. 이런 말을 헤스가 흥분해서 떠드는 동안 나는 스미스를 살펴보았다. 등에 난 상처에서 피가 흐르고 있었다.

"나는 이런 개수작에 단호하게 '아니오'라고 말했어. 그러자 너의 그 위대한 라티머 박사가 나를 공격하더군. 체 게바라와 볼리비아 사람들의 처지를 얘기했을 때 그 인간이 귀를 기울였을까? 뭔가를 깨달았을까? 그 누구도 도와주지 않는 그 사람들을 도우려고 조금이라도 노력했을까? 천만에! 오히려 내 장학금을 끊어버렸어. 나는 거리에 나앉은 다음에야 그런 사실을 알았지."

"피해자인 척 연기를 잘하는군!"

말을 해놓고 보니 라티머를 변호하는 모양새였다. 하지만 계속 말을 이었다.

"다른 대학교에도 대학원은 많았잖아. 그리고 다른 일을 할 수도 있었고."

"닥쳐!"

헤스가 우리를 죽일 생각임은 분명해 보였다. 하지만 그의 말과 행동으로 보건대, 우리를 죽이기 전에 먼저 자기가 하는 행동이 정의와 명분에 맞는다는 사실을 우리에게 설득하고 싶은 모양이었다. 결국 나는 세계화, 다국적 기업들의 사악한 횡포, 세계무역기구(WTO)의 음모 등을 놓고 그가 하는 말을 밤새 억지로 들어야만 했다. 박쥐 떼가 찍찍거리는 소리나 천장에서 한 방울씩 떨어지는 물방울 소리는 헤스의 열변과 완벽하게 어울리는 배경음이었다. 그리고 마침내 길고 긴 헤스의 말이 끝났다. 세상은 조용해졌다. 내가 이 침묵을 깼다.

"우릴 죽일 생각인 모양인데……. 죽이기 전에, 스미스 교수님에 대해서는 어떻게 알아냈는지 궁금한데, 그 이야기는 해주지?"

"그러지 뭐. 널 찾아낸 건 정말 우연한 행운이었어. 하늘에서 뚝 떨어진 행운. 나는 POP 조직원 후보자를 물색했지. 다른 우호적인 조직들의 명단을 들고 탐색 작업을 벌였지. 다행히도 아직 남아 있는 마르크스주의자들이 있더군. 대학교 당국이 마르크스주의자들을 쫓아내려고 지금까지 온갖 노력을 다 기울이긴 했지만 말이야. 그 가운데 한 사람이 네가 다니는 대학교의 동료 교수야. 국제관계학부 교수인 웨인 브라운, 알지?"

나는 욕을 해주고 싶었지만, 가까스로 참았다.

"맞아! 나는 이 사람을 POP로 끌어들이려고 허스트 대학교로 갔어. 그런데 그의 연구실로 가다가 어떤 사람과 부딪혔는데, 그게 누군지 아나? 바로 너였어. 무슨 생각을 그렇게 골똘히 하는지 자기 앞에 사람이 지나가는지도 모르더군. 나는 워싱턴의 식당에서 당신이 라티머 교수와 함께 있는 걸 봤기 때문에 너를 금방 알아봤지. 하지만 너는 나를 모르더군. 이게 웬 떡이냐 싶더군. 좋은 기회였지. 그래서 나는 네 뒤를 밟아 도서관으로 갔어. 그런데 너는 도서를 검색한 컴퓨터 화면을 끄지 않았더군. 그래서 나는 네가 스미스의 무슨 책을 찾고 있는지도 알았고…….”

그제야 그때 사서가 ‘어떤 학생’이 나에 대해 꼬치꼬치 묻더라는 말이 떠올랐다. 그 ‘학생’이 바로 헤스였던 것이다!

“내가 워낙 어려 보이는 얼굴이라 그랬는지 내가 네 제자였다는 말을 그 아주머니 사서는 곧이곧대로 믿더군. 그리고 한 주 후 네 친구인 브라운 박사가 내게 전화해서, 별로 반갑지 않은 ‘스마이드’ 박사라는 사람과 함께 교수 클럽에서 점심을 먹기로 했다고 일러줬어. 다시 한 번 말하지만, 너희 둘은 내겐 하늘에서 뚝 떨어진 행운이었지.”

“나쁜 놈!”

“그렇게 인상 쓰지 마. 우리는 브라운 박사에게 너나 스미스에 대해 한마디도 하지 않았어. 근데, 너는 어땠지? 논문 초고를 재활용 쓰레기통에 버렸잖아. 내가 가져가서 볼 수 있도록 말이야. 정말 바보 같은 짓이었어, 그렇지 않나?”

헤스 말이 맞았다. 나는 바보 같은 짓을 했다. 권력과 다국적 기업이 살벌하게 설쳐대는 ‘실제 현실’ 세상과 따로 떨어져서 평온하기 짝이 없는 프레데릭스버그의 상아탑 속에 안주할 생각만 했다니……. 아무튼, 나와 스미스가 살아날 수 있으려면 헤스가 무슨 말이든 계속하게 해서 반격의 기회를 노려야 했다.

"우리가 여기 있다는 건 어떻게 알았지?"

헤스는 뜻 모를 웃음을 빙긋 웃었다.

"네바다에서 신문을 봤는데, 너와 네 여자 친구 사진이 1면에 실렸더군. 그래서 부리나케 그곳으로 달려갔지만, 늦었더라고. 그러나 나는 네가 월드켐 회의에 참석할 것을 알고 있었지. 재활용 쓰레기통에서 찾아낸 종이에서 네 일정을 확인했거든. 친절하게 잘 적어뒀더군."

나는 또 한 번 마음속으로 내 어리석은 행동을 후회했다.

"그리고 그때만 해도 그게 그렇게 중요한지 몰랐지만, 요세미티 오두막집에 대한 안내 책자도 그 재활용 쓰레기 더미에서 찾아냈거든. 그래서 너도 분명 그랬겠지만, 곧바로 서부 해안으로 달려갔지. 동부에 있던 우리 조직원들은 네 여자 친구의 집 부근에 잠복했고. 그런데……, 운이 좋았지."

헤스는 말을 끊고 미소를 지었다.

"그런데 네 여자 친구가 하루 걸러 한 번씩 이웃집으로 가더라고. 아무래도 그게 이상하더란 말이지. 이상하지 않아? 그렇게 자주 빵을 굽는 것도 이상했고, 그렇게 자주 밀가루가 떨어지는 것도 이상했어."

내가 바보였다. 라티머가 제안한 대로 스미스와 줄리아를 보스턴의 안전한 장소로 데리고 갈 수도 있었는데, 어리석게도 두 사람을 위험에 빠뜨리다니……. 내가 라티머의 제안을 거절한 것은 순전히 그의 영향력에서 벗어나고 싶다는 이기적인 욕심 때문이었다.

그런 그렇고, 줄리아는 안전할까?

헤스는 내가 무슨 생각을 하는지 읽은 모양이었다.

"네 여자 친구……, 무척 예쁘더군!"

치미는 분노로 판단력이 흐려졌다. 그 순간만은 헤스가 나를 총으로 쏴서 죽이든 어찌하든 상관없을 것 같았다. 그저 녀석에게 주먹을 날리고 싶은 마음뿐이었다. 나는 헤스에게 덤벼들려고, 용수철처럼 내 몸을 날리겠다는 생각으로 몸을 구부렸다. 그러자 헤스는 눈치를 채고 자리에서 벌떡 일어나 총을 집어 들고 내 머리를 겨누었다.

"서둘지 마. 금방 죽여줄 테니까."

그랬다. 서둘러서는 안 되었다. 기회를 기다려야 했다.

"한번은 너와 네 여자 친구가 통화를 끝낸 뒤였지. 우리의 명석한 조직원 한 명이 그 집에 숨어 들어가서 물건을 딱 하나만 훔쳐서 나왔어. 그게 뭐였겠어? 무선전화기였지. 이 조직원이 마당 부근에서 최근 통화 번호를 눌렀는데, 어디에서 받았게? 놀라지 마시라, 흐흐흐. 누가 그 전화를 받아서 하는 말이, 요세미티 공원의 공중전화라고 하잖아."

헤스는 그 순간을 즐기고 있었다.

"그 말을 듣는 순간, 네가 버렸던 오두막집 안내책자가 떠오르더군. 그 생각을 진작 했더라면 훨씬 쉽게 너희 두 사람을 찾을 수 있었을 텐데……. 어쨌든, 요세미티로 와서 공중전화부스 근처에 숨어서 기다리고 있으니까 네가 나타나더군."

내가 왜 그랬을까? 후회하고 또 후회했지만, 이미 엎질러진 물이었다.

"충고 하나 할까? 하긴 뭐, 어차피 네게는 도움되지 않겠지만……. 이런 은밀한 일을 할 때는 행동을 일관되게 해서는 안 돼. 쉽게 추적을 당하거든. 다른 사람들이 예상할 수 없도록 변칙적으로 행동해야지. 그랬으면 지금 이 꼴을 당하지 않았을 텐데, 쯧쯧쯧! 나는 변칙적 행동을 하니까 CIA나 FBI의 추적을 거뜬하게 따돌리고 이렇게 자유롭게 돌아다니잖아. 녀석들이 멍청하거나 노력하지 않아서가 아니라, 내가 충분히 주의를 기울이고 변칙적으로 행동한 덕분이지."

* * *

시간은 어느새 아침을 향해 달려가고 있었다.

"그런데 너는 자동차 엔진 기술자인 해럴드가 어떻게 진짜 애덤 스미스라고 믿지? 이 사람은 그저 정신 나간 노인네일 뿐이야. 나는 죽여도 되지만, 이 불쌍한 노인은 풀어줘."

헤스가 나를 지친 표정으로 바라보았다. 나는 그를 덮쳐서 총을 뺏을 생각을 하고 있었다. 그러나 그는 경계를 늦추지 않고 있었다.

"내가 경제학을 공부한 사람이란 걸 잊었나? 네가 지금 무슨 생각을 하는지 나는 다 알아. 이 사람이 진짜 애덤 스미스가 아니라면 네가 이 사람을 붙잡고 시간을 낭비할 이유가 없었지. 게다가 자기를 죽여도 좋지만, 이 사람은 살려달라는 말도 하지 않을 테고 말이야. 네가 한 행동만 봐도 이 사람이 진짜 스미스임을 충분히 알 수 있어."

스미스의 목숨을 살리려면 무언가를 해야 했다. 아니, 무엇이든 해야 했다.

"사람들은 애덤 스미스를 잘못 이해하고 있어. 스미스는 다른 사람들을 짓밟으면서까지 이익을 추구하라는 말을 하지 않았거든. 스미스가 쓴 책들을 읽어보면 알아! 그 책들은 오두막집에 있어, 진짜야!"

헤스는 한숨을 쉰 다음 대답했다.

"이미 읽었어. 정의롭지 못한 높은 이익을 찬양하지 않는다는 거, 나도 알아."

"그걸 알면서 왜……?"

헤스의 얼굴이 갑자기 스무 살은 더 늙어 보였다. 내 질문에 헤스가 자기도 모르게 경계심을 흐트러뜨렸다. 자세를 바꾸면서 시선을 바닥으로 떨구었다. 그런데 바로 그 순간, 그의 등 뒤로 동굴 입구에 어떤 그림자가 웅크리고 있는 것을 보았다.

"만일 내가 아주 오래전에 애덤 스미스의 책들을 읽었다면 어떻게 되었을까? 스미스는 세상을 이해하는 사람이었고, 그 세상 속에서 살아가는 실제 사람들을 이해하는 사람이야. POP가 관심을 가지는 모든 사안이 그 사람 안에 있어. 나도 그걸 알아."

헤스가 그런 말을 하다니……. 나는 혼란스러웠다.

"애덤 스미스를 좋아하나?"

헤스의 입술이 일그러졌다.

"그래 맞아. 스미스는 기업의 편에 서서 자본주의를 제안하는 게 아니라 일반 사람들을 위한 상거래 체계를 제안하지. 나도 이 모든 걸 알아. 하지만 어쩌다가 알게 되었을 뿐이야. 내가 대학원에 진학했을 때, 가난한 사람들에게는 아무런 도움도 되지 않는 효율성을 추구하는 딱딱한 공식들만을 암기해야 했어. 경제 분야를 기술 관료들이 지배하는 것 같았고, 양심이라고는 조금도 가지고 있지 않은 수학자들이 지배하는 것 같았지."[13]

그 말을 들으니 화가 났다.

"그런데 기껏 한다는 것이 증오하고 부수고 죽이는 거야? 좀 더 가치 있는 일을 할 수도 있잖아?"

스미스가 꿈틀거렸다. 의식이 돌아온 모양이었다. 동굴 입구에 웅크리고 있던 검은 그림자가 발소리를 죽이며 천천히 안쪽으로 다가오는 것을 보았다. 다행히 동굴 안에서 박쥐 떼나 천장에서 떨어지는 물방울 등이 내는 소음은 그 발소리를 덮기에 충분히 컸다. 그리고 그 그림자는 헤스 뒤 약 1미터 거리까지 다가와서 멈췄다. 줄리아였다!

나는 헤스의 집중력을 흐트러트리려고 일부러 헤스에게 말을 걸었다.

"스미스를 좋아한다면서 대체 왜 그를 죽이려는 거지?"

"왜냐고? ……나로서는 너무 늦어버렸거든. 이 나이에 모든 걸 처음부터 다시 시작할 수는 없단 말이지."

작은 희망이 보였다.

"너무 늦었다는 말 자체가 잘못된 거야. POP 같은 단체도 애초에 시작은 순수한 의도를 가진 사람들이 시작했어. 그 사람들을 어떻게 교육하느냐가 문제지."

"하하하!"

헤스가 기묘한 웃음을 터뜨렸다.

"정말 단순하고 순진하구먼! POP는 지금 하나의 전선이야. 그냥 엉터리고 가짜란 말이야. 너와 이 스코틀랜드 사람이 죽는 게 다른 사람들에게는 훨씬 좋은 일이거든."

헤스는 스미스의 머리에 권총을 들이댔다. 나는 최대한 침착한 목소리를 유지하려고 애를 썼다. 그러나 나도 모르게 목소리가 갈라져 나왔다.

"누구를 위한 전선이지? 그리고 그 '다른 사람들'이라는 건 또 누구지? 대체 누구를 말하는 거야?"

"우린 이미 러시아 마피아의 앞잡이가 되었어. 러시아의 알루미늄 자원을 민영화하면 마피아의 일부가 벼락부자가 되지. 하지만 이건 어디까지나 해외 입찰자가 없을 때만 가능한 일이야. 그래서 마피아는 POP를 내세워서 대중이 외국 다국적 기업에 반대하도록 여론을 이끌려고 하는 거야. 서구의 다국적 기업이 민영화 사업 입찰에 참여하면 정치 불안이 야기될 거라는 믿음을 세계 지도자들에게 심으려는 거야, 이제 알겠어? 나는 마오쩌둥주의와 관련된 사람들을 잘 알고 있기에 POP를 완벽하게 이끌 수 있었지. 그 덕분에 CIA나 그 밖의 관련 기관에 POP의 위협이 단순한 게 아님을 인식하게 할 수 있었고……."14

"하지만 넌 체 게바라를 추종하잖아!"

"예전에는 그랬지. 하지만 사람은 변하니까."

"왜 변했어? 가난한 사람 편이었잖아?"

헤스는 고개를 저으며 한숨을 쉬었다.

"이제는 아니야. 가난이 지긋지긋해. 몇 달 뒤면 나도 부자가 될 거야. 나머지 인생을 발리에서 부자로 편안하게 살아갈 거야. 그러려면 러시아의 알루미늄 산업이 자유롭게 약탈당할 수 있게 만들어야 해. 따지고 보면 너나 나나 다를 게 없어, 그렇지 않나? 차이가 있다면 나는 마피아의 엉덩이를 핥고, 너는 라티머의 엉덩이를 핥는다는 것뿐이지."

스미스가 통증을 애써 참으며 천천히 말했다.

"자유롭다는 것은 '경쟁'을 의미하는 게 아니야."

"그렇지, 바로 그거야! 알루미늄 산업을 누군가 독점하면 러시아를 지배하는 부정한 집단들의 재산은 무한대로 늘어날 거야. 당연하지, 그렇지 않나?"

헤스는 방아쇠를 당길 준비를 했다. 어쩌면 그는 스미스가 들을 수 있는 지상에서의 마지막 말이 될 수도 있는 말을 했다.

"스미스가 자신들에게 반대하는 목소리를 내는 걸 원하는 사람은 아무도 없어. 정부에 기업 친화적인 인물들이 포진하고, 교역이 처음 자유화되었을 때 잃어버렸던 시장 지배력을 국제적인 합병 덕분에 기업들이 다시 회복하는 상황에서 말이야."

헤스가 방아쇠를 당기는 시점을 뒤로 미룰 수 있게 하려고 뭔가 더 얘기해보려 했지만, 이미 늦었다.

헤스는 방아쇠를 당겼다.

탕!

Chapter 24

작별

요란한 총성이 동굴을 흔들었다. 총이 발사되자마자 스미스의 몸은 헤스 쪽으로 기울었다. 그의 오른손은 어느새 헤스의 권총을 움켜쥐고 있었다. 나는 헤스에게 달려들어 그의 목을 후려쳤다. 하지만 헤스는 우리보다 더 강하고 민첩했다. 스미스와 나는 바닥으로 나뒹굴었다. 헤스가 다시 스미스에게 총을 겨누고 방아쇠를 당기려 했다. 그때였다. 줄리아가 돌멩이로 그의 머리를 있는 힘껏 내리쳤다.

탕!

다시 한 번 어두운 동굴 속에서 총성이 울렸다. 하지만 총은 이미 표적을 놓친 상태였다. 고꾸라지는 헤스보다 먼저 그의 총이 바닥에 떨어졌다.

나는 정신이 하나도 없었다. 그 와중에 줄리아가 나를 껴안는 걸 느꼈다. 줄리아는 이어서 해럴드를 살폈다.

"배에 맞았어요!"

상처에서는 피가 흥건히 배어 나왔다.

우리는 정신을 잃고 늘어져 있는 해럴드를 언덕 아래의 스테이션 왜건으로 옮겼다. 그런 다음, 뒷자리에 그를 조심스럽게 눕혔다. 줄리아는 손수건으로 상처를 누르며 지혈을 시도했다. 잠깐이지만, 나는 동굴로 가서 헤스를 묶어둘까 생각했다. 그러나 그 마음을 이내 포기하고 곧바로 운전석에 올라 차에 시동을 걸었다. 조금이라도 더 지체했다가는 자칫 해럴드가 죽을 수도 있었기 때문이다.

총상에서는 피가 멈추지 않았다. 줄리아가 아무리 피를 멈추게 하려고 해도 소용없었다. 어느새 뒷좌석이 피로 흥건해졌다. 스미스는 의식을 놓치지 않고 있긴 했지만, 시나브로 죽어가고 있었다. 비포장도로를 달리는 자동차는 심하게 덜컹거렸다. 그 바람에 상태는 더욱 악화되었다. 스미스가 침을 삼키며 힘겹게 말했다.

"테이프 잘 챙기게."

자동차는 무서운 속도로 질주했다. 그 와중에도 스미스는 테이프 걱정만 했다.

"그 테이프는 말이야……."

"테이프 이야기 그만하세요!"

나는 버럭 소리를 질렀다. 그런데 룸미러에 자동차 한 대가 따라오는 게 보였다. 아침놀을 배경으로 한 흰색 밴이었다. 거리는 1킬로미터 넘게 떨어져 있었다. 나는 가속페달을 힘껏 밟았다. 하지만 낡은 밴은 내가 원하는 만큼 속도를 내주지 못했다. 게다가 곡선 구간이 많은 산간도로였으니…….

"할 말이 아직 더 있는데……."

그 와중에도 스미스는 안간힘을 쓰며 말을 이으려 노력했다. 하지만 그는 끝내 말을 더 잇지 못했다.

"빌어먹을!"

내 눈에서 뜨거운 눈물이 흘렀다. 나는 핸들을 사정없이 내리치며 고함을 질렀다.

"빌어먹을! 빌어먹을! 빌어먹을!"

그동안 흰색 밴은 더욱 속도를 냈다. 그 차는 곧 우리를 따라잡았다. 헤스의 흰색 밴은 우리 차와 나란히 달리면서 추월하려고 시도했다. 마침 전방의 굽은 길에서 작은 트럭이 나타나 상향등을 번쩍였다. 흰색 밴은 추월을 포기하고 다시 우리 차 뒤에 붙었다. 그나마 다행이었다.

트럭이 지나가고 나자, 헤스는 다시 한 번 중앙선을 넘어 추월을 시도했다. 흰색 밴이 다시 우리 차 옆으로 바짝 붙었다. 나는 핸들을 왼쪽으로 꺾어 헤스를 절벽 쪽으로 몰아붙였다. 그러자 헤스는 브레이크를 밟아 충돌을 피하며 뒤로 빠졌다. 그렇게 헤스의 흰색 밴과 나의 스테이션 왜건은 고속 주행을 하면서 위험한 승강이를 반복했다. 나는 가속 페달과 브레이크 페달을 번갈아 밟아댔다. 어느 순간인가부터 매캐한 냄새가 나기 시작했다. 나는 카레이서가 아니었지만, 헤스가 우리를 추월하지 못하게 막는 데는 어느 정도 효과가 있었다.

갑자기 아무런 표지판이 없이 길은 넓고 곧게 바뀌었다. 얼마나 무서운 속도로 내리막길을 내달렸던지 어느 사이에 우리는 저지대까지 내려왔다. 도로 폭의 여유가 생기자 헤스는 다시 추월을 시도했다. 그는 자기 차를 우리 차와 나란히 붙였다. 그런 다음, 권총을 꺼내 나를 겨누었다. 다시 한 번 메릴랜드에서의 대결 양상이 전개되었다. 헤스의 권총이 나를 겨누는 걸 본 순간, 나는 급브레이크를 밟았다. 하지만 브레이크가 말을 듣지 않았다. 이어서 엄청난 폭발음이 들렸다. 유리창이 깨졌고, 뭔가 와장창 부서지는 소리가 들렸다. 이후 모든 것이 깜깜해졌다.

* * *

눈을 뜨니, 온통 뿌연 안개였다. 그런데 밝았다. 밝아도 너무 밝았다. 누군가 따뜻한 수건으로 내 얼굴을 정성스럽게 닦고 있었다. 나는 마치 구름 위에 둥둥 떠 있는 느낌이었다. 오른쪽 눈을 가늘게 떠보았다. 미소 짓는 줄리아가 보였다. 줄리아가 내 뺨에 키스했다. 여태까지 살면서 그토록 황홀한 기분을 느껴보기는 처음이었다. 죽은 게 분명했다. 죽어서 천국에 와 있는 게 틀림없었다.

"환자가 깨어났네요!"

누군가의 목소리가 들렸다.

"모르핀이 다 되어가네요. 보충해주세요."

나는 가까스로 몸을 일으켜 앉았다. 병실이었다. 옅은 국방색 페인트가 칠해진 병실……. 의사 한 명과 간호사 한 명이 침대 발치에 서 있었다. 흰색 가운을 입고 있었기에 나는 그들이 의사이고 간호사인 줄 알아보았다.

오른쪽 병상을 보니, 스미스가 누워 있었다. 그의 팔에는 정맥주사기가 연결되어 있었다. 그가 입을 열었다.

"이제 끝낼 때가 됐나 보네요."

스미스의 목소리가 아니었다. 해럴드의 목소리였다.

"내가 얼마 동안이나……?"

"오늘이 사흘째예요."

사고가 났고, 그 사고로 나는 뇌진탕에 걸렸고, 다리도 부러졌다고 했다.

"해럴드 아저씨는 괜찮아요. 피를 많이 흘리긴 했지만, 다행히 총알이 심장을 비껴갔대요."

정말 다행이었다. 그런데 헤스는? 줄리아는 내가 무슨 생각을 하는지 금방 알아채고는 걱정하지 말라는 듯 빙긋 웃었다.

"맥스 헤스는 죽었어요. 맞은편에서 오던 트럭과 충돌해서 즉사했어요. 트럭 운전사는 괜찮고……. 근데, 스테이션 왜건은 새로 사셔야 할걸요?"

줄리아가 장난스럽게 눈을 흘겼다.

"근데, 당신과 해럴드 아저씨는 지금 여기 군사병원에 가명으로 입원해 있어요."

POP가 계속해서 우리 목숨을 노릴 게 분명하고, 그래서 연방정부가 나서서 우리를 보호하고 있다고 했다.

"근데……, 우리를 어떻게 찾았어요?"

"쉿, 우선 안정을 취해야 해요."

줄리아가 내 귀에 대고 속삭였다. 그리고 두 손으로 내 얼굴을 감쌌다.

"전시회가 끝나는 대로 이쪽으로 오려고 했는데, 이웃집 사라의 집에 강도가 들었어요. POP의 소행이란 걸 직감했죠. 아무래도 POP가 당신을 찾아낼 것 같더라고요. 사라는 겁에 질려서 집에 들어가지 못한 채 모텔에서 생활했고……. 그래서 당신이 아무리 전화를 걸어도 전화를 받을 사람이 없었던 거예요. 아무리 생각해도 당신과 연락할 방법이 없어서, 그래서 내가 직접 왔죠."

그녀는 비행기를 타고 프레즈노에 내린 뒤 자동차를 빌려서 그날 밤 열한 시 조금 지난 시각에 오두막집에 도착했다고 했다. 내 자동차는 그 자리에 그대로 주차되어 있는데, 오두막집 안이 엉망으로 어질러진 걸 발견하고는 최악의 상황이 벌어졌을지도 모른다는 불길한 생각에 주변을 샅샅이 살펴보았다. 그러나 아무것도 찾지 못했다. 곧바로 시내로 들어가서 상황을 알아보려던 찰나에 언덕 너머에서 신음 같은 이상한 소리를 들었다. 그제야 정신이 퍼뜩 들면서 잊고 있던 이름이 생각나더라고 했다.

"렉스는?"

"리치, 그때 그 낑낑거리던 소리는 렉스가 낸 거였어요. 오솔길에서 렉스를 발견했지만, 곧 숨을 거뒀어요. 내 품 안에서. 아마도 렉스는 마지막 순간까지 당신을 따라가려고 했던 거 같아요. 렉스 덕분에 내가 당신을 찾을 수 있었으니, 렉스가 당신 목숨을 구해준 거나 다름없어요. 렉스가 쓰러져 있던 자리에서는 당신이 어디로 끌려갔는지 쉽게 찾을 수 있었거든요."

*　*　*

그 뒤에 나는 잠을 한숨 더 잤다. 그날 오후에 눈을 뜨니, 병실에는 나와 스미스뿐이었다. 나는 천천히 몸을 일으켰다. 다리 하나는 성치 않았지만, 다른 하나는 아무 문제가 없는 것 같았다. 나는 성한 다리에 체중을 실어서 깨금발로 폴짝폴짝 뛰어 옆 침대로 다가갔다. 그런 다음, 의자에 앉아 깁스한 왼쪽 다리를 쿠션에 올려놓았다. 그리고 최근에 일어났던 그 놀라운 사건들 속에서 내가 그토록 깊이 의지하던 바로 그 사람에게 말을 걸었다.

"교수님!"

그가 돌아보았다.

"오두막집에 있을 때, 일이 터지던 그날 밤에, 전통보다 더 높은 차원의 어떤 법정이 있다고 교수님은 말씀하셨죠? 앞으로 오게 될 바로 그 법정이라고요. 거기에 대해 줄곧 생각을 해봤는데 말입니다."

"……."

"교수님?"

눈을 멀뚱멀뚱하게 뜨고 나를 바라보는 사람은 스미스가 아닌 해럴드였다.

"지금 스미스 그 사람과 얘기를 하려나 본데, 그 사람은 가고 없어요. 여기 병원에서 정신을 차린 뒤로는 그 사람 목소리가 들리지 않아요. 벌써 나흘쨈데……. 배에 난 상처 때문에 느끼는 통증 말고는 아무 이상 없어요. 내 몸에, 또 머리에. 아무래도 그 사람이 완전히 간 것 같은데……."

스트레스를 받으면 몸에 이상한 일이 일어난다고들 하는데, 내가 그랬다. 눈물이 흐르기 시작하더니 도무지 그치질 않았다. 해럴드가 다가와서 내 어깨에 손을 얹었다. 위로가 되길 바라는 동작이었다.

Chapter 25

월드캠

월드캠 본사는 샌프란시스코의 컨벤션센터에서 북쪽으로 한 블록 떨어진 곳에 있었다. 제2차 세계대전 때 월드캠이 군수품 공급업체로 문을 열었던 실험실이 있던 곳에서 400미터쯤 떨어진 곳이었다. 예전의 그 실험실은 지금 박물관으로 바뀌어 있었다. 이 공간은 오늘 열리는 이사회 회의 등과 같은 특별한 행사가 있을 때 사용되곤 하는 매우 특별한 장소였다. 그런데 그곳까지 가는 게 쉬운 일은 아니었다. 마침 그날 컨벤션센터에서 무역 문제를 안건으로 한 정상회담이 열리고 있었기 때문이다. 이 회의에서는 40명의 국가 정상을 포함해서 국제통화기금, 세계은행(WB), 세계무역기구[1] 그리고 세계적인 기업의 수장들까지 포함하면 공식적인 참가자만도 수천 명이나 되는 대규모 회의였다.

그뿐만이 아니었다. 시위자들도 있었다. 전체 규모가 2만 명이나 되는 시위대가 도시를 점령하고 있었다. 그들은 공원에서 잠을 자고, 떼를 지어 거리를 이동하면서 자기주장을 펼쳤다. 평화적인 시위대는 피켓을 들고 노래를 불렀다. 과격한 사람들은 경찰과 대치한 채 확성기로 거친 주장과 욕설을 쏟아냈다. 가랑비가 흩날리고 있었다. 교통을 통제하는 바리케이트에는 시위대의 플래카드들이 널려 있었다. 폭동 진압용 의복을 입고 장비를 갖춘 경찰들이 도로 구석구석을 순찰하며 다녔다. 회의장에 참석하려는 대표들을 저지하기 위해 인간 사슬을 만들려 하는 시위대 인원이 압도적으로 많았다.

시내의 다른 곳에서는 시민단체들이 연합해서 집회를 열었다. 전통문화 소멸, 열대우림 파괴, 빈부 격차 심화에 따른 사회의 양극화 등에 따른 손실, 즉 세계화에 수반되는 보이지 않는 비용을 고발했다. 자유무역으로 손해 보는 사람보다 이익을 보는 사람이 더 많긴 하지만 말이다. 아무리 그렇다 하더라도 이것은 약자가 입은 상처를 치유하는 궁극적인 약은 되지 못했다. 시민단체들은 바로 이런 사실을 사람들에게 알리려고 노력했다.

나는 월드켐에서 따로 준비해준 리무진에 올라탔다. 세계화를 규탄하는 대열에서 이탈하고 배신한다는 느낌이 들었다. 차에는 라티머 교수가 이미 뒷자리에 앉아 있었다. 이사회 회의에 참석할 다른 이사들도 몇 명 타고 있었다.

"번스! 자네가 드디어 해냈군, 잘했어!"

라티머가 환하게 웃으면서 나를 반겨주었다.

"솔직히 나는 자네가 해낼 줄 알았어. 조금도 걱정하지 않았네."

하지만 라티머의 얼굴은 한 주 내내 한잠도 못 잔 것처럼 퀭했다. 그 퀭한 얼굴로 그는 내 귀에 대고 빠르게 속삭였다.

"빨리 전화를 좀 주지. 어제야 전화하다니……. 얼마나 많은 사람이 마음을 졸이면서 자네를 찾아다녔는지 아나?"

그의 목소리에는 비난과 질책이 묻어 있었다. 나는 그저 웃기만 했을 뿐 따로 사과나 변명을 하지는 않았다.

다른 사람들이 검은색 선팅지를 붙인 차창 밖의 시위대를 바라보고 있을 때였다. 라티머 교수는 다시 한 번 내 귀에 대고 속삭였다.

"잘해, 번스. 내가 그동안 자네를 변호하느라고 얼마나 고생했는지 모르지?"

리무진에 붙어 있는 공식 차량 스티커 덕분에 우리가 탄 차는 경찰 검문을 쉽게 통과했다. 그러나 시위 군중은 우리를 편하게 보내주지 않았다. 그들은 배낭에서 달걀과 토마토를 꺼내 우리가 탄 차에 마구 던졌다. 기마경찰 두 명이 출동하고 나서야 소동은 끝이 났다. 라티머가 혀를 차며 말했다.

"바보들 같으니라고……. 가난을 IMF 탓으로 돌리다니, 차라리 전쟁을 적십자 탓으로 돌리지."[2]

* * *

월드켐 이사회 이사들이 앉을 의자는 마흔 개였다. 회의 시간이 다 가왔을 때, 비어 있는 의자는 몇 개 없었다. 이사회 회의를 방청하는 사람들 가운데는 수전 미첼을 비롯한 새뮤얼슨상 심사위원회 위원들도 몇 명 있었다. 얼마나 초조했는지 연설 원고를 쥐고 있던 왼손에 나도 모르게 힘이 들어갔다. 또 오른손에 쥐고 있던 지팡이로는 나도 모르게 다리의 깁스를 톡톡 치고 있었다.

밀턴 존스 부회장이 개회 선언을 했다.

"여러분은 로버트 라티머 교수님이 전 세계의 자유시장 확대에 혁혁한 공을 세웠다는 사실을 모두 잘 아실 겁니다. 오늘 오전 연설자를 소개하도록 라티머 교수님을 모시겠습니다."

박수가 쏟아졌다. 라티머 교수는 마이크 앞으로 성큼성큼 걸어 나왔다. 그 자리에 모인 거물들은 내가 할 연설을 듣기 위해서뿐만 아니라 라티머 교수를 직접 보기 위해 온 게 분명했다. 애덤 스미스 경제학부의 학과장이라는 무게감은 언론의 집중 조명에 익숙한 기업의 중역들까지 압도했다.

거구의 라티머가 좌중을 내려다보며 입을 열었다.

"신사 숙녀 여러분! 규제가 없는 시장이야말로 세상을 바꿀 수 있고, 수십억 명의 사람을 구속과 속박에서 해방할 수 있습니다. 이런 일은 조금이라도 빨리 일어날수록 좋습니다. 많은 국가가 오늘 이 자리를 지켜보고 있습니다. 이 순간이야말로 기념비적인 순간으로 역사에 남을 것입니다. 철의 장막은 무너지고, 새로운 천 년이 시작되었습니다!"

또 한 차례의 커다란 박수 소리가 회의장을 흔들었다. 라티머는 연단에 선 나를 가리키면서 말을 이었다.

"제 제자가 고안한 모델은 이런 변화의 시기에 적절한 자산시장 리

스크 분석 수단이 되어줄 것입니다. 여기 계신 분들은 구체적으로 러시아의 알루미늄 산업에 이 모델을 적용하는 것을 넘어서서 좀 더 크고 넓은 분야에 적용하는 것까지 관심을 가질 것으로 저는 생각합니다. 긴 얘기를 더 할 것도 없이, 그 새롭고 멋진 모델 얘기를 들어보도록 합시다. 자, 리처드 번스를 소개합니다!"

다시 박수가 터졌다. 박수 소리가 잦아들 때 나는 입을 열었다.

"신사 숙녀 여러분!"

예상치 않게도 목소리가 갈라져 나왔다. 긴장한 모양이었다. 위압감을 느꼈기 때문이었다. 그런데 다른 한편으로는 편안한 마음도 있었다. 내가 하고자 하는 말이 단지 내가 지성적으로 확신하는 것일 뿐만 아니라 감성적으로도 확신하는 것이었기 때문이다. 아닌 게 아니라, 이런 기분은 실로 몇 년 만에 처음이었다.

"라티머 교수님이 우리 학문 분야에서 이룩하신 공로는 탁월합니다. 우리는 교수님께 커다란 빚을 지고 있다는 뜻입니다. 교수님은 낭비와 비효율성 그리고 삶의 모든 부분을 통제하는 정부의 간섭과 억압에 맞서서 수없이 많은 싸움을 이끌어오셨습니다. 자유를 지지하고 옹호하는 사람들은 새로운 세상에서 진정한 기쁨을 누릴 수 있습니다. 거시경제를 안정시키고(stabilizing), 부패한 관료들로부터 기업을 자유롭게 하며(liberalizing), 공기업을 민영화하자는(privatizing) 저 유명한 'S-L-P' 발상은 넓은 의미에서 보자면 누구도 부정할 수 없습니다."

청중들의 얼굴에 기대에 찬 미소가 피어올랐다.

"그러나! 그러나 말입니다."

그 미소들이 이내 불안한 표정으로 바뀌었다.

"이런 접근법은 결정적으로 중요한 무언가를 놓칠 수 있습니다. 지속 가능한 발전에 필요한 조건들을 마련해줄지는 모르겠습니다만, 그 발전에 충분한 조건들을 마련해줄 수 없을 수도 있습니다. 하나의 극단에서 또 다른 극단으로 급격히 이행하는 것이 장기적으로 성공할 수 있을지는 미지수라는 말입니다. 즉, 소련을 중심으로 한 동유럽의 경우에서 보았던 경제적 독재라는 하나의 극단에서 정의가 채 확립되지 않은 상태에서 무정부적인 '카우보이식' 자본주의 체제라는 또 다른 극단으로 급격히 이행하는 게 과연 옳을까 하는 말입니다. 시장이라는 것은 목적을 달성하기 위한 수단이지 그 자체가 목적이 되어서는 안 됩니다."

청중들이 술렁거렸다. 수전 미첼이 뭔가를 메모하는 모습이 눈에 들어왔다. 심장이 마구 뛰었다. 셔츠 속에서 땀방울이 등줄기로 주르르 미끄러지는 게 느껴졌다.

"저는 이런 자리에서도 주고받는 것을 더 좋아합니다. 질문이 있는 분은 하셔도 됩니다."

나는 마이크에서 한 걸음 뒤로 물러나 손수건을 찾았다.

두 번째 줄에 앉아 있던 남자가 손을 들었다. 살이 쪄서 턱이 두 겹인 그 남자는 깊고 친절한 목소리로 물었다.

"방금 하신 말씀이 실제 현실에서는 어떤 의미를 가지는지 구체적으로 말씀해주시겠습니까?"

"네, 알겠습니다."

나는 다시 마이크 앞으로 다가가 말했다.

"이런 말을 들으면 여러분은 모두 깜짝 놀라시겠지만, 사실은 100년 전에 미국 경제는 지금보다 훨씬 더 세계경제와 밀접하게 통합되어 있었습니다. 훨씬 더 세계화되어 있었다는 말씀입니다. 상품 거래는 자유로웠고, 노동자의 이민과 이주에 따른 제약도 훨씬 적었으며, 자본은 아무런 구속도 당하지 않은 채 이익을 추구했습니다.[3] 하지만 그 뒤로 어떻게 되었습니까? 20세기 전반 50년 동안에 지구는 두 차례의 세계대전과 한 차례의 심각한 경제공황을 경험했습니다. 정치 투쟁을 통해 이런 혼란스러운 상황을 극복하고 세계경제가 제자리를 찾기까지는 50년이라는 세월이 걸렸습니다."

청중 가운데서 오륙십 대로 보이는 몇몇 사람들이 고개를 끄덕였다. 하지만 사십 대 이하로 보이는 사람들은 대부분 이상한 소리를 한다는 눈으로 나를 바라보았다.

"고립주의가 다시 등장할 수 있습니다. 어쩌면 이미 등장했을지도 모릅니다. 창문 밖을 바라보십시오. 창문 밖의 저 풍경이 바로 그 증거입니다!"

창문에는 두꺼운 커튼이 드리워져 있었다. 시위 현장의 소리가 희미하게 들렸다. 구호 소리, 확성기 연설 소리 그리고 경찰 사이렌 소리……

"만일 이 회사 그리고 더 나아가 세계의 자본주의가 경제적인 차원의 해결책이 아니라 경제적 차원에서 해결해야 할 문제의 한 부분임을 다음 세대가 인식한다면 우리를 질타할 것입니다. 우리에게 배상을 요구할 것입니다. 너무 늦기 전에 지구적 자본주의를 문명사회라는 틀 안에서 유지할 수 있는 기본 원리에 집중하자는 겁니다."

나는 스미스가 했던 좀 더 높은 차원의 신중한 분별력이라는 말을 떠올리며 다음과 같이 덧붙였다.

"우리가 다음 세대에 제시해야 하는 해법, 즉 해결책은 다음 세대의 머리, 즉 이성뿐만 아니라 감성도 만족시키는 것이어야 합니다."

월드켐의 밀턴 존스 부회장이 곧바로 반격했다.

"그런데 그런 주장이 당신이 개발한 모델과 무슨 관련이 있습니까?"

나는 그를 똑바로 바라보며 말했다.

"그 점에 대해 말씀드리죠. 자본주의라는 체제가 들어서기 전, 영국은 이미 정의를 위해 수도 없이 많은 싸움을 치렀습니다. 그 결과로, 마그나 카르타(1215년에 영국의 귀족들이 존 국왕에게 강요하여 서명하게 한, 영국 국민의 법적 및 정치적 권리 확인서. 흔히 영국 현대법의 기초로 알려졌다-옮긴이)와 권리장전⁴이 나왔습니다. 그런데 여러분이 오늘날 기업 활동을 할 곳에, 다시 말씀드려서 아무런 규제나 제약도 없는 개발도상국 시장에서, 정의를 보호하고 도덕을 촉진할 제도가 마련되어 있습니까? 이 차이를 생각해야 합니다. 미국에는 공정한 법 체계가 갖추어져 있습니다. 카네기 가문, 록펠러 가문 그리고 듀크 가문처럼 미국의 성공한 기업가 가문은 학교를 짓고, 도서관을 짓고, 미래 세대에 물려줄 재단을 만들었습니다. 이런 것들 말고도 미국에는 수천 개의 시민단체들, 비영리기구가 있습니다. 보이스카우트, 걸스카우트, 교회, 자선단체……. 이 모든 조직이나 단체들은 현재의 우리보다 훨씬

지를 가지는 회사였다. 그리하여 비금전적인 효과가 발휘되는 회사였다. 사람들은 다들 깊은 관심을 가지고 나를 바라보았다. 심지어 고개를 끄덕이며 적극적으로 동의하는 사람도 있었다.

"월드켐의 해외 기업 활동과 연관되어 있는 분들에게 이런 사실은 전혀 새로운 정보가 아닙니다. 비록 적지 않은 회사가 그렇지 않긴 하지만, 대다수 대형 다국적 기업은 해외 사업장에서 현지 회사보다 높은 수준의 급여를 제공하며, 또 시장의 여러 조건에 비추어볼 때 확실하게 높은 수준의 급여를 제공하고 있습니다. 이처럼 다국적 기업은 전 세계 수백만 명의 삶을 개선할 수 있는 잠재력을 발휘할 수 있다는 말입니다."

사람들이 또다시 웅성거렸다. 나는 목소리를 좀 더 높였다.

"기업은 이윤을 창출하고자 벌이는 활동 과정에서 노동 및 환경 관련 규제를 받습니다. 기업은 이런 규제를 성가시고 불필요하다고 느낍니다. 그런데 이런 규제들 가운데 많은 것들이 오로지 관료에게만 이익을 가져다주기 위해, 혹은 소수에게 부당한 이득을 안겨주기 위해 존재한다는 사실을 우리는 잘 압니다. 이런 규제는 철폐되어야 마땅합니다."

청중들 사이에서 박수가 터져 나왔다.

"그러나 모든 규제가 다 없어져야 한다는 말은 아닙니다. 예를 들어서 살펴봅시다. 미국의 기업들이 지금까지도 노예 노동에 의존하고 있다면, 과연 미국은 지금처럼 역동적 경제 단위가 될 수 있었을까요? 노예 노동이라는 것은 견딜 수 없이 무거운 짐이 아니었습니까? 또,

열 살밖에 되지 않은 어린이들이 학교에서 공부하는 대신 공장이나 광산에서 일한다면 어떨까요? 여자들이 지금도 여전히 특정한 직종 외에는 직업을 가질 수 없다면요? 이런 것들을 금지한 법률이 인적 자원을 개선했고, 또 우리 사회에서 영위하는 삶의 질을 전반적으로 높여놓지 않았습니까? 모든 세대는 정의를 달성하기 위해, 즉 경쟁의 규칙과 페어플레이의 전통을 세우기 위해 자기 세대가 안고 있는 부조리들과 맞서는 자기 세대만의 전투를 벌여야만 합니다."[8]

나는 기세를 낮추지 않고 계속했다.

"어떤 경쟁 규칙은 장기적으로 사회에 이득을 안겨주면서 자본주의라는 경제체제가 지속 가능하며 미래 세대에게 꼭 필요한 것으로 자리 잡을 수 있게 해줍니다."

나는 몬터레이 수족관에 있던 해달을 머릿속에 떠올렸다. 그런 다음, 해달 수렵을 금지하는 국제협약이 체결됨에 따라 멸종 위기에서 가까스로 벗어났는데, 해달이라는 종의 생존은 바다의 어족 자원 복원에 필수적이라고 말했다.

"변화가 일어나게 하려면 도덕적 상상력이 필요합니다. 그리고 변화는 사업적 이해관계로 인해 거센 반발을 낳기도 합니다. 하지만 자본주의와 자유의 횃불이 다음 세대로 무사히 전달되게 하려면, 이 건물 바깥에 있는 바로 저 시위자들에게 전달되게 하려면, 그리고 전 세계 다른 사람들에게 전달되게 하려면 변화는 필요합니다. 각각의 세대마다 주어진 과제가 있습니다. 우리는 생각해야 하고, 행동해야 하고, 새로워져야 합니다."[9]

소액주주를 대표한다고 했던 사람이 다시 손을 번쩍 들고 내 말을 끊었다.

"어쨌든 우리가 알고 싶은 것은 러시아의 알루미늄 산업이 2년 뒤에 어느 정도의 자산 가치를 가질까 하는 점입니다."

"알겠습니다. 그 말씀을 드리죠."

나는 한숨을 한 차례 쉰 다음, 컴퓨터 화면을 스크린에 띄우며 대답했다.

"신사 숙녀 여러분, 이게 바로 제가 고안한 공식입니다."

회의장 실무자가 회의의 조명을 어둡게 만들었다. 나는 10쪽 내외의 프레젠테이션 화면을 통해 논문의 요지를 설명했다.

"수학은 쉽게 이해하지 못하실지 모르지만, 제가 말씀드리는 결론은 분명합니다."

프레젠테이션의 마지막 화면은 모델을 수식으로 단순화한 방정식이었다. 방정식은 커다란 글씨로 박혀 있었다. 한동안 사람들은 그 화면을 뚫어지게 바라보며 이해하려고 노력했다.

"흥미롭네요. 토빈의 q-이론이군요. 약간 비틀긴 했지만."[10]

앞줄에 앉은 여자가 말했다.

"정말 기발하네요?"

다른 사람이 말했다.

"대단합니다!"

또 다른 사람이 소리쳤다.

이어서 우레와 같은 박수가 터져 나왔다. 나는 머리를 숙여 인사했다.

"감사합니다! 이 공식은 흥미로운 지적 훈련의 결과입니다. 어쩌면 매우 교묘하고 똑똑하다고 할 수도 있을 겁니다. 그러나 이 공식에서는 지혜를 거의 찾아볼 수 없습니다. 그러니 이런 계산에 따라 장기적인 어떤 계획을 세운다는 것은 무모한 짓이 아닐까요?"

사람들이 웅성거리기 시작했다.

"이 방정식에서 변수 알파는 여러분이 얻고자 하는 보크사이트 광산의 생산성을 뜻합니다. 하지만 그 광산의 노동자들이 여러분을 위해 일하는 동안 어떤 느낌이 들지, 즉 어떤 정서로 일할지 여러분이 알지 못한다면, 그 생산성을 계산할 수 있겠습니까? 여러분은 20년 뒤에 러시아가 어떤 모습으로 여러분 앞에 서 있기를 바라십니까? 여러분은 공장뿐만 아니라 사람에게도 기꺼이 투자할 생각이 있습니까? 단지 사람을 훈련하는 데뿐만 아니라 사람들을 교육하는 데 말입니다."

"그 공식은 우리가 부담하게 될 위험을 상당한 수준으로 줄여줄 것입니다."

월드켐의 재정 담당 책임자가 하는 말이었다.

"그 공식을 알지 못하는 다른 회사들은 어쩔 수 없이 입찰가격을 낮게 쓸 수밖에 없을 겁니다. 즉, 우리가 손쉽게 그 사업권을 따낼 수 있다는 말입니다. 5년 뒤 우리는 투자한 비용에다 두둑한 이윤을 챙겨서 빠져나오면 됩니다."

이 말에 다른 사람들이 고개를 끄덕였다.

나는 존스 부회장을 바라보면서 물었다.

"부회장님 계획도 그렇습니까?"

부회장은 장어처럼 매끄러운 능변으로 대답했다.

"월드켐은 주주의 자산을 철저히 관리하는 집사 기능을 발휘해야 합니다. 우리의 장기적 전략 계획은 매우 복잡합니다. 지금 시점에서는 5년 뒤 그 자산을 처분해야겠다는 계획은 가지고 있지 않다는 점을 분명하게 말할 수 있겠네요."

그러자 예의 그 소액주주 대표라는 사람이 고함을 질렀다.

"무슨 소리! 러시아 제련소들의 문을 닫게 해야지! 러시아 알루미늄은 시장에 넘쳐나지만, 만일 우리가 보크사이트 광산을 소유한 뒤 그 제련소 문을 닫아버린다면, 세계 알루미늄 생산량의 60퍼센트를 우리가 통제하게 되는데! 그 공식을 이용하면 우리 주식은 적어도 세 배는 더 뛸 텐데, 당연히 그렇게 해야죠!"

문득, 애덤 스미스가 상인과 제조업자들의 '비열한 강탈 행위'[11]에 대해 여러 번 비난했던 일이 떠올랐다. 심지어 전체 경제 체계에서 그들의 역할이 필요불가결하다고 얘기할 때조차 그런 말을 했었다. 스미스는 같은 업종에 종사하는 사람들이 거의 만나지 않지만, "그들이 나누는 대화는 늘 대중을 기만하기 위한 음모나 가격 담합 계략으로 끝이 난다"[12]고 경고했었다. 그랬기에 그 소액주주 대표의 '비열한' 주장은 전혀 생소하지 않게 들렸다. 시장을 온전히 통제할 수 없는 상황에서, 그리고 치열한 경쟁 때문에 가격은 하락하면서 제품의 질은 꾸준히 개선되는 상황에서는 거대한 이윤을 남기기 힘들다는 것이다. 이런 균형은 스미스가 생각했던 시장 체계가 가지는 천재성의 한 부분이기도 했다.

'비열한' 주장을 펼치는 소액주주 대표에게 분노를 느낄 수도 있었다. 그러나 그 분노는 어쩐지 나에게는 적절하지 않은 것 같았다. 나역시 도덕적으로 높은 기준을 충족하는 처지나 조건이 아니었기 때문이다. 투자 자본 대비 최고 수익을 추구하고, 자기가 가진 자원을 사회에 가장 큰 이득을 창출하는 곳으로 돌리는 것은 기업가의 본분이다. 이것이 스미스가 생각했던 시장 체계에서 기업 및 자본이 수행하는 역할이며, 이들에게 다른 방식으로 행동하라고 요구하는 것은 언어도단이다. 게다가 수많은 변수와 온갖 어려움을 이긴 끝에 상품을 시장에 내어놓는 기업가들은 충분한 관심과 존경을 받을 만하다. 심지어 기업가들이 담합과 독점을 통해 시장 체계 자체를 파괴하지 못하도록 감시하는 동안에도 그 사람들에게 그런 관심과 존경을 보여야 한다.

"주가가 세 배나 뛴단 말입니다!"

그 남자는 다른 사람들의 동의를 구하면서 다시 한 번 고함을 질렀다.

이때 내가 개입했다. 결정적일 수도 있는 말을 드디어 꺼내기 위해서였다.

"사소한 문제가 하나 있습니다. 지식은 힘이고 권력입니다. 균형을 잃은 일방적인 지식은 소비자와 노동자에게 똑같이 엄청난 불의를 일으킬 수 있고, 또 사회 전체적으로 엄청난 비효율을 초래할 수 있다는 점입니다."

나는 연단에 오른 뒤 처음으로 얼굴에 미소를 지으며 말했다.

"저는 그런 일이 일어나도록 내버려 두지 않을 겁니다. 바로 이런 이유로 해서 저는 제가 이 자리에서 발표한 논문과 모델과 공식을 오늘 아침 여덟 시에 인터넷에 공개했습니다."

사람들은 모두 할 말을 잊어버렸고, 침묵만이 회의장을 감쌌다.

나는 절뚝거리며 지팡이를 짚고 연단에서 내려와 회의장을 빠져나
왔다.

Chapter 26

에필로그

푸른색 맞춤 정장을 차려입은 해럴드 팀스가 현관으로 들어섰다. 몇 년은 더 젊어진 듯 건강한 얼굴이었다. 눈도 충혈되지 않았고, 허리도 구부정하지 않았다. 말도 더듬지 않았다. 우리는 반갑게 서로를 안았다.

"멋지시네요, 해럴드 아저씨!"

해럴드는 얼굴 가득 미소를 띠면서 대답했다.

"밤에 잠을 푹 자니까······. 내가 생각해도 놀랍네요. 벌써 석 달 동안이나 깊이 자고 있으니까요. 게다가 누나의 요리 솜씨 덕분에 끼니마다 식사도 잘하니까 말이오."

"환각 같은 거, 이제는 없습니까?"

"전혀. 아주 좋아요! 근데, 받을 뻔하던 상을 못 받아서······, 아쉽겠네요."

"괜찮습니다! 제가 그런 일을 벌였으니 새뮤얼슨상 심사위원회도 저를 수상자로 결정하긴 어려웠을 겁니다. 게다가 그 상을 놓쳤다고 해서 밤잠을 설치는 것도 아니니까요. 그런데 이상하게 '한 차례씩 장례를 치를 때마다 학문은 발전한다'[1]라는 속삭임이 들렸던 것 같기는 합니다."

해럴드는 빙긋 웃으면서 내 옷의 칼라 깃을 바로잡아주고 넥타이를 만져주었다.

우리는 잠시 그렇게 현관에 서 있었다. 그리고 문을 열고 응접실로 들어갔다. 목사님이 기다리고 있다가 우리가 어디에 서야 할지 일러주었다. 친구들과 가족들이 모두 모인 자리였다. 라티머의 비서인 에다 맥코리는 서핑을 즐기던 CEO 피터 첸과 줄리아의 이웃사촌인 사라 톰슨을 상대로 원 없이 수다를 떨고 있었다. 응접실 중앙에 커다란 탁자가 놓여 있었다. 탁자 위에는 마분지 상자가 열린 채 놓여 있었는데, 그 안에 생후 8주 된 쉘티 강아지가 한 마리 들어 있었다. 하객들이 마련해준 선물이었다. 털이 복슬복슬한 이 강아지는 나비넥타이를 묶고 있었다.

나는 말할 것도 없고 하객들도 모두 기대에 찬 눈으로 계단을 올려다보았다. 작은 팡파르가 울렸다. 하얀색 드레스를 입은 나의 신부 나의 천사 줄리아가 그곳에 서 있었다.

우리가 약혼 서약을 하는 동안 내 머릿속에서 어떤 사람이 말을 하고 있었다. 내 명예를 걸고 말하건대, 이건 틀림없는 사실이다. 어떤 사람들은 뻥이다 뭐다 하겠지만. 내 머릿속에서 어떤 목소리가 끊임없이 뭔가 말하고 있었다. 그런데 그 목소리가 나는 전혀 거슬리지 않았다. 그 목소리의 주인은 바로 스미스였다. 거의 모든 것에 대해 현명한 얘기를 할 수 있는 스미스, 애덤 스미스, 우리의 애덤 스미스 교수님이었다.

부록

1. 애덤 스미스 연보

1723년   스코틀랜드 에든버러 건너편에 위치한 작은 항구도시 커콜디에서 태어났다. 정확한 출생일은 알려지지 않았다. 세례를 받은 날은 그해 6월 5일이다.

1726(?)년   동시대를 살았던 듀갈 스튜어트가 쓴 전기에 따르면, 애덤 스미스는 잠깐 동안 집시 일행에게 유괴당한 적이 있다.

1737~1740년   글래스고 대학교에서 프랜시스 허친슨의 제자로 공부했다. 우수한 성적으로 졸업하며 석사학위를 취득했다.

1740~1746년   성공회 사제가 되려고 옥스퍼드 대학교에서 공부했다. 이 시기는 그의 생애에서 가장 우울한 시간이었다. 일시적이긴 하지만, 신경쇠약 증상에 시달렸다. 흄의 『인성론(Treatise of Human Nature)』을 읽었다는 이유로 징계당하고 책을 압수당했다. 이 기간에 제임스 3세를 잉

글랜드 왕좌에 앉히고 교황의 권위를 회복하려는 자코바이트 반란이 일어났고, 영국은 내전에 휩싸였다. 스코틀랜드인은 잉글랜드에서 심한 차별과 모욕을 당하며 지냈다. 이때 스미스 역시 이런 편견에 희생되는 경험을 했을 것으로 추정된다. 마침내 그는 사제가 되겠다는 꿈을 포기했다.

1746~1748년 대학교를 마치고 사회에 나왔지만, 취업하지 못하고 커콜디에서 어머니와 함께 살면서 혼자서 공부를 계속했다.

1748~1751년 에든버러에서 인기 높은 프리랜서 강사 생활을 했다. 이곳에서 당대 최고의 철학자이던 데이비드 흄과 깊은 교우 관계를 맺기 시작했다. 이 관계는 평생 이어진다.

1751~1764년 글래스고 대학교의 교수로 임명되었다. 처음에는 논리수사학부에 소속되어 있었으나 나중에는 도덕철학부에 소속된다. 도덕철학은 자연철학, 윤리학, 법률학, 정치경제학을 망라하는 분야였다. 스미스는 이 기간이 인생에서 '가장 유익하고' 또 '가장 행복하던' 시기라고 나중에 술회했다. 1759년 『도덕감정론』을 출간했다. 대학교에서도 그의 지위는 높아져서 1761년부터 1763년까지 부총장 직위를 맡아서 대학교 행정 일을 담당했다.

1764~1766년 찰스 타운센드(Charles Townshend) 경의 양자인 버클루 공작의 개인 교사 자격으로 외국 여행을 떠났다. 이

시기는 재정적으로나 지적으로 그에게 매우 생산적인 시간이었다. 두 사람은 툴루즈, 제네바, 파리 등지에서 살았는데, 이때 스미스는 볼테르, 튀르고, 케네 등과 같은 유럽의 계몽주의 및 중농주의 선각자들을 만나 교류했다.

1765년 가을   스미스는 버클루를 따라 툴루즈에서 제네바로 갔다. 그곳에서 볼테르와 페르니를 만났다.

1766년 1월   흄과 루소가 파리를 떠나 런던으로 갔다. 스미스도 곧 그곳으로 갔다. 오페라 시즌에 그는 『톰 존스(Tom Jones)』를 보았고, 파리 최고의 살롱들을 드나들었다.

1766년 10월   버클루 공작의 형이 열병으로 사망하자 스미스는 곧바로 영국으로 돌아갔다.

1766~1767년   줄곧 런던에 머물렀으며, 타운센드 경의 국가 부채 연구에 참여했다. 영국의 국가 부채는 '7년 전쟁' 동안에 급격히 늘어났다. 당시 타운센드는 영국의 재무장관이었다.

1767~1773년   타운센드에게서 받은 연금 300파운드로 생활하던 스미스는 고향인 커콜디로 돌아왔다. 그곳에서 그는 사람들을 많이 만나지 않고 어머니와 함께 조용히 살면서 『국부론』을 집필했다.

1773~1777년   런던으로 가서 출판사 인근에 체류했다. 스미스는 『국부론』이 북아메리카의 여러 식민지와 영국이 피비린내 나는 전쟁을 치르지 않도록 영향력을 행사하게 되

기를 희망했다(『국부론』 집필은 계속 미루어지다가 1776년 9월에 마침내 출간되었다). 그의 바람대로 『국부론』이 의원들에게 영향을 미치긴 했지만, 자유무역의 장점으로 그들을 온전히 설득하는 데는 실패했다.

1776년 여름   스미스는 흄이 위독하다는 소식을 듣고 짧은 기간 동안 스코틀랜드로 돌아왔다.

1777~1778년   고향 커콜디로 돌아와서 일시적인 은거에 들어가 예술을 주제로 하는 책의 원고를 쓰면서 즐겁게 지냈다.

1778~1790년   어머니와 함께 에든버러로 이사했다. 거기에서 스코틀랜드 세관장 임명을 받았는데, 이 일을 온 열정을 다해 수행했다. 자기가 집필한 두 권의 책 개정판을 내는 작업을 죽기 전까지 계속했다. 1790년 5월에 대폭 개정한 『도덕감정론』을 내놓았다. 같은 해 7월 17일에 사망했다.

2. 저자 주

일러두기

* 이 책에서는 대화의 흐름을 유지하기 위해 원문 일부를 변경하거나 요약했다.
* 애덤 스미스 저작 「도덕감정론(The Theory of Moral Sentiments, London: H. G. Bohn, 1853)」과 「국부론(An Inquiry into the Nature and Causes of the Wealth of Nations, London: Strahan and Cadell, 1786)」은 각각 TMS와 WN으로 표기하기도 했다. 그리고 그 밖의 다른 도서들 약어는 참고 문헌 항목에 표시되어 있다.

서문

1. Smith's *Lectures on Rhetoric and Belles Letters*, J. C. Bryce, ed. (Oxford: Oxford University Press): p. 119. Reprinted with permission of Oxford University Press.

Part 1

1. William Letwin, *The Origins of Scientific Economics*(Methuen and Co., 1964, p. 159). Reprinted with permission.

Chapter 1

1. 애덤 스미스의 '거친' 목소리와 '커다란' 치아는 아이언 심프슨 로스 (Ian Simpson Ross)의 전기에 나와 있다(Ross, 1995, *The Life of Adam Smith*, p. 210). 스미스는 종종 정신을 놓고 멍하니 있는 것으로 유명했 다고 한다. 한번은 노동의 분화를 주제로 이야기하다가 길에 팬 웅덩이 에 빠지기도 했다(Ross, 1995, p. 226). 그는 손안에 작은 물건을 쥐고 만 지작거리기를 좋아했다고 한다. 때로는 말을 더듬기도 했다. 어릴 때 그 는 몸이 약했지만, 기억력은 비상했다. 그가 제일 먼저 사랑한 대상은 책이었고, 두 번째가 딸기였다. 동시대인이 쓴 그의 유쾌한 전기로는 듀 갈 스튜어트(Dugald Stewart)의 『Account of the Life and Writings of Adam Smith, LL. D.』(1793)가 있다. 이 책에는 스미스 사후에 발표된 「철학적 주제들에 관한 에세이들(Essays on Philosophical Subjects(EPS)」 도 수록되어 있다.

2. 애덤 스미스는 일반적으로 '현대 경제학의 아버지'로 불린다. 그의 『국 부론』은 '최초의 주요하고 현대적인 이론적 정설'이기 때문이다. 그러 나 이런 주장은 과장된 것으로 볼 수 있다. 왜냐하면, 스미스는 아리스 토텔레스까지 거슬러 올라가는 여러 현인의 저작에 크게 의존했기 때 문이다. 그러므로 어떤 한 사람이 혼자서 그 주제를 완성했다고 인정하

기는 어렵다. 또한, 스미스 자신도 그렇게 주장한 적이 없었다.

Chapter 2

1. 국제통화기금은 워싱턴 D.C.에 본부를 두고 있으며, 세계무역 증진을 위해 각국이 통화를 안정적으로 유지할 수 있도록 돕는다는 목적으로 1946년에 설립되었다. 1970년대에 고정환율제가 폐지된 이후 이 기관은 국제수지에 어려움을 겪는 국가에 자금을 빌려주는 역할을 담당했다. 이 기관은 자금을 빌려준 국가를 상대로 이 책에 언급된 'S-L-P'와 같은 정책 개혁을 단행하도록 요구한다. 세계은행이나 세계무역기구에 대해서는 Chapter 25의 주를 참조하라.

2. "There ain't no such thing as a free lunch." 줄여서 'TANSTAAFL'이라고도 하는데, 모든 선택에 기회비용을 부과하는 희소성의 특성을 강조하는 표현이다. 온라인 사전인 『특수용어사전(The Jargon Dictionary)』은 로버트 하인라인(Robert A. Heinlein)가 공상과학소설의 고전인 『달은 무자비한 밤의 여왕(The Moon is a Harsh Mistress)』(1966)에서 처음 쓴 표현이라고 밝힌다.

3. 미국인 최초로 노벨경제학상을 받은 폴 새뮤얼슨(Paul Samuelson)의 이름을 따서 새뮤얼슨상을 제정한 단체는 여럿 있다. 그러나 이 책에서 언급하는 '새뮤얼슨상'은 허구적인 설정임을 밝혀둔다.

4. 라티머 교수와 그의 논문 지도 제자인 리치 사이의 관계는 '도덕적 해이'라는 고전적인 개념의 현실적 사례다. 이 관계에서 한쪽은 다른 쪽에게 비용을 전가할 동기를 가지고 있을 뿐만 아니라 아무 어려움 없이 그렇게 할 수 있는 능력도 함께 갖추고 있다. 금융시장에서도 이런

도덕적 해이는 쉽게 나타난다. 예컨대, 은행원들은 만일 은행이 파산할 경우 정부가 공적자금을 투입해서 예금자를 보호해줄 것을 알고 있기에 위험성이 높은 (하지만 수익성도 높은) 투자를 망설이지 않고 감행한다.

5. 식민지 버지니아의 총독이던 던모어(Lord Dunmore)는 1776년에 영국 함대를 이끌고 포토맥 강을 거슬러 올라갔다. 이 영국군은 현재의 콴티코 바로 아래 지점에 있던 와이드 워터에 상륙해서 유명하던 플랜테이션이던 리치랜드를 불태웠다. 책에 언급된 건물은 나중에 새로 지은 것이다.

6. 드람뷔는 스카치 위스키의 상표명이다. 이 음료의 제조 비법이 1745년에 일어났던 자코바이트 반란(Chapter 3의 주 6을 참조할 것) 때 보니 프린스 찰스(찰스 에드워드 스튜어트)에 의해 전해진 것으로 추정된다. 드람뷔는 1909년에 상업적으로 제조·판매되었으므로 스미스는 드람뷔를 마셔볼 기회가 없었다.

Chapter 3

1. 영적 대화에 대한 탁월한 설명은 다음을 참조하라. Arthur Hastings, *With the Tongues of Men and Angels*: *A Study of Channeling*(Fort Worth, TX: Holt, Rinehart and Winston, 1991).

2. 애덤 스미스는 평생 법학박사 학위를 자랑하지 않았던 겸손한 사람이었다(Stewart, *EPS*, p. 3501n). 자기를 그냥 '스미스'라고 부르라는 말은 그가 출판업자에게도 직접 했던 말이다(*CORR*, No. 100, p. 122).

3. 애덤 스미스가 자신의 주장과 견해를 세상 사람들이 잘못 이해하고 있음을 바로잡고 싶어할 것이라는 설정은 비약이 아니다. 애덤 스미스를 주제

로 한 연구는 20세기 마지막 수십 년 동안에 엄청나게 많이 쏟아졌다. 이런 연구 저작물 덕분에 경제학 교과서에 인용되곤 했던 일차원적인 견해에서 벗어나 입체적이고 다채로운 그의 참모습이 많이 드러났다. 이런 맥락 속에서 패트리샤 베르하인(Patricia Werhane)은 20세기 초반에 나왔던 스미스에 대한 여러 견해를 "우스꽝스럽기 짝이 없다"고 했다. 비벤 브라운(Vivenne Brown)도 스미스의 저작들은 '통상적으로 인식되는 이미지와는 다르게 미묘하고도 복잡하다'고 지적했다.

4. 마르코 복음 제7장 6~7절. 스미스는 초창기에 종교적 소명의식을 가지고 있었던 만큼 이 구절을 잘 알고 있었을 것이다.

5. 스미스의 영어 억양과 에든버러에서 했던 수사학 강의에 대한 자세한 설명은 다음을 참조할 것. J. C. Bryce's introduction to Smith's, *Lectures on Rhetoric and Belles Lettres*(*LRBL*), pp. 7~8

6. 1745년에 일어났던 자코바이트 반란 때 스코틀랜드의 군주이던 제임스 3세를 잉글랜드 왕으로 추대해서 교황의 권위를 복원하려는 시도가 있었다. 로스는 스코틀랜드인은 잉글랜드에서 배척당했다고 지적한다(Ross, 1995, pp. 81 and 219).

7. 스미스는 『국부론』에서 노동의 지나친 분업은 사람을 바보로 만들 수 있다는 논지를 전개했다. *WN*, V. i. f. 50 [781~785]

8. 에드거 케이시(Edgar Cayce) 영적 대화 치료는 계몽과 연구조사협회(Association for Research and Enlightenment, ARE)가 자세히 분류해두었다(www.are-cayce.com).

9. 컬럼비아 대학교의 의학적 심리학 교수인 헬렌 슈크먼(Helen Schucman)은 끊임없이 들려오는 자기 내면 목소리의 발언 내용을 기술하려고 노

력했다. 나중에 그는 이 목소리의 주인공이 '예수'라고 확신했다. 그녀의 동료이던 윌리엄 세트포드(William Thetford)는 이 영적 대화의 내용을 그녀가 책으로 출판하도록 도움을 아끼지 않았다. 그 책『기적 수업(A Course in Miracles)』은 1976년에 익명으로 간행되었다.

Chapter 4

1. 애덤 스미스가 『국부론』보다 『도덕감정론』을 더 중요하게 여겼다는 사실은 동시대를 살았던 사람의 설명에서도 드러난다(Ross, 1995, p. 408). 『도덕감정론』이 스미스가 수행했던 연구의 철학적 토대를 마련했고, 『국부론』과 『법학강의』가 그 토대 위에서 세부적인 사항들을 다루었다는 사실도 그런 주장을 뒷받침한다. 스미스가 『도덕감정론』을 꼼꼼하게 수정하고, 또 다루는 내용의 범위를 한층 확대해서 다섯 차례나 재출간했다는 사실도 그가 『도덕감정론』을 얼마나 중요하게 여겼는지 입증한다. 그러나 현대의 많은 학자들은 이런 주장에 동의하지 않을 수도 있다.

2. *WN*, I. v. 1 [47]

3. 경제학과의 대학원 과정에서 애덤 스미스의 저작들을 읽도록 하는 프로그램이 빠져 있다는 사실은 다른 분야 전문가들에게는 충격적일 수도 있다. 한 연구조사에 따르면, 경제학과 대학원생들 가운데 거의 절반은 '경제학사는 중요하지 않다'고 답변했다. 3분의 2 이상은 '경제에 대한 정확한 지식은 중요하지 않다'고 답변했다(Klamer and Colander, *The Making of an Economist*[Boulder, CO: Westview Press, 1990]). 이런 세태의 원인은 선험적인 내용이나 검증되지 않은, 고도로 추상적인 수

학 모델들을 만들어내는 일에만 관심을 가진다는 데 있다. 스미스는 연역법과 귀납법을 동시에 구사했다. 또한 철학, 역사, 제도, 법학, 사회과학을 두루 꿰뚫고 그 방대한 지식을 자기 연구의 토대로 삼았다.

4. 캠벨(R. H. Campbell)과 스키너(A. S. Skinner)의 다음 책 서문에서 발췌한 것이다. *An Inquiry into the Nature and Causes of the Wealth of Nations*(Oxford: Oxford University Press, 1996) pp. 4~5

5. *TMS*, VII. i. 1 [265]

6. *TMS*, III. 3. 30 [149]

7. *TMS*, I. iii. 1. 7 [45]

8. *TMS*, I. iii. 2. 1 [50]

9. 스미스 일생에 대한 세부적인 사항은 대부분 로스의 전기를 참고했다. 예를 들어, 리코보니 부인에 대한 이야기는 이 책의 87쪽에 나온다.

10. 스미스는 장 자크 루소(Jean Jacques Rousseau)가 '건달'처럼 행동한다고 생각했다. 스미스의 그런 생각은 그가 데이비드 흄에게 보낸 편지에 잘 드러나 있다(*Correspondence of Adam Smith*[CORR], No. 93, p. 112). 이 편지에서는 흄 역시 루소만큼이나 건달 같다고 농담하는 내용도 들어 있다.

11. Stewart, *EPS*, pp. 269~270

12. 애덤 스미스의 정확한 출생일은 알려지지 않았다. 다만, 세례를 받은 날은 1723년 6월 5일이다. 당시의 높은 유아사망률을 고려할 때 출생일이 세례를 받은 날과 매우 가까울 것으로 추정할 수 있다. 조지 스티글러와 클래어 프리드랜드는 스미스의 생일을 6월 5일이라고 적고 있다(George Stigler and Claire Friedland, *Chronicles of Economics*

Birthday Book [Chicago: University of Chicago Press, 1989]).

13. 존 메이너드 케인스(John Maynard Keynes)가 거시경제학 차원에서 시장이 원천적으로 가진 불안정성을 상쇄하기 위해서는 정부 정책의 역할이 중요하다고 주장했다. 바로 이런 점 때문에 그는 애덤 스미스와는 대척점에 선다. 케인스의 이론은 1970년대 이후로 상당한 수준으로 약화하는 길을 걸어왔다. 전 세계의 거의 모든 국가는 경기 침체기에는 정부가 경제 규모를 확대하는 정책을 펼쳐야 한다는 케인스의 현실적인 견해를 따르고 있다.

14. John Maynard Keynes's *The General Theory of Employment, Interest, and Money* (New York: Harcourt, Brace, and World, 1964), p. 383

Chapter 5

1. 스미스는 적절한 양의 술은 마셔도 된다고 했다(*WN*, V. ii. K. 3 [870]). 그리고 술을 남용하는 것은 술이 풍부하기 때문이 아니라 오히려 희소하기 때문이라고 주장했다. "사람들은 지나친 음주에 대해 거의 죄의식을 느끼지 않는다(*WN*, IV. iii. c. 8 [492])." 스미스는 이따금 폭음에 가까울 정도로 많은 양의 와인을 마시기도 했다고 한다(Ross, 1995, p. 251).

2. 애덤 스미스가 세관장으로 살던 시기는 여러 전기에 상세하게 기술되어 있다. 어떤 편지에서 스미스는 자기가 입은 옷이 밀수품이라는 사실을 알고 그 옷을 태워버렸다고 말하기도 한다(*CORR*, No. 203, pp. 245~246). 세관장으로 재직하면서 스미스는 연간 500파운드를 벌었다.

여기에서 추가로 버클루 공작에게서 300파운드의 연금을 받았다(Ross, 1995, p. 306).

3. 스미스가 자기 수입의 상당 부분을 자선단체에 기부했다는 내용은 스튜어트의 글에 나온다. 그의 설명에 따르면, 스미스는 검소하게 생활했다. 그는 자기가 쓸 수 있는 돈은 친구들에게 소박한 음식을 대접하거나 '작지만 훌륭한' 서재를 유지하는 데 썼다(Stewart, *EPS*, V. 4, pp. 325~326).

4. 자유방임주의 추종자들은 경제 정책을 제시하면서 애덤 스미스의 이름을 마치 주문처럼 외워댔다. 하지만 스미스의 견해는 오늘날의 독자들이 생각하는 자유방임주의보다 훨씬 복잡하다. 이 용어는 프랑수아 케네(Francois Quesnay)가 이끌었던 프랑스의 중농주의 학파와 깊은 연관이 있다. 한번은 『국부론』을 케네에게 헌정하려고 했을 정도이니까 스미스가 케네와 그가 이끈 '동아리'를 매우 존경했다는 사실은 논란의 여지가 없다(Stewart, *EPS*, III. 12, p. 304). 그러나 스미스의 이론 체계에 깊은 존경심을 가지고 있었음에도(*WN*, IV. ix. 38 [678]), 그는 케네의 지나치게 순수한 견해에는 거리를 두었다(*WN*, IV. ix. 28 [673~674]). 스미스는 자신의 실용주의적인 목표를 달성하기 위해 케네의 이상주의를 기꺼이 누르려고 했다. "애덤 스미스는 자유방임을 무조건 지지하지는 않았다. 그는 폭넓고 유연한 정부 활동의 유용함을 파악하고 인정했으며, 정부가 역량, 정직성 그리고 공공심의 기준을 개선함으로써 좀 더 넓은 범위에 걸친 책임을 다할 수 있음을 보여주기만 한다면 정부의 역할을 확대할 수도 있음을 밝혔다(Jacob Viner, 1928, pp. 153~154)." 아울러 Chapter 12의 주 4와 Chapter 16의 주 8~10을 참조하라.

5. *TMS*, IV. 2. 1 [187]

6. 애덤 스미스가 살던 시대에는 '자본주의'라는 용어가 존재하지 않았으므로 그는 이 단어를 사용하지 않았을 것이다. 대신, 그는 '상업 사회(commercial society)'라는 표현을 사용했다(*WN*, I. iv. 1 [37]). 스미스의 상업 개념의 중심에는 경쟁 시장 구조와 일치하는 소규모 장인들이 있다. 그는 대규모의 공동자본 회사들은 "이로움보다 해를 더 많이 끼친다"면서 이런 회사들을 호의적인 시선으로 바라보지 않았다(*WN*, V. i. e. 40 [758]).

7. *WN*, IV. iii. c. 9 [493]

8. 몽테스키외가 한 말이다. 몽테스키외가 한 말을 스미스의 입을 통해 하도록 한 것은 소설이라는 예술적 장치에 따른 자유로 볼 수 있다. 사실 스미스는 몽테스키외의 개념을 자기 강의에 그대로 가져다가 쓰기도 했다(Stewart, *EPS*, I. 17, p. 274 그리고 II. 50, p. 294~295).

9. 도덕적 규칙이 없으면 사회가 소멸할 것이라는 스미스의 신념은 『도덕 감정론』에 잘 반영되어 있다(*TMS*, III. 5. 2 [163]).

10. 바이너(Jacob Viner)는 자유시장이 사회로부터 기본적인 지지를 받지 못한다 하더라도 이식될 수 있음을 탐구했다. "영국에서 자유방임주의가 쇠퇴하고 경제 전체뿐만 아니라 자유시장에 대해 정부의 체계적인 간섭이 강화되는 것은 주로 소득분배 양상이 만족스럽지 않기 때문이다. (…) 사람들이 받아들일 수 있는 '분배의 정의'가 관철되는 자유시장이 아니라면 현대인은 자유시장에 대한 열의를 가지지 않을 것이다(Viner, 1960, p. 68)." 바이너는 영국에서 자유방임주의가 전반적으로 쇠퇴한 원인은 19세기의 자유방임주의를 이상적인 것으로 바라

보았던 사람들이 시장에 대한 정부의 모든 개입을 '적대적'으로 인식했기 때문이라고 분석한다. 그래서 역설적이게도, 자유방임주의에 대한 강조가 자유방임주의의 쇠퇴와 복지국가의 발생으로 이어졌다는 것이다.

11. 로널드 코스(Ronald Coase)가 실제 현실과 동떨어진 형식적인 모델을 설명하기 위해 '칠판 경제학(blackboard economics)'이라는 용어를 만들었다고 한다. Chapter 20의 주 5를 참조할 것.

12. 프랜시스 베이컨(Francis Bacon)과 벌에 대한 내용은 다음에 나온다. Peter Gay, *Age of Enlightenment*(New York: Time Incorporated, 1966), p. 16. 방법론적인 측면에서 베이컨은 귀납법을 사용했다. 이에 비해서 현대의 경제학자들은 일반적으로 연역법을 사용한다. 스미스는 연역법을 무척 좋아해서 다음과 같이 말하기도 했다. "그것은 우리가 도저히 설명할 수 없다고 생각하는 현상들을 연역적 방법을 통해 바라볼 수 있게 해주는 기쁨을 선사한다(*LRBL*, ii. 133~134, p. 146)." 그러나 스미스는 실험적인 방법론들이 가지는 유용함을 잘 알고 있었기에 연역법에만 의존하지는 않았다. 예를 들어 『국부론』에서 그는 역사적·제도적·기술적 자료들을 이용해서 분석했다. 그러므로 애덤 스미스가 현재 살아 있다면 그는 현대 경제학에서 당연하게 여기는 것들 가운데 많은 부분을 경계할 것이라고 말해도 과장이 아닐 것이다. 그는 사람들이 수사적인 의사소통을 할 때 "난해한 추론 속에서는 아무런 기쁨도 찾지 못하고 (…) 장황한 연역적인 주장 속에서는 실용성을 거의 찾을 수 없다"는 사실을 인식했다(*Ibid.*). 도덕 철학을 다루는 저작에서 스미스는 연역적 방법에 좀 더 분명하게 반대했다. 인간은 도덕

철학을 추론할 수 없으며, 오로지 경험을 통해서만 발견할 수 있다는 것이었다. 이와 관련해서 좀 더 많은 내용을 알고 싶으면 『도덕감정론』 글래스고 발행본의 서문(Glasgow Edition of WN p. 3)을 참조하기 바란다.

Chapter 6

1. 어떤 모델이 수행하는 예측은 그 모델이 설정하는 기본적인 여러 가정보다 중요하다는 주장은 1976년에 노벨경제학상을 받은 밀턴 프리드먼(Milton Friedman)이 다음 글에서 전개한 바 있다. "The Methodology of Positive Economics", *Essays in Positive Economics*(Chicago: University of Chicago Press, 1953): pp. 3~43. 이 견해에 대한 간단하지만 강력한 비판으로는 다음과 같은 것이 있다. Daniel M. Hausman, "Why Look Under the Hood?" in *The Philosophy of Economics: An Anthology*, second edition(Cambridge: Cambridge University Press, 1994) pp. 17~21

2. *WN*, III. iv. 10 [418]

3. 칼 마르크스(Karl Marx)는 1840년대에 스미스의 사상에서 영감을 얻었다(Ross, 1995, p. 418).

4. 스미스는 『국부론』에서 지주들이 무식하고 게으르다고 언급했다(*WN*, I. xi [8]). '유치한 허영심'에 물들어 있다는 말도 했다(*WN*, III. iv. 17 [422]).

5. 이익에 대한 스미스의 언급으로는 다음을 참조하라. *WN*, I. xi. p. 10 [266]. 그리고 *WN*, IV. vii. c. 61 [612~613]도 참조하라.

6. 고용주가 자기들끼리는 잘 만나지도 않는다는 스미스의 이 유명한 구절은 『국부론』에 나온다(*WN*, I. x. c. 27 [145]). 고용주들이 노동자의 임금을 낮추기 위해 음모를 꾸민다는 내용과 노동자를 억압한다는 내용은 각각 *WN*, I. viii. 13 [84]과 *WN*, I. viii. [96]에 나온다.

7. *WN*, I. viii. 36 [96]

8. *WN*, I. viii. 36 [96]

9. 스미스가 말한 '자기만의 (완벽한) 제도'를 만드는 사람은 독재의 거만함과 중앙으로 집중된 권력을 끈질기기도 강력하게 공격한다. 20세기에 공산주의가 나타날 것을 예고하는 부분이다. 이과 관련해서는 다음을 참조하라. *TMS*, VI. ii. 2. 17 [233]

10. *WN*, I. ii. 2 [26~27]

11. *WN*, IV. ii. 9 [456]. 스미스가 '보이지 않는 손'을 언급하는 부분은 『국부론』 전체에서 딱 여기 한 곳뿐이다. 또한 스미스는 『도덕감정론』에서도 이 용어를 딱 한 번 사용했고(*TMS*, IV. 1. 10 [184]), 『천문학 에세이』에서도 딱 한 번만 사용했다(*EPS*, III. 2, p. 49). 그런데 불행하게도 이 용어는 매번 다른 의미로 사용되었다. 그 이유에 대해 많은 학자는 '보이지 않는 손'이 스미스가 애초에 의도했던 것보다 한층 더 포괄적인 은유적 위상을 획득했기 때문이라고 주장한다.

12. 스미스는 인간의 본성은 '이기심, 어리석음, 편견'으로 가득 차 있다고 믿었다(Ross, 1995, p. 399). 그러나 스미스는 설령 이기심이 어떤 이로움을 가져다준다 하더라도 이기심을 옹호하지는 않았다(Ross, 1995, p. xxii). '이기적인 것'은 '탐욕스러운 것'이라고 했다(*TMS*, III. 3. 5 [137]). 또 '우리의 이기적인 열정에서 비롯되는 폭력과 불의'라는 표

현을 썼다(*TMS*, III. 4. 2 [157]). 1998년에 노벨경제학상을 받은 아마르티아 센(Amartya Sen)은 스미스는 자기애, 그리고 더 나아가 분별력이 있는 신중함조차 좋은 사회를 만드는 데 충분하지 않다고 생각했다는 점을 분명히 하면서 스미스가 반대 의견을 주장했다고 말한다. 대다수 현대 학자가 지지하는 센의 견해는 『국부론』과 『도덕감정론』이 통합된 행동 이론을 제시한다고 결론을 내린다. 아울러 Chapter 12의 주 4를 참조하라.

13. 개인의 부도덕이 공공의 선을 생성한다는 버나드 맨더빌(Bernard Mandeville)의 우화는 1714년에 발표된 그의 시 「꿀벌의 우화(The Fable of the Bees)」에서 나왔다. 꿀벌은 각자 욕구와 허영심을 채우기 위해 노력하고, 따라서 벌집은 늘 바쁘게 돌아간다. "그래서 모든 개개인은 부도덕하지만 집단 전체는 천국이다."맨더빌의 이 논리를 스미스는 '오류'라고 비판했다(*TMS*, VII. ii. 4. p. 12~14 [312~313]). 그러면서 "이 시인의 발상은 거의 모든 점에서 오류이다"라고 지적했다(*TMS*, VII. ii. 4. 6 [308]).

14. *TMS*, VII. iii. 1. 2 [316]

15. *TMS*, I. i. 3. 5 [18]

16. *TMS*, VI. ii. I. 1 [219]

17. *WN*, IV. ii. 11 [456]

18. *WN*, IV. ii. 12 [457]

Chapter 8

1. *WN*, I. intro. 6 [11]. 스미스가 노동의 분업이 부를 창출하는 수단이라

고 강조했던 내용은 『국부론』에서도 제1장에 위치함으로써 그가 이 사실을 얼마나 중요하게 여겼는지 보여준다. 그리고 바로 뒤 제3장에서 "노동의 분업은 시장의 범위에 의해 제한된다"는 내용이 나온다. 자유무역의 역할은 『국부론』의 여러 부분에서 나온다. 독자들은 제2장에서 무역장벽을 비판하는 부분부터 살펴보면 좋을 것이다.

2. WN, I. iv. 1 [37]

3. WN, V. i. f. 50 [782]. 스미스는 전문화에 따른 악영향을 상쇄하기 위해 가난한 사람들을 위한 교육이 필요하다고 했다(WN, V. i. f. 54 [784~785]).

4. 물질적 부의 진정한 척도는 금이나 은이 아니라 재화라는 지적은 『국부론』에 나온다. WN, IV. i. p. 1~3 [429~430]

5. WN, IV. ii. 15 [458]

6. 국방 부문에서 정부가 수행하는 역할은 『국부론』 제5권에서 다루어진다. 스미스가 우수한 상비군의 존재를 지지하는 내용은 『국부론』에 나온다(WN, V. i. a. p. 13~23 [696~700]).

7. 데이비드 리카도(David Ricardo)는 『경제학 및 과세의 원리(Principles of Political Economy and Taxation)』에서 (애덤 스미스가 주장했던) 비용의 절대 우위가 아닌 비교 우위가 무역을 더 잘 설명할 수 있다고 설명했다. 이 견해는 오늘날에도 여전히 지배적인 이론으로 남아 있다.

8. 컴벌랜드 고속도로에 대한 정보는 다음을 토대로 했다. William R. Newcott, "America's First Highway," *National Geographic*, 193 (3) (March 1998), pp. 82~99. 교역을 맨 처음 시작하는 데 도로가 얼마나 중요한지를 스미스는 다음에서 서술하고 있다. WN, I. xi. b. 5 [163]. 통

행세로 이 도로를 건설·운영해야 한다는 주장도 역시 『국부론』에 나온다(*WN*, V. i. d [724]).

9. 러시아의 조직범죄에 대해서는 다음을 참조하라. Stephen Handelman's, *Comrade Criminal: Russia's New Mafiya*(New Haven, CT: Yale University Press, 1995). 러시아 마피아가 미국에서 활동하고 있다는 주장에 대해서는 다음을 참조하라. Robert I. Friedman, *Red Mafiya: How the Russian Mob Has Invaded America*(New York: Little, Brown and Company, 2000).

10. *TMS*, II. ii. 3. 3 [86]

11. *LJ*, i. 10, p. 7

12. *TMS*, II. ii. 3. 4 [86]. 애덤 스미스는 도덕 철학(『도덕감정론』), 상업(『국부론』) 그리고 법학을 모두 아우르는 최종적인 법 관련 책을 집필할 계획을 세웠다. 하지만 안타깝게도 그는 이 책을 완성할 수 있을 정도로 오래 살지 못했다. 그래서 죽기 전에 그동안 자신이 썼던 원고들이 미완성인 채 세상에 알려지길 꺼리면서 불에 태워달라고 부탁했다(Stewart, *EPS*, pp. 327~328; Ross, 1995, p. 404). 하지만 학자들은 글래스고 대학교에서 그가 법학을 강의한 노트 두 권 분량의 내용을 수집해서 글래스고 발행본(*LJ*)의 한 부분으로 발행했다. 또 하나, 독자가 반드시 알아두어야 할 사항이 있다. 즉, 스미스는 『국부론』과 『도덕감정론』에서 이미 정의라는 주제에 대해 상당한 내용을 정리했다는 점이다. 학자들은 스미스가 이 두 저서에서 '상호(교환적인)' 정의, 즉 개인 간의 교환과 관련된 규칙들에 대해 관심이 있음을 발견한 것이다. 스미스는 공정한 규칙을 마련되어 있을 때 소득과 부의 공평한 이 보장되는

어떤 자연스러운 체계가 나타날 것이라고 보았다. 하지만 그렇다고 해서 스미스가 좀 더 상위 개념인 '분배'의 정의를 직접 획득하기 위한 특정한 조처들을 찬성하지 않았던 것은 아니다. 예컨대, 국가가 공립학교에 재정을 지원한다거나 독점집단을 제한한다거나 하는 등의 가난한 사람을 직접 구제하는 법률을 제정하는 조처를 찬성했다.

13. WN V. i. a. 15 [698]

14. WN, V. i. b. 2 [709]

15. WN, IV. ix. 51 [687]

16. WN, IV. v. b. 43 [540]

Chapter 9

1. 슈마허(Ernst Schumacher)의 『작은 것이 아름답다(Small is beautiful)』는 위에서 아래로의 발전이 아니라 아래에서 위로의 발전을 주장하면서 즉각 고전의 반열에 올랐다. 그가 제시한 참 진보지수(GPI)는 발전을 새롭게 정의하는 계기가 되었다.

2. TMS, IV. i. 8 [181]

Chapter 10

1. 스미스는 아마도 1766년에 파리에서 오페라 시즌을 즐겼을 것이다. 오페라에 대한 논평이나 카스트라토 배우들에 대한 설명은 『도덕감정론』에서도 찾아볼 수 있다(EPS, II. 16, pp. 194~195). 비록 스미스는 '오페라 전쟁(루이 15세와 그의 아내가 프랑스 오페라와 이탈리아 오페라를 놓고 벌인 싸움)'에 대해 알고 있긴 했겠지만, 이 논쟁은 사실 스미스가 프랑스로

가기 전인 1750년대에 일어났다.

2. 부유하긴 하지만, 닳고 닳은 귀족 포코쿠란트에 대한 볼테르의 풍자적인 묘사는 볼테르의 소설 『캉디드(Candide)』에 나온다. 스미스는 필명을 볼테르로 사용하던 프랑수아 마리 아루(Francois-Marie Arouet)의 열렬한 팬이었다. 『도덕감정론』을 자세히 살펴보면, 스미스가 볼테르의 저작을 얼마나 깊이, 또 많이 읽었는지 알 수 있다. 그런데 재미있게도, 『캉디드』에서도 바늘 제조에 대해 의미심장하게 언급한다. 그런데 바늘 제조는 지금 스미스가 들었던 것으로 유명한 노동 분업의 사례가 되어 있다. 스미스가 18세기 최고의 작가로 본인이 생각하던 볼테르를 재미 삼아 자기 책에 슬쩍 집어넣으려 했는지는 확인되지 않았다 (Ross, 1995, p. 399). 바늘 공장의 사례는 1755년에 출간된 디드로(Denis Diderot)의 『백과사전』에 처음 수록된 것으로 알려졌다(Wilson, 1972, p. 236). 이 『백과사전』은 스미스가 매우 높이 평가하던 저작이었다. 스미스는 이 책에서 바늘 공장의 사례를 빌려왔을 가능성이 크다.

3. *TMS*, II. 3. 32 [150]

4. 천국과 지옥에 대한 밀턴(John Milton)의 시는 『실낙원(Paradise Lost)』에 나온다.

Chapter 11

1. *TMS*, III. 3. 31 [149]

2. *TMS*, III. 3. 31 [149]

3. '허영과 우월감'이 마음의 평정과 공존하기는 어렵다는 내용은 『도덕감정론』에 나온다(*TMS*, III. 3. 31 [150]).

4. 행복의 '자연스러운' 상태는 『도덕감정론』에 나온다(*TMS*, I. iii. 1. 5 [45]).

5. *TMS*, IV. I. 8 [183]

6. *TMS*, I. iii. 3. 1 [61]

7. *TMS*, I. iii. 3. 8 [64]

8. 게리 베커(Gary S. Becker)는 범죄의 경제학을 연구한 성과를 인정받아 1992년에 노벨경제학상을 받았다(Chapter 22의 주 3을 참조하라). 베커는 범죄자조차 경제 활동을 수행하는 주체로서 효용을 최대화하기 위해 이성적으로 행동한다는 내용을 이론적으로 정리했다. 즉, 강도는 기대되는 보상이 늘어날 때만, 다시 말해 빼앗은 물건이 가치가 상승하거나 붙잡힐 확률이 줄어들 때만 더욱더 위험한 행동을 저지른다는 것이다.

9. *TMS*, I. iii. 2. I [50]

10. *TMS*, I. iii. 2. I [50~51]

11. *TMS*, IV. 1. 10 [185]

12. *TMS*, IV. I. 11 [185]

13. *TMS*, I. ii. 5. 2 [41]

14. *WN*, IV. vii. c. 63 [613]

15. *TMS*, IV. I. 5 [180]

16. *TMS*, IV. I. 8 [182~183]

17. *TMS*, IV. I. 9 [183]

Part 2

1. *TMS*, VI. iii. 18 [244]

Chapter 12

1. 데이비드 흄(David Hume)은 1759년 4월에 스미스에게 보낸 편지에서
『도덕감정론』이 시장에서 큰 성공을 거두었다는 '우울한' 소식을 재미
있게 전해준다. 이런 성공을 거둔 것은 그 책이 가치가 없음을 방증한
다고 장난스럽게 말한다(*CORR*, No. 31, pp. 33~36). 스미스와 그의 절친
하던 친구이자 선배이던 흄 사이의 유쾌한 우정이 재미있다.

2. 애덤 스미스는 1764년부터 1766년까지 유럽에 머물렀다. 이후 그는
프랑스에서 많은 시간을 보냈다. 그 기간 동안 그는 개혁을 추진하
며 정치가로 활동하던 철학자 안느 로베르 자크 튀르고(Anne-Robert-
Jacques Turgot)를 만났다. 스미스가 튀르고와 돈독한 사이를 유지했음
은 1776년 7월 스미스가 흄에게 보낸 편지에서 확인할 수 있다(*CORR*,
No. 93, p. 113). 또한, 스미스는 파리에서 케네와도 함께 시간을 보냈다
(Chapter 5의 주 4와 Chapter 16의 주 8~10을 참조하라). 1774년 루이 16
세는 스무 살의 어린 나이에 왕위에 올랐는데, 성직자와 대지주의 국내
독점과 정치적 통제력을 공고히 하는 엄격한 봉건적 경제체제를 그대
로 유지했다. 루이 16세는 1774년 8월에 튀르고를 재정장관으로 임명
했다. 튀르고가 시도했던 초기의 여러 개혁적인 조치 가운데는 경쟁을
가로막는 내국세와 길드 제도를 철폐하려는 시도가 포함되어 있었다.
그는 청교도들에게 전면적으로 시민권을 부여할 것과 지주에게 정부

재정을 부담시키기 위한 세제 개편을 단행할 것을 제안하기도 했다. 그러나 귀족과 성직자가 이런 개혁에 거세게 반발했다. 결국 튀르고는 임기 가운데 2년도 다 채우지 못하고 1776년 5월에 해임되었다. 그리고 1789년에 프랑스혁명이 일어났다. 루이 16세는 재판에 부쳐진 뒤 1793년 1월 21일에 단두대에서 처형되었다.

3. 프랑스에서 계몽주의 관련 서적이 검열되었다는 사실은 로스(1995, p. 200)가 지적했다.

4. 스미스에 대한 현대 학자들의 평가는 대부분 이른바 '애덤 스미스의 문제'라는 쟁점을 다룬다. 이것은 19세기 독일에서 제기된 이론으로, 스미스의 저서인 『국부론』과 『도덕감정론』이 철학적으로 서로 양립할 수 없는 모순을 갖는다. 이는 서로 차이가 있는 스미스의 지적 발전 단계를 각각 반영한다는 주장이다. 하지만 그 이론은 철저히 반박당했다.

5. 스미스는 학문하는 사람은 당연히 역설을 사랑한다고 말했다(*EPS*, IV. 34, p. 75). 스미스는 또한, 역설을 교수 방법으로 사용했다고 전한다 (Stewart, *EPS*, p. 275).

6. 시장에서의 '자연스러운' 장기적인 가격에 대한 스미스의 놀라운 통찰과 가격 및 다른 생산 요인들에 미치는 영향은 『국부론』 제7장에서 다루어진다(*WN* [72~81]).

7. *TMS*, V. 2. 9 [205]

8. *TMS*, I. i. 4. 5 [21]

Chapter 13

1. 토머스 홉스(Thomas Hobbes)는 강력한 중앙집권적 권력이 없으면 만인의 만인에 대한 투쟁이 전개될 것이라고 했다. 이렇게 되면 "예술도 문학도 사회도 사라질 것이고, 최악의 상황에서는 무자비한 죽음에 대한 공포와 위험만이 끊임없이 이어질 것이며, 또 인간의 삶은 외롭고 빈곤하고 역겹고 잔인하고 짧아질 것이다"라고 했다(*The Leviathan*, 1651, Part i. Chap. xviii). 스미스는 여기에 대한 견해를 『도덕감정론』에 적었다(*TMS*, VII. iii. i. 1 [315]). 아울러 다음의 주 2도 참조하라.

2. 홉스와 달리 스미스는 사람은 "태어나면서부터 다른 사람을 기쁘게 해주려는 욕망을 선천적으로 타고난다"고 했다. 더 나아가 그는 인간은 다른 사람들로부터 칭찬을 받아 마땅한 어떤 존재가 되고자 하는 욕망을 타고난다고 했다(*TMS*, iii. 2. p. 6~7 [116~117]). 그런데 스미스의 이런 견해가 현대의 진화심리학과 반드시 충돌한다고 볼 수는 없다. 왜냐하면 진화심리학은 '호모에코노미쿠스(homo economicus, 합리적 소비를 추구하는 소비자-옮긴이)'라는 개념과 달리 인간을 합리적으로 계산하는 존재로 바라보지 않기 때문이다. 오히려 진화심리학은 관대함과 이타주의라는 선천적인 전략들을 포함한 현재의 행동을 진화론적인 성공의 결과라고 설명한다. 이런 구분을 할 수 있게 도와준 에릭 크래프트(Eric Craft)에게 감사한다.

3. 인간은 '유전자적인 차원'에서 이기적인 본능의 통제를 받는다고 『이기적 유전자(The Selfish Gene)』의 저자 리처드 도킨스(Richard Dawkins)는 주장했다.

4. *TMS*, I. I. 1 [7]

5. *TMS*, I. I. 1 [7]

6. *TMS*, I. i. 2. 1 [13]

7. 스미스는 공감은 "기쁨을 더해주고 슬픔을 덜어준다"고 주장했다(*TMS*, I. i. 2. 2 [14]).

8. 애정은 다름 아닌 '습관적인 공감'이다(*TMS*, VI. ii. 1. 7 [220]).

9. *TMS* I. ii. 2. 1 [31]. '우스꽝스러운 사랑'이라고 표현할 때 스미스는 지나치게 이상화한 낭만적인 사랑 혹은 지적 능력이 손상될 정도로 '사랑에 빠진' 상태라고 할 수 있는 육체적 갈망을 염두에 둔 듯하다. 그러나 이런 열정도 다른 긍정적인 열정들을 개발하는 데 중요한 역할을 할 수 있다고 그는 『도덕감정론』에서 지적한다(*TMS*, I. ii. 2. 1 [32]).

10. 스미스가 『도덕감정론』에서 언급하는 누명을 쓴 이 남자는 장 칼라스라는 청교도 상인이다(*TMS*, III. 2. 11 [120]). 그의 아들은 법률가가 되기 위해 가톨릭으로 개종했는데, 나중에 목매달아 자살했다. 그 후 이어진 종교 탄압 과정에서 칼라스는 아들을 살해했다는 누명을 썼다. 1762년에 그는 유죄 판결을 받은 뒤 가장 끔찍한 방법으로 처형되었다. 이 사건에서 명백한 사법적 편견이 문제로 대두하였다. 정의를 외치는 소리가 유럽 전역으로 번졌는데, 이 운동을 볼테르가 이끌었다. 그리고 1765년에 새롭게 구성된 재판부가 증거를 재검토한 뒤 비록 칼라스는 죽고 없었지만, 그가 무죄임을 선고했다. 이 사건이 계기가 되어 프랑스에서 사법 개혁이 일어났으며, 종교적 관용 운동이 전개되었다.

Chapter 14

1. 오늘날의 경제학자들이 '규범경제학'과 '실증경제학'을 엄격하게 구분하는 것을 애덤 스미스가 과연 전적으로 동의할지는 의심스럽다. 알래스데어 매킨타이어(Alasdair Macintyre)는 자신의 저서 『덕의 상실(After Virtue: A Study in Moral Theory)』에서 이런 이분법은 학문 추구에서 의미와 가치를 하찮게 만들어버린다고 지적한다. 나는 짐 홀트만(Jim Halteman) 덕분에 이 점을 명확히 깨달았다.

2. 스미스의 친절하고 부드러운 본성은 우울증 증세로 드러나기도 했다 (Ross, 1995, p. 414).

Chapter 16

1. 애덤 스미스는 포커를 치지 않았지만, 오늘날의 브리지 전신인 휘스트는 쳤다.

2. 루소가 편집증적 태도를 가지고 있었고, 또 흄에게 (그리고 또 다른 사람들에게) 무례하게 굴었던 일은 1967년에 흄이 스미스에게 보낸 편지에 자세하게 나온다. 흄은 루소를 가까이하고, 그를 위해 영국인 재정 후원자를 소개해주었다. 그러나 루소는 정신 질환 때문에 자신의 처지에 분개하고, 흄이 자기 위상에 흠집 내려는 음모를 꾸몄다고 주장한다는 것이었다.

3. 루소는 자연 안에서 유토피아 세상을 꿈꾸지 않았다. 오히려 그는 『에밀(Emile)』에서 어린이는 모름지기 책과 이론에 휘둘리기 전에 자기의 열정과 경험에서 교훈을 얻어야 한다는 논리를 폈다. 즉 어린이가 맨 먼저 읽어야 할 책은 『로빈슨 크루소(Robinson Crusoe)』여야 한다

고 했다. 전체적으로 볼 때 문명화에 따르는 손해가 이익보다 크다고 루소는 바라보았다. 그가 말했던 '우아한 야만'은 그의 견해를 오해하도록 만들 수도 있지만(이 점에 대해서는 다음을 참조하라. Peter Gay, *Age of Enlightenment* [New York: Time Incorporated, 1966], p. 62), 이런 오해의 책임은 스미스에게 있다. 스미스는 루소가 "야만의 삶을 다른 어떤 것보다도 행복하다"는 식으로 호도한다(*EPS*, "Letter to the Edinburgh Review", p. 251).

4. 루소의 이 발언은 루소의 이론을 바라보는 스미스의 견해를 다른 말로 바꾸어서 표현한 것이다(*EPS*, "Letter to the Edinburgh Review", p. 252).

5. 다음 글에서 스미스가 루소를 언급한 내용이다. "Imitative Arts", *Essays on Philosophical Subjects*, W. P. D. Wightman and J. C. Bryce, eds(Oxford: Oxford University Press), p. 198. 스미스가 루소를 개인적으로 알고 있었을 개연성은 없다(Ross, 1995, p. 212).

6. 이 말은 스미스가 자기 서재를 친구에게 보여주면서 했다는 말을 다르게 표현한 것이다. 애덤 스미스의 연애 감정은 다양한 지점에서 암시되어 있다. 또한, 로스가 쓴 스미스의 전기에서도 이와 관련된 사소한 증거를 다루고 있긴 하다. 그러나 실제로 알려진 것은 거의 없다. 스미스는 파이프 지방에 머물 때 그곳의 한 젊은 여성에게 깊은 연정을 품었던 게 분명하다. 스미스는 한 귀족 자제의 개인 교사 신분으로 프랑스를 여행하는 동안 어떤 후작 부인을 포함해서 몇몇 프랑스 여성들이 흠모하는 대상이 되기도 했다. 그러나 스미스는 이런 여성들의 구애를 회피하다가 급기야 영국인 유부녀를 미친 듯이 사랑하게 되었다. 상대가 이미 결혼을 한 사람이었기에 그 사랑은 일방적인 짝사랑이 될 수

밖에 없었다. 그러나 스미스는 이성을 잃을 정도로 그 여자에게 빠졌고, 그의 주위 사람들은 이런 스미스를 보고 재밌어 하며 놀리곤 했다. 스미스가 마지막으로 연애 혹은 낭만적인 사랑을 언급한 것은 그가 에든버러에서 세관장으로 있을 때다. 그의 전기에 따르면, 그는 '캠벨 양'으로 알려진 여자와 '심각한' 사랑에 빠졌다. 그런데 두 사람은 전혀 어울릴 수 없을 정도로 정반대였다. 바로 그런 이유로 두 사람의 관계가 더 발전하지 않았던 것 같다.

7. 로스가 쓴 스미스의 전기에는 데이비드 흄과 부플레 백작부인 사이의 관계가 자세히 설명되어 있다(Ross, 1995, p. 212). 본문에 나오는 이 표현은 백작부인이 흄과 간통한 것을 생각하면서 썼던 말을 조금 다르게 바꾼 것이다.

8. 케네의 『경제표(Tableau Économique)』는 일반적으로 수치를 기반으로 한 최초의 거시경제학 모델로 인정받는다. 그러나 중농주의는 제조업에 반대되는 '자연 상태'를 고집하고, 또 케네의 추종자들이 오만한 태도를 보임으로 해서 흄, 볼테르, 루소와 같은 많은 사람이 중농주의자들을 혐오했다. 스미스는 개인적으로 케네에게 호감을 가지고 있었지만, 케네의 독단주의에 대해서는 단호하게 거리를 두었다. 스미스는 조화로운 자연 질서를 대체적으로 지지하는데, 중농주의자들의 지나친 열정은 그들이 가지고 있던 이론 체계에서 사소한 실수라고 할 수 있다. 스미스는 중농주의의 '치명적인 실수'는 장인과 상인 그리고 제조업자들의 노동을 '비생산적인 것'으로 바라본 데 있다고 지적했다(WN, IV. ix. 28 [674]). Chapter 5의 주 4, Chapter 12의 주 2 그리고 Chapter 16의 주 9~10을 참조하라.

9. Peter Gay, *Age of Enlightenment* (New York: Time Incorporated, 1966), p. 104

10. 케네의 이론은 여러 가지 결점이 있었지만, "진실에 가장 근접했다" 는 평가가 『국부론』에 나온다. 하지만 케네가 의학적인 전문지식을 가진 사람이었기에 스미스는 완벽함과 순수함에 집착하는 케네의 고집이 지나치다는 것을 인간 신체에 빗대어 지적한다. "다양한 음식을 골고루 먹을 때 신체가 가장 건강한 상태를 유지할 수 있다"는 사실에 빗대어 국가 경제도 마찬가지라고 했다(*WN*, IV. ix. 28 [674]).

Chapter 17

1. Voltaire, *Zadig* (1747), Chapter 6

2. 볼테르는 바스티유 감옥에 두 번이나 투옥되었다. 한 번은 프랑스 섭정이던 올레앙스를 풍자하는 시를 썼다는 이유로 1717년부터 다음 해까지 11개월 동안 투옥되었다. 또 한 번은 1726년에 어떤 귀족과 결투하려고 했는데, 당국이 이 결투를 말리려는 과정에 투옥되었다. 그러나 이때는 영국 망명을 조건으로 잠깐 갇혀 있다가 풀려났다. 하지만 이때의 수감 생활이 그다지 나쁘지는 않았을 것이다. 펜과 종이, 좋은 음식 그리고 친구들과의 면회가 허락되었기 때문이다.

3. 이것은 제러미 벤담(Jeremy Bentham)의 공리주의 철학이다.

4. *TMS*, III. 2. 11 [119~120]

5. 스미스는 루소의 명제를 "우리는 도덕이 없는 명예와 지혜가 없는 이성, 그리고 행복이 없는 즐거움이라는 기만적이고 경박한 외형만을 가지고 있다"라고 풀어서 말했다(*EPS*, "Letter to the Edinburgh Review",

pp. 253~254).

6. 볼테르, 『팡소프에게 보내는 편지(Letter to Pansophe)』에서.

Chapter 18

1. 루소의 배은망덕이 1767년에 흄이 스미스에게 보낸 편지에 표현되어 있으며(CORR, No. 111, pp. 133~136), 그의 전기에도 나타난다(Ross, 1995, p. 211). 아울러 Chapter 16의 주 2를 참조하라.

2. 애덤 스미스는 영국의 아메리카 식민지에서의 '길고 또 큰 비용이 들고 게다가 모든 것을 황폐하게 하는 그 전쟁'을 막으려고, 혹은 적어도 그 기간을 단축하려고 온 힘을 다했다(CORR, Appendix B, p. 380 그리고 Ross, 1995, p. 295). 그의 부고 기사에서도 설명하듯이 스미스는 '현대 전쟁의 광기'에는 질색했다(LRBL, Appendix 1, p. 228). 스미스의 『국부론』이 반역을 꿈꾸던 아메리카 식민지 사람들의 비상한 관심을 끌었던 것은 사실이다. 이런 정황은 예를 들어 1776년 9월 25일에 버지니아의 리치먼드에서 토머스 포날 총독이 스미스에게 보낸 편지를 보면 확인할 수 있다(CORR, Appendix A). 조지 워싱턴도 『국부론』 사본을 가지고 있었다(Alan Krueger, "Rediscovering 'The Wealth of Nations'", The New York Times, August 16, 2001).

3. WN V. iii. 92 [946~947]. 비록 스미스가 미국과의 합병을 찬성하긴 했지만 정치적으로는 워낙 기민했기에, 또한 영국이 여러 가지 특별한 관심과 자부심을 가지고 있기에 비록 손해를 본다 할지라도 미국의 식민지들을 평화롭게 포기하지는 않을 것을 잘 알았다(WN, IV. vii. c. 66 [616~617]).

4. 스미스가 영국과 미국과의 합병을 지지했다는 사실은 『미국과의 투쟁에 대한 스미스의 생각, 1778년 2월』이라는 제목의 비망록에 드러나 있다(*CORR*, Appendix B). 이 문제를 탁월하게 다룬 저작으로는 다음을 참조하라. Andrew Skinner, "Mercantilist Policy: The American Colonies", Skinner(1996).

5. 우디 홀튼(Woody Holton)은 버지니아의 '헌법 제정자들'과 국제무역데 대한 그들의 관심을 명쾌하게 설명했다. Forced Founders: Indians, Debtors, Slaves and the Making of the American Revolution in Virginia(Chapel Hill: University of Noth Carolina Press, 1999). 담배 무역에 관해 스미스가 논한 글을 보려면 Chapter 23의 주 2를 참고하라.

Part 3

1. *TMS*, VI. i. 15 [216]

Chapter 19

1. '공감'을 스미스가 폭넓게 정의한 내용은 다음에 나온다. *TMS*, I. i. 1. 5 [10]

2. 스미스는 『도덕감정론』 전체를 관통해서 '공정한 관객'이라는 개념을 이야기한다. 이와 관련해서 좀 더 자세히 알고 싶은 사람은 제1부와 제3부 첫머리가 도움될 것이다. 사람은 남들로부터 칭찬받을 수 있는 사람이 되고자 하는 욕망을 가지고 있다는 내용은 제3부 제2장에서 광범

위하게 다루어진다.

3. '내면의 재판관'이 가진 '권위'는 『도덕감정론』에서 다룬다(*TMS*, III. 3. 1 [134]).

4. *TMS*, III. 3. 1~2 [134~135]

5. *TMS*, III. 3. 3 [135]

6. 지진 때문에 중국이 사라진다는 이야기는 『도덕감정론』에서 인용했다 (*TMS*, III. 3. 4 [136~137]).

7. *TMS*, III. 3. 4 [137]

8. *TMS*, III. 3. 4 [137]

9. *TMS*, III. 3. 35 [152]

10. *TMS*, III. 3. 36 [153]

Chapter 20

1. '도덕적 상상력'이라는 개념과 이것이 기업 차원에서 가지는 중요성 은 중요한 연구 주제로 자리 잡았다. 예를 들어, 케네스 불딩(Kenneth Boulding)은 미국경제학회에서 한 연설에서 '도덕 과학으로서의 경제 학'을 정착하게 할 필요성을 역설했다.

2. 피터 첸은 에벤스타(Evenstar Company)의 공동설립자이자 부회장인 마 이클 밀러(Michael Miller)를 모델로 한 인물이다. 마이클이 자기 이야기 와 자기가 한 말을 소설에 쓸 수 있도록 허락했기에 가능한 일이었다. 소설에 등장하는 다른 인용문들은 기업계에서 일어나는 조직 차원의 변화 운동 과정에서 고른 것이다. 사업은 인간 발달 과정에 나타나는 하나의 모험이라는 발상은 외스터버그(Österberg)에서 빌려왔다.

3. 기업이 사회에 책임을 다할 때 이 일은 오히려 기업에 이로운 효과를 가져다준다는 발상은 페퍼(Jeffrey Pfeffer)를 비롯한 많은 학자들이 내놓은 주장이다. 이것이 사실이라면 기업의 사회적 책임이라는 개념은 기업의 사회적 책임은 주주를 위해 최대한의 이익을 내는 것이라는 밀턴 프리드먼(Milton Friedman)의 주장과 모순되지 않는다. 다음을 참조하라. Friedman, *Capitalism and Freedom*(Chicago: University of Chicago Press, 1962), p. 133

4. 해달의 정보는 몬터레이 아쿠아리움(montereyaquarium.com)에서 얻을 수 있다. '공유지의 비극'이라는 문구는 가렛 하딘이 이 제목으로 『사이언스』에 논문을 실은 뒤부터 널리 사용되었다(*Science* 162[December 13, 1968]: 1243~1248).

5. 로널드 코스(Ronald H. Coase)는 재산권과 거래비용이 외부 세계에 미치는 영향을 설명했다. Ronald H. Coase, "The Problem of Social Cost", *Journal of Law and Economics* 3(1) (1960): pp. 1~44. 아울러 Chapter 5의 주 11을 참조하라.

Chapter 21

1. 실리콘밸리에 불었던 닷컴 열풍 및 거품 붕괴 현상을 애덤 스미스의 이론으로도 어느 정도 설명할 수 있다. 투자자들은 몇몇 경제학 모델이 예측한 것처럼 순전히 이성적으로는 행동하지 않는다. 이런 사실은 인류는 자기기만의 위대한 능력을 갖추는데, '인간의 삶에서 비롯되는 무질서의 절반'이 바로 여기에서 비롯된다고 했던 스미스의 해석과 일맥상통한다(*TMS*, III. 4. 6 [158]). 아울러 다음을 참조하라. Robert

J. Shiller's *Irrational Exuberance*(Princeton, NJ: Princeton University Press, 2000).

2. "고객이 왕이라고요? (…) 상대방으로부터 응답을 받을 수 있으니까요"의 발언은 다음에서 인용했다. Paul Hawken, *Growing a Business*(New York: Simon and Schuster, ©1987), p. 197.

3. 이것은 『국부론』에 나오는 말을 풀어서 쓴 것이다. *WN*, I. viii. 45 [100~101]

4. *TMS*, IV. iii. 1 [237]

Chapter 22

1. *TMS*, IV. I. 11 [185]

2. 신뢰는 도덕적 가치관을 공유하는 데서 비롯된다. 스미스는 기업가가 자신이 벌이는 사업의 범위를 자신이 사는 지역에 한정시키는 걸 선호한다고 지적하면서 신뢰가 거래 비용과 위험을 줄여주기 때문이라고 이유를 설명했다. "그는 자기가 신뢰하는 상대방의 성격과 처지를 더 잘 알 수 있다(*WN*, IV. ii. 6 [454])."

3. 게리 베커(Gary S. Becker)와 테오도르 슐츠(Theodore W. Schultz)는 인적 자본에 대한 투자를 개발하고 효과를 측정하는 데 중요한 이바지를 했다. 베커에 대해서는 Chapter 11의 주 8을 참조하라.

4. 많은 단체가 경제 연구의 초점을 사회적 영역 및 도덕적 영역으로 확장하려는 시도를 해왔다. 이 분야에서 가장 오래된 단체는 1941년에 설립된 사회경제학회(ASE)다. 이 단체의 강령은 사회경제학을 '인간의 존엄성, 윤리적 가치 그리고 사회적 철학 등과 같은 좀 더 폭넓은 문제

들과 경제학 사이의 상호관계를 규명하는 것'을 목적으로 하는 학문이라고 정의했다. 좀 더 최근인 1989년에는 세계사회경제학회(SASE)가 설립되었다.

5. 다음을 참조하라. J. S. Coleman, "Social Capital in the Creation of Human Capital", *American Journal of Sociology*, 94(Suppl.), 1988, pp. S95~S120

Chapter 23

1. 스미스는 자신의 저서 『천문학 에세이』에서 학문적 발견은 '경이로움과 놀라움과 감탄'에서 촉발된다고 썼다(*EPS*, Intro 1, p. 33). 리치가 트래킹하던 도중 문득 문제의 그 '공식'을 떠올렸다. 그러나 스미스에게 이런 일은 그다지 특별한 게 아니었을 것이다.

2. *WN* IV. iv. 5 [500]. 스미스는 담배 사업을 『국부론』의 여러 곳에서 이야기한다. 예를 들어, 영국은 버지니아와 메릴랜드로부터 연간 9만 6천 상자(선박 운송용 상자 단위-옮긴이)를 수입했다. 이 가운데 영국 국내 소비량은 1만 4천 상자밖에 되지 않았다. 상인과 은행가들은 나머지 8만 4천 상자를 유럽의 다른 나라에 팔아 엄청난 이득을 챙긴다고 썼다(*WN*, II. v. 34 [372~373]). 또한, 담배 무역에서 밀수품 규모가 상당했다. 이에 대한 자세한 설명은 다음을 참조하라. C. R. Fay, *The World of Adam Smith*(New York: Augustus M. Kelley, 1966. 아울러 Chapter 18의 주 2~3을 참조하라.

3. *TMS*, VII. ii. 1. 28. 스미스는 노예제도에 대해 다른 곳에서도 여러 차례 언급했다. 역설적이게도 노예들은 민주적인 공화국에서보다 권위

적인 국가에서 더 나은 대접을 받는다고 지적하기도 했다(*WN*, IV. vii. b. 54~55 [586~588]).

4. *TMS*, 3. 2. 31 [130]

5. 볼테르가 썼던 문구이다. Voltaire, "Epistle to the author of the book, The Three Imposters"(1768)

6. 이 화려한 수사에도 대다수 학자는 스미스가 그리스 정교의 내세관을 가지고 있었다고는 생각하지 않는다(Ross, 1995, p. 406). 스미스는 성직자들이 특권과 권력을 가지고 있으므로 성직자들의 개인적 이해가 '자유, 이성, 행복'과 충돌을 일으킨다고 주장하면서 조직화한 종교, 특히 로마 가톨릭을 비판적인 눈으로 바라보았다(*WN*, V. i. g. 24 [803]). 스미스는 볼테르를 비롯한 다른 많은 계몽주의자와 마찬가지로 자연신론자였을 것으로 추정된다. 흄은 무신론자였다.

7. *TMS*, III. 5. 7 [166]

8. *TMS*, IV. a. 6 [189]

9. *TMS*, VI. i. 14 [216]

10. *TMS*, III. 5. 8 [166]

11. *TMS*, VI. i. 14 [216]

12. *TMS*, VI. i. 14 [216]

13. 맥스 헤스가 경제학과 대학원 과정을 비판한 내용은 미국경제학회 산하의 대학원교육위원회도 어느 정도는 인정한다. 이 위원회는 대학원 과정이 '기술 숙련도는 높지만 실제 현실의 경제 쟁점들에 대해서는 무지한 멍청한 전문가들을' 양산한다고 경고했다(Anne O. Krueger et al., "Report of the Commission on Graduate Education in Economics",

Journal of Economic Literature 29(3) 1991, p. 1044~1045).

14. 러시아의 조직범죄에 대해서는 Chapter 8의 주 9를 참고하라.

Chapter 25

1. 세계무역기구는 1995년부터 국제무역협정을 감시하고 무역 분쟁을 해
   결해왔다. 이 기관은 그 이전부터 있었던 관세무역 일반협정(GATT)보
   다 더 막강한 권한을 가지고 있다. GATT는 제2차 세계대전 이후 다자
   간 무역협상의 기반을 제공했다. 한편 세계은행은 회원국들이 낸 자금
   으로 세계의 자본시장 재원을 조성하고 각국의 개발 사업에 자금을 빌
   려준다. 세계은행과 국제통화기금은 자금 대출 조건으로 경제 구조조
   정을 요구한다. Chapter 2의 주 1을 참조하라.

2. 마이클 무어(Michael Moore) 세계무역기구 사무총장이 처음으로 했
   던 말이다. Martin Crutsinger, "IMF pledges more debt relief for
   poorest countries" Monday, April 17, 2000(The Associated Press,
   seattlep-i nwsource.com/national/meet17.shtml accessed April 14, 2001).

3. 20세기보다 19세기에 세계화의 정도가 더 심했다고 많은 경제학자가
   주장한다. 통계자료도 이런 사실을 뒷받침한다.

4. 영국의 권리장전은 1689년에 의회가 의결했다. 여기에는 정부의 권력
   을 제한하는 권리선언이 포함되어 있다.

5. 많은 다국적 기업은 소비자의 비판을 미리 무력하게 만들 목적으로 비
   정부기구를 동원해서 자사의 해외 사업장이 노동 및 환경 기준을 철저
   하게 지키고 있음을 입증하고 선전한다. 하지만 이런 관행이 부정적인
   결과는 낸다는 주장도 심심찮게 나온다.

6. *TMS*, II. ii. 2. 1 [83]

7. 임금 인상이 생산성 증대로 이어진다는 논지는 『국부론』에서도 볼 수 있다(*WN*, I. viii. 44 [99~101]).

8. 자본주의가 성공하려면 제도가 발전해야 하고, 법률 및 규제가 완비되어 있어야 한다는 발상은 여러 학자의 논문으로 제시되어 있다. 예를 들어, 애덤 스미스도 고용주들은 훨씬 쉽게 협력해서 규제를 마련할 수 있다고 주장했다. 또한, "그 규제가 노동자의 지지를 얻을 수 있을 때는 언제나 공정하고 공평하다"고 주장했다(*WN* I. x. c. 61 [157~158]).

9. 이런저런 기관들이 시장 발전에 기여하는 좀 더 폭넓은 문제에 대해서는 세계은행의 다음 보고서를 참조하라. World Bank, *World Development Report 2002: Building Institutions for Markets*(NY: Oxford University Press, 2002). 금융시장에 미치는 충격에 대해서는 앨런 그린스펀(Alan Greenspan)이 했던 연설을 참조하라. "The Virtues of Market Economies", June 10, 1997. 이 연설 내용은 연방준비제도이사회 홈페이지에서 확인할 수 있다.

10. 제임스 토빈(James Tobin)은 1981년에 노벨경제학상을 받았다. 그의 'q-이론' 공식은 기업의 생산 비용에 대한 이 기업의 시장가치 비율을 산출하는 공식이다.

11. *WN*, IV. iii. c. 9 [492]

12. *WN*, I. x. c. 27 [145]

Chapter 26

1. 스탠리 피셔(Stanley Fischer)가 폴 새뮤얼슨에게 바치는 글에서 처

음 썼던 말이다. Stanley Fischer, "Samuelson's Economics at Fifty: Remarks on the Occasion of the Anniversary of Publication", *Journal of Economic Education*, 30(4) (Fall 1999): 363. 독일의 물리학자 맥스 에른스트(Max Ernst)가 했던 말이기도 하다.

3. 참고문헌

애덤 스미스 전집

1976년에 글래스고 대학교에서는 『국부론』 출간 200주년을 기념하는 사업의 하나로 애덤 스미스의 저서와 편지를 집대성하는 작업에 착수했다. 이렇게 해서 이른바 '글래스고 발행본' 및 관련 서적이 1976년부터 1983년에 걸쳐서 옥스퍼드 대학교 출판부에서 양장본으로 출간되었다. 이 여섯 권의 책 가운데 처음 두 권은 스미스 사망 전에 출간된 것이다. 글래스고 발행본 여섯 권의 제목과 약자는 다음과 같다.

TMS 『도덕감정론(The Theory of Moral Sentiments)』(1976, 1759)

편집, D. D. Raphael 그리고 A. L. Macfie.

스미스가 개정한 여섯 번째 판은 그가 사망하기 몇 주 전에 배포되었다.

WN 『국부론(여러 국가의 부의 성격 및 원인에 관한 연구, An Inquiry into the Nature and Causes of the Wealth of Nations)』(1976, 1776), 총 두 권.

편집, R. H. Campbell 그리고 A. S. Skinner.

스미스 생존 당시 네 차례 발간되었으며, 마지막 판은 1786년에 나왔다.

EPS 『철학적 주제들에 관한 에세이들(Essays on Philosophical Subjects)』(1980, 1795)

편집, W. P. D. Wightman and J.C. Bryce.

스미스 사후인 1795년에 출간되었다. 과학, 예술, 형이상학 등 에 관한 스미스의 중요한 에세이들을 모은 책인데, 이 가운데 가장 주목할 말한 글은 「천문학 에세이」다. 이 책은 스미스와 동 시대를 살았던 듀갈 스튜어트가 쓴 스미스의 흥미로운 전기인 『애덤 스미스의 삶과 글 설명(Account of the Life and Writings of Adam Smith, L. L. D)』도 수록하고 있다.

LRBL 『수사학과 문학에 대한 강의(Lectures on Rhetoric and Belles Lettres)』(1983, 1963)

편집, R. L. Meek, D. D. Raphael, 그리고 P. G. Stein.

이 책은 글래스고 대학교에서 스미스에게 강의를 들은 한 학생 의 강의 노트를 정리한 것이다.

LJ   『애덤 스미스의 법학 강의(Lectures on Jurisprudence)』(1978, 1896/1978)

편집, R. L. Meek, D. D. Raphael, 그리고 P. G. Stein.

이 책은 글래스고 대학교에서 스미스에게 강의를 들은 학생들이 기록한 강의 노트 두 세트를 정리한 것이다.

CORR   『애덤 스미스의 서신(Correspondence of Adam Smith)』(1997)

편집, Ernest Campbell Mossner 그리고 Ian Simpson Ross.

스미스가 주고받은 편지뿐만 아니라 미국 식민지의 반란에 대한 느낌과 견해를 적은 글들을 비롯한 중요한 문서들을 수록하고 있다.

참고로, 리버티 펀드(The Liberty Fund)는 애덤 스미스 그리고 『국부론』과 『도덕감정론』 자료를 정리해놓은 인터넷 자료실(www.econlib.org)을 운영하는데, 이 웹사이트에 들어가면 주제별 혹은 문구별 검색을 쉽게 할 수 있다.

애덤 스미스 전기

Ross, 1995   아이언 심프슨 로스(Ian Simpson Ross), 1995, 『애덤 스미스의 삶(The Life of Adam Smith)』(Oxford: Clarendon Press, 1995). 애덤 스미스 전기의 결정판이다.

Rae, 1895   존 레이(John Rae), 1895, 『애덤 스미스의 삶(The Life of

Adam Smith)』. 백 년 동안 애덤 스미스의 표준적인 전
기로 인정받았다.

Stewart, 1795   듀갈 스튜어트(Dugal Stewart), 1795, 『애덤 스미스의
삶과 글 설명(Account of the Life and Writings of Adam
Smith, L. L. D)』. 짧고 읽기 쉬운 이 전기는 스미스 사후
에 출간된 『철학적 주제들에 관한 에세이들』에 수록되
어 있다.

Muller, 1993   제리 뮬러(Jerry Muller), 1993. 『애덤 스미스, 그의 시
대와 우리 시대(Adam Smith: In His Time and Ours
(Princeton, NJ: Princeton University Press))』. 스미스가
저서를 집필하던 시대를 매혹적으로 묘사한다.

Heilbroner, 1986 로버트 하일브로너(Robert Heilbroner), 1986, 『세
계의 철학자들(The Worldly Philosophers: The Lives,
Times, and Ideas of the Great Economic Thinkers)』 sixth
edition (New York: Touchstone Books, 1986). 스미스의
생애와 그가 살았던 시대를 간략히 소개하는 전기다.

애덤 스미스를 연구한 저작물

애덤 스미스를 연구한 저작물의 양은 방대할뿐더러, 앞으로도 계속 나

올 것이다. 1981년에서 1997년 사이의 기간 동안에만 애덤 스미스의 저작을 인용한 학술지의 논문은 3천 건에 육박한다. 평균적으로 보면 해마다. 200건 이상의 학술지 논문이 애덤 스미스의 저작을 인용한 셈이다 (Wight, 2002). 스미스에 대한 최근 논문 및 저서는 경영학, 경제학, 법학, 정치학, 철학, 심리학, 공공정책학, 사회학 등 다양한 학문 분야를 아우른다. 이들 분야에서 스미스는 앞으로도 계속 학문이 나아길 길을 밝힐 것이다.

아래에 소개하는 저작물들은 애덤 스미스라는 한 명의 인물과 경제학 및 사회학에서 그가 차지하는 위상을 탐구하는 데 유용하다. 이 저작물 외에도 많은 저서나 논문을 언급해야 하지만 지면의 제약 때문에 싣지 못하는 점은 아쉬울 따름이다. 앞에 '*'가 붙어 있는 저작물들은 재인용되는 것들이다.

*Black, R.D. Collison. 1995 [1976]. "Smith's Contribution in Historical Perspective," in Mark Perlman and Mark Blaug, eds., *Economic Theory and Policy in Context: The Selected Essays of R. D. Collison Black* (Aldershot, UK: Edward Elgar).

*Brown, Vivienne. 1997. "'Mere Inventions of the Imagination': A Survey of Recent Literature on Adam Smith," *Economics and Philosophy, 13*(2) (October): 281-312.

Brown, Vivienne. 1994. *Adam Smith's Discourse: Canonicity,*

Commerce, and Conscience. (London: Routledge)

Fitzgibbons, Athol. 1995. *Adam Smith System of Liberty, Wealth, and Virtue: The Moral and Political Foundations of the Wealth of Nations* (NY: Oxford University Press).

*Fry, Michael (ed.). 1992. *Adam Smith's Legacy: His Place in the Development of Modern Economics*, (London: Routledge) pp. 1-14.

Gramp, William D. 2000. "What Did Smith Mean by the Invisible Hand?" *Journal of Political Economy, 108*(3), pp. 441-464.

Griswald, Charles L. 1999. *Adam Smith and the Virtues of Enlightenment* (Cambridge: Cambridge University Press).

Hutchinson, Terence. 1988. *Before Adam Smith: The Emergence of Political Economy, 1662-1776* (New York: Basil Blackwell).

Muller, Jerry Z. 1993. *Adam Smith in His Time and Ours: Designing the Decent Society* (New York: The Free Press).

*Recktenwald, Horst Claus. 1978. "An Adam Smith Renaissance anno 1976? The Bicentenary Output—A Reappraisal of His Scholarship,"

Journal of Economic Literature 16(1), 56-83.

Rothschild, Emma. 2001. *Economic Sentiments: Adam Smith, Condorcet and the Enlightenment* (Cambridge, MA: Harvard University Press).

Skinner, Andrew S. 1996. *A System of Social Science: Papers Relating to Adam Smith*, second edition (Oxford: Clarendon Press). 스미스에 관한 최고의 전문가가 쓴 빼어난 논문집이다.

*Tribe, Keith. 1999. "Adam Smith: Critical Theorist?" *Journal of Economic Literature, 27*(2): 609-32.

Viner, Jacob. 1960. "The Intellectual History of Laissez Faire," *Journal of Law and Economics 3*: pp. 45-69.

Viner, Jacob. 1928. "Adam Smith and Laissez Faire," in J.M. Clark et al., *Adam Smith, 1776-1926* (Chicago: University of Chicago).

Werhane, Patricia H. 1991. *Adam Smith and His Legacy for Modern Capitalism* (New York: Oxford University Press).

West, Edwin G. 1990. *Adam Smith and Modern Economics: From*

Market Behavior to Public Choice (Brookfield, VT: Edward Elgar).

*West, Edwin G. 1988. "Developments in the Literature on Adam Smith: An Evaluative Survey," in William O. Thweatt,, ed., *Classical Political Economy: A Survey of Recent Literature* (Kluwer Academic Press, 1988): 13-43.

*West, Edwin G. 1978. "Scotland's Resurgent Economist: A Survey of the New Literature on Adam Smith," *Southern Economic Journal,* 45(2) (October): 343-69.

*Wight, Jonathan B. 2002. "The Rise of Adam Smith: Articles and Citations, 1970-97" *History of Political Economy* (forthcoming, Spring).

Wight, Jonathan B. 1999. "Will the Real Adam Smith Please Stand Up? Teaching Social Economics in the Principles Course," in Edward J. O'Boyle (Ed.), *Teaching the Social Economics Way of Thinking,* Mellen Studies in Economics, Vol. 4 (Lewiston, NY: The Edwin Mellen Press): 117-139.

Young, Jeffrey T. 1997. *Economics As a Moral Science: The Political Economy of Adam Smith* (Cheltenham, UK: Edward Elgar).

Young, Jeffrey T. and Barry Gordon. 1996. "Distributive Justice as a Normative Criterion in Adam Smith's Political Economy," *History of Political Economy, 28*(1): 1-25.

'사회적' '철학적' 혹은 '도덕적' 학문으로서의 경제학

아래에 소개하는 저작물들은 경제학을 사회적, 철학적 혹은 도덕적 학문으로 폭넓게 다룬다. 여기에는 지나치게 형식적인 경제학에 대한 비판적인 저작물 및 심리학, 생물학과 관련이 있는 저작물도 포함되어 있다.

Ben-Ner, Avner and Louis G. Putterman (Eds.). 1998. *Economics, Values, and Organization* (New York: Cambridge University Press).

Ben-Ner and Louis Putterman. 2000. "Values Matter," *World Economics 1*(1) (January-March): 39-60.

Blaug, Mark. 1998. "Disturbing Currents in Modern Economics," *Challenge* (May-June).

Boulding, Kenneth E. 1969. "Economics as a Moral Science," *American Economic Review, 59*(1): 1-12.

Brittan, Samuel and Alan Hamlin, Eds. 1995. *Market Capitalism and*

Moral Values (Brookfield, VT: Edward Elgar).

Brockway, George P. 1991. *The End of Economic Man: Principles of Any Future Economics* (New York: Harper and Row).

Colander, David. 2000. "New Millenium Economics: How Did It Get This Way, and What Way is It?" *Journal of Economic Perspectives*, *14*(1) (Winter): 121–132.

Coleman, J. S. (1988). "Social Capital in the Creation of Human Capital," *American Journal of Sociology, 94* (Suppl.), S95–S120.

Coughlin, Richard M. (ed.). 1991. *Morality, Rationality, and Efficiency: New Perspectives on Socio-Economics*. (Armonk, NY: M.E. Sharpe, Inc.)

Dawkins, Richard. 1990. *The Selfish Gene* (Oxford: Oxford University Press). 국내에는 『이기적 유전자』로 번역 출간되었다.

Ekins, Paul, ed. 1986. *The Living Economy: A New Economics in the Making* (London: Routledge).

Elliott, John E. 1996. "Can Neoclassical Economics Become Social Economics?" *Forum for Social Economics, 26*(1) (Fall): pp. 15–38).

Elster, Jon. 1989. *The Cement of Society: A Study of Social Order* (Cambridge: Cambridge University Press).

Etzioni, Amitai. 1988. *The Moral Dimension: Toward a New Economics* (New York: The Free Press).

Flexnor, Kurt F. 1989. *The Enlightened Society: The Economy with a Human Face* (Lexington).

Frank, Robert H. 1996. "Do Economists Make Bad Citizens?" *Journal of Economic Perspectives, 10* (Winter): 187–192.

Frank, Robert H. 1988. *Passions Within Reason: The Strategic Role of the Emotions* (New York: Norton).

Frank, Robert H. 1987. "If Homo Economicus Could Choose His Own Utility Function, Would He Want One with a Conscience?" *American Economic Review, 77*(4) (September): 593–604.

Frank, Robert H., Thomas D. Gilovich, and Dennis T. Regan. 1993. "Does Studying Economics Inhibit Cooperation?" *Journal of Economic Perspectives, 7*(Spring): 159–171.

Fukuyama, Francis. 1993. *Trust: The Social Virtues & The Creation of Prosperity* (New York: The Free Press). 국내에는 『트러스트』로 번역 출간 되었다.

Goleman, Daniel. 1995. *Emotional Intelligence* (New York: Bantam, 1995). 국내에는 『EQ 감성지능』으로 번역 출간되었다.

Hausman, Daniel M. 1992. *The Inexact and Separate Science of Economics* (Cambridge: Cambridge University Press).

Hausman, Daniel M., and Michael S. McPherson. 1996. *Economic Analysis and Moral Philosophy* (Cambridge, Cambridge University Press).

Hausman, Daniel M. and Michael S. McPherson. 1993. "Taking Ethics Seriously: Economics and Contemporary Moral Philosophy," *Journal of Economic Literature, 31* (June): 671-731.

Hayek, Frederick von. 1984. "The Origins and Effects of Our Morals: A Problem for Science," in Chiraki Nishiyama and Kurt R. Leube, eds., *The Essence of Hayek* (Stanford: Hoover Institution Press): 318-30.

Heilbroner, Robert L. 1988. *Behind the Veil of Economics: Essays in the Worldly Philosophers.* (New York: W.W. Norton and Company).

Heilbroner, Robert, and William Milberg. 1996. *The Crisis of Vision in Modern Economic Thought* (Cambridge, UK: Cambridge University Press).

Horgan, John. 1995. "The New Social Darwinists," *Scientific American* (October 1995): 174-181.

Kuttner, Robert. 1996. *Everything for Sale: The Virtues and Limits of Markets*. (New York: Knopf).

Lutz, Mark A. and Kenneth Lux. 1988. *Humanistic Economics: The New Challenge* (Bootstrap Press).

MacIntyre, Alasdair. 1997. *After Virtue: A Study in Moral Theory* (Notre Dame, IN: University of Notre Dame Press). 국내에는 『덕의 상실』로 출간 번역되었다.

Mansbridge, Jane J., ed. 1990. *Beyond Self-Interest* (Chicago: University of Chicago Press).

Marwell, G. & R. E. Ames. 1981. "Economists Free Ride, Does Anyone Else?" *Journal of Public Economists, 15:* 295-310.

McCloskey, Donald. 1994. "Bourgeoise Virtue," *American Scholar,*

63(2) (Spring): 177–191.

McKee, Arnold F. 1987. *Economics and the Christian Mind* (New York: Vantage Press).

Myers, Milton. 1983. *The Soul of Modern Economic Man: Ideas of Self-Interest* (Chicago: Chicago University Press).

Nelson, Robert H. 1991. *Reaching for Heaven on Earth: The Theological Meaning of Economics* (Savage, MD: Roman and Littlefield).

Phelps, E. S. 1973. *Introduction to Altruism, Morality, and Economic Theory* (New York: Russel Sage Foundation).

Piore, Michael. 1995. *Beyond Individualism* (Cambridge: Harvard University Press).

Powelson, John P. 1998. *The Moral Economy* (Ann Arbor: University of Michigan Press).

Putnam, R. D. (1993). "The Prosperous Community: Social Capital and Public Life," *American Prospect, 13* (Spring): 35–42.

Putnam, R. D. (1995). "Bowling Alone: America's Declining Social Capital," *Journal of Democracy*, 6(1): 65-78.

Rabin, Matthew. 1998. "Psychology and Economics," *Journal of Economic Literature*, 36(1): 11-46.

Sen, Amartya. 1987. *On Ethics and Economics*. (Oxford: Blackwell).

Swedberg, Richard. 1987. *Economic Sociology* (London: Sage).

Wilson, James Q. 1993. *The Moral Sense* (NY: The Free Press).

새로운 패러다임, 기업의 탈바꿈

아래에 소개하는 저작물들은 기업 및 기업 활동에서의 사회적·윤리적 관심사들을 다룬다. 이들 가운데 대부분은 (전부가 아닌 대부분은) 조직의 전환이라는 패러다임을 지지하는 저술가나 기업가가 썼다. 그런데 많은 저작물들이 가지고 있는 견해들이 서로 모순되기도 하기 때문에 이 저작물을 동일한 범주로 묶은 것이 잘못된 것일 수도 있다.

Adams, John D., ed. 1984. *Transforming Work: A Collection of Organizational Transformation Readings* (Alexandria, VA: Miles River Press).

Arrow, K. J., (1993). "Social Responsibility and Economic Efficiency," in T. Donaldson & P. H. Werhane, eds., *Ethical Issues in Business* (Englewood Cliffs, NJ: Prentice Hall): pp. 255-266.

Blanchard, Kenneth, et al. 1997. *Managing by Values* (San Francisco: Berrett-Koehler). 국내에는 『가치경영』으로 번역 출간되었다.

Block, Peter. 1993. *Stewardship: Choosing Service over Self-Interest* (San Francisco: Berrett-Koehler).

Bolman, Lee G., and Terrence E. Deal. 1995. *Leading with Soul: An Uncommon Journey of Spirit* (New York: Jossey-Bass).

Bracey, Hyler, et al. 1993. *Managing from the Heart* (Atlanta, GA: Heart Enterprise).

Chappel, Tom. 1994. *The Soul of a Business: Managing for Profit and the Common Good* (New York: Bantam).

Dehler, Gordon E. and M. Ann Welsh. 1994. "Spirituality and Organizational Transformation," *Journal of Managerial Psychology,* 9(6): 17-26.

Gioia, Joyce L., and Roger E. Herman. 1998. *Lean and Meaningful: A New Culture for Corporate America*. (Oakhill Press).

Harman, Willis, and Maya Porter, eds. 1997. *The New Business of Business: Sharing Responsibility for a Positive Global Future* (San Francisco: Berrett-Koehler).

Hawken, Paul. 1987. *Growing a Business* (New York: Simon and Schuster).

McCormick, Donald W. 1994. "Spirituality and Management," *Journal of Managerial Psychology*, 9(6): 5-8.

Morris, Tom. 1997. *If Aristotle Ran General Motors: The New Soul of Business* (Henry Holt and Company). 국내에는 『Beautiful CEO Good Company』로 번역 출간되었다.

Österberg, Rolf. 1993. *Corporate Renaissance: Business as an Adventure in Human Development* (Mill Valley, CA: Nataraj Publishing).

Peale, Norman Vincent, Kenneth Blanchard, and Norman Peale. 1996. *The Power of Ethical Management* (New York: Ballantine).

Pfeffer, Jeffrey. 1998. *The Human Equation: Building Profits by Putting People First* (Cambridge, MA: Harvard University Press).

Pfeffer, Jeffrey. 1994. *Competitive Advantage through People* (Cambridge, MA: Harvard University Press).

Ray, Michael and John Renesch. 1994. *The New Entrepreneurs: Business Visionaries for the 21st Century* (San Francisco: Sterling and Stone).

Ray, Michael and Alan Rinzler, eds. 1993. *The New Paradigm in Business: Emerging Strategies for Leadership and Organizational Change* (New York: Tarcher/Perigee).

Werhane, Patricia. 1999. *Moral Imagination and Management Decision-Making* (New York: Oxford University Press).

국제적인 경제 쟁점 및 기구들

아래에 소개하는 저작물들은 평화적인 시위 혹은 폭력적인 행동 속에서 모습을 드러내고 있는 세계화 반대 흐름 및 그 배경을 보여준다. 개괄적인 것들을 먼저 소개한 다음에 주제별로 열거했다.

Micklethwait, John, and Adrian Wooldridge. 2000. *A Future Perfect: The Essentials of Globalization* (New York: Crown). 두 명의 기자가 『이코노미스트(*The Economist*)』에 연재한 것으로 세계화를 개괄할 수 있는 뛰어난 글이다.

Streeten, Paul. 2001. "Integration, Interdependence, and Globalization," *Finance and Development, 38*(2) (June): 34-37. 오늘날의 세계화 수준을 백 년 전의 세계화 수준에 비추어서 설명한다.

Roberts, Russell. 2001. *The Choice: A Fable of Free Trade and Protectionism*, 2nd edition, (Upper Saddle River, NJ: Prentice-Hall). 학문 소설 형식을 빌어서 데이비드 리카도의 비교우위론을 탁월하게 개관한다. 국내에는 『초이스』로 번역 출간되었다.

Krueger, Anne O. 1998. "Whither the World Bank and the IMF?" *Journal of Economic Literature, 36*(4): 1983-2020. 두 개의 주요 금융기관인 세계은행(WB)과 국제통화기금(IMF)의 역할을 내부자의 시선으로 바라본다.

Stiglitz, Joseph. 2000. "The Insider: What I Learned at the World Economic Crisis," *The New Republic* (April 17): 56-60.

Fischer, Stanley. 1998. "The Asian Crisis and the Changing Role of the

IMF," *Finance and Development*, 35(2) (June).

Danaher, Kevin, ed. 2001. *Democratizing the Global Economy: The Battle Against the World Bank and the International Monetary Fund* (Monroe, ME: Common Courage Press). 세계은행과 국제통화기금에 반대하는 견해를 참고하려면, 이 책과 웹사이트 '50 Years Is Enough: U.S. Network for Global Economic Justice(www.50years.org/)'를 보면 되는데, 이 사이트는 세계은행과 국제통화기금을 바꾸거나 철폐하기 위해서 노력하는 200개의 단체가 연합해서 운영한다.

Ottaway, Marina. 2001. "Reluctant Missionaries," *Foreign Policy* (July/August 2001): 44-54. 환경 문제나 인권 문제를 가지고서 다국적 기업을 압박할 경우에는 또 다른 차원의 문제들이 나타난다고 주장한다.

계몽주의

아래의 저서나 논문은 애덤 스미스를 당대의 지성사 속에 놓을 수밖에 없음을 설득하는 데 유용하다는 사실이 입증된 저작물들이다.

Commager, Henry Steele. 1977. *The Empire of Reason* (New York: Anchor Press).

Gay, Peter. 1966. *Age of Enlightenment* (New York: Time Incorporated). 국

내에는 『계몽주의의 기원』으로 번역 출간되었다.

Lukes, Steven. 1995. *The Curious Enlightenment of Professor Caritat* (London: Verso).

Tarnas, Richard. 1991. *The Passion of the Western Mind: Understanding the Ideas that have Shaped Our World View* (New York: Ballantine).

Wheelwright, Philip. 1959. *A Critical Introduction to Ethics* (New York: Odyssey Press).

Wilson, Arthur M. 1972. *Diderot* (New York: Oxford University Press).

Winwar, Frances. 1961. *Jean-Jacques Rousseau: Conscience of An Era* (New York: Random House).

4. 토론할 때 주제로 삼을 만한 개념들

『누가 스미스 씨를 모함했나』는 경제학, 경영학, 철학 그리고 그 밖의 관련 분야에서 제기되는 당대의 주제들을 이야기한다. 특히, 이 책은 현실 속에서 당장 진행되고 있고, 또 적용할 수 있는 여러 가지 경제 이론과 경영 윤리 문제들을 다루고 있으므로 이런 문제들을 놓고 토론용 교재로 삼을 수도 있다.

이 책을 교재로 삼아 설명하고 토론할 때 주제로 삼을 만한 개념을 추리면 다음과 같다.

부의 창출과 상거래

- 기회비용
- 노동의 전문화
- 거래를 통한 이득
- 수확 체감

- 자원 배분에서 가격과 이익이 수행하는 역할
- 인적 자본의 형성
- 저축과 자본 축적

시장 실패와 국가의 역할

- 독점
- 공공재(예: 학교, 도로, 항만)
- 도덕적 해이
- 정부 실패
- 공유지의 비극

구조 개혁과 신흥시장

- 시장의 안정화, 시장의 자유화, 시장의 민영화
- 구조 개혁의 불균형
- 라틴 아메리카와 러시아, 그 밖의 지역에서 대두하는 과두정치
- 지속 가능한 발전
- 부패

자본주의의 도덕적 기반

- 부가 행복의 원천인가?
- 민주주의와 자본주의의 기반으로서의 계몽주의
- 지속 가능한 발전을 위한 전제조건으로서의 정의가 수행하는 역할
- 이기적인 관심과 맹목적인 이기심의 차이

- 스미스가 말한 '공정한 관객'인 도덕적 양심을 어떻게 닦을 것인가?
- 시장에서 그리고 또 동시에 도덕성에서 '보이지 않는 손'이 수행하는 역할

경영과 윤리

- 경영에서 가치관이 수행하는 역할
- 애덤 스미스와 인적자원 개발
- 조직의 변화
- 생산에서 사회적 자본과 신뢰가 수행하는 역할
- 국제무역에서 노동 및 환경 기준을 인증하는 프로그램들

5. 감사의 말

애덤 스미스야말로 이 책에 대한 권리를 누구보다 많이 가지고 있다. 200년 전에 그가 썼던 원고에서 넘치는 재치와 지혜, 빛나는 통찰이 없었다면 이 책은 존재할 수 없었을 것이다. 그의 심오한 저작들을 읽으면서 나는 그를 향한 애정을 점점 키워갔다. 그 덕분에 이 책 『누가 스미스 씨를 모함했나』를 집필하는 일은 내내 즐거운 노동이었다.

애덤 스미스 다음으로 내가 빚을 많이 진 사람은 지난 삼십 년 동안 애덤 스미스에 대한 일반의 지식과 애정을 크게 바꾸어놓았을 뿐만 아니라 그의 저작들을 독자들이 쉽게 접하고 이해할 수 있도록 길을 닦은 현대 학자들이다.

이 소설은 철저하게 공동 창작을 통해 세상에 나왔다. 말 그대로 수백 명의 학생, 수많은 동료와 친구들 그리고 가족들이 미완성인 원고를 읽고 여러 크고 작은 조언을 해주었다. 그러나 만일 독자가 이 책을 읽다가 어떤 작은 실수나 잘못이라도 발견한다면 그건 순전히 내 잘못이다. 내가 강의했던 경제학 원론, 경제 발전, MBA 국제경제학 등의 수업 시간에 이 책의 초고를 교재로 사용하면서 학생들에게 피드백을 받아보았다. 그 학생들에게 고맙다는 말을 전하고 싶다. 그중에서도 로드리고 핀토, 제이슨 세이브도프, 제이슨 패럴리, 댄 거트사코프, 브랜트 포르투갈, 마티아스 새서도트, 앤드류 올슨에게 특별한 고마움을 전한다.

리치먼드 대학교, 그리고 그 밖의 다른 학교나 연구기관에 몸담은 많은 동료 교수들이 계몽주의에서부터 새로운 비즈니스 패러다임에 이르는 방대한 분야에서 나에게 소중한 가르침을 주었다. 특히 클래런스 정, 에릭 크래프트, 테드 루엘른, 존 트레드웨이, 스콧 데이비스, 톰 본피글리오, 리처드 코프란에게 감사한다. 안드레아 마네시는 사상사 분야에서 여러 훌륭한 사람들을 소개하며 나를 격려해주었다. 특히, 이 분야의 내 첫 번째 스승이었던 빌 스웨트 덕분에 나는 사상사가 얼마나 재미있는 학문인지 깨달았다. 마리아 메리트는 데이비드 흄을 올바르게 이해할 수 있게 해주었다. 조앤 시울라는 출판과 관련해서 유익한 도움말을 해주었다. 랜돌프 뉴, 데이비드 리어리 두 학장님은 애덤 스미스 교수 독서회에 재정 지원을 해주었다. 또한, 카렌 뉴먼 학장님은 복사비와 여행 경비 등을 포함한 제반 연구 관련 비용을 지원해주었다. 학과의 제반 행정을 맡은 슈 호펜스퍼거는 원고를 준비하는 과정 내내 지원을 아끼지 않았다.

애덤 스미스를 연구하는 학자들도 원고를 검토해주는 중요한 역할을 해주었다. 제프리 영, 제리 뮬러, 패트리샤 베르하인이 그런 고마운 사람들이다. 앤드류 스키너와 제임스 할트만은 기꺼이 비공식적인 논평가를 자처하면서 내게 여러 가지 유익한 제안을 해주었다. 조 모튼과 피터 도 허티도 내게 아끼지 않고 격려해주었다. 이 모든 사람에게 내가 큰 빚을 졌음을 이 자리를 빌려서 밝힌다.

나는 이 책을 집필하는 동안 기업계에 몸담은 사람들에게서도 많은 도움을 받았다. 롤프 외스터버그와 마이클 밀러가 비즈니스 패러다임 과 관련해서 소중한 사실을 깨닫게 해주었다(이와 관련된 구체적인 내용은 Chapter 20의 주 2에 밝혀두었다). 다비 윌리엄스와 로빈 나카무라는 실리 콘밸리의 신생업체가 맞닥뜨리는 경영 관련 문제들에 대한 내용을 날카 롭게 지적해주었다. 이 고마운 분들에게 모두 감사한다.

친구들과 가족들도 책의 내용이나 편집과 관련해서뿐만 아니라 정서 적으로도 큰 도움을 주었다. 조조 와이트, 조디 와이트, 피켓 비알과 톰 비 알, 로드 맥날과 앨리슨 맥날 부부, 톰 다비, 잭 피들러와 르네 피들러 부 부가 그런 고마운 사람들이다. 특히, 댄 데이비스 덕분에 나는 미국 전역 을 돌아다니면서 이 책의 공간적인 배경이 되는 곳을 둘러볼 수 있었다. 이런 여행을 할 때 댄만큼 즐겁고 마음에 맞는 동반자를 찾기는 어려울 것이다.

프렌티스홀 출판사의 편집자인 빌 베빌은 이 원고에 대한 얘기를 듣자 마자 열정을 보이면서 출판사에서 적극적으로 검토할 수 있도록 배려해 주었다. 또한, 프렌티스홀 출판사의 부사장인 티모시 무어는 내 원고의 잠재력을 알아보고 책으로 완성되기까지 물심양면의 지원을 아끼지 않 았다. 그레첸 콤바는 편집과 관련해서 유용한 지원을 해주었다. 조 라 지 자는 마지막 편집을 멋지게 마무리해주었다. 스콧 서클링과 앤 가르시아는 끈기 있고 유능한 프로젝트 실무자다. 러스 홀과 러셀 로버츠 두 사람은 내 원고가 제대로 된 소설의 꼴을 갖출 수 있도록 결정적이고도 소중한 도움을 주었다. 이 두 사람 덕분에 이 소설이 말하고자 하는 내용이 흥미로운 구성 속에서 등장인물들의 성격을 통해 드러날 수 있었다. 러셀 로버츠에게 특히 고맙다는 말을 전한다. 여러 해 전에 로버츠는 국제무역을 소재로 한 소설 『초이스(The Choice : A Fable of Free Trade and Protectionism)』를 썼었는데(러셀 로버츠 역시 경제학자이다-옮긴이), 이 소설에서 나는 『누가 스미스 씨를 모함했나』의 영감을 얻었다. 이 이야기의 윤곽을 잡은 뒤 나는 로버츠를 만났다. 그는 시간과 아이디어와 격려를 아끼지 않으며 내게 큰 도움을 주었다.

이 책을 쓰기 위한 자료 조사와 초고 집필은 안식년을 맞이했던 1997년과 1998년에 걸친 시기에 시작했다. 안식년이라는 귀중한 휴식 기간을 내준 리치먼드 대학교에 고마운 마음을 전한다. 내가 캘리포니아에서 안식년 기간을 보낼 때 빌 로덴하이저와 낸시 로덴하이저 부부가 도움을 주었고, 랜디 린드와 보니 린드 부부는 나에게 새로운 가정을 제공해주었다. 캘리포니아의 팰로앨토에 있는 심리학 대학원인 트랜스퍼스널 심리학 연구소(ITP)는 사무실뿐만 아니라 원고 집필에 자극이 되는 환경을 제공해주었다. 애덤 스미스였더라도 편안하게 느꼈을 것으로 생각하며, 그곳의 훌륭한 교수님들과 학생들에게, 특별히 짐 패디먼, 아서 해스팅스, 마이클 휴턴, 스티브 설마이어에게 고마운 마음을 전한다.

마지막으로 내게 가장 큰 도움을 준 사람은 나의 아내 진 맥날 와이트다. 아내는 지난 4년여 동안을 나와 이 책과 함께 살면서 원고를 몇 번씩 읽고 또 읽으며 수많은 귀한 조언을 해주었다. 이 책의 거의 모든 페이지에 그녀의 손길이 묻어 있다. 이 책을 사랑하는 아내에게 바친다.

고마워요, 여보!

누가 스미스 씨를 모함했나 (원제 : Saving Adam Smith)

1판 1쇄 2020년 9월 28일

지 은 이 조나단 B. 와이트
옮 긴 이 이경식

발 행 인 주정관
발 행 처 북스토리(주)
주   소 서울특별시 마포구 양화로 7길 6-16 201호
대표전화 02-332-5281
팩시밀리 02-332-5283
출판등록 1999년 8월 18일 (제22-1610호)
홈페이지 www.ebookstory.co.kr
이 메 일 bookstory@naver.com

ISBN 979-11-5564-214-6 03320

※잘못된 책은 바꾸어드립니다.

이 도서의 국립중앙도서관 출판시도서목록(CIP)은
서지정보유통지원시스템 홈페이지(http://www.seoji.nl.go.kr)와
국가자료공동목록시스템(http://www.nl.go.kr/kolisnet)에서 이용하실 수 있습니다.
(CIP제어번호 : CIP2020037639)

※이 책은 『애덤 스미스 구하기』의 리뉴얼 에디션입니다.